jetzt lerne ich C++

jetzt lerne ich

C++

Das komplette Starterkit für den einfachen Einstieg in die Programmierung

Dirk Louis

Markt+Technik

Bibliografische Information Der Deutschen Nationalbibliothek
Die Deutsche Nationalbibliothek verzeichnet diese Publikation in der Deutschen Nationalbibliografie; detaillierte bibliografische Daten sind im Internet über http://dnb.d-nb.de abrufbar.

10 9 8 7 6 5 4 3 2

12 11

ISBN 978-3-8272-4460-4

Lektorat: Brigitte Bauer-Schiewek, bbauer@pearson.de
Fachlektorat: Petra Alm
Herstellung: Martha Kürzl-Harrison, mkuerzl@pearson.de
Korrektorat: Petra Alm
Coverkonzept: independent Medien-Design, Widenmayerstraße 16, 80538 München
Covergestaltung: Thomas Arlt, tarlt@adesso21.net
Satz: text&form GbR, Fürstenfeldbruck
Druck und Verarbeitung: Bercker, Kevelaer
Printed in Germany

Übersicht

Inhaltsverzeichnis

Vorwort

Sie besitzen einen Computer und wissen nicht, wie man programmiert?

Das ist ja furchtbar! Jetzt erzählen Sie mir nur nicht, dass Sie Ihren Computer nur zum Spielen und Internet-Surfen benutzen. Dann wäre ich wirklich enttäuscht.

Ach so, jemand hat Ihnen erzählt, dass Programmieren sehr kompliziert sei und viel mit Mathematik zu tun hätte.

Tja, dann wollte sich dieser jemand wohl ein wenig wichtig machen oder hat selbst nichts vom Programmieren verstanden, denn Programmieren ist nicht schwieriger als Kochen oder das Erlernen einer Fremdsprache. Und mehr mathematisches Verständnis als es von einem Schüler der sechsten oder siebten Klasse verlangt wird, ist definitiv auch nicht nötig.

Reizen würde Sie das Programmieren schon, aber Sie wissen ja gar nicht so recht, was Sie programmieren könnten?

Keine Angst, sowie Sie mit dem Programmieren anfangen, werden Ihnen zahlreiche Ideen kommen. Und weitere Anregungen finden sich in guten Lehrbüchern zuhauf beziehungsweise ergeben sich beim Austausch mit anderen Programmierern.

Immer noch Zweifel? Sie würden sich das Programmieren am liebsten im Selbststudium beibringen? Sie suchen ein Buch, das Sie nicht überfordert, mit dem Sie aber dennoch richtig professionell programmieren lernen?

Aha, Sie sind der unsicher-anspruchsvolle Typ! Dann dürfte das vorliegende Buch genau richtig für Sie sein. Es ist nicht wie andere Bücher primär thematisch gegliedert, sondern in Stufen – genauer gesagt vier Stufen, die Sie Schritt für Schritt auf ein immer höheres Niveau heben.

Aufbau des Buches

Die **erste Stufe** ist der Grundkurs. Hier schreiben Sie Ihre ersten Programme und lernen die Grundzüge der Programmierung kennen. Danach besitzen Sie fundiertes Basiswissen und können eigenständig Ihre ersten Programmideen verwirklichen.

Bestimmte Aufgaben kehren bei der Programmierung immer wieder: beispielsweise das Abfragen des Datums, die Berechnung trigonometrischer Funktionen, die Verwaltung größerer Datenmengen oder das Schreiben und Lesen von Dateien. Für diese Aufgaben gibt es in der C++-Standardbibliothek vordefinierte Elemente. Wie Sie diese nutzen, erfahren Sie im Aufbaukurs – der **zweiten Stufe**.

Die **dritte Stufe** stellt Ihnen die objektorientierte Programmierung vor und lehrt Sie, wie Sie den Code immer größerer Programme sinnvoll organisieren.

Die **vierte Stufe** schließlich stellt Ihnen noch einige letzte C++-Techniken vor, die Sie vermutlich eher selten einsetzen werden, die ein professioneller C++-Programmierer aber kennen sollte.

Abgerundet wird das Buch durch einen umfangreichen **Anhang**, der unter anderem eine C++-Syntaxübersicht und eine Kurzreferenz der Standardbibliothek beinhaltet.

Was dieses Buch nicht leistet

Dieses Buch konzentriert sich auf die Sprache C++ und die Erlernung moderner Programmierkonzepte – vom einfachen Variablengebrauch bis zum Paradigma der objektorientierten Programmierung. Auf der Strecke geblieben sind dabei die **Erstellung von grafischen Benutzeroberflächen**, gemeinhin als »Fenster« bekannt, sowie die Programmierung für die alternative Microsoft-Plattform **.NET**.

Lesern, die sich nach Lektüre dieses Buches in diese beiden Richtungen weiterbilden möchten, kann ich mein Buch »*Windows Forms mit Visual C++*« aus dem Software & Support-Verlag (entwickler.press) empfehlen.

Leser, die sich lieber weniger intensiv mit der Sprache C++ und dafür schneller mit den grafischen Benutzeroberflächen befassen möchten, sollten dieses Buch weglegen und sich lieber mein Buch »*Jetzt lerne ich Visual C++*« zulegen (ebenfalls aus dem Markt+Technik-Verlag.)

Leser, die ein Buch suchen, das sich ausführlich mit C++, der .NET-Programmierung mit C++ und der Erstellung von grafischen Oberflächen befasst, sollten sich gleich mein *»Visual C++ Kompendium«* aus dem Markt+Technik-Verlag kaufen. (Das Visual C++-Kompendium ist etwas straffer organisiert, geht anfangs etwas schneller vor und setzt von Beginn an mehr auf die .NET- als auf die C++-Standardbibliothek, da die .NET-Bibliothek später auch zur Erstellung von grafischen Oberflächen benötigt wird. Die Behandlung der objektorientierten Programmierung ist in beiden Büchern weitgehend identisch.)

(Achtung! Die empfohlenen Bücher sind – im Gegensatz zu dem vorliegenden Buch – nicht oder nur teilweise für Linux- und Mac-Anwender geeignet, da die in diesen Büchern beschriebene Erstellung von grafischen Oberflächen auf der Verwendung von Bibliotheken aus dem .NET-Framework beruht, welches derzeit nur unter Windows verfügbar ist.)

Nicht verzagen!

Natürlich gibt es auch Zeiten des Verdrusses und des Frusts. Oh ja, die gibt es! Aber seien wir ehrlich: Wäre der Weg nicht so steinig, wäre die Freude am Ziel auch nicht so groß. Was sind das denn für trostlose Gesellen, die in ihrer gesamten Zeit als Programmierer noch keine Nacht durchwacht haben, weil sie den Fehler, der das Programm immer zum Abstürzen bringt, nicht finden konnten? Und was soll man von einem Programmierer halten, der noch nie aus Versehen ein Semikolon hinter eine if-Bedingung gesetzt hat? (Und dem die Schamesröte ins Gesicht schoss, als er einen vorbeikommenden Kollegen um Hilfe bat und ihn dieser nach einem flüchtigen Blick auf den Quellcode auf den Fehler aufmerksam machte.) Sind das überhaupt echte Programmierer?

Wer programmieren lernen will, der muss auch erkennen, dass bei der Programmierung nicht immer alles glatt geht. Das ist nicht ehrenrührig, man darf sich nur nicht unterkriegen lassen. Sollten Sie also irgendwo auf Schwierigkeiten stoßen – sei es, dass Sie etwas nicht ganz verstanden haben oder ein Programm nicht zum Laufen bekommen –, versuchen Sie sich nicht zu sehr in das Problem zu verbohren. Legen Sie eine kleine Pause ein oder lesen Sie erst einmal ein wenig weiter – oftmals klärt sich das Problem danach von selbst. Sollten Sie gar nicht weiterkommen, können Sie sich gerne direkt an mich wenden. Sie erreichen mich über die Support-Seite zu diesem Buch unter *www.carpelibrum.de/autoren_kontakt.html.*

Dirk Louis

Teil I

Grundkurs

In diesem Teil erlernen Sie die Grundlagen von C++ und der Programmierung im Allgemeinen.

Kapitel 1

jetzt lerne ich

Keine Angst vor C++!

C++ steht in dem Ruf, eine besonders mächtige und leistungsfähige, aber leider auch eine sehr schwer zu erlernende Programmiersprache zu sein. Letzteres ist wohl darauf zurückzuführen, dass die vielfältigen Möglichkeiten und die Freiheiten, die C++ dem Programmierer bietet, einer ebenso großen Zahl an Konzepten, Techniken und unterschiedlichen Syntaxformen gegenüberstehen. Und gerade diese Syntaxformen – das lässt sich nicht leugnen – können auf Anfänger schon recht abschreckend wirken. Einige Kostproben gefällig? Zeilen der Form:

```
virtual const char* f() const throw();
```

sind in C++ keineswegs unüblich, und auch Berechnungen der Form:

```
i = m++*+n;
```

sind möglich. Besondere Freude bereiten aber Deklarationen wie z.B.:

```
int *(*f(int))(int, int);
```

Falls Ihnen jetzt Zweifel kommen, ob Sie mit C++ wirklich die richtige Wahl getroffen haben, so lassen Sie sich versichern:

- C++ ist viel einfacher, als es manchmal den Anschein hat.
- Schon bald werden Sie Ihre eigenen C++-Programme schreiben.
- Mit jedem Programm, das Sie schreiben, wird Ihnen C++ vertrauter und selbstverständlicher erscheinen.

Am Ende dieses Buches werden Sie nicht nur in der Lage sein, attraktive und professionelle Programmvorhaben anzugehen, Sie werden auch verstehen, was die erste der obigen Beispielzeilen bedeutet, und Sie werden den Kopf darüber schütteln, warum der Verfasser der eigentlich doch ganz einfachen zweiten Beispielzeile den Code nicht lesefreundlicher formatiert hat.

Nur die Bedeutung der dritten Beispielzeile, die aus meinem C++-Kompendium stammt, werden Sie nach der Lektüre dieses Buches immer noch nicht verstehen. Aber trösten Sie sich: Die Konstruktion, die in dieser Zeile deklariert wird[1], ist so abgehoben, dass Sie unter zehn professionellen C++-Programmierern vermutlich höchstens einen finden werden, der diese Konstruktion erkennt, geschweige denn sie selbst schon einmal eingesetzt hätte.

Warum aber ist C++ so mächtig? Warum gibt es so viele Konzepte in der Sprache und warum ist die Syntax so kryptisch? Die Antwort auf diese Fragen liegt in der Geschichte von C++.

Sie lernen in diesem Kapitel

- Interessantes über die Entstehung von C++,
- wie aus einer Idee ein Programm wird,
- was ein Compiler ist,
- wie Ihr C++-Compiler arbeitet.

1.1 Von C zu C++

»The times they are a changin'« – die Zeiten ändern sich – heißt es in einem berühmten Song von Bob Dylan. Sicherlich hatte Dylan dabei nicht die Entwicklungen in der IT-Branche und der Software-Erstellung im Auge, doch allgemeine Wahrheiten lassen sich eben auf viele verschiedene Bereiche anwenden – und manchmal eben auch auf den Bereich der Software-Entwicklung.

Dort hat im Laufe der letzten Jahrzehnte tatsächlich ein grundlegender Wandel stattgefunden.

1. eine Funktion, die einen Funktionszeiger als Rückgabetyp besitzt

1.1.1 Rückblick

Wann die Entwicklung des Computers, der Rechenmaschine, begonnen hat, ist gar nicht so leicht zu sagen. Es hängt sehr davon, wie weit man zurückgehen möchte. In einer April-Ausgabe der renommierten Fachzeitschrift »Spektrum der Wissenschaften« wurde vor einigen Jahren beispielsweise von einer Aufsehen erregenden Entdeckung berichtet: Amerikanische Archäologen hatten auf einer Insel bei Neuguinea einen frühzeitlichen Computer entdeckt. Aus Seilen und Rollen hatten die Ureinwohner aus der Elektronik bekannte Schaltbausteine wie AND-Gatter, OR-Gatter und Inverter erstellt und zu einem echten Rechenwerk zusammengesetzt. Die Archäologen nahmen an, dass die damalige Priesterkaste diesen »Computer« als eine Art Orakel betrieb und ihr Wissen um die Konstruktion dieses Orakels zum Machterhalt nutzte. Schematische Abbildungen zur Funktionsweise des Rechenwerks und eine Einführung in die digitale Schaltungslogik rundeten den Artikel ab. Natürlich handelte es sich um einen Aprilscherz, aber immerhin: Unter dem Eindruck von so viel Logik und Wissenschaft blieb der gesunde Menschenverstand einiger Leser auf der Strecke. In den nachfolgenden Monaten ergingen daraufhin einige böse Briefe an die Redaktion von aufgebrachten Lesern, die die sensationelle Nachricht sofort weiter verbreitet und sich dabei bei ihren Professoren und Kollegen blamiert hatten.

Nicht ganz so weit zurückliegend, dafür aber verbrieft, ist die Erfindung des Lochkartensystems durch den Deutsch-Amerikaner Hermann Hollerith. Um das Jahr 1890 entwickelte er ein Verfahren, bei dem Daten durch Lochung bestimmter Felder auf vorgefertigten Karten (eben den Lochkarten) kodiert und festgehalten wurden. Mit Hilfe spezieller Maschinen, den sogenannten Hollerith- oder Lochkartenmaschinen, konnte man diese Daten automatisch auswerten, beispielsweise zur Erstellung von Serienbriefen, zur statistischen Datenerfassung oder allgemein zur Auswertung großer Datenmengen.

Der erste offiziell anerkannte, noch mechanische Computer war der 1936 gebaute Z1 des Berliners Konrad Zuse. Kurz darauf folgten Röhren-, später Transistoren- und schließlich Chip-Rechner. In der Zwischenzeit hatte sich auch bei der Software-Entwicklung Einiges getan: Anstatt Lochkarten zu stanzen, gab man Maschinenbefehl-Programme über ein Terminal ein. Irgendwann wurden die Maschinenbefehle durch die Sprache Assembler ersetzt und schließlich kamen die ersten höheren Programmiersprachen, die interpretiert oder kompiliert wurden.

Interpreter und Compiler

Maschinenbefehle sind »Wörter«, die aus einer Folge von Nullen und Einsen bestehen, also beispielsweise 0011000010101011. Das eigentliche Rechenwerk eines Computers, der *Prozessor*, versteht nur diese binären Befehle (wobei noch zu beachten ist, dass jeder Prozessor-Typ seinen eigenen spezifischen Sprachschatz hat). Da das Programmieren mit diesen Befehlen für Menschen viel zu mühsam und schwierig ist, kam man auf die Idee, die Programmquelltexte in einer anderen Sprache aufzusetzen und dann mit Hilfe eines passendes Übersetzerprogramms in Maschinenbefehle umschreiben zu lassen. Die üblichen menschlichen Sprachen sind aber viel zu komplex und uneindeutig, um sie maschinell übersetzen zu können. Aus diesem Grunde wurden eigene Programmiersprachen wie C oder Basic entwickelt, mit einfacher Grammatik und geringem Wortschatz, die für Menschen leichter zu erlernen und für Übersetzerprogramme leichter in Maschinenbefehle umzusetzen sind.

Grundsätzlich gibt es zwei Kategorien von Übersetzerprogrammen: die Interpreter und die Compiler.

Ein Interpreter lädt den Quelltext des Programms, übersetzt ihn stückweise und lässt die übersetzten Anweisungen direkt vom Prozessor ausführen. Endet das Programm, endet auch die Ausführung des Interpreters.

Ein Compiler lädt den Quelltext des Programms, übersetzt ihn komplett (wobei er auch kleinere Optimierungen vornehmen kann) und speichert das kompilierte Programm in einer neuen Datei (unter Windows eine *.exe*-Datei) auf der Festplatte. Wenn der Anwender die *.exe*-Datei danach aufruft, wird das Programm direkt vom Betriebssystem geladen und ausgeführt.

Ein interpretiertes Programm kann auf jedem Rechner ausgeführt werden, auf dem ein passender Interpreter verfügbar ist. Die Ausführung ist allerdings langsamer und der Quelltext des Programms ist für jeden einsehbar.[1]

Ein kompiliertes Programm kann nur auf Rechnern ausgeführt werden, deren Plattform (Prozessor/Betriebssystem-Kombination) die Maschinenbefehle versteht, die der Compiler erzeugt hat. Dafür kann der Code für die Plattform optimiert werden, ist aufgrund der Binärkodierung vor geistigem Diebstahl weitgehend geschützt und wird schneller ausgeführt, da kein Interpreter zwischengeschaltet werden muss.

1. Moderne »Interpreter«, wie sie beispielsweise für die Ausführung von Java-, C#- oder .NET-C++-Programmen verwendet werden, interpretieren daher vorkompilierte Programme und nennen sich JIT-Compiler (= »Just in time«-Compiler), weil sie die Programmausführung kaum verzögern.

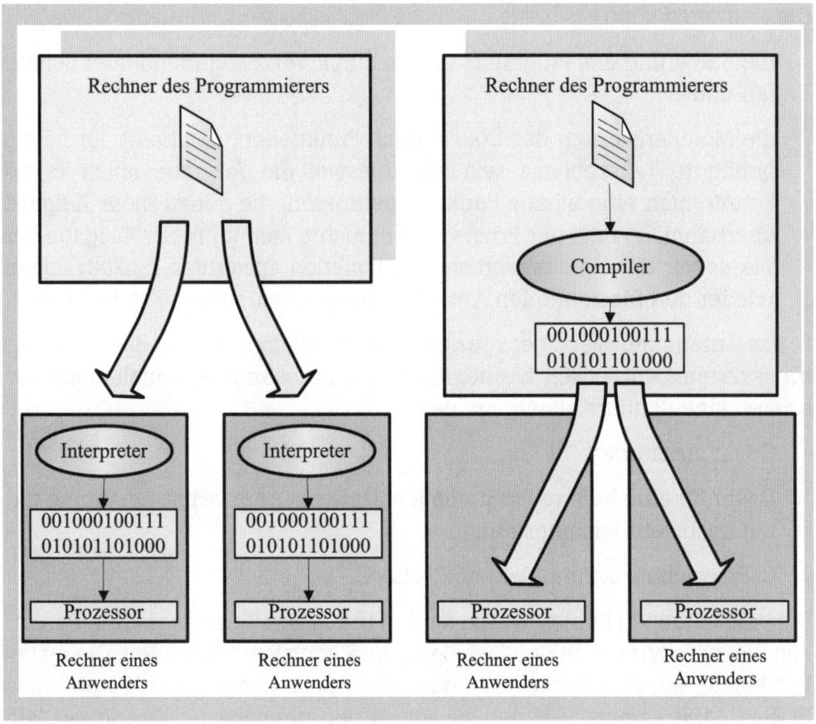

Abb. 1.1: Schematische Darstellung der Arbeit eines Interpreters und eines Compilers. (Beachten Sie, dass bei der Kompilierung das fertige Programm nur auf Rechnern ausgeführt werden kann, deren Architektur und Betriebssystemfamilie zu dem Rechner des Programmierers kompatibel sind.)

1.1.2 Die strukturierte Programmierung

Anfangs erlaubten die Programmiersprachen nur Programme, in denen die einzelnen Anweisungen, die der Computer bei Ausführung des Programms abarbeiten sollte, von oben nach unten im Programmquelltext angegeben werden mussten.

1. Tue dies
2. Tue das
3. Mache jetzt jenes
4. ...

Programmieranfänger dürfte dieses Prinzip begeistern, denn es ist leicht zu verstehen. Doch in der Praxis stellte sich damals bald heraus, dass diese Art der Programmierung ihre Grenzen hat: Einmal implementierte Teillösungen lassen sich schlecht wiederverwerten, größere Programme sind mangels Strukturierung sehr unübersichtlich. Abhilfe brachte hier die Entwicklung strukturierter Programmiersprachen wie Algol, Pascal oder C.

Diese unterstützten

- die Steuerung des Programmablaufs durch Verzweigungen oder Schleifen und
- die Modularisierung des Codes durch Funktionen, das heißt, für häufig benötigte Teilprobleme wie zum Beispiel die Ausgabe eines Textes konnte man eine eigene Funktion definieren, die genau diese Aufgabe übernahm. Im Rest des Programms brauchte man dann zur Ausgabe des Textes nur noch die entsprechende Funktion aufzurufen (anstatt immer wieder den Block mit den Anweisungen zur Textausgabe zu kopieren).

C, das Anfang der Siebziger speziell für die Implementierung des UNIX-Betriebssystems entwickelt wurde, nahm unter diesen Programmiersprachen schnell eine Sonderstellung ein, denn

- C war strukturiert,
- C war für eine höhere Programmiersprache sehr maschinennah und damit auch sehr leistungsfähig,
- C-Programme waren klein und schnell.

Die beiden letzten Punkte waren für den Erfolg von C entscheidend. Bedenken Sie, dass wir uns in den Siebzigern und Achtzigern befinden. Die ersten PCs kamen auf den Markt, 1976 der erste Apple-Computer, 1981 der erste IBM-PC. 1986 stellte IBM den AT vor, in der Standardausführung mit 265 KByte Arbeitsspeicher, 20 MByte Festplatte und einer Taktung von 6 MHz. Die Dimensionen dürften deutlich machen, worauf es zu diesen Zeiten bei der Programmierung ankam: Die Programme mussten klein sein (damit sie auf die Festplatte und in den Arbeitsspeicher passten) und sie mussten schnell sein, damit man trotz der (aus heutiger Sicht) langsamen Prozessoren vernünftig mit ihnen arbeiten konnte. Mit C konnte man Programme schreiben, die diese Anforderungen bestens erfüllten.

C-Programme waren schnell, weil sie kompiliert wurden und weil die Maschinennähe der Sprache es dem Compiler zudem leicht machte, den Quelltext in optimalen Maschinencode zu übersetzen.

Und C-Programme waren klein, weil die Sprache C auf Symbole und Operatoren setzte statt auf gut lesbare Befehle. Das Grundgerüst einer if-else-Verzweigung (die anhand einer Bedingung entscheidet, welcher von zwei Anweisungsblöcken auszuführen ist) umfasste in Pascal beispielsweise 29 Zeichen:

```
if Bedingung then begin
    Anweisungen
    end
else begin
    Anweisungen
end;
```

während C mit gerade einmal 12 Zeichen auskam:

```
if Bedingung {
     Anweisungen
} else {
     Anweisungen
}
```

Diese sehr kryptische, aber eben auch prägnante und Speicherplatz sparende Syntax hat C++ von C übernommen.

1.1.3 Chips sind billig, Programmierer teuer

Mit der rasanten Entwicklung im Hardwarebereich und dem Boom in der Software-Branche verschoben sich in den Neunzigern zunehmend die Ausgangsbedingungen. Die Rechner wurden immer schneller, die Speichermedien immer dichter – für Standard-Software lohnte es sich nicht mehr, tage-, ja wochenlang mit der Optimierung eines Programms zu verbringen, nur damit dieses noch einen Tick schneller lief oder einige KByte weniger Speicher belegte. Dafür wurden die Programme immer umfangreicher und damit auch immer unübersichtlicher und schwerer zu warten. In der Software-Branche begann man umzudenken. Designziele wie Schnelligkeit und Schlankheit der ausgelieferten Software traten hinter den Forderungen nach benutzerfreundlicher, leistungsfähiger Software und kostengünstiger Entwicklung und Wartung zurück. Allein mit strukturierter Programmierung war dies nicht mehr zu leisten, zu hinderlich war vor allem die unnatürliche Trennung von Daten und Funktionen. Diese Trennung wurde im objektorientierten Programmiermodell aufgehoben. Das objektorientierte Programmiermodell führte eine neue Form der Repräsentation von Daten und, darauf aufbauend, neue Techniken zur Strukturierung und Wiederverwertung von Code ein, ohne die moderne Software-Entwicklung kaum noch denkbar ist. Obwohl es schon sehr früh Programmiersprachen gab, die rein objektorientiert waren, begann der Siegeszug der objektorientierten Programmierung erst Mitte der Achtziger als Bjarne Stroustrup die Sprache C um objektorientierte Konzepte erweiterte und damit C++ aus der Taufe hob. C++ ist eine Übermenge von C, das heißt, man kann mit einem C++-Compiler nicht nur in C++ programmierte, objektorientierte Programme kompilieren, sondern auch ältere C-Programme. Dies war und ist sehr wichtig, denn schließlich gibt es große Mengen an bestehendem C-Code, der weiterhin gepflegt werden will.

Paradigmen moderner Programmiersprachen

Für den Prozessor besteht ein Programm aus einer Abfolge von Maschinenbefehlen. Heißt dies aber, dass auch die Quelltexte der verschiedenen Programmiersprachen aus einer Abfolge von Maschinenbefehlen bestehen müssen? Nein! Die höheren Programmiersprachen organisieren daher ihre Quelltexte in Konstrukten, die sich stärker am menschlichen Denken orientieren, und benutzen den Compiler oder Interpreter dazu, diese Konstrukte in Maschinenbefehle für den Prozessor umzuwandeln.

Die verschiedenen Modelle zur Strukturierung des Quelltextes bezeichnet man auch als *Paradigmen*. Das klassische Paradigma der imperativen Programmierung organisiert den Quelltext z.B. in Variablen und Funktionen. Die Variablen dienen zum Speichern von Daten und mit den Funktionen können die Daten manipuliert und bearbeitet werden. Diesem Paradigma gehören Sprachen wie C oder Pascal an. Die fertigen Programme sind sehr schlank und meist recht schnell in der Ausführung. Bei größeren Projekten ist es aber meist schwierig, die Übersicht zu behalten, welche Daten von welchen Funktionen in welcher Reihenfolge bearbeitet werden dürfen oder müssen.

An diesem Punkt setzt das Paradigma der objektorientierten Programmierung an. Es fasst zusammengehörende Daten und ihre verarbeitenden Funktionen zur höheren Organisationsform eines Objekts zusammen und beschreibt gleichartige Objekte in einer Klassendefinition.[1] (Ein OOP-Programm zur Berechnung von Rechtecken würde z.B. die Variablen `laenge` und `breite` sowie die Funktionen `BerechneUmfang()`, `BerechneInhalt()` zu einer Klasse `Rechteck` zusammenfassen und dann für jedes zu berechnende Rechteck ein Objekt der Klasse `Rechteck` erzeugen.)

Obwohl es beim Schreiben einer Klassendefinition mehr zu beachten gilt als beim Aufsetzen von ein paar Funktionen, lohnt sich der Mehraufwand, denn die anschließende Arbeit mit den Objekten ist viel einfacher und sicherer als die Arbeit mit den Funktionen. Aus diesem Grunde ist das objektorientierte Paradigma für größere Projekte weitaus besser geeignet als die imperative Programmierung. Dass objektorientierte Programme etwas umfangreicher und minimal langsamer als imperative Programme sind, spielt bei der Leistungsfähigkeit der heutigen Rechner meist keine Rolle mehr.

1. Einige objektorientierte Sprachen erlauben auch die direkte Definition von Objekten oder benutzen andere Begriffe, um die verschiedenen OOP-Konzepte zu bezeichnen.

1.1.4 Fassen wir zusammen

Sie haben nun bereits einiges über Herkunft und Konzeption der Sprache C++ erfahren. Wenn Sie bisher noch nie programmiert haben, werden Sie vielleicht erschrocken sein, weil Sie im Zuge der Ausführungen mit einer Vielzahl von Begriffen konfrontiert wurden, die Sie nur schwer einordnen oder verstehen konnten (Maschinencode, Compiler, Funktionen, Klassen, Objekte, Programmierparadigmen etc). Keine Sorge – bald werden Ihnen diese Begriffe so geläufig sein wie die ersten Zeilen aus Schillers Ballade »Die Bürgschaft«[1]. Im Moment sollten Sie nur Folgendes verstanden haben:

C++ setzt auf C auf und ist letzten Endes so etwas wie eine Überarbeitung und Erweiterung von C um objektorientierte Konzepte.[2]

Dies führte dazu, dass

- C++ eine Hybridsprache ist, in der man sowohl rein strukturiert (wie in C) als auch objektorientiert programmieren kann (und vermischen lassen sich beide Programmierstile natürlich auch).
- C++ die spartanische Syntax von C übernommen hat.
- C++ für etliche Programmieraufgaben (etwa die Arbeit mit Texten – oder »Strings«, wie es im Programmierjargon heißt) doppelte Lösungen anbietet: einmal die von C geerbte Lösung und dann noch die eigene, objektorientierte Lösung.
- C++ ein wahres Ungetüm von Programmiersprache ist: enorm leistungsfähig und vielseitig, aber gerade deshalb auch sehr unübersichtlich. Eine Sprache, die für jeden Programmierer zugleich Segen wie Fluch sein kann.

1. Sollten Sie die »Bürgschaft« noch nicht gelesen haben, holen Sie dies unbedingt nach. Programmieren ist ein Spass, humanistische Bildung eine Muss.

2. Tatsächlich ist jeder gute C++-Compiler auch in der Lage, (nahezu) beliebigen C-Code zu übersetzen. (Es gibt nur ganz wenige Punkte, in denen C++ die von C übernommene Syntax und Semantik verändert hat.) Umgekehrt gab es in der Übergangszeit – und gibt es wohl auch heute noch – nicht wenige Programmierer, die in C++ mehr oder weniger guten, alten C-Code schrieben.

1.2 Von der Idee zum fertigen Programm

Die Entwicklung von Programmen läuft unabhängig von der verwendeten Sprache üblicherweise nach dem folgenden Muster ab:

1. Man hat ein Problem, eine Idee, eine Aufgabe, zu deren Lösung man einen Computer einsetzen möchte.

So könnten Sie zum Beispiel daran interessiert sein, aus einem Betrag den Mehrwertsteueranteil herauszurechnen.

2. Als Nächstes wird die Aufgabe als Algorithmus, also als eine Folge von Befehlen in natürlicher Sprache formuliert. Größere Probleme werden dabei in Teilaufgaben und Teilaspekte aufgeteilt. (Ob der Algorithmus tatsächlich auf dem Papier oder nur im Kopf des Programmierers entwickelt wird, hängt von der Komplexität der Aufgabe und der Genialität des Programmierers ab.)

Unser Algorithmus ist recht einfach und besteht aus vier Teilaufgaben:

- *den Gesamtbetrag vom Benutzer abfragen*
- *den Gesamtbetrag in das Programm einlesen*
- *den Anteil der Mehrwertsteuer berechnen*
- *das Ergebnis ausgeben*

3. Der Algorithmus wird vom Programmierer in die Anweisungen einer Programmiersprache umgesetzt. Dies ergibt den sogenannten Quelltext oder Quellcode.

Der Quelltext unseres kleinen Beispielprogramms könnte etwa wie folgt aussehen:[1]

```
#include <iostream>
#include <string>
using namespace std;

int main()
{
   double preis;
   double mwst;

   cout << endl;
```

1. Vermutlich wird Ihnen dieser Code vollkommen unverständlich erscheinen. Machen Sie sich darüber keine Gedanken. Zum einen ist der Code schon recht komplex, zum anderen geht es hier ja nicht darum, dass Sie das Beispiel nachstellen, sondern nur darum, dass Sie einmal einen C++-Quelltext gesehen haben.

```
    // 1. Eingabe von Benutzer anfordern
    cout << " Geben Sie den Preis ein: ";

    // 2. Eingabe einlesen
    cin >> preis;

    // 3. Mehrwertsteueranteil berechnen
    mwst = 0.19 * preis / 1.19;

    // 4. Berechneten Mehrwertsteueranteil ausgeben
    cout << " In dem Preis sind " << mwst
         << " Euro Mehrwertsteuer enthalten." << endl;

    cout << endl;
    return 0;
}
```

4. Dieser Quelltext muss dann durch ein spezielles Programm, den *Compiler*, in Maschinenanweisungen (Binärcode) übersetzt werden, die das eigentliche Herz des Computers – der Prozessor – versteht und ausführen kann. Das Ergebnis ist eine ausführbare Datei (eben ein Programm), die unter Microsoft Windows standardmäßig die Dateierweiterung *.exe* trägt.
5. Das ausführbare Programm kann auf jedem Rechner, dessen Prozessor den erzeugten Maschinencode versteht, gestartet werden.

Was genau ist ein Programm?

Die noch in Deutsch formulierten Befehle? Die in C++ formulierten Befehle? Oder die binär kodierten Maschinenanweisungen? Im weitesten Sinne können Sie in allen drei Fällen von Ihrem Programm reden. Wenn Sie es dagegen genau nehmen wollen, bezeichnen Sie die noch in Ihrer Muttersprache aufgesetzte Befehlsfolge als *Algorithmus*, die in C++ formulierte Version des Algorithmus als Quelltext Ihres Programms und erst den vom Compiler erzeugten Maschinencode als Ihr ausführbares Programm.

1.3 Näher hingeschaut: der C++-Compiler

Ich muss noch einmal auf den C++-Compiler zurückkommen, der unsere C++-Quelltexte übersetzt. Nicht nur weil er ein gestrenger Lehrer ist, auf den man Novizen vorbereiten muss, sondern auch, weil mit seiner Arbeit ein wichtiges C++-Konzept verbunden ist: das der Deklaration.

Lesen Sie sich die folgenden Ausführungen entspannt durch. Sie müssen nicht auf Anhieb alles verstehen, aber Sie sollten sich unbedingt mit den angesprochenen Konzepten schon einmal grob vertraut machen. Wenn Sie dann in den weiteren Kapiteln mit den besagten Konzepten nochmals konfrontiert werden, bringen Sie bereits grundlegende Vorkenntnisse mit und wissen, dass Sie hier bei Bedarf noch einmal nachlesen können.

1.3.1 Der Compiler ist ein strenger Lehrer

Bevor der Compiler eine Quelltextdatei übersetzen kann, muss er diese analysieren. Dabei prüft er auch gleich, ob die Syntax korrekt ist und die einzelnen Bausteine richtig verwendet wurden. Bei der kleinsten Ungenauigkeit verweigert er die Arbeit und gibt eine Fehlermeldung aus – was ihn bei Anfängern nicht gerade beliebt macht.

Trotzdem ist der Compiler nicht Ihr Feind. Betrachten Sie ihn vielmehr als strengen, aber gerechten Kritiker, der nur das Beste für Ihr Programm will.

TIPP

> Wenn Sie beim Kompilieren Fehlermeldungen angezeigt bekommen, kümmern Sie sich zunächst nur um die erste Fehlermeldung. Nachdem Sie den zugehörigen Fehler korrigiert haben, kompilieren Sie den Quelltext neu. Nicht selten verschwinden dann auch nachfolgende Fehlermeldungen, bei denen es sich um Folgefehler handelte.

Oben wurde bereits erwähnt, dass der Compiler nicht nur prüft, ob die Syntax korrekt ist, sondern auch, ob die einzelnen Bausteine ihrer Bestimmung gemäß verwendet werden. Dies wirft die Frage auf, woher der Compiler denn weiß, wie die Bausteine korrekt verwendet werden?

Nun, in einem C++-Quelltext gibt es grundsätzlich drei Gruppen von Bausteinen:

- Schlüsselwörter wie `if`, `class` oder `for`
- symbolische Zeichen wie `+`, `::` oder `//`
- Elemente, die der Programmierer definiert (oder die aus einer Bibliothek stammen)

Die beiden ersten Gruppen sind fest in der Sprache verankert, sodass es logisch ist, dass ein C++-Compiler weiß, wie die Elemente dieser Gruppen zu verwenden sind. Der Vorrat an diesen Elementen ist allerdings so klein, dass man damit kein sinnvolles Programm schreiben kann. Der C++-Programmierer ist also darauf angewiesen, dass er neue Elemente einführt: beispielsweise Variablen, in denen er Daten abspeichern kann, oder Funktionen, mit denen er Daten bearbeiten kann, oder neue Datentypen, die beschreiben, welche Art von Daten das Programm verarbeiten soll. Die folgenden Beispiele sollen Ihnen einen ersten Eindruck davon geben, wie diese Definitionen aussehen:

- Variablen – zum Zwischenspeichern von Daten:

  ```
  int eineVar;
  ```

- Datentypen – zur Repräsentation neuer Arten von Daten, hier z.B. zweidimensionale Koordinatenangaben:

  ```
  struct Koordinate
  {
     int x;
     int y;
  };
  ```

- Funktionen (oder Memberfunktionen) – zur Lösung bestimmter Aufgaben oder Teilprobleme, z.B. die Addition zweier Zahlen:

  ```
  int Addieren(int wert1, int wert2)
  {
      int summe;

      summe = wert1 + wert2;

      return summe;
  }
  ```

1.3.2 Definition und Deklaration

In C++ muss jedes neu eingeführte Element definiert und deklariert werden. Die Definition ist eine vollständige Beschreibung des Elements, auf ihrer Basis wird das Element später erzeugt. Eine Deklaration ist ebenfalls eine Beschreibung, die allerdings nur die Informationen enthält, die der Compiler benötigt, um die korrekte Verwendung des Elements sicherstellen zu können.

Der folgende C++-Code definiert z.B. eine Funktion, die zwei ganze Zahlen addiert und die Summe als Ergebnis zurückliefert.

```
int Addieren(int wert1, int wert2)
{
    int summe;

    summe = wert1 + wert2;

    return summe;
}
```

Die Funktion hat den Namen `Addieren` und übernimmt als Parameter zwei Werte vom Typ `int` (dem C++-Datentyp für ganze Zahlen). Als Ergebnis liefert die Funktion einen `int`-Wert (den Inhalt der Variablen `summe`) zurück. Der Code zwischen den geschweiften Klammern { und } gibt an, welche Operationen ausgeführt werden sollen, wenn die Funktion aufgerufen wird. Ein solcher Aufruf sähe dann beispielsweise so aus:

```
int ergebnis;
ergebnis = Addieren(1, 7);     // liefert 8 zurück
```

Die reine Deklaration der Funktion `Addieren` ist etwas kürzer als die Definition:

```
int Addieren(int, int);
```

Sie gibt an, dass die Funktion `Addieren` heißt, zwei `int`-Werte als Parameter übernimmt und einen `int`-Wert zurückliefert. Diese Angaben genügen dem Compiler, um die gewünschte Verwendung sicherzustellen. So kann er z.B. verifizieren, dass der obige Aufruf korrekt ist, denn der Name der Funktion wurde richtig geschrieben, es wurden zwei ganze Zahlen als Parameter übergeben und das Ergebnis wurde in einer `int`-Variablen gespeichert. Was genau die Funktion macht (Inhalt zwischen geschweiften Klammern) oder wie die Parameter der Funktion heißen (hier `wert1` und `wert2`), ist zur Überprüfung der korrekten Verwendung unerheblich.

Zur Verwendung von benutzerdefinierten Elementen gibt es in C++ daher zwei wichtige Regeln:

MERKSATZ

Jedes Element, das in einer Quelltextdatei verwendet wird, muss dem Compiler zuvor per Deklaration bekannt gemacht werden (wobei eine Definition die Deklaration einschließt).

MERKSATZ

In einem C++-Programm darf kein Element mehr als einmal definiert werden. (Stellen Sie sich nur einmal vor, es gäbe in einem Programm zwei Funktionen namens `Addieren()`. Woher sollte der Compiler dann wissen, welche dieser Funktionen er ausführen lassen soll, wenn er auf den Namen `Addieren` trifft.)

Was bedeutet dies für Ihre Programmierarbeit?

Bei kleineren Programmen, die nur aus einer Quelltextdatei bestehen, müssen Sie lediglich darauf achten, dass Sie die Elemente zuerst definieren und dann verwenden.

Wenn Ihre Programme aus mehreren Quelltextdateien bestehen und Sie ein Element in mehreren Quelltextdateien verwenden möchten, müssen Sie das

Element in einer Quelltextdatei definieren und in allen anderen, in denen es verwendet wird, deklarieren – dabei hilft Ihnen das Konzept der Headerdateien.

1.3.3 Das Konzept der Headerdateien

Bestimmte Elemente benötigt man bei der Programmierung immer wieder: beispielsweise Elemente zum Ausgeben von Daten auf den Bildschirm oder zum Berechnen von Sinus und Kosinus oder zum Öffnen von Dateien auf der Festplatte. Damit man diese Elemente nicht jedes Mal neu definieren muss, werden Sie einmalig als Bibliothek kompiliert und dann bei Bedarf immer wieder verwendet.

Als C++-Programmierer steht Ihnen von vorneherein eine Bibliothek mit Grundfunktionen zur Verfügung, über die jeder C++-Compiler verfügt: die C++-Standardbibliothek. Manche Compiler stellen noch weitere Bibliotheken zur Verfügung, andere Bibliotheken kann man zukaufen und natürlich können Sie auch eigene Bibliotheken erstellen.

Wann immer Sie aber ein Element aus einer Bibliothek verwenden möchten, müssen Sie zuvor die Deklaration des Elements in Ihre Quelltextdatei einfügen, damit der Compiler das Element akzeptiert. Da dies schnell zu einer sehr mühseligen und lästigen Aufgabe werden kann, stellen fast alle C++-Bibliotheken sogenannte Headerdateien zur Verfügung. Dies sind C++-Quelltextdateien mit der Extension *.h* (oder *.hpp*), in denen einfach nur die Deklarationen zu den Elementen der Bibliothek stehen. Größere Bibliotheken bieten sogar mehrere Headerdateien an, wobei jede Headerdatei einem bestimmten Aufgabengebiet (z.B. Ein- und Ausgabe oder mathematische Funktionen oder Dateioperationen) gewidmet ist.

Wenn Sie ein Element einer solchen Bibliothek verwenden möchten, müssen Sie nur den Inhalt der Headerdatei in den Anfang Ihrer Quelltextdatei einkopieren. Erfreulicherweise gibt es hierfür sogar einen Befehl, den der Compiler ausführen kann – die sogenannte Präprozessor-Direktive `#include`:

```
#include <iostream>
#include "Statistik.h"
```

Steht der Dateiname wie in der ersten Zeile in spitzen Klammern, sucht der Compiler die angegebene Datei in seinem Include-Pfad (Einstellung des Compilers). Steht der Dateiname in Hochkommata (zweite Zeile) sucht der Compiler relativ zum aktuellen Verzeichnis.

Tabelle 1.1 stellt Ihnen einige Headerdateien der C++-Standardbibliothek vor.

Tabelle 1.1: Wichtige Headerdateien der C++-Standardbibliothek

Headerdatei	**Funktionalität**
`<iostream>`	Ein- und Ausgabe
`<string>`	Die Klasse `string` zur Programmierung mit Zeichenfolgen (»Strings« genannt)
`<cstdlib>`	Von C übernommene Headerdatei mit verschiedenen nützlichen Funktionen
`<cmath>`	Von C übernommene Headerdatei mit mathematischen Funktionen
`<ctime>`	Von C übernommene Headerdatei mit Funktionen zur Verarbeitung von Zeit- und Datumsangaben

C++ hat die Standardbibliothek von C übernommen und erweitert. Die Headerdateien gibt es daher in zwei Versionen: der neuen C++-Fassung und der alten C-Fassung. Die Namen der C++-Fassung lauten wie die C-Fassung, allerdings mit vorangestelltem `c` und ohne nachgestellter *.h*-Extension. Das C++-Pendant zu *math.h* heißt demnach *cmath*. Grundsätzlich sollten Sie die C++-Versionen verwenden. Beachten Sie aber, dass in diesen Headerdateien alle Elemente in den Namespace (Namensraum) `std` eingebunden sind. Sie müssen daher unter den `#include`-Direktiven die Anweisung `using namespace std;` einfügen.

1.3.4 Namensräume

Ebenso wie das Konzept der Headerdateien hat auch das Konzept der Namensräume weniger mit der eigentlichen Programmierung als vielmehr mit der Organisation von Code zu tun, genauer gesagt mit der Vermeidung und Lösung von Namenskonflikten. Das Grundproblem ist schnell skizziert:

Ein Programmierer hat im Quelltext seines Programms ein Element, sagen wir eine Klasse, namens `X` definiert. Dann bindet er per `#include`-Direktive eine weitere Headerdatei ein, um neue Bibliothekselemente verfügbar zu machen, muss aber beim Kompilieren feststellen, dass die Bibliothek ebenfalls ein Element namens `X` definiert. Er könnte nun seine eigene Klasse umbenennen oder auf die Bibliothek verzichten oder eine Kopie der Headerdatei anlegen und aus dieser die `X`-Deklaration entfernen (sofern das Bibliothekselement `X` nicht gerade dasjenige Element ist, welches er benutzen möchte). Wirklich befriedigend ist jedoch keine dieser Lösungen. Deswegen wurde zur Lösung solcher Namenskonflikte, die im Übrigen auch auftreten können, wenn mehrere Programmierer gemeinsam an einem Programm arbeiten und zum Abschluss ihre Quelltextdateien zusammenführen, das Konzept der Namensräume eingeführt.

Namensräume werden mit dem Schlüsselwort namespace definiert:

```
namespace demospace
{
   class X
   {
      // ...
   };
}
```

Alle Elemente, die in einem solchen Namensraum definiert sind, können fortan nicht mehr allein über ihren Namen, sondern nur über den um den Namensraum erweiterten Namen, den sogenannten vollqualifizierten Namen, angesprochen werden:

```
demospace::X
```

Auf diese Weise kann der Compiler problemlos zwischen gleichnamigen Elementen aus verschiedenen Namensräumen unterscheiden. (Wobei alle Elemente, die auf Dateiebene, aber außerhalb jeglichen Namensraums definiert sind, dem sogenannten globalen Namensraum angehören.)

Das Konzept der Namensräume gleicht dem Konzept der Verzeichnisse. Innerhalb eines Verzeichnisses können Sie keine zwei Dateien mit dem gleichen Namen ablegen. Wenn Sie die Dateinamen beibehalten wollen, müssen Sie die Dateien auf unterschiedliche Verzeichnisse verteilen und beim Zugriff jeweils den Verzeichnisnamen angeben.

Der folgende Code demonstriert, wie Sie auf die Elemente der C++-Standardbibliothek zugreifen können, die im Namensraum std definiert sind. Den Namen der Elemente wird dabei mit Hilfe des ::-Operators der Namensraum-Bezeichner vorangestellt:

```
#include <iostream>
#include <string>

int main()
{

   std::string gruss;

   gruss = "Hallo Welt!";
   std::cout << gruss << std::endl;

   return 0;
}
```

So nützlich die vollqualifizierten Namen zur Vermeidung von Namenskonflikten sind, so lästig sind sie, wenn es gar keine Namenskonflikte gibt. C++

erlaubt daher in solchen Fällen die gesamten Namen aus einem Namensraum zu importieren:

```
#include <iostream>
#include <string>
using namespace std;
```

Die obige using-Deklaration importiert die Namen aus dem Namensraum std, sodass die zugehörigen Elemente im weiteren Quelltext über ihren einfachen Namen angesprochen werden können.

Wenn Sie in einem C++-Programm ausschließlich die alten C-Header einbinden (z.B. #include <stdio.h>), streichen Sie die using-Deklaration. Gleiches gilt, wenn Sie mit älteren C++-Compilern arbeiten, deren Standardbibliothek und Headerdateien ebenfalls noch keinen Namensraum std kennen.

1.3.5 Der Compiler bei der Arbeit

Abb. 1.2: Erstellung eines C++-Programms

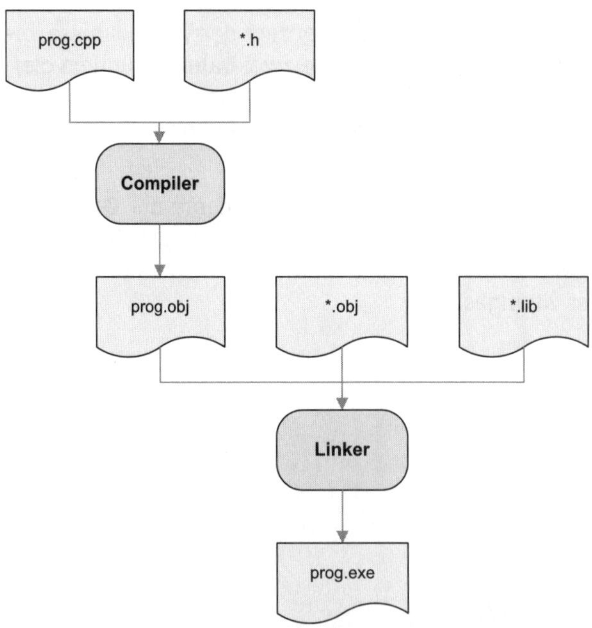

Wenn Sie den Compiler zur Übersetzung einer cpp-Quelltextdatei aufrufen, sucht der Compiler zuerst alle zugehörigen Headerdateien zusammen, denn die cpp-Quelltextdatei kann nur mit den Headerdateien zusammen übersetzt werden. Die Kombination aus cpp-Quelltextdatei und allen ihren Headerdateien bezeichnet man daher auch als *Übersetzungseinheit*.

Alles zusammen wird dann übersetzt. Das Ergebnis ist eine *Objektdatei*. Die Objektdatei enthält bereits binär kodierten Maschinencode, ist aber noch nicht ausführbar.

Wenn Sie den Compiler nicht nur angewiesen haben, die cpp-Quelltextdatei zu übersetzen, sondern aus der Quelltextdatei auch gleich ein ausführbares Programm zu erstellen, wird in einem zweiten Schritt die Objektdatei mit dem Code der benutzten Bibliotheken sowie etwaigen weiteren Objektdateien (falls der Quelltext des Programms auf mehrere Quelltextdateien verteilt wurde) zur ausführbaren exe-Datei, dem eigentlichen Programm, zusammengebunden. Für das Zusammenbinden der Objektdateien sorgt allerdings nicht der Compiler, sondern ein weiteres Hilfsprogramm: der sogenannte *Linker*. Meist wird dieser Linker allerdings automatisch nach der eigentlichen Übersetzung vom Compiler aufgerufen, sodass der Programmierer mit dem Linker relativ wenig zu tun hat (außer der Linker beschwert sich, dass es in dem Quelltext des Programms uneindeutige, weil doppelt oder mehrfach definierte Elemente gibt).

1.3.6 ANSI und die Compiler-Wahl

Es gibt zahlreiche C++-Compiler und es liegt mir fern, Ihnen vorzuschreiben, mit welchem Compiler Sie arbeiten sollen. Wenn Sie mit einem Windows-Betriebssystem arbeiten, werden Sie vielleicht den Visual C++-Compiler benutzen wollen, der sich auf der Buch-DVD befindet. Linux-Anwender werden wohl hingegen den GNU-Compiler präferieren, der auf vielen Linux-Systemen vorinstalliert ist. Für die Ausführungen in diesem Buch und das Erlernen von C++ ist es dabei glücklicherweise ganz egal, welchen Compiler Sie verwenden. Und dies verdanken wir dem American National Standard Institute, kurz ANSI.

Im Jahre 1998, dreizehn Jahre nach ihrer Einführung, wurde die Sprache C++ offiziell standardisiert (zunächst ANSI später auch ISO) und mit einer umfangreichen Standardbibliothek ausgestattet. Ziel dieser Standardisierung war und ist es, die Entwicklung von unterschiedlichen C++-Dialekten durch die Compiler-Bauer[1] zu verhindern. Seitdem gibt es keine guten und schlechten C++-Compiler mehr, sondern nur noch ANSI-kompatible und nicht kompatible.

Erfreulich ist, dass heute das Gros der modernen C++-Compiler ausnahmslos ANSI-kompatibel ist. Einige Compiler bieten zwar syntaktische Erweite-

1. Insbesondere Microsoft tendiert dazu, die verschiedenen Programmiersprachen, für die das Software-Haus Compiler anbietet, um neue und abweichende Syntaxformen zu erweitern, die dann ausschließlich von den passenden Microsoft-Compilern verstanden und unterstützt werden. Angeblich dient dies alles dazu, dem Programmierer die Arbeit zu erleichtern, faktisch bindet es den Programmierer aber vor allem an den Microsoft-Compiler.

rungen an, so z.B. der Visual C++-Compiler von Microsoft, erlauben aber auch die Erstellung reinen ANSI-C++-Codes.

Für den Programmierer hat die Beschränkung auf reines ANSI-C++ einen gewichtigen Vorteil: Er ist nicht an einen speziellen Compiler gebunden, sondern kann seine Quelltexte jederzeit, auf jeder Plattform[1] mit jedem beliebigen ANSI-kompatiblen Compiler kompilieren und erstellen. Oder übertragen auf dieses Buch: Den ANSI-C++-Code aus diesem Buch können Sie mit jedem beliebigen ANSI-kompatiblen Compiler nachvollziehen.

Hinweise zu Installation und Bedienung der Compiler finden Sie in Kapitel 2 und im Anhang

1.4 Übungen

1. Falls Sie es noch nicht getan haben, installieren Sie jetzt auf Ihrem Rechner Visual C++ oder einen anderen Compiler, siehe Hinweise im Anhang zur Buch-DVD.

1. Kombination aus Prozessor und Betriebssystem.

Kapitel 2

jetzt lerne ich

Das erste Programm

Nun ist es endlich so weit! Wir werden unser erstes C++-Programm erstellen.

Sie lernen in diesem Kapitel,

- wie das Grundgerüst eines typischen C++-Programms aussieht,
- aus welchen typischen Elementen ein C++-Programm aufgebaut ist,
- wie man C++-Programme kompiliert und ausführt.

2.1 Hallo Welt! – das Programmgerüst

Es gibt eine Reihe von typischen Programmelementen, die man in so gut wie jedem C++-Programm wiederfindet. Diese Elemente werden wir uns jetzt einmal näher anschauen.

Bevor ich Ihnen die Programmelemente im Einzelnen vorstelle, sollten wir jedoch einen Blick auf den vollständigen Quelltext des Programms werfen. Wenn Sie bereits über etwas Programmiererfahrung verfügen, werden Sie das Programm womöglich sogar wiedererkennen: Es ist eine Adaption des klassischen »Hello World«-Programms aus der C-Bibel von Kernighan und Ritchie.

Listing 2.1: Das erste Programm (aus HalloWelt.cpp)

```
/*****************************************************
 * Hallo Welt-Programm
 *
 * gibt einen Gruss auf den Bildschirm aus
 */

#include <iostream>
using namespace std;

int main()
{
   cout << "Hallo Welt!" << endl;

   return 0;
}
```

Packen Sie jetzt bitte Ihr Sezierbesteck aus und schärfen Sie Ihren Verstand. Wir beginnen mit der Analyse.

> C++ unterscheidet streng zwischen Groß- und Kleinschreibung. Beachten Sie dies, wenn Sie in Abschnitt 2.2 den Quelltext in Ihren Editor eingeben.

2.1.1 Typischer Programmaufbau

Die landläufige Vorstellung von einem Programm ist gemeinhin eine Folge von Anweisungen, die vom Rechner nacheinander ausgeführt werden. Blickt man aber in die Quelltextdatei eines beliebigen C++-Programms, offenbart sich ein ganz anderes Bild.

Tatsächlich bestehen C++-Programme aus:

- Kommentaren
- Präprozessor-Direktiven
- Namensräumen
- Deklarationen und Definitionen
- einer Eintrittsfunktion namens `main()`

Natürlich gibt es auch Anweisungen, doch existieren diese nur als untergeordnete Elemente in den Definitionen der Funktionen!

Listing 2.2: Die typischen Elemente eines C++-Programms

```
/****************************************************
 * Hallo Welt-Programm           // mehrzeiliger Kommentar
 *
 * gibt einen Gruss auf den Bildschirm aus
 */

#include <iostream>              // Präprozessor-Direktive
using namespace std;             // Namensraum-Einbindung

int main()                       // Definition der Eintrittsfunktion
{
   cout << "Hallo Welt!" << endl;

   return 0;
}
```

Das Verhältnis aus Anweisungen (in Listing 2.2 fett hervorgehoben) und Elementen, die vornehmlich der Organisation des Quelltextes dienen (Präprozessor-Direktiven, Definitionen etc.), ist nicht immer so drastisch wie in diesem HalloWelt-Programm. Doch eines können und sollten Sie aus diesem Beispiel bereits ablesen: Programmierung hat auch viel mit Codeorganisation zu tun!

Bei der C++-Programmierung – wie im Übrigen bei der Programmierung mit jeder modernen Programmiersprache – genügt es nicht sich zu überlegen, welche Anweisungen in welcher Reihenfolge zur effizienten Erledigung einer Aufgabe benötigt werden (Algorithmus). Sie müssen sich auch Gedanken darüber machen, wie Sie Ihren Quelltext organisieren.

Fürs Erste werden wir die Codeorganisation so einfach wie möglich halten. Konkret bedeutet dies, dass wir während unserer ersten Gehversuche mit C++ einfach unsere gesamten Anweisungen in die `main()`-Funktion schreiben werden.

Wo aber kommt diese `main()`-Funktion her? Und welche Bedeutung haben die anderen Elemente des Grundgerüsts aus Listing 2.2?

2.1.2 Die Eintrittsfunktion main()

Wenn Sie ein C++-Programm aufrufen, wird der Code des Programms in den Arbeitsspeicher geladen und vom Prozessor ausgeführt. Doch mit welchem Code beginnt die Ausführung des Programms?

Per Konvention beginnen C++-Programme immer mit einer Funktion namens `main()`. Wenn Sie einen Quelltext zu einer *.exe*-Datei kompilieren lassen, generiert der Compiler automatisch Startcode, der dafür sorgt, dass die Programmausführung mit der ersten Anweisung in `main()` beginnt.

Ihre Aufgabe ist es daher, in Ihrem Programmquelltext eine passende `main()`-Eintrittsfunktion zu definieren:

```
int main()
{
   // hier können Sie eigenen Code einfügen

   return 0;
}
```

Was diese Definition im Einzelnen zu bedeutet hat, werden Sie erst in Kapitel 6 erfahren, wenn wir uns intensiver mit der Definition von Funktionen beschäftigen. Bis dahin ist nur eines wichtig: Sie dürfen den Definitionscode nicht verändern, da die Funktion sonst nicht mehr vom Compiler als Eintrittsfunktion erkannt wird.

Wenn Sie also das `int` vergessen oder den `return`-Befehl falsch schreiben oder versuchen, die Funktion von `main()` in `start()` umzutaufen, so werden Sie dafür bei der Programmerstellung entsprechende Fehlermeldungen ernten. Und achten Sie auch auf die Groß- und Kleinschreibung. Für C++ sind `main` und `Main` nicht zwei Schreibweisen eines Namens, sondern ganz klar zwei verschiedene Namen!

> C++ unterscheidet strikt zwischen Groß- und Kleinschreibung!

Ich sollte allerdings noch erwähnen, dass es eine zweite Variante für die Definition der Eintrittsfunktion `main()` gibt:

```
int main(int argc, char *argv[])
{
   // hier können Sie eigenen Code einfügen

   return 0;
}
```

Ja, manche Compiler erlauben sogar noch weitere Varianten. Grundsätzlich sollten Sie sich aber auf die beiden obigen Varianten beschränken, da nur so sichergestellt ist, dass sich Ihr Programm mit jedem ANSI-kompatiblen Compiler übersetzen lässt.

> Wenn Sie den Compiler anweisen, aus einem Quelltext, der keine korrekt definierte `main()`-Eintrittsfunktion enthält, ein *.exe*-Programm zu erzeugen, werden Sie am Ende des Erstellungsprozesses vom Linker eine Fehlermeldung erhalten, dass die im Startcode referenzierte `main()`-Funktion nicht gefunden werden konnte.

2.1.3 Die Anweisungen

Innerhalb der geschweiften Klammern unserer `main()`-Funktion können wir nun endlich die Anweisungen aufsetzen, die bei Start des Programms ausgeführt werden sollen. Im Falle unseres ersten Beispielprogramms bescheiden wir uns mit einer einzigen Zeile, die den Text »Hallo Welt!« ausgeben soll.

```
int main()
{
   cout << "Hallo Welt!" << endl;

   return 0;
}
```

Was bewirkt die obige Anweisung? Zunächst muss man wissen, dass `cout` ein vordefiniertes Objekt ist, welches die Konsole repräsentiert.

Die Konsole ist ein spezielles Programm des Betriebssystems (siehe Kasten), über das der Anwender Befehle ans Betriebssystem schicken kann. Für uns als Programmierer ist sie interessant, weil wir sie zum Datenaustausch zwischen unseren Programmen und den Anwendern nutzen können. Wir ersparen uns also den Aufbau einer eigenen Benutzeroberfläche und können uns ganz auf den reinen C++-Code konzentrieren.

Die Konsole

Die meisten PC-Benutzer, vor allem Windows- oder KDE-Anwender, sind daran gewöhnt, dass die Programme als Fenster auf dem Bildschirm erscheinen. Dies erfordert aber, dass das Programm mit dem Fenstermanager des Betriebssystems kommuniziert und spezielle Optionen und Funktionen des Betriebssystems nutzt. Programme, die ohne fensterbasierte, grafische Benutzeroberfläche (GUI = graphical user interface) auskommen, können hierauf jedoch verzichten und stattdessen die Konsole zum Datenaustausch mit dem Benutzer verwenden.

Die Konsole ist eine spezielle Umgebung, die dem Programm vorgaukelt, es lebe in der guten alten Zeit, als es noch keine Window-Systeme gab und immer nur ein Programm zurzeit ausgeführt werden konnte. Dieses Programm konnte dann uneingeschränkt über alle Ressourcen des Rechners verfügen – beispielsweise die Tastatur, das wichtigste Eingabegerät, oder auch den Bildschirm, das wichtigste Ausgabegerät. Der Bildschirm war in der Regel in den Textmodus geschaltet, wurde also nicht aus Pixelreihen, sondern aus Textzeilen aufgebaut.

Unter Windows heißt die Konsole MS-DOS-Eingabeaufforderung oder auch nur Eingabeaufforderung und kann je nach Betriebssystem über START/PROGRAMME oder START/PROGRAMME/ZUBEHÖR aufgerufen werden.

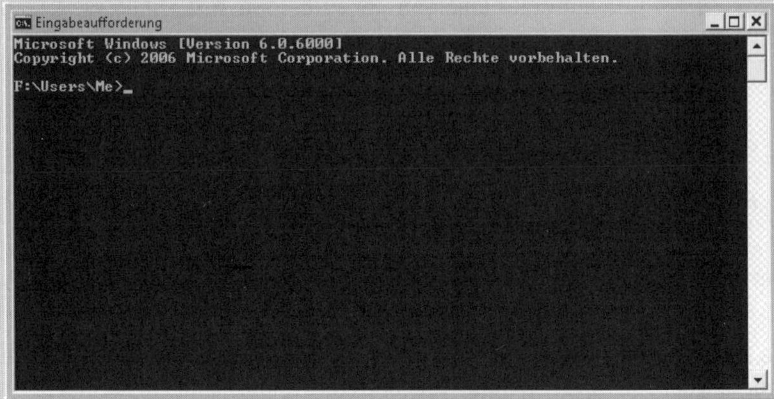

Abb. 2.1: Die Konsole von Windows Vista

Damit wir innerhalb eines Programms auf die Konsole zugreifen können, muss es im Programmcode aber ein Element geben, welches die Konsole repräsentiert. Dieses Element ist wie gesagt `cout`.

Allerdings handelt es sich bei `cout` nicht um ein Element, das fest in die Sprache integriert es. Vielmehr verbirgt sich hinter `cout` ein Objekt, das im Code der C++-Standardbibliothek definiert ist. Gleiches gilt im Übrigen auch für den Operator <<, der Ausgaben an `cout` schickt, sowie `endl`, das in der Ausgabe einen Zeilenumbruch (**end**-of-**l**ine = Zeilenende) erzeugt.

Unsere Anweisung schickt also zuerst mit Hilfe des <<-Operators den Text `Hallo Welt!` und dann noch einen Zeilenumbruch (`endl`) zur Konsole (`cout`):

```
cout << "Hallo Welt!" << endl;
```

Zwei Punkte an diesem Code bedürfen noch einer besonderen Erwähnung:

Texte, die ein Programm verarbeitet, werden auch als *Strings* bezeichnet und stehen in Anführungszeichen `""`, damit der Compiler sie vom Programmcode unterscheiden kann.

Anweisungen dürfen in C++ nur innerhalb von Funktionen stehen und müssen mit einem Semikolon abgeschlossen werden.

2.1.4 Headerdateien

Erinnern Sie sich, was in Kapitel 1 über die Verwendung von Elementen gesagt wurde, die nicht in die Sprache integriert sind: Sie müssen im Programmcode einmal definiert und in jeder Quelltextdatei, in der sie verwendet werden, deklariert werden.

Wie sieht es also mit der Definition aus? Die Definition von `cout`, << und `endl` findet sich im Code der C++-Standardbibliothek. Dieser Code wird bei der Programmerstellung vom Linker automatisch mit Ihrem Code zur ausführbaren *.exe*-Datei verbunden. Wir müssen uns um diesen Teil nicht weiter kümmern. (Außer der Compiler wäre nicht korrekt konfiguriert und findet die Bibliotheksdateien nicht. Diese stehen übrigens meist in einem Verzeichnis *lib* und der Pfad zu diesem Verzeichnis kann über die Compiler-Optionen eingestellt werden.)

Bleibt noch die Deklaration. Da wir `cout`, << und `endl` in unserer Quelltextdatei *HalloWelt.cpp* verwenden, müssen wir die Elemente dem Compiler auch in dieser Datei bekannt machen. Wir könnten dazu so vorgehen, dass wir in der Fachliteratur, der Bibliotheksdokumentation oder – soweit vorhanden – gar direkt im Quelltext der Bibliothek nachschlagen, wie die betreffenden Bibliothekselemente definiert sind, und uns daraus die Deklarationen ableiten, die wir dann über `main()` in den Quelltext einfügen.

Sie werden mir allerdings sicher zustimmen, dass diese Verfahrensweise recht mühselig, kompliziert und fehleranfällig wäre. Die C++-Standardbibliothek stellt daher für jeden Themenbereich, den die Bibliothek abdeckt, eine passende Headerdatei zur Verfügung, in der die benötigten Deklarationen schon gesammelt sind. Die Headerdatei für alle Bibliothekselemente, die mit der Ein- und Ausgabe zu tun haben, heißt *iostream* und kann mit der Präprozessor-Direktive `#include` einkopiert werden

```
#include <iostream>

int main()
{
   ...
}
```

Auch diese Technik ist Ihnen – in der Theorie – bereits in Kapitel 1.3.3 vorgestellt worden. Die wichtigsten Fakten möchte ich aber trotzdem hier noch einmal zusammenfassen.

Die `#include`-Direktive sucht nach der angegebenen Datei. Da der Dateiname in eckigen Klammern steht, wird die Datei im Include-Pfad des Compilers gesucht. (Dieser ist nach der Installation üblicherweise automatisch so eingestellt, dass er auf das Verzeichnis mit den Headerdateien der C++-

Standardbibliothek verweist. Sie müssen sich in der Regel also nicht weiter um diese Einstellung kümmern.)

Der Inhalt der Datei wird dann an der Stelle der Direktive in die Quelltextdatei einkopiert.

Faktisch fügt die obige `#include`-Direktive also die Deklarationen aller IO-Elemente der C++-Standardbibliothek ein, sodass wir diese Elemente (darunter eben auch `cout`, << und `endl`) verwenden können. Die Einbindung des Namensraums `std` dient dann nur noch der Bequemlichkeit, damit wir die Bibliothekselemente allein mit ihrem Namen ansprechen können (also `cout` statt `std::cout`, siehe Kapitel 1.3.4).

> Das engl. Akronym IO steht für Input/Output, zu deutsch also Ein- und Ausgabe.

2.1.5 Kommentare

Wir haben nun fast alle Bestandteile des Quelltextes analysiert. Übrig geblieben sind allein die ersten einleitenden Zeilen:

```
/*****************************************************
 * Hallo Welt-Programm
 *
 *  gibt einen Gruss auf den Bildschirm aus
 */

#include <iostream>
...
```

Bei diesen Zeilen handelt es sich um einen Kommentar. Kommentare dienen dazu, erklärenden Text direkt in den Quellcode einzufügen – quasi als Erklärung oder Gedankenstütze für den Programmierer.

C++ kennt zwei Formen des Kommentars:

- Will man eine einzelne Zeile oder den Rest einer Zeile als Kommentar kennzeichnen, verwendet man die Zeichenfolge //. Alles, was hinter der Zeichenfolge // bis zum Ende der Quelltextzeile steht, wird vom Compiler als Kommentar angesehen und ignoriert.

  ```
  int main()         // Kommentar
  ```

- Mehrzeilige Kommentare beginnt man dagegen mit /* und schließt sie mit */ ab. Oder Sie müssen jede Zeile mit // beginnen.

  ```
  /* Kommentar
     über mehrere
     Zeilen */
  ```

Kommentare werden vom Compiler ignoriert, das heißt, er löscht sie, bevor er den Quelltext in Maschinencode umwandelt. Sparsam veranlagte Leser brauchen sich also keine Sorgen darüber zu machen, dass eine ausführliche Kommentierung die Größe der ausführbaren Programmdatei aufplustern könnte.

Sinnvolles Kommentieren

So einfache Programme, wie wir sie am Anfang dieses Buches erstellen, bedürfen im Grunde keiner Kommentierung. Kommentare sind nicht dazu gedacht, einem Programmieranfänger C++ zu erklären. Kommentare sollen gestandenen C++-Programmierern helfen, sich in einen Quelltext einzudenken und diesen zu erklären. Kommentare sollten daher eher kurz und informativ sein. Kommentieren Sie beispielsweise die Verwendung wichtiger Variablen (siehe nachfolgendes Kapitel) sowie die Aufgabe größerer Anweisungsabschnitte. Einfache Anweisungen oder leicht zu verstehende Konstruktionen sollten nicht kommentiert werden.

2.2 Programmerstellung

Um aus dem Programmquelltext *HalloWelt.cpp* ein ausführbares Programm zu erzeugen, müssen wir den Quelltext mit Hilfe des C++-Compilers in Maschinencode übersetzen.

Wie Sie dabei vorgehen, hängt davon ab, welche Entwicklungsumgebung Sie verwenden. Zwei Entwicklungsumgebungen möchte ich Ihnen im Folgenden vorstellen: die Visual C++ Express-Edition für Windows und den GNU-Konsolencompiler für Linux

2.2.1 Programmerstellung mit Visual C++

Wenn Sie mit Visual C++ arbeiten, steht Ihnen eine komplette, leistungsfähige Entwicklungsumgebung zur Verfügung. Viele Leser werden die Arbeit mit der grafischen Benutzeroberfläche von Visual C++ als angenehmer empfinden als die Arbeit mit einem Compiler, der von der Konsole aus bedient wird.

Allerdings fällt bei der Arbeit mit einer Entwicklungsumgebung etwas mehr Verwaltungsarbeit an. Zum Beispiel verwaltet Visual C++ alle Dateien und Daten, die zu einem Programm gehören, in Form eines Projekts. Der erste Schritt bei der Programmentwicklung mit Visual C++ besteht daher darin, ein passendes Projekt anzulegen.

Projekt anlegen

Rufen Sie Visual C++ auf. Sie finden die Visual C++ Express Edition nach der Installation (siehe Anhang) im START-Menü unter der Programmgruppe VISUAL C++ 9.0 EXPRESS EDITION. Falls nach dem Programmstart irgendwelche Quelldateien angezeigt werden oder bereits eine Projektmappe geöffnet sein sollte, schließen Sie diese.

Abb. 2.2: Anlegen eines neuen C++-Projekts mit Visual C++

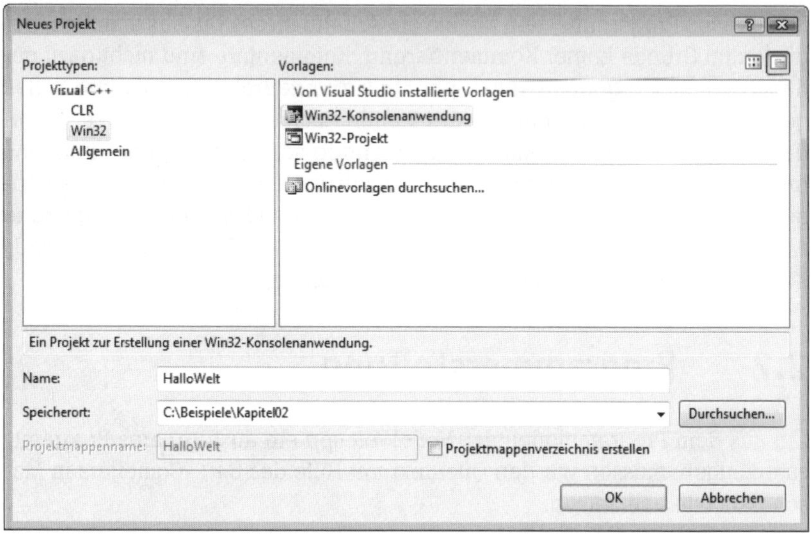

1. Legen Sie ein neues Projekt an. Rufen Sie dazu den Befehl DATEI/NEU/PROJEKT auf. In dem Dialogfenster NEUES PROJEKT
   - Klicken Sie unter PROJEKTTYPEN auf den Eintrag VISUAL C++/WIN32 und wählen Sie als VORLAGE die Option WIN32-KONSOLENANWENDUNG aus.
   - Geben Sie einen NAMEN für das Projekt ein, beispielsweise HALLOWELT, und wählen Sie im Feld SPEICHERORT ein übergeordnetes Verzeichnis für das Projekt aus (Visual C++ wird unter diesem Verzeichnis ein Unterverzeichnis für das Projekt anlegen, das den gleichen Namen wie das Projekt trägt).
   - Drücken Sie zuletzt auf OK.
2. Klicken Sie auf der ersten Seite des aufspringenden Assistenten auf WEITER.
3. Deaktivieren Sie auf der zweiten Seite die Option VORKOMPILIERTER HEADER und aktivieren Sie dafür die Option LEERES PROJEKT. Klicken Sie auf FERTIG STELLEN.

Wenn Sie die Option Leeres Projekt nicht aktivieren, legt Visual C++ für Sie eine *.cpp*-Quelltextdatei mit einem einfachen Programmgerüst an. Wir verzichten allerdings auf dieses Programmgerüst, da es a) nur wenig Arbeitserleichterung bringt und b) kein standardisiertes C++ verwendet.

Vorkompilierte Header dienen dazu, die Programmerstellung zu beschleunigen. Sie werden bei der ersten Kompilierung erstellt und können nachfolgende Kompilierungen beschleunigen. Wenn Sie an größeren Projekten arbeiten, ist dies eine recht nützliche Option. Für unsere kleinen Beispielprogramme können wir allerdings auf den »Header«, der viel Speicherplatz belegt, verzichten.

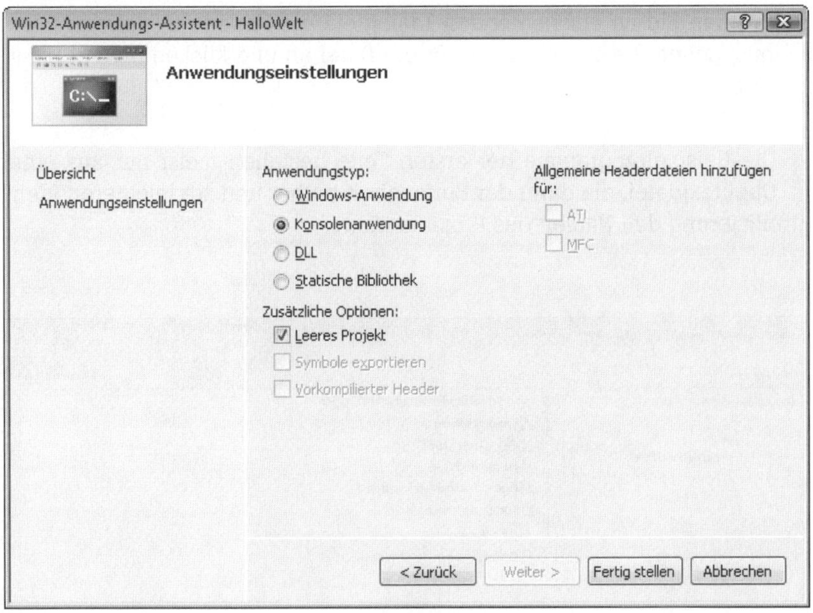

Abb. 2.3: Beginnen Sie mit einem leeren Projekt

Projektmappen

Visual C++ bettet das neue Projekt automatisch in eine Projektmappe ein. Wenn Sie möchten, können Sie über den Befehl Datei/Neu weitere Projekte in die aktuelle Projektmappe aufnehmen. Sie müssen dann nur im Dialogfenster neues Projekt im Listenfeld Projektmappe die Option Hinzufügen auswählen. Für den Einstieg ist es aber sinnvoller, für jedes neue Programm ein neues Projekt in einer eigenen Projektmappe anzulegen.

Im Projektmappen-Explorer (Aufruf über den gleichnamigen Befehl im Menü Ansicht), der standardmäßig rechts oben im Visual C++-Fenster angezeigt wird, werden alle Projekte der aktuellen Projektmappe zusammen mit den zu den Projekten gehörenden Dateien aufgeführt.

Quelltextdatei hinzufügen

Da wir unsere Arbeit mit einem leeren Projekt begonnen haben, besteht der nächste Schritt darin, dem Projekt eine Quelltextdatei hinzuzufügen.

4. Fügen Sie dem Projekt eine Quelltextdatei hinzu. Klicken Sie dazu mit der rechten Maustaste im Projektmappen-Explorer auf den Projektknoten (in unserem Beispielprojekt ist dies der Knoten mit dem fett dargestellten Namen *HalloWelt*) und rufen Sie im Kontextmenü den Befehl HINZUFÜGEN/NEUES ELEMENT auf.

Falls Sie das Fenster des Projektmappen-Explorers nicht sehen, können Sie es über den Menübefehl ANSICHT/PROJEKTMAPPEN-EXPLORER einblenden lassen.

5. Wählen Sie im erscheinenden Dialogfeld die Vorlage *C++-Datei (.cpp)* aus, gehen Sie einen Namen für die Datei an und klicken Sie auf HINZUFÜGEN.

Die Beispielprogramme der ersten Teile bestehen meist nur aus einer Quelltextdatei, die dann der Einfachheit halber und zur leichteren Identifizierung den Namen des Projekts trägt.

Abb. 2.4: Dem Projekt eine Quelltextdatei hinzufügen

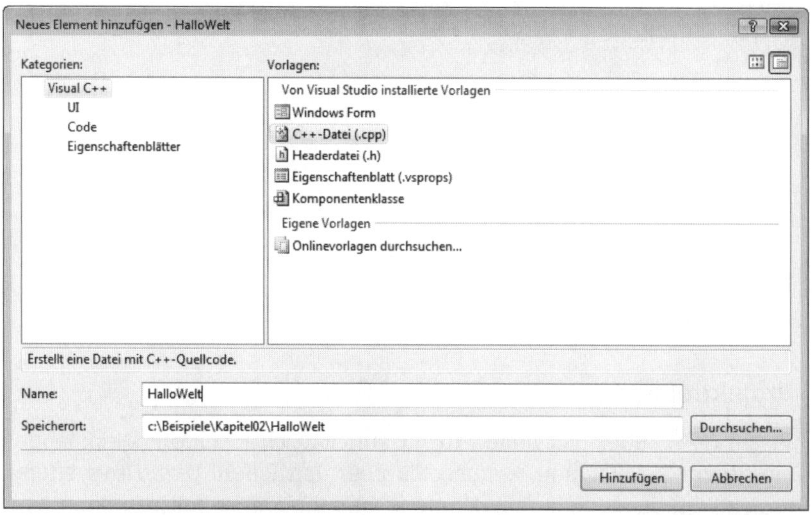

Visual C++ legt die neue Quelltextdatei an und lädt sie automatisch in den Editor. Im Projektmappen-Explorer wird die Datei unter dem Knoten Quelldateien aufgelistet.

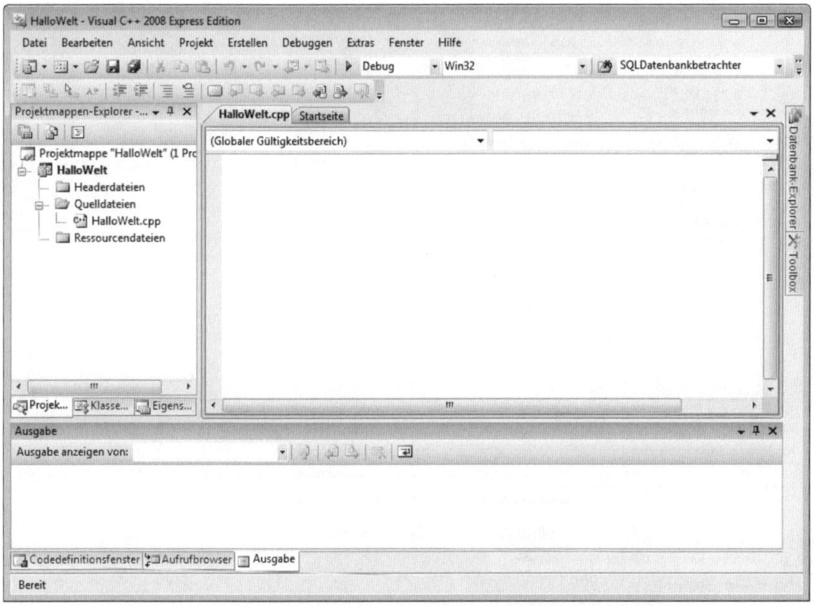

Abb. 2.5: Das neue Projekt mit geöffneter, aber noch leerer Quelltextdatei

Wenn Sie im Projektmappen-Explorer auf den Knoten einer Datei doppelklicken, wird die Datei zur Bearbeitung in den Editor geladen.

TIPP

Quelltext aufsetzen

6. Tippen Sie jetzt den Quelltext aus Listing 2.1 in die Quelltextdatei ein.
7. Speichern Sie zur Sicherheit das Projekt (Befehl DATEI/ALLE SPEICHERN).

Projekt kompilieren

Jetzt kommt der große Augenblick. Wir lassen den Quelltext des Programms kompilieren.

8. Um das Programm zu kompilieren und zu erstellen, rufen Sie den Menübefehl ERSTELLEN/PROJEKTMAPPE ERSTELLEN auf.

Im Ausgabefenster, das in den unteren Rand des IDE-Rahmenfensters integriert ist, wird der Fortgang des Erstellungsprozesses angezeigt. Zum Schluss sollte im Ausgabefenster eine Erfolgsmeldung der Form *Erstellen: 1 erfolgreich* und in der Statusleiste die Meldung *Erstellen erfolgreich* zu lesen sein.

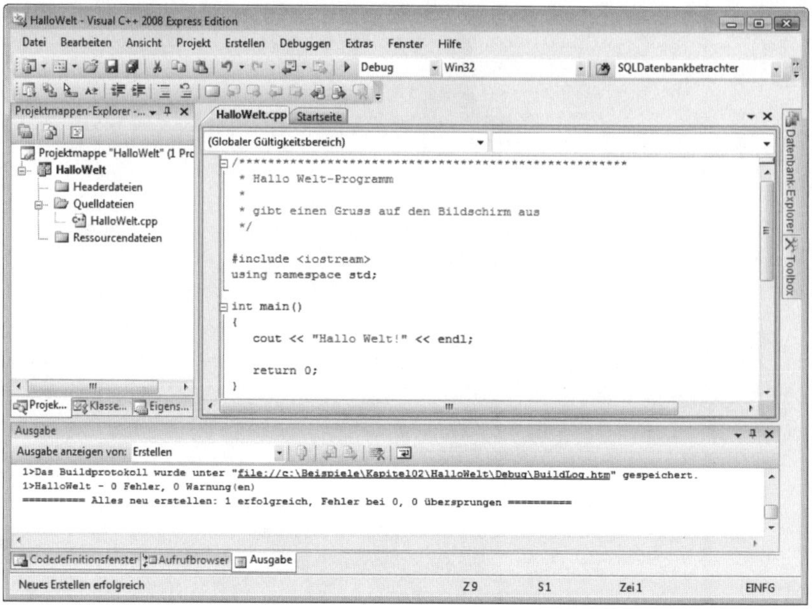

Abb. 2.6: Das erfolgreich kompilierte Programm

Sollten bei der Kompilierung Fehler auftreten, gehen Sie so vor, dass Sie die Fehlerliste einblenden lassen (Menübefehl ANSICHT/WEITERE FENSTER/FEHLERLISTE) und dort auf den Reiter FEHLER klicken. Lesen Sie den Text zu dem ersten Fehler und doppelklicken Sie dann auf die Fehlermeldung, damit Visual C++ die betreffende Stelle im Quelltext markiert. Versuchen Sie den Fehler zu korrigieren und erstellen Sie dann das Projekt erneut. Wiederholen Sie diesen Vorgang, bis das Programm erfolgreich erstellt wird.

Kompilieren und Erstellen

Unter *Kompilierung* im engeren Sinne versteht man allein die Übersetzung des Quelltextes in eine Objektdatei. *Erstellen* (engl. build) bedeutet dagegen, dass der Quelltext übersetzt und anschließend vom Linker auch noch mit dem Code weiterer benötigter Objektmodule (Objektdateien anderer Quelltextdateien, Code der Bibliotheken) zu einem ausführbaren Programm zusammengebunden wird. Im allgemeinen Sprachgebrauch wird Kompilieren allerdings oft auch synonym zu Erstellen verwendet.

Programm von Visual C++ aus starten

9. Sie können das Programm direkt von Visual C++ aus starten. Rufen Sie dazu einfach den Befehl DEBUGGEN/STARTEN OHNE DEBUGGING auf oder drücken und merken Sie sich gleich das Tastaturkürzel Strg+F5 .

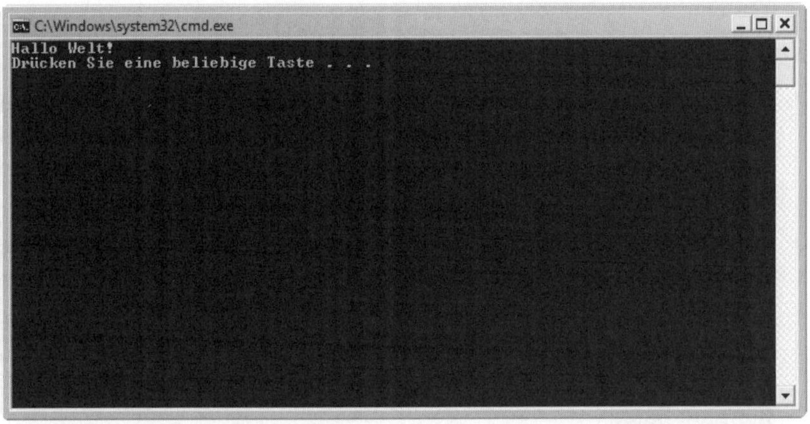

Abb. 2.7: Ausführung eines Konsolenprogramms aus der Visual C++-IDE heraus

Visual C++ öffnet automatisch ein Konsolenfenster für das Programm und das Programm schickt seine Ausgaben zu diesem Fenster. Als Ergebnis sehen Sie im Konsolenfenster den Gruß `Hallo Welt!`

Die Meldung »Drücken Sie eine beliebige Taste ...« wird von der Visual C++-Entwicklungsumgebung hinzugefügt. Sie ist nicht Teil der Anwendung, sondern ein Service der Visual C++-IDE, der verhindert, dass das Konsolenfenster gleich wieder verschwindet. Zum Schließen des Fensters drücken Sie eine beliebige Taste.

2.2.2 Programmerstellung mit GNU-Compiler

Der GNU-Compiler g++ bzw. gcc[1] ist auf vielen Linux-Systemen standardmäßig installiert.

Im Anhang finden Sie Hinweise, wie Sie testen können, ob der GNU-Compiler auf Ihrem System installiert ist und von wo Sie bei Bedarf eine aktuelle Version herunterladen können.

1. Je nach verwendeter Compilerversion könnte der Compiler auch anders heißen (beispielsweise *egcs*).

Quelltexte bearbeiten

1. Legen Sie mit dem Editor *vi* eine neue Datei namens *HalloWelt.cpp* an, tippen Sie den Quelltext ein und speichern Sie die Datei.

Statt des *vi* können Sie auch jeden beliebigen anderen ASCII-Editor verwenden, beispielsweise den *emacs*, *KEdit* oder *KWrite* unter KDE.

Kompilieren

2. Öffnen Sie ein Konsolenfenster. Wie Ihr Konsolenfenster aussieht und mit welchem Befehl es aufgerufen wird, hängt von Ihrer Linux-Version und dem verwendeten Window-Manager ab. Unter KDE können Sie Konsolenfenster in der Regel über die KDE-Taskleiste aufrufen.
3. Wechseln Sie in der Konsole mit Hilfe des *cd*-Befehls in das Verzeichnis, in dem der Programmquelltext steht.
4. Rufen Sie von der Konsole aus den GNU-Compiler auf. Übergeben Sie dem Compiler in der Kommandozeile den Namen der zu kompilierenden Datei sowie den Schalter *-o* mit dem gewünschten Namen für die ausführbare Datei.

```
g++ HalloWelt.cpp -o HalloWelt
```

oder auch

```
gcc HalloWelt.cpp -o HalloWelt
```

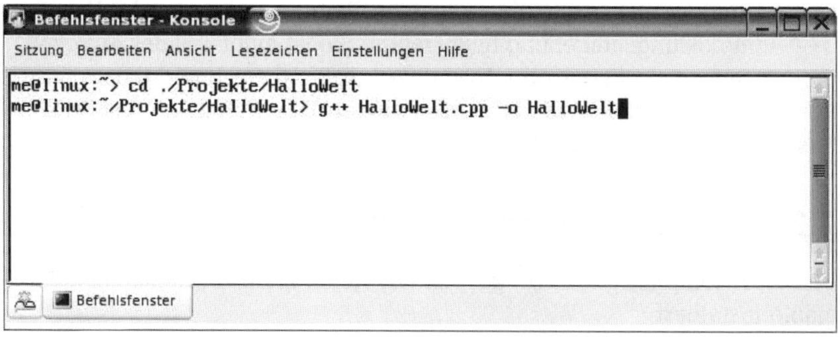

Abb. 2.8: Kompilation und Erstellung einer ausführbaren Datei

Programm ausführen

5. Tippen Sie in der Konsole den Namen des Programms ein und schicken Sie ab.

Unter Umständen müssen Sie angeben, dass das Programm im aktuellen Verzeichnis zu finden ist. Stellen Sie dazu dem Programmnamen den Punkt als Stellvertreter für das aktuelle Verzeichnis voran: `./HalloWelt`

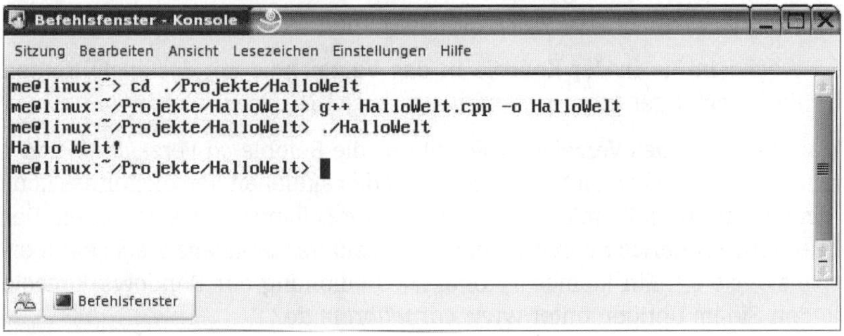

Abb. 2.9: Ausführung von Konsole

2.2.3 Programmausführung

Unabhängig davon, auf welchem Weg Sie Ihr Programm erstellt haben, können Sie die vom C++-Compiler erzeugte ausführbare Programmdatei danach jederzeit aufrufen und ausführen.

Wo befindet sich die ausführbare Programmdatei?

Wenn Sie das Programm mit Visual C++ erstellen, legt die IDE die *.exe*-Datei unter dem Projektverzeichnis in einem Verzeichnis */Debug* ab.

Wenn Sie das Programm von der Konsole aus mit einem Konsolencompiler erstellen, wird die Programmdatei üblicherweise im aktuellen Verzeichnis angelegt.

Sie können Ihren Compiler aber auch so konfigurieren, dass er die Programmdatei in ein anderes Ausgabeverzeichnis schreibt.

Es gibt verschiedene Wege, ein Programm auszuführen, und alle führen letzten Endes über den Aufruf der ausführbaren Programmdatei (unter Windows ist dies die *.exe*-Datei). Dieser kann beispielsweise durch Doppelklick in einem Dateimanager, über Doppelklick auf eine zuvor angelegte Desktop-Verknüpfung oder aber auch aus einem Konsolenfenster heraus erfolgen.

Start aus Konsolenfenster

Für Konsolenanwendungen ist der Start aus einem zuvor explizit geöffneten Konsolenfenster nahezu ideal, da die Anwendung dann genau dieses Fenster für seine Ausgaben benutzt.

1. Öffnen Sie ein Konsolenfenster.

Unter Windows heißt die Konsole MS-DOS-Eingabeaufforderung oder auch nur Eingabeaufforderung und kann je nach Betriebssystem über START/PROGRAMME oder START/PROGRAMME/ZUBEHÖR aufgerufen werden.

2. Wechseln Sie in der Konsole in das Verzeichnis mit der ausführbaren Programmdatei.

Zum Wechseln des Verzeichnisses gibt es die Befehle *cd Verzeichnis* und .. (übergeordnetes Verzeichnis). Den Inhalt des aktuellen Verzeichnisses können Sie zur Kontrolle mit *dir* (Windows) oder *ls* (Linux) auflisten lassen. Das Laufwerk können Sie durch Eingabe des Laufwerksnamens wechseln (beispielsweise *c:*). Ein kleines Tutorial zur Bedienung der Windows-Konsole finden Sie im Übrigen unter *www.carpelibrum.de*.

3. Starten Sie das Programm, indem Sie den Programmnamen eintippen und abschicken (↵).

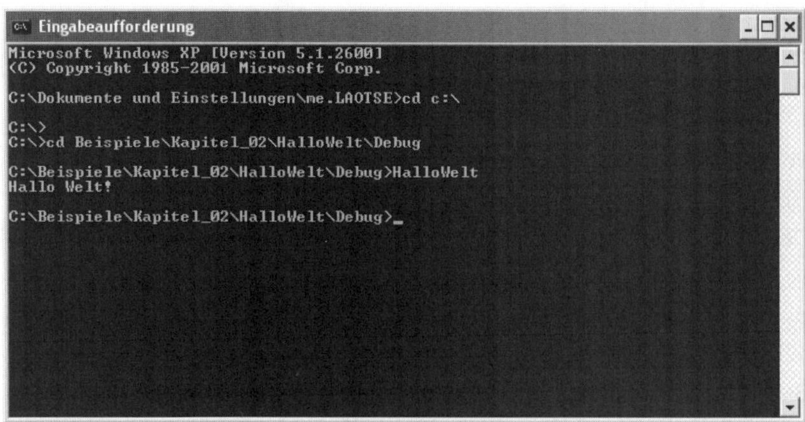

Abb. 2.10: Start eines Programms von der Windows XP-Konsole

Start aus Dateimanager oder über Verknüpfung

Sie können Konsolenanwendungen aber auch per Doppelklick aus einem Dateimanager (z.B. Windows Explorer) heraus aufrufen. Allerdings werden Sie dann unter Umständen nicht allzu viel von Ihrem Programm sehen. Dies liegt daran, dass das Programm seine Ausgabe in ein Konsolenfenster schreiben möchte. Wird das Programm nicht aus einem Konsolenfenster heraus aufgerufen, wird die Konsole für die Ausgabe automatisch vom Betriebssystem bereitgestellt. Sie wird aber auch automatisch geschlossen, wenn das Programm beendet ist. Da unser kleines Programm direkt nach der Ausgabe des »Hallo Welt«-Grußes schon beendet ist, sieht man das Konsolenfenster nur kurz aufflackern.

Damit das Programm auch sinnvoll aus einem Dateimanager oder über eine Verknüpfung ausgerufen werden kann, müssen Sie am Ende des Programms, jedoch vor der abschließenden `return`-Anweisung, die Zeilen `cin.get();` einfügen:

```
/*****************************************************
 * Hallo Welt-Programm
 *
 * gibt einen Gruss auf den Bildschirm aus
 */

#include <iostream>
using namespace std;

int main()
{
   cout << "Hallo Welt!" << endl;

   cin.get();

   return 0;
}
```

Das Programm wartet dann, bis der Anwender die [Enter]-Taste drückt – und mit ihm wartet das vom Betriebssystem bereitgestellte Konsolenfenster.

2.3 Stil

Zum Abschluss noch ein Wort über guten und schlechten Stil.

C++ besitzt eine ziemlich kryptische Syntax, die daraus resultiert, dass es viele bedeutungstragende Syntaxelemente gibt, die durch einzelne Zeichen dargestellt werden ({, (, ++, %, . etc.), und dass sich die einzelnen Syntax-Elemente zu den merkwürdigsten Konstrukten verbinden lassen.

Zwar kann man den sich daraus ergebenden Quelltexten eine gewisse asketische Eleganz kaum absprechen, doch trägt dies weder zur Lesbarkeit noch zur Wartbarkeit der Programme bei – was umso schwerer wiegt, als ein Tippfehler in nur einem Zeichen in C++ schnell zu einem katastrophalen Fehler führen kann.

Tun Sie also Ihr Bestes, um den Quelltext übersichtlich und gut lesbar zu gestalten:

- Schreiben Sie möglichst nur eine Anweisung in eine Zeile.
- Rücken Sie Anweisungsblöcke ein.
- Trennen Sie die einzelnen Elemente durch Leerzeichen.[1]
- Kommentieren Sie Ihren Code.

Mit einem Wort: Achten Sie also darauf, dass Ihre Quelltexte wie in Listing 2.1 aussehen und nicht etwa wie folgt:

```
#include <iostream>
using namespace std;
int main(){cout<<"Hallo Welt!"<<endl;cin.get();return 0;}
```

2.4 Übungen

1. Formulieren Sie das Hallo Welt-Programm ohne die `using`-Anweisung zur Einbindung des `std`-Namensraums. (Tipp: Lesen Sie vielleicht noch einmal die Erläuterungen zu den Namensräumen in den Kapiteln 2.1.4 und 1.3.4.)
2. Schreiben Sie das Hallo Welt-Programm so um, dass es Sie mit Ihrem Namen begrüßt.
3. Räumen Sie Ihre Projektverzeichnisse auf. Compiler legen meist mehr oder weniger umfangreiche Zwischendateien an, die nach Abschluss der Programmentwicklung nicht mehr benötigt werden und möglicherweise nicht automatisch gelöscht werden. Hierzu gehören grundsätzlich die *.obj*-Dateien und speziell für die Visual C++ Express-Edition auch die besonders umfangreichen *.ncb-*, *.ilk-* und *.pdb*-Dateien (letztere finden Sie im Verzeichnis der *.exe*-Datei)

1. Zwischen Namen und Schlüsselwörtern müssen Leerzeichen stehen. Sie können also nicht `intmain()` schreiben. Zwischen Namen und Operatoren müssen keine Leerzeichen stehen.

Kapitel 3

jetzt lerne ich

Daten und Variablen

Sicherlich ist Ihnen bekannt, dass Programme dazu dienen, Daten zu verarbeiten. Dies können komplexe Objekte sein – wie z.B. Bilder, Bestellungen in einem E-Shop oder auch zweidimensionale Koordinaten wie Sie sie bereits in Kapitel 1.3.1 kurz gesehen haben. Meist handelt es sich aber um einfache Zahlen oder Text.

Wie werden diese Daten in Programmen repräsentiert? Wo kann das Programm Daten zwischenspeichern? Welche Arten von Daten gibt es überhaupt? Was kann man mit diesen Daten anfangen? Diesen Fragen wollen wir in diesem Kapitel nachgehen.

Sie lernen in diesem Kapitel

- den Unterschied zwischen Variablen und Konstanten kennen,
- wie man Variablen definiert und verwendet,
- was Datentypen sind,
- warum Datentypen in der Programmierung so wichtig sind,
- welche elementaren Datentypen es in C++ gibt,
- wie man den Datentyp eines Werts in einen anderen Datentyp umwandeln kann.

3.1 Konstanten (Literale)

Daten können in einem Programm in zwei Formen vorkommen: als Konstanten oder als Variablen. Wenden wir uns zuerst den Konstanten zu.

Von Konstanten, genauer gesagt *Literalen*, spricht man, wenn die Daten direkt im Quelltext stehen. Eine Art von Literal haben Sie bereits kennengelernt: das Text- oder String-Literal.

Text (Strings)

```
// aus HalloWelt.cpp
cout << "Hallo Welt!" << endl;
```

Text-Literale stehen in doppelten Anführungszeichen und stehen für sich selbst (das heißt für den Text in den Anführungszeichen). Die Anführungszeichen teilen dem Compiler mit, dass die nachfolgenden Zeichen kein C++-Code sind, sondern Text, der irgendwie vom Programm zu verarbeiten ist. Solche Texte, oder allgemeiner ausgedrückt Zeichenfolgen, bezeichnet man in der Programmierung als *Strings*.

Strings weisen einige Besonderheiten auf, die sich auch auf die Programmierung auswirken. So kann man beispielsweise innerhalb eines Strings nicht ohne weiteres doppelte Anführungszeichen verwenden, und man darf Strings auch nicht einfach umbrechen. Aus diesem Grund werden wir uns in Kapitel 12 noch ganz ausführlich nur mit Strings beschäftigen.

Neben den String-Literalen gibt es noch eine Reihe weiterer Literale, von denen vor allem die Zahlen-Literale interessant sind.

8098

-54

3.141592653

Wichtig ist dabei die korrekte Schreibweise.

Ganzzahlen

Ganzzahlen, im Programmierjargon als *Integer* bezeichnet, schreibt man meist wie normale Zahlen.

8098

Bei Bedarf kann man die Werte auch als Hexadezimalzahlen angeben. Um dem Compiler anzuzeigen, dass die folgende Zahl eine Hexadezimalzahl ist, stellt man dem Zahlenwert das Präfix 0x voran.

```
0x1FA2      // entspricht dezimal 8098
```

Hexadezimalzahlen

Hexadezimalzahlen sind Zahlen zur Basis 16. Da wir gewohnt sind, mit dem Dezimalsystem zu rechnen und gar keine speziellen Ziffern für die Werte 10 bis 15 haben (die im Dezimalsystem ja bereits zwei Stellen belegen), verwendet man zur Kennzeichnung dieser Werte die Buchstaben A (= 10) bis F (= 15). Die Hexadezimalzahl A2F entspricht demnach dem Wert $10 * 16^2 + 2 * 16^1 + 15 * 16^0 = 2560 + 32 + 15 = 2607$.

Was die Hexadezimalzahlen für die Programmierung so interessant macht, ist ihre Nähe zu den Binärzahlen, die daher stammt, dass die Basis 16 eine Potenz, genauer gesagt die vierte Potenz der Basis 2 ist (ganz im Gegenteil zu der vollkommen ungeeigneten und computerunfreundlichen Basis 10). Dies ermöglicht es, je vier Stellen einer Binärzahl als eine Stelle einer Hexadezimalzahl darzustellen.

Nehmen wir zum Beispiel die Binärzahl

0010 0010 0011 0010

Diese Zahl in eine Dezimalzahl umzuwandeln, ist recht kompliziert. Man muss die Stellen abzählen, an denen die Einsen stehen, und für diese Stellen die Potenzen von 2 aufaddieren. Als Summe erhält man dann 8754.

Die Umwandlung in eine Hexadezimalzahl ist dagegen recht einfach, weil man immer nur 4 Stellen und die Potenzen von 2^0 bis 2^3 betrachten muss. Im ersten Viererblock ist die zweite Stelle eine 1, das entspricht einer 2 (2^1). Gleiches gilt für den zweiten Block. Im dritten Block kommt zu der 2 eine 1 (2^0), was eine 3 ergibt. Der letzte Block ist wieder eine 2, das heißt die zugehörige Hexadezimalzahl lautet:

2232 (= 8192 + 512 + 48 + 2)

In Kapitel 21.5 werden Sie ein Beispiel dafür sehen, wie man sich diese Eigenschaft der Hexadezimalzahlen zunutze machen kann.

Zahlen mit Nachkommastellen

Zahlen mit Nachkommstellen, im Programmierjargon als *Gleitkommazahlen* bezeichnet, schreibt man mit einem Punkt zwischen den Vorkomma- und Nachkommastellen.

3.141592653

> Das ist für Deutschsprachige etwas verwirrend und eine stete Quelle von Fehlern, denn wir verwenden zur Abtrennung der Nachkommastellen ja an sich das Komma. Im Amerikanischen und Englischen verwendet man dagegen den Punkt zur Abtrennung der Nachkommastellen (und das Komma zur Kennzeichnung der Tausenderstellen). Daher wird in praktisch allen Programmiersprachen der Punkt zur Abtrennung der Nachkommstallen verwendet. Punktum.

Alternativ kann man Gleitkommazahlen auch in Exponentialschreibweise angeben.

```
3.141592653e0;        // = 3.141592653
3.14e3;               // = 3140
```

Exponentialschreibweise

Der Buchstabe e wird in Gleitkommazahlen zur Kennzeichnung eines nachfolgenden Exponenten zur Basis 10 verwendet. `3.14e3` bedeutet als $3.14 * 10^3$, und nicht etwa $3.14 * e^3$ (mit e gleich der Eulerschen Zahl).

Verwendung

Natürlich schreibt man Literale nicht einfach ziellos irgendwo in den Quelltext. Vielmehr übergibt man sie zur Verarbeitung an passende Funktionen, gibt sie aus (beispielsweise an `cout`) oder man nutzt sie zum Aufbau komplexerer Ausdrücke (`3 + 7 * 12`) oder man weist sie Variablen zu (`meineVar = 47`).

Das folgende Programm weist zum Beispiel die gerade vorgestellten Typen von konstanten Werten an Variablen zu und gibt diese dann aus.

Listing 3.1: Beispiele für Zahlenkonstanten (aus Literale.cpp)

```
#include <iostream>
using namespace std;

int main()
{
   int integer1 = 8098;
   int integer2 = 0x1FA2;                 // = 8098

   cout << integer1 << endl;
   cout << integer2 << endl;

   double gleitkomma1 = 3.141592653;
   double gleitkomma2 = 3.141592653e0;
   double gleitkomma3 = 3.14e3;           // = 3140

   cout << gleitkomma1 << endl;
   cout << gleitkomma2 << endl;
```

```
    cout << gleitkomma3 << endl;

    return 0;
}
```

Was aber genau sind Variablen und wie werden sie definiert?

3.2 Variablen

Literale sind eine wunderbare Sache, aber um richtig programmieren zu können, reichen Literale nicht aus. Wir brauchen zusätzlich auch noch eine Möglichkeit, wie man Daten zwischenspeichern kann – und zwar so, dass wir jederzeit auf die Daten zugreifen und sie bei Bedarf auch verändern können. Diese Möglichkeiten eröffnen uns die Variablen.

3.2.1 Variablendefinition

Variablen bezeichnen Speicherbereiche im RAM (Arbeitsspeicher), in denen ein Programm Werte ablegen kann. Um also mit Daten arbeiten zu können, müssen Sie zuerst eine Variable für diese Daten definieren, beispielsweise

```
int meineVar;
```

Der Compiler sorgt dann dafür, dass bei Ausführung des Programms Arbeitsspeicher für die Variable reserviert wird. Für den Compiler ist der Variablenname einfach ein Verweis auf den Anfang eines Speicherbereichs. Als Programmierer identifiziert man eine Variable mehr mit dem Wert, der gerade in dem zugehörigen Speicherbereich abgelegt ist.

Bei der Definition geben Sie nicht nur den Namen der Variablen (im obigen Beispiel `meineVar`), sondern auch deren *Datentyp* an (im Beispiel `int`). Dieser Datentyp teilt dem Compiler mit, wie der Inhalt des Speicherbereichs der Variablen zu interpretieren ist. Dies ist nötig, weil alle Daten im Arbeitsspeicher binär kodiert sind, also als eine Folge von Nullen und Einsen gespeichert werden. Dabei gibt es für die verschiedenen Arten von Daten (Text, Ganzzahlen, Gleitkommazahlen) unterschiedliche Kodierungsverfahren, die festlegen, wie die Werte der unterschiedlichen Datentypen binär kodiert werden beziehungsweise wie die binär kodierten Werte wieder zurückverwandelt werden. Sie als Programmierer brauchen nicht zu wissen, wie diese Kodierungen im Detail aussehen (die Kodierung wird ganz vom Compiler übernommen), aber Sie sollten sich stets bewusst sein, dass eine solche Kodierung stattfindet, denn darauf beruht das gesamte System der Datentypen (mit dem wir uns im Abschnitt 3.4 noch ausführlicher beschäftigen werden). Im Moment reicht uns jedoch zu wissen, dass wir bei der Definition einer Variablen auch immer einen Datentyp angeben müssen, der dem Compiler mitteilt, welche Art von Daten wir in der Variablen speichern möchten.

Für die elementaren Datentypen gibt es in C++ spezielle Schlüsselwörter, beispielsweise:

Tabelle 3.1: Einige wichtige C++-Datentypen

Einige C++-Datentypen	Art der Werte
bool	Wahrheitswerte true (wahr) und false (nicht wahr)
int	Ganzzahlen
double	Gleitkommazahlen
char	einzelne Zeichen
string[1]	Strings (Text) benötigt die Einbindung der Headerdatei <string>

Mit Hilfe dieser Schlüsselwörter sind wir jetzt in der Lage, Variablen für eine Vielzahl von Aufgaben zu definieren. Um beispielsweise den Computer eine kleine Addition ausführen zu lassen, könnten wir drei int-Variablen definieren: zwei int-Variablen für die zu addierenden Zahlen, eine int-Variable zum Abspeichern des Ergebnisses:

```
#include <iostream>
using namespace std;

int main()
{
   int ersteZahl;
   int zweiteZahl;
   int ergebnis;

   ...

   return 0;
}
```

Wenn man im obigen Beispiel mehrere Variablen eines Datentyps definiert, braucht man nicht für jede Variable eine eigene Definition aufzusetzen. Man kann die Variablennamen auch durch Kommata getrennt hinter dem Datentyp auflisten:

```
int ersteZahl, zweite Zahl, ergebnis;
```

1. Der string-Datentyp sticht ein wenig aus den anderen in der Tabelle aufgelisteten Datentypen heraus. Während nämlich bool, int, double und char fest in die Sprache integriert sind, ist string ein komplexer Datentyp, der als Klassentyp in der C++-Standardbibliothek definiert ist. Daher ist auch das Einkopieren der zugehörigen Headerdatei erforderlich. Der string-Typ ist allerdings so gut in C++ integriert und so wichtig, dass wir ihn bereits hier in unser Repertoire aufnehmen.

Welche Version man wählt, hängt meist davon ab, wie wichtig die betreffenden Variablen sind. Wichtige Variablen definiert man meist allein in einer Zeile (und schreibt hinter die Variablendefinition vielleicht noch einen kleinen Kommentar), weniger wichtige oder bedeutungsmäßig eng zusammengehörende Variablen wird man eher in einer Zeile definieren.

Wichtiger ist die Frage, wo man die Variablen definiert. Grundsätzlich kann man Variablen global auf Dateiebene (beispielsweise unter den `#include`-Direktiven), lokal in Funktionen (wie im obigen Codefragment) oder als Elemente von Klassen (siehe Teil 3) definieren. Wir werden uns erst einmal auf Variablen konzentrieren, die in der `main()`-Funktion definiert werden. Da man eine Variable erst nach ihrer Definition verwenden kann, werden die Variablen meist am Anfang der Funktionen – vor den Anweisungen – definiert. Variablen, die man erst weiter unten benötigt, kann man aber auch erst später, mitten zwischen den Anweisungen der Funktionen, definieren. Es muss lediglich sichergestellt sein, dass die Variable nicht vor ihrer Definition in einer Anweisung benutzt wird.

Namensgebung

Sieht man einmal von der `main()`-Funktion ab, können Sie die Namen von Programmelementen, die Sie selbst definieren (vorerst sind dies nur Variablen, bald aber werden Funktionen, Strukturen, Klassen und noch einige andere Elemente hinzukommen), frei wählen. Sie müssen lediglich folgende Regeln zur Namensgebung beachten:

- Der Name muss mit einem Buchstaben oder einem Unterstrich _ anfangen.
- Innerhalb des Namens sind auch Zahlen erlaubt.
- Der Name darf keine Leer- oder Sonderzeichen und auch keine Umlaute enthalten.
- Der Name darf kein Schlüsselwort von C++ sein (siehe Anhang).

Der Name muss zudem in seinem Gültigkeitsbereich eindeutig sein. Für Variablen, die Sie innerhalb einer Funktion wie `main()` definieren, wäre der Gültigkeitsbereich z.B. der gesamte Anweisungsblock der Funktion.

Ansonsten sollte der Name nicht zu lang, aber dennoch aussagekräftig sein, damit man am Namen die Verwendung des Elements ablesen kann. Für Hilfsvariablen, die keine besonderen Daten speichern, gibt es aber oft keine sinnvollen Namen. Solche Variablen heißen dann meist `n`, `m`, `x`, `y` oder `tmp`.

Schließlich sei noch erwähnt, dass man in der Programmierung statt von Namen häufig auch von Bezeichnern spricht.

Und zu guter Letzt noch einmal der Hinweis, dass C++ streng zwischen Groß- und Kleinschreibung unterscheidet. Die beiden Bezeichner meineVar und meinevar sind also nicht identisch.

3.2.2 Werte in Variablen speichern

Nun war schon so oft die Rede davon, dass man in Variablen Werte speichern kann, dass es Zeit wird, sich dies in der Praxis anzuschauen:

```
#include <iostream>
using namespace std;

int main()
{
   int ersteZahl;
   int zweiteZahl;
   int ergebnis;

   ersteZahl  = 8754;
   zweiteZahl =  398;

   ...

   return 0;
}
```

Hier wird in der Variablen ersteZahl der Wert 8754 und in der Variablen zweiteZahl der Wert 398 abgelegt. Anhand der Variablen ersteZahl wollen wir uns kurz klar machen, was dabei im Hintergrund eigentlich geschieht.

Der Anwender hat das Programm gestartet, die main()-Funktion wird ausgeführt. Als Erstes wird der Speicher für die Variablen reserviert. Für die Variable ersteZahl wird im Arbeitsspeicher ein Speicherbereich reserviert, der groß genug ist, dass man int-Werte in ihm ablegen kann. Intern merkt sich das Programm, an welcher Speicheradresse der Speicherbereich der Variablen ersteZahl beginnt.

Nach der Variablendefinition wird der Variablen ersteZahl der Wert 8754 zugewiesen. Das heißt, das Programm ermittelt die Anfangsadresse des Speicherbereichs zur Variablen ersteZahl und kopiert den Wert 8754 (natürlich in binär kodierter Form) in diesen Bereich.

ACHTUNG

Wenn Sie einer Variablen einen Wert zuweisen, muss der Datentyp des Werts zum Datentyp der Variablen passen.

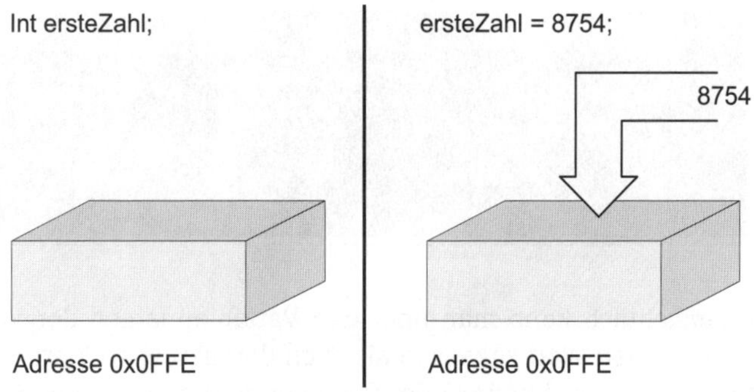

Abb. 3.1: Definition und Zuweisung

Variablen bei der Definition initialisieren

Wenn Sie möchten, können Sie einer Variablen auch direkt bei der Definition einen Anfangswert zuweisen:

```
int main()
{
   int ersteZahl = 8754;
   int zweiteZahl = 398;
   int ergebnis;
```

3.2.3 Werte von Variablen abfragen

Einen Wert in einer Variablen abzuspeichern, ist natürlich nur dann interessant, wenn man auf den Wert der Variablen später noch einmal zugreifen möchte – beispielsweise um den Wert in einer Formel einzubauen oder auszugeben.

Listing 3.2: Programmieren mit Variablen (aus Variablen.cpp)

```
#include <iostream>
using namespace std;

int main()
{
   int ersteZahl;
   int zweiteZahl;
   int ergebnis;

   ersteZahl  = 8754;
   zweiteZahl =  398;
   ergebnis = ersteZahl + zweiteZahl;

   cout << "8754 + 398 = " << ergebnis << endl;

   return 0;
}
```

Abb. 3.2: Ausgabe des Programms Variablen (unter Windows XP)

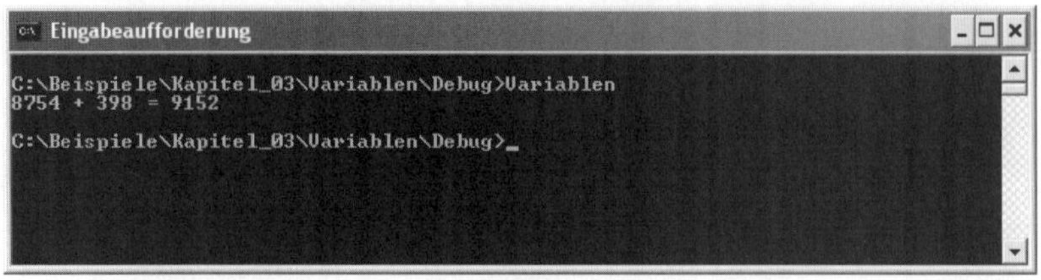

Offensichtlich kann man über den Variablennamen der Variablen sowohl einen neuen Wert zuweisen als auch den aktuellen Wert der Variablen abfragen. Woher aber weiß der Compiler, wenn er auf einen Variablennamen trifft, ob er der Variablen einen Wert zuweisen oder ob er den aktuellen Wert der Variablen abfragen soll?

Ganz einfach!

- Taucht der Variablenname auf der linken Seite einer Zuweisung auf (wie in `zahl = 100;`), weist der Compiler der Variablen den Wert des Ausdrucks auf der rechten Seite des =-Operators zu.
- Taucht der Variablenname an irgendeiner anderen Stelle auf (wie in `cout << zahl;`, verwendet der Compiler anstelle des Variablennamens den aktuellen Wert der Variablen.

L- und R-Wert

Ganz exakt ausgedrückt, behandelt der Compiler einen Variablennamen je nach Kontext entweder als L-Wert oder als R-Wert. »L-Wert« heißt, dass er in der Variablen etwas speichert – wie es zum Beispiel der Fall ist, wenn die Variable auf der linken Seite einer Zuweisung steht. »R-Wert« heißt, dass er den Wert der Variablen verwendet – wie es zum Beispiel der Fall ist, wenn die Variable auf der rechten Seite einer Zuweisung steht.

Die linke Seite einer Zuweisung ist ohne Zweifel die bedeutendste, aber nicht wie oben behauptet die einzige Position, an der eine Variable als L-Wert behandelt wird. Weitere Stellen sind das Einlesen mit dem >>-Operator (siehe Kapitel 3.5.1) oder das Inkrementieren bzw. Dekrementieren mit den Operatoren ++ bzw. -- (siehe Kapitel 4.4).

Vorsicht! Wenn Sie den Wert einer Variablen abfragen, der Sie zuvor noch keinen Wert zugewiesen haben, erhalten Sie sinnlose Werte zurück.

3.3 Konstante Variablen

Neben den Literalen aus Abschnitt 3.1 gibt es noch eine zweite der Form der Konstante: die konstanten Variablen.

Konstante Variablen werden grundsätzlich wie ganz normale Variablen definiert – mit zwei Unterschieden:

- Da der Wert einer konstanten Variablen nach der Erzeugung nicht mehr verändert werden kann, muss man den Wert der konstanten Variablen direkt bei der Definition angeben (Initialisierung).
- Vor die Definition wird das Schlüsselwort `const` gestellt.

Außerdem ist eine gute Konvention, für Konstanten nur Großbuchstaben zu verwenden – man kann die Konstanten im Programm dann gut erkennen.

```
const int MONATE = 12;
```

Konstante Variablen haben gegenüber den Literalen einen bedeutenden Vorteil: Sie sind mit einem Namen verbunden. Nach der Definition der konstanten Variablen kann man im Programmquelltext den Konstantennamen verwenden. Dies macht den Quelltext besser lesbar und hilft auch, wenn man bei einer späteren Überarbeitung des Programms den Wert einer Konstanten ändern möchte.

Konstante Werte, die eine besondere Bedeutung haben, sollten Sie daher immer als `const`-Variablen definieren. Nehmen Sie z.B. die folgende Formel zur Berechnung des Umfangs eines Kreises:

```
umfang = 2 * radius * PI;
```

Hier sollte PI eine `const`-Variable sein, die den (genäherten) Wert für Pi speichert, `radius` sollte eine normale Variable sein, der vor der Berechnung der Radius des Kreises zugewiesen wird, und die 2 bleibt als Literal stehen, da ihr keine andere Bedeutung zukommt, als eben eine 2 zu sein.

3.4 Die Datentypen

In C++ beginnt jede Variablendefinition mit einer Typangabe, die dem Compiler mitteilt, welche Art von Daten in der Variablen gespeichert werden kann.

Da die Unterscheidung der Datentypen ein sehr wichtiges Konzept typisierter Programmiersprachen (zu denen auch C++ gehört) darstellt und zudem weit reichende Auswirkungen auf unseren Programmcode hat, werden wir uns in diesem Abschnitt etwas ausführlicher mit dem Konzept der Datentypen im Allgemeinen und den Datentypen von C++ im Besonderen beschäftigen.

3.4.1 Die Bedeutung des Datentyps

Da dies ein Buch für Programmiereinsteiger ist, möchte ich Sie nicht zu sehr mit technischen Details quälen. Um die Bedeutung der Datentypen zu erfassen, ist dies aber auch gar nicht notwendig. Diese kann man sich auch dadurch veranschaulichen, dass man sich selbst einmal in die Rolle eines Compilers versetzt.

Für jede Variable, die Sie in einem Programm deklarieren, reserviert der Compiler Platz im Arbeitsspeicher. Wenn Sie der Variablen im weiteren Verlauf des Programms einen Wert zuweisen, legt der Compiler diesen Wert im Speicher der Variablen ab. Wenn Sie im Programm den Wert der Variablen abfragen, liest der Compiler den Wert aus dem Speicher der Variablen aus.[1]

Soweit scheint alles recht einfach. Kompliziert wird es erst dadurch, dass der Arbeitsspeicher des Rechners ein elektronischer, digitaler Speicher ist, der aus Millionen von Zellen besteht, die jede nur eine 1 (Spannung an) oder eine 0 (Spannung aus) speichern können. Sie können diese Speicher selbst simulieren. Nehmen Sie einfach ein Blatt mit Rechenkästchen zur Hand, umrahmen Sie ca. 20 mal 20 Kästchen, stellen Sie sich vor, dass Sie in jedes Kästchen nur eine 1 oder eine 0 schreiben dürfen, und fertig ist Ihr Arbeitsspeicher (siehe Abbildung 3.3).

Abb. 3.3: Unser simulierter Arbeitsspeicher

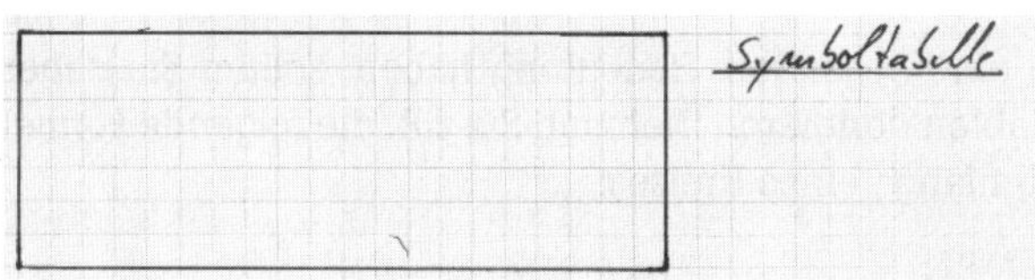

Jetzt wollen Sie eine Variable `var1` deklarieren und in ihr die Zahl 3 abspeichern. Da man im Arbeitsspeicher nur Nullen und Einsen speichern kann, müssen Sie die Zahl 3 in eine Folge von Nullen und Einsen umwandeln, eine sogenannte Binärdarstellung. Im Binärsystem hat die Zahl 3 die Darstellung 11 ($1*2^1 + 1*2^0$).

> HINWEIS: Eine Zahl als Binärzahl auszudrücken, bedeutet, sie als die Summe der Potenzen von 2 (1, 2, 4, 8, 16 etc.) auszudrücken (statt als Summe der Potenzen von 10, wie wir es von unseren Dezimalzahlen gewohnt sind).

1. Um keine Missverständnisse aufkommen zu lassen: Der Compiler reserviert den Arbeitsspeicher natürlich nicht direkt. Korrekter wäre es zu sagen, dass der Compiler den Maschinencode erzeugt, der später bei Ausführung des Programms den Arbeitsspeicher reserviert. Gleiches gilt für das Speichern und Abfragen von Werten oder anderen Speicherzugriffen. Der Compiler erzeugt immer nur den Maschinencode zum Speichern und Abfragen der Werte. Die wirklichen Speicherzugriffe erfolgen erst bei Ausführung des Programms.

Sie könnten nun die ersten zwei Zellen in Ihrem simulierten Arbeitsspeicher für die Variable `var1` reservieren und in ihr die Zahl 11 ablegen. Was aber, wenn Sie später den Wert 5 in `var1` ablegen wollen? 5 ist binär gleich 101 und benötigt drei Speicherzellen. Für unsere Variable sind aber nur zwei Speicherzellen reserviert, und der Compiler hat keine Möglichkeit, den Speicherplatz einer bereits reservierten Variablen nachträglich zu erweitern. Wir müssen also direkt bei der Deklaration der Variablen genügend Speicherzellen reservieren. Seien wir etwas großzügiger und reservieren wir für `var1` doch gleich 2 Byte (siehe Abbildung 3.4).

Programmierer zählen Speicherzellen in Bits und Bytes. Ein *Bit* ist eine Informationseinheit, die einen der Werte 1 oder 0 annehmen kann. Die binäre Zahl 101 besteht also aus drei Bits. Im Arbeitsspeicher kann jede Speicherzelle genau eine 1-Bit-Information speichern. Ein *Byte* sind 8 Bit.

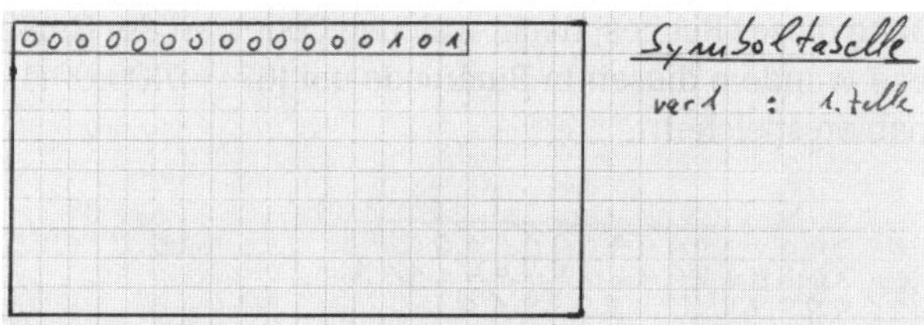

Abb. 3.4: Für die Variable var1 wurde Speicher reserviert. Der Wert der Variablen wurde im Speicher eingetragen.

2 Byte entsprechen 16 Speicherzellen (= 16 Bit). Wenn wir festlegen, dass die erste Speicherzelle das Vorzeichen festlegt (0 für positive, 1 für negative Zahlen), bleiben 15 Bit für den eigentlichen Wert – das bedeutet, wir können in `var1` jetzt Werte zwischen -32.768 und +32.767 abspeichern.

Als Nächstes wollen wir eine Gleitkommazahl mit Nachkommastellen abspeichern. Wir deklarieren dazu eine neue Variable `var2` und reservieren für diese die nächsten 2 Byte in unserem simulierten Arbeitsspeicher. In der Variablen wollen wir jetzt den Wert `1.3` speichern.

Hoppla! Wie sollen wir die Zahl 1.3 als Bitfolge kodieren? Sollen wir 1 und 3 einzeln in Binärzahlen umwandeln und dann festlegen, dass im ersten Byte der Wert vor dem Komma und im zweiten Byte der Wert hinter dem Komma abgelegt wird? Dann könnten wir selbst in 2 Byte nur kleine Zahlen mit wenigen Nachkommastellen abspeichern. Besser ist es, die Zahl in Exponentialschreibweise auszudrücken und zwar so, dass vor dem Komma eine 0 steht. So wird aus

1.3 zuerst $1.3 * 10^0$ und dann $0.13 * 10^1$

Statt 2 Byte belegen wir 4 Byte für die Gleitkommavariable. In den ersten drei Byte speichern wir die Nachkommastellen (13 = 1101) – die Null brauchen wir nicht zu speichern, da wir ja alle Gleitkommazahlen so formulieren, dass sie mit einer Null vor dem Komma beginnen. Im vierten Byte speichern wir die Potenz zur Basis 10 (in unserem Beispiel also 1).

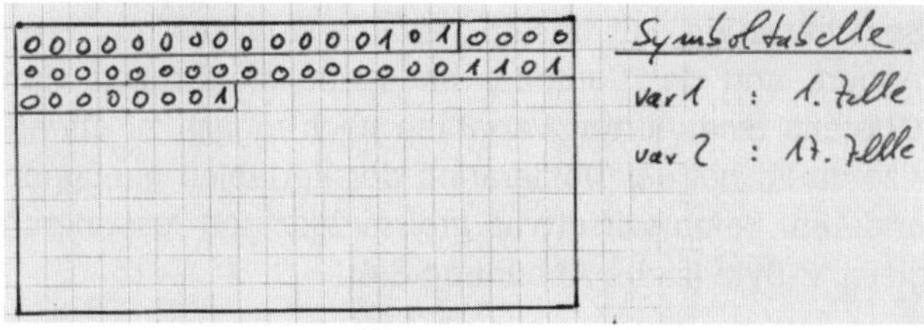

Abb. 3.5: Speicher für eine Gleitkommavariablen

Zu guter Letzt reservieren wir auch noch eine Variable `var3`, in der wir den Buchstaben 'C' ablegen wollen. Buchstaben werden mit Hilfe der sogenannten ASCII-Tabelle kodiert. In dieser Tabelle ist für jeden Buchstaben ein Zahlenwert angegeben. Um den Buchstaben C im Speicher abzulegen, reservieren wir 1 Byte Speicher, schauen in der ASCII-Tabelle (siehe Anhang dieses Buches) nach, welchen Codewert der Großbuchstabe C hat (67) und wandeln diesen in Binärcode um (67 = 0100 0011), den wir in der Variablen speichern.

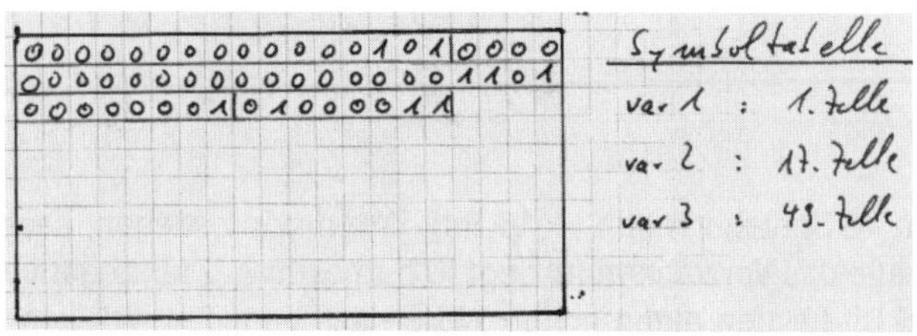

Abb. 3.6: Speicher für eine char-Variable

So, jetzt haben wir Speicher für Variablen von drei verschiedenen Datentypen reserviert (Ganzzahlen, Gleitkommazahlen und Zeichen). Wir wissen, dass jeder Datentyp über einen spezifischen Speicherbedarf und ein eigenes Kodierungsverfahren verfügt. Und genau deshalb benötigt der Compiler zu jeder Variablendeklaration die Typangabe. Aus ihr kann er ablesen,

- wie viel Speicher er für die Variable reservieren soll und
- wie er Werte, die der Variablen zugewiesen werden, in Bitfolgen kodieren und im Speicherbereich der Variablen ablegen soll (und umgekehrt, beim Abfragen des Variablenwerts die Bitfolge in einen Wert zurückverwandeln soll).

AUFSTEIGER

Die in diesem Abschnitt vorgestellten Kodierungsverfahren für Ganzzahlen, Gleitkommazahlen und Zeichen sind vereinfachte Versionen der im Rechner ablaufenden Kodierungen.

Der Datentyp einer Variablen legt aber nicht nur fest, wie der Speicherplatz der Variablen einzurichten und zu verwalten ist, er bestimmt auch, welche Operationen mit den Variablen überhaupt durchgeführt werden können. So kann man beispielsweise `int`-Variablen addieren, subtrahieren und dividieren. `string`-Variablen kann man dagegen nur addieren (aneinander hängen), aber nicht subtrahieren oder gar dividieren.

Der Datentyp einer Variablen legt also auch fest, was man mit der Variablen machen, wie man mit ihr programmieren kann. Und damit Sie nicht auf dumme Gedanken kommen und aus Trotz oder Schusseligkeit die eine oder andere Variable doch einmal zweckentfremden, wacht der Compiler streng darüber, dass die Variablen nur so verwendet werden, wie es ihr Datentyp zulässt. Das mag dem Anfänger manchmal recht lästig sein, besonders wenn der Compiler das aufgesetzte Programm partout nicht übersetzen will, ist aber andererseits auch ein wirksames Mittel, um den Programmierer vor dem Aufsetzen fehlerhaften Codes zu bewahren.

3.4.2 Die elementaren Datentypen

Die elementaren Datentypen von C++ sind in der Sprache fest verankert. Jeder dieser Datentypen verfügt über ein eigenes Schlüsselwort, das Sie in der Variablendeklaration als Typ angeben.

In Tabelle 3.2 sind die wichtigsten elementaren Datentypen aufgeführt. Zu jedem Datentyp ist angegeben, welche Art von Daten man in Variablen des Datentyps abspeichern kann und wie die Literale dieses Datentyps aussehen. (Eine vollständige Tabelle finden Sie im Anhang dieses Buches.)

Tabelle 3.2: Die wichtigsten elementaren Datentypen

Typ	Beschreibung	Beispiele
`bool`	Wahrheitswerte: `true`, `false`	`bool var = true;`
`char`	einzelnes Zeichen	`char var = 'h';`
`short`	Ganzzahlen im Bereich von –32768 bis 32.767	`short var = 12;`
`int`	Ganzzahlen im Bereich von –2147483648 bis 2147483647	`int var = 12;`
`long`	Ganzzahlen im Bereich von –2147483648 bis 2147483647	`long var1 = 12L;`
`long long`	Ganzzahlen im Bereich von –9223372036854775808 bis 9223372036854775807	`long var1 = 12L;`
`float`	Gleitkommazahlen im Bereich von $\pm 3.4 \times 10^{-38}$ bis $\pm 3.4 \times 10^{38}$	`float var = 1.23F;`
`double`	Gleitkommazahlen im Bereich von $\pm 1.7 \times 10^{-308}$ bis $\pm 1.7 \times 10^{308}$	`double var = 1.23;`

Zwei Dinge dürften Ihnen beim Studium der Tabelle auffallen:

- Es gibt allein drei Datentypen für Ganzzahlen (tatsächlich gibt es sogar noch mehr Datentypen für Ganzzahlen, doch werden diese eher selten benötigt).

Der Grund ist einfach der, dass man zum Abspeichern größerer Zahlen mehr Speicherplatz benötigt. Nun könnte man natürlich sagen, dann reservieren wir für alle Ganzzahlen jeweils 64 Bit Speicher (was dem Datentyp `long` entspräche). Dann bräuchten wir nur *einen* Ganzzahl-Datentyp. Dafür würden Programme mit vielen, aber kleinen Ganzzahlen extrem viel Speicher verschwenden. Aus diesem Grund definieren die meisten Programmiersprachen für Ganzzahlen (und auch Gleitkommazahlen) mehrere Datentypen, unter denen der Programmierer wählen kann.

- Der Datentyp `string` ist in der Tabelle nicht aufgeführt. Dies liegt einfach daran, dass es sich bei `string` nicht um einen der elementaren Datentypen handelt. `string` ist vielmehr ein Klassentyp, der in der C++-Standardbibliothek definiert ist.

Welchen Datentyp soll man nehmen?

An sich kommt man mit den fünf Datentypen `bool`, `int`, `double`, `char` und `string` für Wahrheitswerte, Ganzzahlen, Gleitkommazahlen, Zeichen und Strings sehr gut aus.

In bestimmten Situationen sollte man allerdings auf andere Datentypen ausweichen:

- Wenn Sie mit Variablen arbeiten, denen nur kleine Ganzzahlenwerte zugewiesen werden, können Sie sich überlegen, anstatt `int` vielleicht `short` zu verwenden.
- Wenn Sie mit Variablen arbeiten, denen unter Umständen auch sehr große Ganzzahlenwerte zugewiesen werden, müssen Sie statt `int` den Datentyp `long` verwenden oder gar den Gleitkommatyp `double` wählen.
- Wenn Sie Berechnungen anstellen, bei denen es möglichst nicht zu Fehlern durch Rundungen kommen soll, speichern Sie die betreffenden Werte möglichst in ganzzahligen Datentypen oder weichen Sie sogar auf speziell für dieses Aufgabenbereich definierte komplexe Datentypen aus.

3.4.3 Weitere Datentypen

C++ wäre nicht so mächtig, wenn es für den Programmierer keine Möglichkeit gäbe, neben den elementaren Datentypen auch eigene Datentypen zu definieren.

Die selbstdefinierten oder komplexen Datentypen teilt C++ in vier Kategorien:

- Arrays
- Aufzählungen
- Strukturen
- Klassen

Im weiteren Verlauf dieses Buches werden Sie diese Datentypen noch alle kennenlernen.

3.5 Typumwandlung

C++ ist eine sehr typenstrenge Programmiersprache, die sehr darauf achtet, dass eine Variable nur Werte ihres Typs zugewiesen bekommt und auch nur entsprechend ihres Typs verwendet wird. Dies heißt jedoch nicht, dass der Datenaustausch zwischen Variablen unterschiedlicher Typen ganz und gar unmöglich wäre. Ja, es wäre geradezu fatal, wenn die Sprache keine Möglichkeiten zur Typumwandlung kennen würde.

3.5.1 Typumwandlung bei der Ein- und Ausgabe

Betrachten wir dazu noch einmal das Programm *Variablen.cpp* aus Abschnitt 3.2.3.

```
#include <iostream>
using namespace std;

int main()
{
   int ersteZahl;
   int zweiteZahl;
   int ergebnis;

   ersteZahl  = 8754;
   zweiteZahl =  398;
   ergebnis = ersteZahl + zweiteZahl;

   cout << "8754 + 398 = " << ergebnis << endl;

   return 0;
}
```

Hier wird in der `cout`-Anweisung der Wert der `int`-Variablen `ergebnis` auf die Konsole ausgegeben. Auf die Konsole kann man aber nur Strings ausgeben! Des Rätsels Lösung ist, dass der <<-Operator den Wert von `ergeb-`

nis, in unserem Beispiel die Zahl 9152, in den String "9152" umwandelt. Dieser wird dann auf die Konsole ausgegeben.

Funktioniert dies eigentlich auch umgekehrt?

Als Pendant zu dem `cout`-Objekt, welches die Konsole repräsentiert, gibt es auch ein Objekt `cin`, welches das Standardeingabegerät (sprich die Tastatur) repräsentiert. Via `cin` können daher über die Tastatur eingetippte Zeichenfolgen abgefragt und in Variablen abgespeichert werden. Der zugehörige Operator >> wandelt dabei die Zeichenfolgen automatisch in die Datentypen der Zielvariablen um.

Listing 3.3: Einlesen von Daten über die Tastatur (Eingabe.cpp)

```
#include <iostream>
using namespace std;

int main()
{
   int ersteZahl;
   int zweiteZahl;
   int ergebnis;

   cout << endl;
   cout << " Geben Sie die erste Zahl ein : ";
   cin >> ersteZahl;

   cout << " Geben Sie die zweite Zahl ein: ";
   cin >> zweiteZahl;

   ergebnis = ersteZahl + zweiteZahl;

   cout << endl;
   cout << " " << ersteZahl << " + " << zweiteZahl;
   cout << " = " << ergebnis << endl;
   cout << endl;

   return 0;
}
```

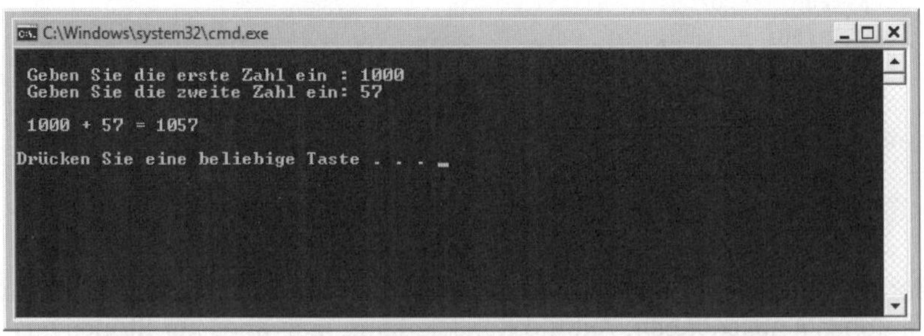

Abb. 3.7: Beispiel für eine Sitzung mit dem Programm

Lassen Sie sich nicht von den vielen `cout`-Anweisungen irritieren. Sie dienen zum einem dazu, dem Anwender mitzuteilen, welche Eingaben von ihm erwartet werden, zum anderen sollen sie die Ausgaben des Programms mit Hilfe von Leerzeilen und -zeichen etwas leserfreundlicher zu gestalten.

Wirklich neu ist an diesem Programm allein das Einlesen der beiden Zahlen über die Tastatur.

```
cin >> ersteZahl;
```

Diese Anweisung hält das Programm so lange an, bis der Anwender etwas über die Tastatur eintippt (in Abbildung 3.7 war dies die Zeichenfolge »1000«) und durch Drücken der ↵-Taste abschickt. Dann liest der >>-Operator den eingegebenen Text ein und versucht, ihn in eine ganze Zahl (den Datentyp der Variablen `ersteZahl`) umzuwandeln. Für Eingaben der Form »eins« würde diese Umwandlung scheitern, für »1000« ist sie kein Problem. Tritt kein Fehler bei der Umwandlung auf, wird die Zahl in der Variablen `ersteZahl` gespeichert.

Was die Operatoren >> und << können, sollte für uns doch ebenfalls möglich sein? Die Frage ist nur wie? Wenn man nämlich versucht, eine Zahl an eine `string`-Variable zuzuweisen:

```
#include <string>
...

int main()
{
   string str;
   str  = 8754;
   ...
}
```

erhält man ganz seltsame Ergebnisse. (Was daran liegt, dass die Zahl eben nicht automatisch umgewandelt wird. Stattdessen interpretiert sie der Compiler als den ASCII-Code eines Zeichens und versucht, das betreffende Zeichen in `str` zu speichern – quasi als String aus nur einem einzelnen Zeichen.)

Dennoch können wir natürlich auch Umwandlungen zwischen Strings und Zahlen durchführen. Die benötigten Verfahren sind allerdings etwas kompliziert, weswegen wir sie uns für ein später (Kapitel 12.8) aufheben.

3.5.2 Automatische Typumwandlungen

Neues Spiel, neues Glück! Wie sieht es mit der folgenden Typumwandlung aus:

```
double r = 12;
```

Oh, Sie sind der Auffassung, dass hier überhaupt keine Typumwandlung vorliegt? Dann sollten Sie sich noch einmal die Formate für die Literale von Ganzzahlen und Gleitkommazahlen ansehen, denn Zahlen-Literale ohne Punkt und Nachkommastellen (bzw. Exponent) sind für den Compiler immer `int`-Werte. Folglich erfordert die obige Zuweisung für den Compiler auch eine implizite Typumwandlung von 12 in 12.0. Schafft er das? Aber sicher!

Und wie sieht es mit folgendem Code aus:

```
double r = 47.11;
int n;

n = r;
```

Hier wird eine Gleitkommazahl mit einem Nachkommaanteil (Inhalt von `r`) in eine Ganzzahl ohne Nachkommastellen umgewandelt, damit der Wert in der `int`-Variablen `n` gespeichert werden kann. Dies ist meist unproblematisch. Allerdings geht der Nachkommaanteil bei der Umwandlung verloren. Wenn Sie dies nicht stört, können Sie eine solche Umwandlung ohne Probleme vornehmen.[1]

Insgesamt nimmt der Compiler Umwandlungen zwischen den elementaren Datentypen weitgehend automatisch vor. Sie müssen allerdings beachten, dass dies zu Rundungs- oder gar noch gravierenderen Fehlern führen kann, wenn der Wertebereich des Zieltyps nicht groß genug ist, den umzuwandelnden Wert aufzunehmen.

Zeichen vom Typ `char` können problemlos in `int`-Werte umgewandelt werden, da die Zeichen intern ja in Form ihrer ASCII-Codes (letztlich also ganze Zahlen der Größe 1 Byte) gespeichert werden.

Ganzzahlige Werte ungleich 0 können in den booleschen Wert `true` umgewandelt werden, Werte gleich 0 werden zu `false`. Die umgekehrten Umwandlungen sind ebenfalls möglich. (Mehr zur Programmierung mit booleschen Werten in Kapitel 5.1.)

Außerdem gibt es automatische Umwandlungen zwischen Klassentypen und deren abgeleiteten Typen.

1. Manche Compiler weisen auf die erzwungene Abrundung mit einer Warnung hin.

3.5.3 Explizite Typumwandlungen

In Fällen, wo der Compiler keine implizite Typumwandlung vornimmt, die vorgenommene Umwandlung nicht den Absichten des Programmierers entspricht oder der Programmierer Warnungen des Compilers vermeiden will, kann die Umwandlung unter Umständen mit dem Cast-Operator `()` oder den speziellen Typumwandlungsoperatoren `const_cast`, `dynamic_cast`, `static_cast` und `reinterpret_cast` explizit herbeigeführt werden.

```
double r = 47.11;
int n;

n = (int) r;
```

Hier gibt der Programmierer durch Einsatz des Cast-Operators deutlich kund, dass er eine Umwandlung in den `int`-Typ wünscht – und nicht etwa einen Fehler begangen hat, weil er der `int`-Variablen `n` den Wert einer `double`-Variablen zuweist. Jeder ordentliche C++-Compiler wird dies respektieren und seine Warnungen für sich behalten.

Der Cast-Operator `()` wird in C++ wegen seiner einfachen Syntax gerne verwendet, stammt aber eigentlich vom Vorgänger C. Besser ist es, die neuen C++-Operatoren zu verwenden, die die verschiedenen Konvertierungen kategorisieren, die Textsuche nach den Konvertierungen erleichtern und zum Teil auch sicherer sind.

Tabelle 3.3: Operatoren für die Typumwandlung

Operator	**Einsatzgebiet**
`static_cast<Typ>(var)`	Zur Umwandlung zwischen »nahe verwandten« Typen – also alle Fälle, in denen der Compiler auch eine implizite Typumwandlung vornehmen könnte, plus einige einfache Sonderfälle.
`dynamic_cast<Typ>(var)`	Interessant für die objektorientierte Programmierung: Zur Umwandlung zwischen Zeigern oder Referenzen auf Klassentypen einer gemeinsamen Klassenhierarchie. Liefert im Fehlerfall, wenn eine Umwandlung nicht möglich ist, einen `NULL`-Zeiger zurück.
`const_cast<Typ>(var)`	Entfernt eine `const`- oder `volatile`-Deklaration aus einem Typ).
`reinterpret_cast<Typ>(var)`	Für fast alle anderen erlaubten Umwandlungen.

TIPP

In professionellen Anwendungen ist es empfehlenswert, für implizite Typumwandlungen, die zu Informationsverlusten führen (wie z.B. die Umwandlung eines `double`-Werts in einen `int`-Wert), ebenfalls den `static_cast`-Operator zu verwenden. Treten beim Testen des Programms dann Fehler auf, können Sie leichter zu den einzelnen Typumwandlungen springen und diese kontrollieren.

3.6 Übungen

1. Welche der folgenden Variablennamen sind nicht zulässig?

```
123
zähler
JW_Goethe
JR.Ewing
_intern
double
Liebe ist
```

2. Datentypen sind das A und O der Variablendefinition. Wie lauten die Schlüsselwörter zur Definition von Variablen für
   - Zeichen
   - Strings
   - Ganzzahlen
   - Gleitkommazahlen
   - Wahrheitswerte
3. Welche der folgenden Variablendefinitionen sind nicht zulässig?

```
int 123;
char c;
bool option1, option2;
bool option1 option2;
bool option1, option2;
short y = 5;
short x = 5+1;
short x = y; // y wie oben
```

4. Warum führt der folgende Code zu einem Compiler-Fehler?

```
long x;
x = 5;
long x;
x = 4;
```

5. Ist die folgende Typumwandlung erlaubt oder wird sie mit einer Fehlermeldung enden?

```
int zahl;
string str = "123.3";

zahl = str;
```

KAPITEL 4

jetzt lerne ich

Operatoren und Ausdrücke

Bis jetzt waren unsere Beispielprogramme weder besonders nützlich noch besonders aufregend. Das lag daran, dass wir noch nicht gelernt haben, wie man die Daten, die in den Variablen abgespeichert sind, weiterverarbeiten kann.

Sie lernen in diesem Kapitel,

- wie man mit Zahlen rechnet,
- wie man komplexere Ausdrücke aus Variablen und Operatoren aufbaut,
- wie man in komplexen Ausdrücken die Auswertungsreihenfolge der Operatoren festlegt,
- wie man Strings aneinanderhängt,
- was man sonst noch mit Operatoren machen kann.

4.1 Rechenoperationen

Neben der Zuweisung von Werten an Variablen gibt es noch andere Operationen auf Daten. Dabei legt der Datentyp bereits fest, welche Operationen auf die Daten angewendet werden dürfen. Zahlen lassen sich zum Beispiel addieren, subtrahieren, dividieren und multiplizieren.

4.1.1 Die arithmetischen Operatoren

Die arithmetischen Operationen für Addition, Subtraktion, Multiplikation und Division funktionieren in C++ ganz so, wie man es aus der allgemeinen Mathematik gewohnt ist.

Listing 4.1: Multiplikation von Zahlen (aus Multiplikation.cpp)

```
#include <iostream>
using namespace std;

int main()
{
    double zahl1;
    double zahl2;
    double ergebnis;

    cout << endl;

    cout << " Geben Sie die erste Zahl ein : ";
    cin >> zahl1;
    cout << " Geben Sie die zweite Zahl ein: ";
    cin >> zahl2;

    ergebnis = zahl1 * zahl2;        // Multiplikation

    cout << endl;
    cout << " Produkt: " << ergebnis << endl << endl;

    return 0;
}
```

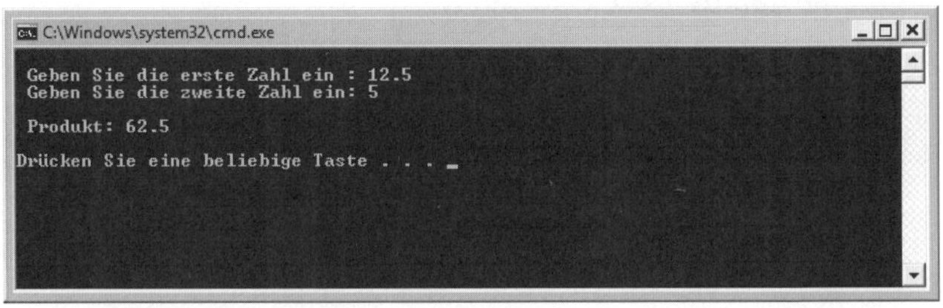

Abb. 4.1: Ausführung des Programms Multiplikation in Visual C++

Die Multiplikation erfolgt durch den Multiplikations-Operator, der durch das Zeichen * symbolisiert wird:

```
ergebnis = zahl1 * zahl2;
```

Beachten Sie, dass der Anwender bei der Eingabe von Gleitkommazahlen die Nachkommastellen nicht mit Komma, sondern mit einem Punkt abtrennt! Sonst scheitert die automatische Typumwandlung der Ziffernfolge in eine `double`-Zahl und das Programm stürzt ab. (Wie Sie solche durch Bedienungsfehler verursachten Abstürze abfangen können, erfahren Sie in Kapitel 5.2.2.)

C++ kennt noch eine Reihe weiterer Operatoren zum Rechnen mit Zahlen, siehe Tabelle 4.1.

Tabelle 4.1: Die arithmetischen Operatoren

Operator	Bedeutung	Operanden	Beispiel (für x = 3)	
+ (unär)	Vorzeichen +	numerisch	y = +3;	// 3
- (unär)	Vorzeichen -	numerisch	y = -3;	// -3
+	Addition	numerisch	y = x + 4;	// 7
–	Subtraktion	numerisch	y = x – 4;	// -1
*	Multiplikation	numerisch	y = x * 4;	// 12
/	Division	integral Gleitkomma	y = 7 / 4; y = 7.0/4;	// 1 //1.75
%	Modulo (Rest der Integer-Division)	integral	y = 7 % 4;	// 3

Division und Modulo

Division und Modulo sollten wir uns ein wenig näher betrachten:

Der Divisionsoperator liefert das Ergebnis einer Division, der Modulo-Operator den Rest einer Division. Wie die Ergebniswerte dabei im Einzelnen aussehen, hängt davon ab, ob Ganzzahlen oder Gleitkommazahlen dividiert werden.

Wenn Sie zwei Ganzzahlen dividieren, liefert der Divisionsoperator nur das ganzzahlige Ergebnis zurück:

```
int    i1 = 13;
int    i2 =  5;
int    iErg;

iErg = i1 / i2;        // = 2
```

Die Zahl 5 geht 2 mal in 13. Daher ist das Ergebnis 2, der Rest (3) verfällt. Wenn Sie dagegen nicht wissen wollen, wie oft eine Zahl in eine andere passt, sondern mehr daran interessiert sind, welcher Rest verbleibt, verwenden Sie den Modulo-Operator:

```
int    i1 = 13;
int    i2 =  5;
int    iErg;

iErg = i1 % i2;        // = 3
```

Anders sieht es bei der Gleitkommadivision aus:

```
double d1 = 13;
double d2 =  5;
double dErg;

dErg = d1 / d2;        // = 2.6
```

Hier verwenden wir wiederum Ganzzahlen-Konstanten, doch wir speichern sie in double-Variablen. Wenn wir für diese Variablen eine Division durchführen, wird das Ergebnis inklusive möglicher Nachkommastellen zurückgeliefert.

Und wie sieht die Modulo-Operation für Gleitkommazahlen aus?

```
double d1 = 13;
double d2 =  5.4;
double dErg;

dErg = d1 % d2;         // Fehler!
```

Diese Berechnung verweigert der Compiler, denn der %-Operator ist in C++ nur für ganze Zahlen definiert.

So weit, so gut! Doch was macht man mit zwei int-Variablen, die man nicht nach der Ganzzahl-, sondern nach der Gleitkommaarithmetik teilen möchte. Anders ausgedrückt: Wie kann man für die Division zweier int-Variablen mit den Werten 13 und 5 als Ergebnis der Division 2.6 statt 2 erhalten?

Die Lösung dieses Problems möchte ich Ihnen als Übungsaufgabe überlassen. Eine mögliche Lösung finden Sie im Lösungsteil dieses Kapitels.

Besonders kritische Leser werden sich jetzt womöglich fragen, was passiert, wenn man eine Ganzzahl durch eine Gleitkommazahl teilt, also beispielsweise 5 / 1.5. Testen Sie es doch einfach mal mit einem kleinen Programm aus und lesen Sie die Erklärung für Ihre Nachforschungen in Kapitel 21.2.

4.1.2 Die mathematischen Funktionen

Bestimmte, häufig benötigte Rechenoperationen, wie das Ziehen einer Wurzel oder das Berechnen des Sinus eines Winkels, sind mit Hilfe der Operatoren für die Grundrechenarten nur sehr schwer umzusetzen. Für die wichtigsten dieser Rechenoperationen gibt es daher in der Standardbibliothek (Headerdatei <cmath>) passende, vordefinierte Funktionen.

```
#include <cmath>
using namespace std;
...

double wurzel;            // Variable zur Aufnahme des Ergebnisses
wurzel = sin(102355);
```

In Kapitel 11 werden wir uns noch ausführlicher mit den mathematischen Funktionen aus der Standardbibliothek beschäftigen.

4.2 Ausdrücke

Kombinationen von Operatoren und Werten bezeichnet man in der Programmierung als Ausdrücke, beispielsweise:

3 + 5

Ausdrücke werden bei Ausführung des Programms ausgerechnet, bis als Ergebnis des Ausdrucks ein einzelner Wert feststeht. Der Ausdruck 3 + 5 würde beispielsweise zu dem Wert 8 berechnet werden.

Ausdrücke kann man in Programmen an verschiedenen Stellen verwenden:

- auf der rechten Seite von Zuweisungen

  ```
  var = 3 + 5;
  ```

- im Aufruf von Funktionen (siehe Kapitel 6)

  ```
  tueEtwas(3 + 5)
  ```

- in Bedingungen (siehe Kapitel 5.1.1)

  ```
  if (3+5 < var)
  ```

Wenn Sie beispielsweise einen Ausdruck auf der rechten Seite einer Zuweisung verwenden, berechnet der Compiler den Wert des Ausdrucks und weist diesen dann der Variablen auf der linken Seite der Zuweisung zu:

```
var = 3 + 5; // var enthält jetzt den Wert 8
```

Die einfachsten Ausdrücke sind diejenigen, die nur aus einer Konstante (Literal) bestehen:

```
-12
34.45
'A'
"Hallo"
```

Werte können in einem Ausdruck aber nicht nur durch Literale repräsentiert werden, erlaubt sind auch Variablen und Funktionen, die einen Wert zurückliefern.

```
zahl1          // steht für Wert in zahl1

sin(1.5)       // steht für den Wert den die Bibliotheksfunktion
               // sin() für das Argument 1.5 zurückliefert
               // (siehe auch Kapitel 11.1.2)
```

Die nächste Stufe arithmetischer Ausdrücke besteht aus einem einfachen Operator mit Konstanten, Variablen oder Funktionen als Operanden:

```
355 / 113
4 * i
45.67 + x
```

Komplexere arithmetische Ausdrücke enthalten schließlich mehrere Operatoren und Operanden:

```
355 / 113 * quadrat(radius)
2 * x - 3 * x + 2 * x - 5
```

In Ausdrücken, die aus mehreren Operatoren bestehen, stellt sich die Frage, wie diese Ausdrücke berechnet werden. Nehmen wir zum Beispiel die Variable y, der wir den Wert des Ausdrucks 3 + x * 4 zuweisen:

```
y = 3 + x * 4;
```
[1]

Die Variable x habe den Wert 2. Welchen Wert hat die Variable y nach der Zuweisung?

Im ersten Moment würde man wohl davon ausgehen, dass die Operatoren in der Reihenfolge abgearbeitet werden, in der sie im Ausdruck von links nach rechts auftauchen. Zuerst würde 3 + 2 berechnet, dann das Ergebnis mit 4 multipliziert. Die Variable y erhielte damit den Wert 20.

Auf den zweiten Blick wird man sich vielleicht überlegen, dass – wie in der Mathematik – die Punktrechnung vor der Strichrechnung ausgeführt werden könnte. Dann würde zuerst 2 * 4 berechnet und zum Ergebnis der Wert 3 addiert. Die Variable y erhielte dann den Wert 11.

Tatsächlich ist Letzteres der Fall. Der Grund hierfür ist, dass die Operatoren von C++ in Kategorien unterschiedlicher Priorität eingeteilt sind und Operatoren mit höherer Priorität vor den Operatoren niedriger Priorität abgearbeitet werden. Da die Operatoren für Multiplikation und Division in der internen Rangordnung der Operatoren eine höhere Priorität einnehmen als die Operatoren für Addition und Subtraktion gilt auch bei der Auswertung von Ausdrücken, dass Punkt vor Strich geht. (Im Anhang finden Sie eine Tabelle mit einer nach Prioritäten geordneten Auflistung aller C++-Operatoren.)

Klammern

Wenn Sie sich wegen der Auswertungsreihenfolge der Operatoren nicht sicher sind oder einfach eine andere Auswertungsreihenfolge vorgeben wollen, können Sie die Ausdrücke klammern. Die Klammern haben oberste Priorität, dass heißt Teilausdrücke in Klammern werden vorrangig ausgewertet.

Wenn Sie also möchten, dass C++ in dem Ausdruck 3 + x * 4 zuerst die 3 zu dem Wert von x addiert und dann das Ergebnis mit 4 multipliziert und an y zuweist, müssen Sie schreiben:

```
y = (3 + x) * 4;
```

1. Mathematiker werden hierin unschwer die Gleichung einer Geraden mit der Steigung 4 erkennen, doch dies sei nur so nebenbei bemerkt.

4.3 Die kombinierten Zuweisungen

Bisher würden Sie, um den Wert einer Variablen zu verändern (sagen wir, ihn mit 3 zu multiplizieren), wie folgt schreiben:

```
int var = 12;
var = var * 3;
```

Hierfür gibt es eine Kurzform, die auf der Verwendung des kombinierten `*=`-Operators beruht:

```
int var = 12;
var *= 3;
```

Diese Kurzform ist zunächst zwar etwas gewöhnungsbedürftig, spart aber dem Programmierer Tipparbeit und dem Anwender Laufzeit.

Kombinierte Zuweisungsoperatoren haben das Format `op=`, wobei `op` durch die arithmetischen (`+`, `-`, `*`, `/`, `%`) oder die Bit-Operatoren (`<<`, `>>`, `&`, `^`, `|`) ersetzt werden kann.

4.4 Inkrement und Dekrement

Zwei in der Programmierung häufig benötigte Operationen sind die Erhöhung beziehungsweise Verminderung einer numerischen Variablen um den Wert 1.

Hierfür gibt es in C++ zwei spezielle Operatoren: `++` und `--`.

Die Anweisung

```
++var;
```

setzt den Wert der Variablen `var` um 1 hoch.

Die Anweisung

```
--var;
```

setzt den Wert der Variablen `var` um 1 herab.

MERKSATZ

Die Erhöhung um 1 bezeichnet man auch als *Inkrement*, die Verminderung um 1 als *Dekrement*.

Präfix- und Postfix-Notationen

Das Besondere an den Operatoren ++ und -- ist, dass man sie auch in Ausdrücken (also auf der rechten Seite von Zuweisungen) verwenden kann:

```
var1 = 3 * ++var2;
```

und dass man sie sowohl vor als auch hinter den Namen der Variablen setzen kann:

```
++var;
var++;
```

Zwischen beiden Formen gibt es einen wichtigen Bedeutungsunterschied:

- bei der Voranstellung (Präfix-Notation) erhöht der Operator den Wert der Variablen und gibt den neuen Wert an den umliegenden Ausdruck weiter,
- bei Nachstellung (Postfix-Notation) erhöht der Operator den Wert der Variablen, gibt aber den alten Wert an den umliegenden Ausdruck weiter.

Wenn einer der Inkrement- oder Dekrement-Operatoren alleine in einer Anweisung verwendet wird, ist es prinzipiell egal, ob Sie den Operator voran- oder nachstellen:

```
++var;     // der Wert von var wird um 1 erhöht
var++;     // der Wert von var wird um 1 erhöht
```

Nicht so in komplexeren Ausdrücken:

```
int x, y;
y = 0;

x = ++y * 5;          // danach ist y = 1 und x = 5
y = 0;
x = y++ * 5;          // danach ist y = 1 und x = 0
```

Auch die Verwendung in Ausgaben zeitigt unterschiedliche Ergebnisse:

```
int i = 0;
cout << ++i << endl;      // Ausgabe 1

int n = 0;
cout << n++ << endl;      // Ausgabe 0
```

AUFSTEIGER

Der nachgestellte Operator funktioniert so, dass intern eine temporäre Hilfsvariable eingerichtet wird. In dieser wird der aktuelle Wert der Variablen gespeichert. Erst danach wird der Wert der Variablen um 1 erhöht. Zurückgeliefert wird aber vom Operator der alte, in der Hilfsvariablen gespeicherte Wert.

4.5 Strings addieren

Strings sind – es wurde schon mehrfach darauf hingewiesen – kein elementarer Datentyp, d.h. sie sind als Datentyp nicht fest in die Sprache integriert. Deshalb ist der Typbezeichner `string` auch kein Schlüsselwort der Sprache, sondern ein in der Standardbibliothek definierter Klassentyp (Headerdatei `<string>`).

Gleichwohl können Strings mit verschiedenen Operatoren der Sprache verarbeitet werden – beispielsweise mit dem +-Operator, der zwei Strings aneinanderhängt:

Listing 4.2: Aneinanderreihung von Strings mit dem +-Operator (Stringkonkatenation.cpp)

```
#include <iostream>
#include <string>
using namespace std;

int main()
{
   string str1 = "Am Anfang war C. ";
   string str2 = "Und aus C wurde C++. ";

   string str3 = str1 + str2;

   cout << endl;
   cout << str3;
   cout << endl << endl;

   return 0;
}
```

Hier werden die Zeichenfolgen der Strings `str1` und `str2` aneinandergehängt und in dem String `str3` gespeichert. Dieser wird anschließend ausgegeben. Auf der Konsole erscheint dann:

```
Am Anfang war C. Und aus C wurde C++.
```

Die Aneinanderreihung von Strings wird in der Informatik auch als *Konkatenation* bezeichnet.

Es ist keineswegs selbstverständlich, dass Objekte eines Klassentyps (wie z.B. `string`) mit den in die Sprache integrierten Operatoren bearbeitet werden können! Dahinter steht eine Technik, die als *Operatorenüberladung* bezeichnet wird und die wir in Kapitel 22.3 kennenlernen.

4.6 Weitere Operatoren

C++ ist eine sehr operatorenreiche Sprache. Die meisten Operatoren werden Sie im weiteren Verlauf dieses Buches noch kennenlernen. Hier zum Abschluss noch eine kleine Übersicht:

Tabelle 4.2: Die Operatoren nach Aufgabengebieten

<table>
<tr><th>Operatoren für</th><th>Operatoren</th><th>siehe</th></tr>
<tr><td>numerische Berechnungen</td><td>+, –, *, /, %, ++, --</td><td>dieses Kapitel</td></tr>
<tr><td>Vergleiche</td><td>==, !=, <, >, <=, >=</td><td>Kapitel 5.1</td></tr>
<tr><td></td><td>&&, ||, !</td><td></td></tr>
<tr><td>Bit-Manipulationen</td><td>&, |, ^, ~, >>, <<</td><td>Kapitel 21.5</td></tr>
<tr><td>Datenzugriff</td><td>., [], *, ->, ::</td><td>Kapitel 7.3.3, 8 und 17</td></tr>
<tr><td>Sonstige</td><td>&, ?:, sizeof, (typ) etc.</td><td>diverse</td></tr>
</table>

4.7 Übungen

1. Wie heißen die Operatoren für die Grundrechenarten?
2. Wie kann man das Quadrat einer Variablen `var` berechnen?
3. Wie kann man erreichen, dass zwei `int`-Variablen nach der Gleitkommaarithmetik geteilt werden? Setzen Sie ein Programm auf, das eine `int`-Variable mit dem Wert 13 durch eine zweite `int`-Variable mit dem Wert 5 auf eine Weise teilt, dass das Ergebnis 2.6 lautet.
4. Schreiben Sie ein Programm zur Umrechnung von Grad Fahrenheit in Grad Celsius (die mathematische Formel lautet: c = (f -32) * 5 / 9).

   Für 32 Fahrenheit muss das Programm den Wert 0 liefern, für 100 Fahrenheit den Wert 37.77778.
5. Zu welchen Ergebniswerten werden die folgenden geklammerten Ausdrücke berechnet, wenn x = 3 ist?

```
(1 + x) / (1 - x)
(((1 + x) + x) + x)
((1 + x) - x * 4)
```

Kapitel 5

jetzt lerne ich

Kontrollstrukturen

Bis jetzt sahen die vorgestellten Beispiele und Codefragmente stets so aus, dass die Anweisungen in der `main()`-Funktion nacheinander von oben nach unten ausgeführt wurden.

Mit Hilfe spezieller Sprachkonstrukte kann der Programmierer diesen sequenziellen Programmfluss aufbrechen und umleiten. Die Programmlogik unterscheidet hierbei zwischen:

- **Verzweigungen**. Anhand einer im Programm definierten Bedingung wird entschieden, an welcher Stelle das Programm weiter ausgeführt werden soll.
- **Schleifen**. Ein bestimmter Anweisungsblock wird wieder und wieder ausgeführt, bis eine im Programm definierte Abbruchbedingung erfüllt ist.
- **Sprüngen**. Die Programmausführung wird von der aktuellen Anweisung zu einer bestimmten anderen Anweisung umdirigiert.

Neben den Verzweigungen, Schleifen und Sprüngen gibt es noch ein weiteres Konzept zur Umlenkung des Programmflusses: die Ausnahmen (Exceptions). Ausnahmen dienen jedoch vornehmlich der Fehler- und Ausnahmebehandlung. Sie werden in Kapitel 20 behandelt.

Sie lernen in diesem Kapitel,

- wie man mit den Konstruktionen `if`, `if-else` und `switch` die Ausführungen von Anweisungen an Bedingungen knüpft,
- wie man mit Hilfe der vergleichenden und logischen Operatoren Bedingungen formuliert,
- wie man Passwörter abfragen kann,
- wie man Benutzereingaben überprüft,
- wie man `while`-, `do`- und `for`-Schleifen zur wiederholten Ausführung von Anweisungen schreibt,
- wie man Menüs für Konsolenanwendungen implementiert,
- wie man Schleifendurchgänge (Iterationen) überspringt,
- wie man Schleifen vorzeitig verlässt und
- welche typischen Fallstricke es beim Programmieren mit Schleifen gibt.

5.1 Entscheidungen und Bedingungen

Können Programme Intelligenz besitzen? Um diese Frage zu beantworten, müsste man erst einmal definieren, was Intelligenz genau ist – und dies ist gar nicht so einfach[1]. Es gibt allerdings bestimmte Eigenschaften, die eng mit der Vorstellung von Intelligenz verbunden sind: beispielsweise die Lernfähigkeit oder die Möglichkeit, auf wechselnde Umwelteinflüsse zu reagieren. Begreift man nun die Daten, die ein Programm verarbeiten soll, als die »Umwelteinflüsse« des Programms, zeichnet sich der Weg, wie Programme intelligenter werden, klar ab: sie müssen so programmiert werden, dass sie in Abhängigkeit von den Werten der Daten unterschiedlich reagieren können.

Ein Programm, das eine Zahl einliest und die Wurzel dieser Zahl berechnet, ist in diesem Sinne ein dummes Programm. Gibt man eine negative Zahl ein (für die die Wurzel nicht definiert ist), liefert das Programm falsche Ergebnisse oder stürzt ab.

1. Früher versuchte man zum Beispiel, die Intelligenz in Korrelation zum Gehirnvolumen zu bringen. Das meines Wissens schwerste je gemessene menschliche Gehirn gehörte Lord Byron, dem Vater der späteren Lady Ada Lovelace, die bereits im 19. Jahrhundert erste Entwürfe einer Programmiersprache ausarbeitete und heute allgemein als »erste Programmiererin« anerkannt ist. Interessant ist auch, dass das Gehirn von Marilyn Monroe mit 1440 Gramm ein gutes Stück über dem Durchschnitt eines männlichen Gehirns lag.

Ein besseres, intelligenteres Programm prüft die Eingabe und entscheidet dann, ob es die Wurzel berechnet und ausgibt oder ob es den Benutzer mit einer passenden Meldung auf seinen Bedienungsfehler hinweist.

5.1.1 Bedingungen

Um Entscheidungen treffen zu können, muss ein Programm Kriterien enthalten, auf deren Basis die Entscheidungen gefällt werden. Diese Kriterien oder *Bedingungen* schreibt der Programmierer im Quelltext als boolesche Ausdrücke nieder.

Ein **boolescher Ausdruck** ist ein Ausdruck, der statt zu einem Zahlenwert zu einem booleschen Wert (`true` = wahr, `false` = falsch) ausgewertet wird. Boolesche Ausdrücke werden in C++ mit Hilfe der vergleichenden und logischen Operatoren (siehe Abschnitt 5.1) gebildet.

Die einfachste Entscheidung, die ein Programm treffen kann, ist die Frage, ob ein Anweisungsblock ausgeführt werden soll oder nicht. In C++ sieht die zugehörige Syntax wie folgt aus:

```
if (Bedingung)
   Anweisung;
```

Diese Konstruktion kann wie ein deutscher Konditionalsatz gelesen werden:

»Wenn die Bedingung erfüllt ist, dann (und nur dann) führe die nachfolgende Anweisung aus.«

Wenn die Bedingung mehrere Anweisungen kontrollieren soll, müssen Sie diese in geschweifte Klammern zu einem Anweisungsblock zusammenfassen:

```
if (Bedingung)
{
   Anweisung1;
   Anweisung2;
   Anweisung3;
}
```

»Wenn die Bedingung erfüllt ist, dann (und nur dann) führe den nachfolgenden Anweisungsblock aus.«

Als Bedingung kann wie gesagt jeder beliebige Ausdruck dienen, der zur Laufzeit zu einem booleschen Wert ausgewertet werden kann. Ergibt der Ausdruck `true`, bedeutet dies, dass die Bedingung erfüllt ist und der nachfolgende Anweisungsblock ausgeführt wird. Ergibt der Ausdruck `false`, ist die Bedingung nicht erfüllt und der Anweisungsblock wird übersprungen.

Meist bestehen Bedingungen aus Vergleichen, die mit Hilfe der Vergleichsoperatoren (siehe nachfolgender Abschnitt) aufgesetzt wurden.

```
if (variable > 100) {
    cout << "variable hat einen Wert größer 100";
}
```

Sie können aber auch einzelne boolesche Werte (in Form von Literalen, Variablen oder Rückgabewerten von Funktionen) als Bedingung verwenden.

```
bool geaendert;
...
if(geaendert) {
   // Code zum Speichern der Änderungen
}
```

Schließlich können Sie boolesche Ausdrücke mit Hilfe der logischen Operatoren (siehe übernächster Abschnitt) zu komplexeren Bedingungen zusammenfassen.

5.1.2 Die Vergleichsoperatoren

Mit den vergleichenden Operatoren, die auch relationale Operatoren genannt werden, wird ein Vergleich zwischen zwei Operanden, die auch Ausdrücke sein können, durchgeführt. Das Ergebnis dieser Operation ist vom Datentyp `bool` und somit entweder wahr (`true`) oder falsch (`false`).

Tabelle 5.1: Vergleichsoperatoren

Operator	Vergleich	Beispiel für i = 2
`==`	Gleichheit	`if (i == 1)    // false`
`!=`	Ungleichheit	`if (i != 1)    // true`
`<`	Kleiner als	`if (i < 1)     // false`
`<=`	Kleiner gleich	`if (i <= 1))   // false`
`>`	Größer als	`if (i > 1)     // true`
`>=`	Größer gleich	`if (i >= 1)    // true`

Das Ergebnis eines Ausdrucks können Sie

- entweder in einer Variablen vom Typ `bool` speichern

```
int var1 = 12;
int var2 = 13;
bool b;

b = var1 < var2;  // b gleich true
b = var1 > var2;  // b gleich false
```

- oder direkt in den Bedingungen von Verzweigungen oder Schleifen verwenden.

```
if (var1 == var2)
{
  cout << "gleich";
}
```

Die Vergleichsoperatoren ==, !=, <, <=, > und >= sind grundsätzlich nur für die numerischen Datentypen (`char`, `short`, `int`, `long`, `float` und `double`) definiert. Trotzdem können Sie die Operatoren auch zum Vergleichen von booleschen Werten und sogar von Strings (Objekten der Klasse `string`) verwenden. Dies geht weil:

- Es in C++ eine automatische Typumwandlung zwischen Ganzzahlen und booleschen Werten gibt. Der Wert `false` wird dabei als 0 interpretiert und der Wert `true` als 1.
- Die Klasse `string` die vordefinierten Vergleichsoperatoren überlädt, sodass sie auch zum Vergleich von `string`-Objekten verwendet werden können (siehe dazu auch Kapitel 12 und Kapitel 22.3). (Denken Sie aber daran, die Headerdatei <`string`> einzukopieren.)

5.1.3 Die logischen Operatoren

Die Programmiersprache C++ kennt drei logische Operatoren für UND, ODER und NICHT. Bei den logischen UND- und ODER-Operatoren wird der Wahrheitswert der Operanden verknüpft, der logische NICHT-Operator konvertiert den logischen Wert seines Operanden ins Gegenteil. Die Operanden müssen selbst boolesche Werte oder Ausdrücke sein. Das Ergebnis einer logischen Verknüpfung ist wiederum ein boolescher Wahrheitswert (siehe Vergleichsoperatoren).

Tabelle 5.2: Die logischen Operatoren

<table>
<tr><th>Operator</th><th>Aufgabe</th><th>Beispiel</th></tr>
<tr><td>&&</td><td>Logisches Und</td><td>if (i > 1 && i < 10)</td></tr>
<tr><td>||</td><td>Logisches Oder</td><td>if (i < 1 || i > 10)</td></tr>
<tr><td>!</td><td>Logisches Nicht</td><td>if ! (i == 0)</td></tr>
</table>

&& – logisches UND

Mit dem Operator && wird eine logische UND-Verknüpfung durchgeführt. Das Ergebnis der Verknüpfung hat nur dann den Wert `true`, wenn beide Operanden den Wert `true` besitzen.

Die folgende Wahrheitstabelle zeigt Ihnen die möglichen Kombinationen.

Tabelle 5.3: UND-Verknüpfung

1. Operand	**2. Operand**	**Ergebnis**
wahr	wahr	wahr
wahr	falsch	falsch
falsch	wahr	falsch
falsch	falsch	falsch

Mit Hilfe der logischen UND-Verknüpfung und einer `if`-Bedingung kann man beispielsweise überprüfen, ob der Wert einer Variablen zwischen 10 und 100 liegt:

```
if( (x > 10) && (x < 100) )
```

|| – logisches ODER

Der logische ODER-Operator verknüpft seine Operanden, sodass das Ergebnis der Verknüpfung den Wert `true` hat, wenn mindestens einer der Operanden den Wert `true` hat.

Die folgende Wahrheitstabelle zeigt Ihnen die möglichen Kombinationen.

Tabelle 5.4: ODER-Verknüpfung

1. Operand	**2. Operand**	**Ergebnis**
wahr	wahr	wahr
wahr	falsch	wahr
falsch	wahr	wahr
falsch	falsch	falsch

Mit Hilfe der logischen ODER-Verknüpfung und einer `if`-Bedingung kann man beispielsweise überprüfen, ob der Wert einer Variablen kleiner als 10 oder größer als 100 ist:

```
if( (x < 10) || (x > 100) )
```

! – logisches NICHT

Der logische NICHT-Operator verkehrt den Wahrheitswert seines logischen Operanden ins Gegenteil.

```
bool sechsRichtige = false;

if (!sechsRichtige) {
  cout << "Schade: wieder kein Hauptgewinn!" << endl;
}
```

5.2 Verzweigungen

C++ kennt drei Formen von Verzweigungen:

- die einfache `if`-Anweisung, die im Grunde weniger eine Verzweigung als eher eine kleine Umleitung darstellt und lediglich kontrolliert, ob ein nachfolgender Anweisungsblock ausgeführt werden soll oder nicht.
- die `if-else`-Verzweigung, die anhand einer Bedingung prüft, welcher von zwei alternativen Anweisungsblöcken ausgeführt werden soll.
- die `switch`-Verzweigung, die anhand des Werts eines *ganzzahligen* Ausdrucks entscheidet, mit welchen von mehreren alternativen Anweisungsblöcken die Programmausführung fortzusetzen ist.

5.2.1 Die einfache if-Anweisung

Die einfache `if`-Anweisung entscheidet, ob ein nachfolgender Anweisungsblock ausgeführt werden soll oder nicht.

```
if (Bedingung)
{
   Anweisungen;
}
```

Ist die Bedingung erfüllt (`true`), wird der auf die Bedingung folgende Block ausgeführt, ist die Bedingung falsch (`false`), wird der Block übersprungen und das Programm wird mit der nächsten Anweisung hinter der `if`-Anweisung fortgeführt.

Besteht der von der `if`-Anweisung kontrollierte Block nur aus einer einzelnen Anweisung, können die Blockklammern weggelassen werden:

```
if (Bedingung)
   Anweisung;
```

Setzen Sie niemals hinter die Bedingung ein Semikolon!

```
if (Bedingung);        // !!!! fataler Fehler !!!!!
   Anweisung;
```

Der Compiler würde sonst annehmen, dass das Semikolon für eine leere Anweisung steht und diese durch die `if`-Bedingung kontrolliert werden soll (siehe auch Abschnitt 5.5.1).

Die `if`-Konstruktion ist im Grunde recht einfach zu verstehen, sie ist allerdings so vielseitig und so allgegenwärtig, dass ich Ihnen noch zwei kleine Beispiele zeigen will.

Zähler

Das folgende Codefragment implementiert einen Zähler, der wie ein zweistelliges mechanisches Zählwerk bei Erreichen des Werts 100 auf 0 zurückgesetzt wird. Für das korrekte Zurücksetzen sorgt eine `if`-Anweisung.

```
int zaehler = 0;
...

// Zähler wird irgendwo inkrementiert ...
++counter;

// ... gegebenenfalls zurückgesetzt
if (counter > 99)
  counter = 0;
...
```

Statt der `if`-Anweisung könnten Sie hier auch den Modulo-Operator zum Zurücksetzen des Zählers verwenden (`counter %= 100;`). Die `if`-Anweisung ist allerdings besser verständlich.

Passwortabfragen

Mittels einer `if`-Bedingung können Sie auch Passwortabfragen realisieren. Nehmen wir an, Sie schreiben ein Programm, das Ihre persönlichen Lotto-Glückszahlen verwaltet. Damit außer Ihnen niemand das Programm ausführen und die Zahlen abfragen kann, schützen Sie es durch ein Passwort.

Listing 5.1: Passwortabfrage (aus Passwortabfragen.cpp)

```
#include <iostream>
#include <string>
using namespace std;

int main()
{
   string kennwort;


   cout << endl;
   cout << " Kennwort eingeben: ";
   cin >> kennwort;

   cout << endl;

   if (kennwort != "Sesam")
   {
      cout << " Falsches Kennwort" << endl << endl;
      return 0;
   }
```

```
   cout << " Willkommen im Hauptprogramm" << endl;
   cout << " Ihre Lottozahlen lauten: 12, 13, 19, 25, 31, 47";
   cout << endl << endl;

   return 0;
}
```

Dieses Programm rückt eine Anweisung ins Rampenlicht, die uns zwar die ganze Zeit schon begleitet hat, die wir aber bisher kaum beachtet haben: die `return`-Anweisung. Grundsätzlich dient diese Anweisung dazu, eine Funktion zu beenden und eine Rückgabewert zurückzuliefern. In unseren bisherigen Programmen stand sie immer am Ende der `main()`-Funktion – nicht weil sie dort unbedingt nötig wäre (denn die Funktion endet am Ende ihres Anweisungsblock automatisch und einen Wert soll unsere `main()`-Funktion auch nicht zurückliefern), sondern weil der Compiler sonst meckert (mehr dazu in Kapitel 6).

Hier aber benutzen wir die `return`-Anweisung zum ersten Mal bewusst: um die `main()`-Funktion (und damit das gesamte Programm) vorzeitig zu beenden, wenn der Anwender ein ungültiges Passwort eingibt.

Passwörter

Wenn Sie wirklich sensible Daten schützen müssen, ist die obige Vorgehensweise vollkommen ungeeignet. Zwar wären das Passwort und auch die zu schützenden Daten (hier die Lottozahlen) relativ sicher, wenn Sie nach Erstellung des Programms die Quelltextdatei löschen (sodass es nur noch die binäre Programmdatei gibt). Doch professionelle Hacker können auch in Maschinencode ohne Schwierigkeiten nach Passwörtern und anderen Textdaten forschen.

Für einen wirklich sicheren Datenschutz ist es daher notwendig, das Passwort mit einem passenden Verschlüsselungsprogramm zu kodieren und auf der Festplatte zu speichern. Das Programm würde das verschlüsselte Passwort dann einlesen, dekodieren und mit der Benutzereingabe vergleichen. Der Vorteil: das Passwort steht nirgends in unverschlüsselter Form, nicht in der Passwortdatei und auch nicht in der Quelltextdatei oder der Programmdatei. (Gleichermaßen sollte man natürlich sicherstellen, dass die sensiblen Daten nicht unter Umgehung des passwortgeschützen Programms ausspioniert werden können.)

5.2.2 Die if-else-Verzweigung

Mit der `if`-Verzweigung können Sie nicht nur die Ausführung einer einzelnen Anweisung oder eines Anweisungsblocks kontrollieren, Sie können auch alternativ einen Anweisungsblock A oder einen Anweisungsblock B ausführen lassen. Dazu wird die if-Konstruktion um eine else-Klausel erweitert:

```
if (Bedingung)
{
   Anweisung(en);
}
else
{
   Anweisung(en);
}
```

Bei Ausführung des Programms wird als Erstes die Bedingung überprüft. Ist diese erfüllt (ergibt der Ausdruck in der Bedingung true), wird der direkt folgende Anweisungsblock ausgeführt. Ist dieser abgearbeitet, wird das Programm direkt mit der nächsten Anweisung unter dem else-Block fortgesetzt. Der else-Block selbst wird übersprungen. Ist die Bedingung nicht erfüllt (false), wird der Anweisungsblock direkt unter der if-Bedingung übersprungen und das Programm wird mit dem else-Block fortgesetzt.

Abb. 5.1: Ausführung der if - und der if-else-Anweisung

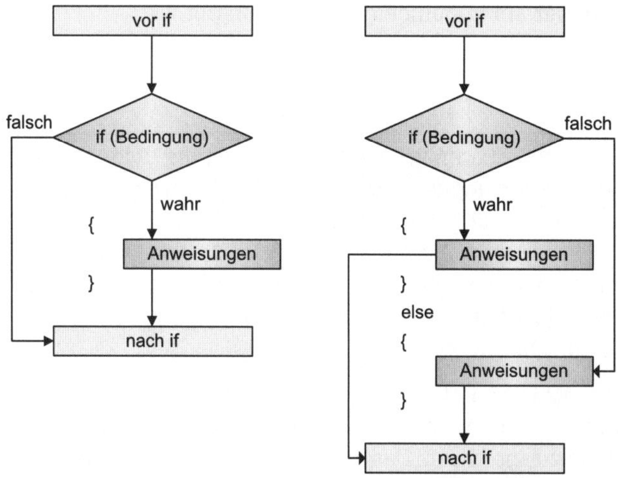

Die if-else-Verzweigung wird häufig zur Fehlerbehandlung und zur Eigenkontrolle des Programms eingesetzt. Wenn Sie beispielsweise Eingaben vom Anwender einlesen, ist es sinnvoll zu überprüfen, ob diese das richtige Format haben bzw. im gewünschten Wertebereich liegen.

Listing 5.2: Programm zur Wurzelberechnung (Wurzel.cpp)

```
#include <iostream>
#include <cmath>
using namespace std;

int main()
{
   double zahl;
   double wurzel;
```

```
    cout << endl;
    cout << " Geben Sie bitte eine Zahl ein: ";
    cin >> zahl;

    if (zahl >= 0)
    {
       wurzel = sqrt(zahl);
       cout << " Die Wurzel von " << zahl << " = " << wurzel << endl;
    }
    else
    {
       cout << " Die Wurzel negativer Zahlen ist nicht definiert "
            << endl;
    }

    cout << endl;

    return 0;
}
```

Ausgabe bei Eingabe einer positiven Zahl:

```
Geben Sie bitte eine Zahl ein: 12

Die Wurzel von 12 = 3.4641
```

Ausgabe bei Eingabe einer negativen Zahl:

```
Geben Sie bitte eine Zahl ein: -7
Die Wurzel negativer Zahlen ist nicht definiert
```

Verschachtelung

Natürlich ist es auch möglich, `if`-Verzweigungen zu verschachteln, das heißt, im `if`- oder `else`-Teil weitere `if`-Verzweigungen einzubauen.

```
if(n == 100)
{
   if(m < n)
     cout << "m kleiner n (100)" << endl;
   else
     cout << "m groesser oder gleich n (100) " << endl;
}
```

Beachten Sie den Unterschied zu:

```
if((n == 100) && (m < 100))
     cout << "m kleiner n (100)" << endl;
else
     cout << "m groesser oder gleich n (100) oder n ungleich 100"
          << endl;
```

else if

Gelegentlich sieht man auch die sogenannten »else-if«-Ketten. Diese sind so konstruiert, dass mehrere Bedingungen abgefragt werden, von denen nur eine erfüllt sein kann.

```
int n = -150;

if((n > -200) && (n <= -100))
     cout << "n zwischen -200 und -100" << endl;

else if((n > -100) && (n <= 0))
     cout << "n zwischen -100 und 0" << endl;

else if((n > 0) && (n <= 100))
     cout << "n zwischen 0 und 100" << endl;
```

Eine Spezialisierung dieser »else-if«-Ketten ist die `switch`-Verzweigung (siehe unten), mit der man den Wert **eines** Ausdrucks mit verschiedenen Konstanten vergleichen kann.

5.2.3 Die switch-Verzweigung

Die `switch`-Verzweigung dient dazu, den Wert einer *ganzzahligen* Variablen oder eines Ausdrucks mit einer Reihe von Konstanten zu vergleichen.

```
switch (Ausdruck)
{
   case KONST1:      Anweisungen;
                     break;
   case KONST2:      Anweisungen;
                     break;
   default:          Anweisungen;
                     break;
}
```

Die `switch`-Verzweigung wird so ausgewertet, dass zuerst der aktuelle Wert des Ausdrucks bestimmt und dann mit den Konstanten der `case`-Marken verglichen wird. Im Falle einer Übereinstimmung springt die Programmausführung zu der Anweisung, die auf die entsprechende `case`-Marke folgt, und wird von dort aus fortgesetzt. Entspricht der Wert des Ausdrucks keiner der `case`-Konstanten, springt die Programmausführung zu der `default`-Marke. Hier lassen sich also alle Fälle behandeln, für die keine eigenen `case`-Marken vorgesehen werden.

Die `default`-Marke ist allerdings optional und kann weggelassen werden. Fehlt die `default`-Marke und gibt es keine Übereinstimmung zu den `case`-

Konstanten, wird das Programm mit der nächsten Anweisung hinter der `switch`-Verzweigung fortgeführt.

Die `break`-Anweisung sorgt dafür, dass die `switch`-Verzweigung nach Abarbeitung der Anweisungen zu einer `case`-Marke verlassen wird.

Wenn für eine `case`-Marke mehrere Anweisungen ausgeführt werden sollen, müssen diese nicht mit geschweiften Klammern zu einem Anweisungsblock zusammengefasst werden. Der Grund hierfür ist, dass die `case`-Marken nicht mit den Blöcken einer `if-else`-Verzweigung zu vergleichen sind. Die gesamte `switch`-Verzweigung ist im Grunde ein einziger Block von aufeinander folgenden Anweisungen. Die `case`-Marken legen lediglich fest, ab welcher Anweisung mit der Ausführung dieses Blocks begonnen werden soll. Sie dienen praktisch als Einsprungsmarken. Das Pendant zu den `case`-Marken sind die `break`-Anweisungen, die aus der `switch`-Verzweigung herausführen und mit denen man verhindern kann, dass die Anweisungen der nächsten `case`-Marke ausgeführt werden.

`switch`-Anweisungen bieten sich immer dann an, wenn eine Variable (oder allgemeiner ein Ausdruck) mehrere Werte annehmen kann und man auf die verschiedenen Werte unterschiedlich reagieren möchte.

```
int note;
...
switch(note)
{
case 1:     cout << " Note: sehr gut" << endl;
            break;
case 2:     cout << " Note: gut" << endl;
            break;
case 3:     cout << " Note: befriedigend" << endl;
            break;
case 4:     cout << " Note: ausreichend" << endl;
            break;
case 5:     cout << " Note: mangelhaft" << endl;
            break;
case 6:     cout << " Note: ungenuegend" << endl;
            break;
default:    cout << " Fehler: ungueltige Note" << endl;
}
```

Auch bei der Auswertung von Menüs für Konsolenanwendungen leisten sie gute Dienste.

Menüs für Konsolenanwendungen

Wir werden die switch-Konstruktion jetzt dazu nutzen, ein kleines Konsolenmenü zu implementieren.

Listing 5.3: Implementierung eines Menüs für eine Konsolenanwendung (Menue.cpp)

```
#include <iostream>
using namespace std;

int main()
{
  char eingabe;

  cout << "Menue" << endl << endl;
  cout << "Festplatte formatieren      <a>" << endl;
  cout << "Festplatte waschen          <b>" << endl;
  cout << "Festplatte trocknen         <c>" << endl;
  cout << "Beenden                     <d>" << endl;

  cout << endl;
  cout << "Ihre Eingabe : ";
  cin >> eingabe;
  cout << endl;

  // Befehl bearbeiten
  switch(eingabe)
  {
     case 'a':  cout << " Festplatte wird formatiert " << endl;
                cout << " krrrrkrrrr ssst" << endl;
                break;
     case 'b':  cout << " Festplatte wird gewaschen " << endl;
                cout << " schrubb schrubb" << endl;
                break;
     case 'c':  cout << " Festplatte wird getrocknet " << endl;
                cout << " sssssssssssssss" << endl;
                break;
     case 'd':  cout << " Programm wird beendet" << endl;
                break;
     default:   cout << "Ungueltige Eingabe" << endl;
  }

  cout << endl;

  return 0;
}
```

Eine Sitzung mit dem Programm könnte wie folgt aussehen:

```
Menue

Festplatte formatieren      <a>
Festplatte waschen          <b>
Festplatte trocknen         <c>
Beenden                     <d>

Ihre Eingabe : a

 Festplatte wird formatiert
 krrrrkrrrr ssst
```

Fallthrough-Verhalten

Die case-Konstanten dienen nur als Einsprungmarken in den switch-Block. Stimmt der Wert einer case-Marke mit dem switch-Ausdruck überein, werden alle ab dieser Stelle folgenden Anweisungen im switch-Block ausgeführt – so lange, bis die switch-Anweisung zu Ende ist oder Sie durch eine break-Anweisung anzeigen, dass der switch-Block verlassen werden soll. Sie können dieses »Durchfallen« dazu nutzen, mehrere Werte, sprich case-Marken, mit einem gemeinsamen Anweisungsblock zu verbinden.

*Listing 5.4: Programm, das mehrere Operator-Symbole (z.B. X, x und *) für die Multiplikation mit gemeinsamen Anweisungen verbindet (Taschenrechner.cpp)*

```
#include <iostream>
#include <string>
using namespace std;

int main()
{
   double zahl1, zahl2;
   char op;

   cout << endl << "Ein kleiner Taschenrechner "
        << endl << endl;
   cout << "Geben Sie ein: Zahl Operator Zahl <Return>"
        << endl;
   cout << endl << endl;

   cin >> zahl1 >> op >> zahl2;

   switch (op)
   {
      case '+': cout << "= " << (zahl1 + zahl2) << endl;
                break;
      case '-': cout << "= " << (zahl1 - zahl2) << endl;
                break;
      case 'X':
      case 'x':
      case '*': cout << "= " << (zahl1 * zahl2) << endl;
                break;
```

```
      case ':':
      case '/': cout << "= " << (zahl1 / zahl2) << endl;
                break;
      default:  cout << " Operator nicht bekannt" << endl;
      }

   cout << endl;
   return 0;
}
```

Eine Sitzung mit dem Programm könnte wie folgt aussehen:

```
Ein kleiner Taschenrechner

Geben Sie ein: Zahl Operator Zahl <Return>

12 / 5
= 2.4
```

5.3 Schleifen

Schleifen dienen dazu, eine Anweisung oder einen Anweisungsblock mehrfach hintereinander ausführen zu lassen.

5.3.1 Die while-Schleife

Die `while`-Schleife ist quasi die Grundform, an deren Aufbau man sich die Grundprinzipien der Funktionsweise von Schleifen gut verdeutlichen kann.

Listing 5.5: Programm zur Berechnung der Potenzen von 2 (WhileSchleife.cpp)

```
#include <iostream>
#include <cmath>
using namespace std;

int main()
{
   cout << endl;

   int potenz = 0;
   int n = 0;

   while (n <= 10)
   {
      potenz = pow(2.0, n);

      cout << " 2 hoch " << n << " ist: " << potenz << endl;

      ++n;
   }

   cout << endl << endl;
   return 0;
}
```

Die Funktion `pow()` berechnet eine Potenz x^y. Der Wert für x wird als erstes, der Wert für y als zweites Argument übergeben. Der Aufruf `pow(2.0, 3)` liefert also 8.0 zurück. (Achtung! Die Funktion erwartet, dass das erste Argument ein `double`-Wert ist. Das zweite Argument kann wahlweise ein `int`- oder `double`-Wert sein.)

Ausgabe:

```
2 hoch 0 ist: 1
2 hoch 1 ist: 2
2 hoch 2 ist: 4
2 hoch 3 ist: 8
2 hoch 4 ist: 16
2 hoch 5 ist: 32
2 hoch 6 ist: 64
2 hoch 7 ist: 128
2 hoch 8 ist: 256
2 hoch 9 ist: 512
2 hoch 10 ist: 1024
```

Jede Schleife besteht aus einem Schlüsselwort (im Falle der `while`-Schleife das Schlüsselwort `while`), einer Bedingung, die bestimmt, ob die Schleife ausgeführt werden soll, und einem Anweisungsblock, der wiederholt ausgeführt werden soll:

```
while (Bedingung)
{
  Anweisungen;
}
```

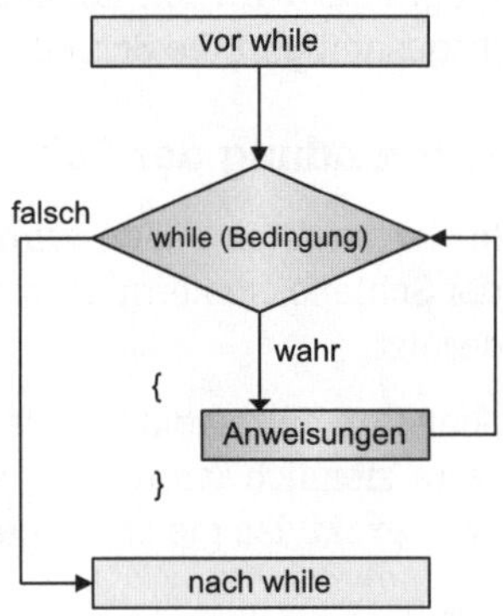

Abb. 5.2: Ausführung der while-Anweisung

Bis hierhin unterscheidet sich die `while`-Schleife nur durch das Schlüsselwort vom Aufbau einer `if`-Bedingung. Während aber die Anweisung (bzw. der Anweisungsblock) einer `if`-Bedingung bei erfüllter Bedingung nur einmal ausgeführt und das Programm danach mit der unter der `if`-Bedingung folgenden Anweisung fortgesetzt wird, springt das Programm nach Ausführung eines Schleifenblocks wieder zurück zur Schleifenbedingung, um diese erneut zu prüfen. Auf diese Weise wird der Anweisungsblock der Schleife so lange wieder und wieder ausgeführt, wie die Bedingung `true` ergibt. Für den Programmierer folgt daraus, dass er die Schleife so aufsetzen muss, dass sie nicht nur bei Bedarf ausgeführt, sondern vor allem auch wieder abgebrochen wird.

Meist wird dazu eine Schleifenvariable eingerichtet, die die Ausführung der Schleife steuert und die üblicherweise einen kurzen Namen hat: beispielsweise i oder n. Diese **Schleifenvariable** wird

- vor der Schleife **initialisiert** (im obigen Beispiel n = 0;)
- zu Anfang der Schleife in der Bedingung **ausgewertet** (n <= 10)
- in der Schleife **verändert** (meist wird die Variable inkrementiert: ++n, man kann sie aber auch dekrementieren oder ihren Wert in beliebiger anderer Weise ändern)

Durch die Kombination dieser drei Anweisungen können Sie festlegen, wie oft die Schleife wiederholt wird. Dies wird deutlich, wenn man nachvollzieht, wie eine solche Schleife ausgeführt wird.

Im obigen Programm beispielsweise wird die Schleifenvariable n zu Anfang auf 0 gesetzt. Dann beginnt die Schleife. Zu Beginn der Schleife steht die Schleifenbedingung. Solange diese Bedingung erfüllt ist (wahr ist), wird die Schleife wiederholt ausgeführt. Da n anfangs wie gesagt gleich 0 ist und die Schleifenbedingung prüft, ob n kleiner gleich 10 ist, ist die Bedingung erfüllt und der Anweisungsblock der Schleife wird ausgeführt (man spricht hier von **Iteration**). Innerhalb des Anweisungsblocks wird die Schleifenvariable inkrementiert, sodass sie nun den Wert 1 hat. Schließlich ist der Anweisungsblock komplett abgearbeitet. Die Programmausführung springt jetzt wieder zurück zur Schleifenbedingung, die erneut überprüft wird. Da 1 immer noch kleiner gleich 10 ist, wird die Schleife erneut ausgeführt und so weiter, bis in der 11. Abarbeitung der Schleife die Schleifenvariable n auf 11 gesetzt wird. Danach ist die Schleifenbedingung nicht mehr erfüllt und das Programm wird mit der ersten Anweisung hinter der Schleife fortgesetzt. Insgesamt gibt die Schleife also die Zweierpotenzen bis 1024 (2^{10}) aus.

Verwendung der Schleifenvariablen im Anweisungsblock

In den meisten Fällen wird die Schleifenvariable nicht nur zur Steuerung der Schleife, sondern auch zur Abwandlung der Befehle in der Schleife eingesetzt.

Schleifen führen ein und denselben Code mehrfach hintereinander aus. Das wäre ziemlich langweilig, wenn dieser Code bei jeder Ausführung (Iteration) exakt das gleiche Ergebnis liefern würde.

```
n = 0;
while (n <= 10)
{
   potenz = pow(2.0, 3);

   cout << " 2 hoch " << n << " ist: " << potenz << endl;

   ++n;
}
```

Ausgabe:

```
2 hoch 3 ist: 8
2 hoch 3 ist: 8
...
```

Interessant ist eine Schleife meist erst dann, wenn der Code im Schleifenblock bei jeder Iteration ein anderes Ergebnis liefert. Dies wird meist dadurch erreicht, dass man in den Anweisungen Variablen verwendet, deren Werte sich in der Schleife ändern. Die Schleifenvariable bietet sich dazu natürlich förmlich an, denn der Programmierer kann und muss für sie festlegen, in welchen Schritten sich ihr Wert von welchem Anfangswert bis zu welchem Endwert verändert:

```
int n = 0;

while (n <= 10)
{
   potenz = pow(2.0, n);

   cout << " 2 hoch " << n << " ist: " << potenz << endl;

   ++n;
}
```

Wenn Sie die Schleifenvariable neben der Steuerung der Schleife auch für andere Aufgaben nutzen, müssen Sie darauf achten, dass der Wert der Schleifenvariablen dabei nicht verändert wird, denn jede Änderung der Schleifenvariablen beeinflusst die Steuerung der Schleife:

```
while (i <= 100)
{
  i = i * i;              // Fehler?! Schleifenvariable wird nicht
  cout << i << endl;      // mehr in Einerschritten hoch gezählt
  ++i;
}
```

5.3.2 Die do-while-Schleife

Die `do-while`-Schleife ist eng mit der `while`-Schleife verwandt. Der einzige wirkliche Unterschied zwischen einer `while`- und einer `do-while`-Schleife besteht darin, dass bei der `while`-Schleife die Schleifenbedingung bereits vor dem ersten Ausführen des Anweisungsblocks getestet wird, während die `do-while`-Schleife den Anweisungsblock auf jeden Fall einmal ausführt und erst danach die Bedingung überprüft. Dieses Verhalten ist günstig, wenn man einen bestimmten Code mindestens einmal und gegebenenfalls mehrfach ausführen lassen möchte.

```
Initialisierung;
do
{
   Anweisung(en) inklusive Veränderung;
} while (Bedingung);
```

Beachten Sie das Semikolon hinter der Bedingung. (Bei der normalen `while`-Schleife darf kein Semikolon auf die Bedingung folgen.)

Greifen wir noch einmal das Beispiel mit dem Konsolenmenü auf. Mit Hilfe einer do-`while`-Schleife können wir das Menü auf elegante Weise zu Beginn des Programms als auch nach jedem abgearbeiteten Befehl anzeigen lassen – so lange, bis der Anwender den Befehl zum Beenden auswählt.

Listing 5.6: Menü für Konsolenanwendungen (Menue_verbessert.cpp)

```
#include <iostream>
using namespace std;

int main()
{
   char eingabe;

   do
   {
      cout << endl;
      cout << " Festplatte formatieren      <a>" << endl;
      cout << " Festplatte waschen          <b>" << endl;
      cout << " Festplatte trocknen         <c>" << endl;
      cout << " Beenden                     <d>" << endl;
      cout << endl;

      cout << " Ihre Eingabe : ";
      cin  >> eingabe;
      cout << endl;

      // Befehl bearbeiten
      switch(eingabe)
      {
         case 'a':  cout << " Festplatte wird formatiert " << endl;
                    ...
         default:   cout << "Ungueltige Eingabe" << endl;
      }
      cout << endl;

   } while (eingabe != 'd');

   return 0;
}
```

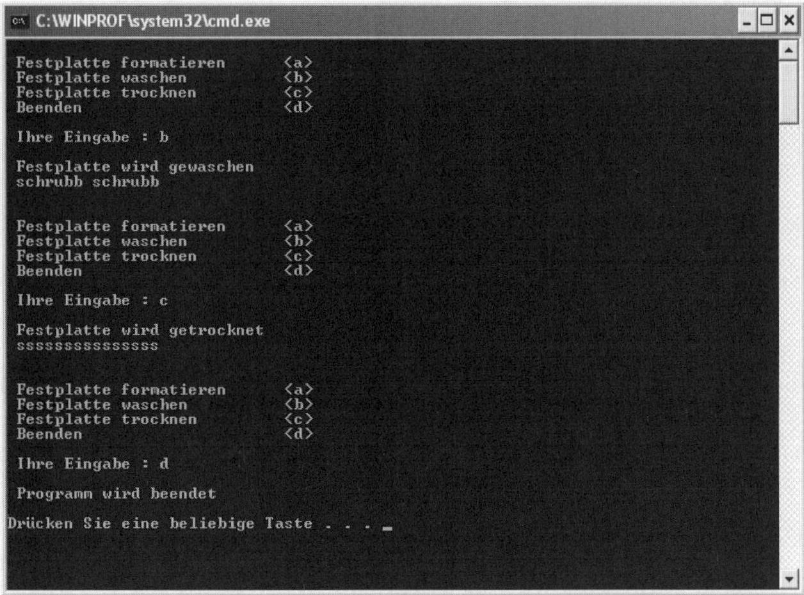

Abb. 5.3: Beispielsitzung mit dem Programm Menue_verbessert

5.3.3 Die for-Schleife

```
for (Initialisierung; Bedingung; Veränderung) {
  Anweisungen;
}
```

Die letzte Anweisung im Schleifenkopf, die Veränderung, wird nicht mit einem Semikolon abgeschlossen!

Die `for`-Schleife ist eine weitere Schleifenvariante, bei der die drei Anweisungen zur Bearbeitung der Schleifenvariablen (Initialisierung, Bedingung und Änderung) im Schleifenkopf zusammengezogen sind – was die `for`-Schleife im Vergleich zur `while`-Schleife sehr übersichtlich macht.

Eingesetzt wird die `for`-Schleife vor allem dann, wenn die Anzahl der Schleifeniterationen bereits bei Aufsetzen des Codes feststeht. Dies war beispielsweise in unserem einführenden `while`-Schleifenbeispiel zur Berechnung der Potenzen der Fall, weswegen wir den Code dieser Schleife jetzt als `for`-Schleife schreiben werden.

Listing 5.7: Programm zur Berechnung der Potenzen von 2 (ForSchleife.cpp)

```
#include <iostream>
#include <cmath>
using namespace std;

int main()
{
   cout << endl;

   int potenz = 0;
   int n = 0;

   for (n = 0; n <= 10; ++n)
   {
      potenz = pow(2.0, n);

      cout << " 2 hoch " << n << " ist: " << potenz << endl;
   }

   cout << endl << endl;
   return 0;
}
```

Zu Beginn der Schleife wird die Initialisierungsanweisung aus dem Schleifenkopf ausgeführt. In obiger Schleife bedeutet dies, dass die Schleifenvariable n auf 0 gesetzt wird.

Danach werden die Anweisungen in der Schleife so lange wiederholt ausgeführt, wie die im Schleifenkopf formulierte Bedingung – in obiger Schleife n <= 10 – erfüllt ist.

Nach jedem Schleifendurchgang wird die dritte und letzte Anweisung aus dem Schleifenkopf, die Änderungsanweisung, ausgeführt, die in obiger Schleife die Schleifenvariable inkrementiert (++n).

Schleifenvariable in Schleifenkopf deklarieren

In C++ können Sie die Schleifenvariable direkt im Initialisierungsteil deklarieren. Sie ist dann nur im Kopf und Anweisungsblock der Schleife gültig und wird beim Verlassen des Blocks automatisch aufgelöst.

```
int main()
{
   int potenz = 0;

   for (int n = 0; n <= 10; ++n)
   {
      ...
   }

   return 0;
}
```

5.3.4 Schleifen mit mehreren Schleifenvariablen

Die Verwendung mehrerer Schleifenvariablen ist kein Problem und an keinerlei syntaktische Besonderheiten geknüpft. Hier ein Beispiel für eine while-Schleife mit zwei Schleifenvariablen:

```
int i = 1;
int j = 10;

while (i <= 10 && j >= 1)
{
   cout << " " << i++ * j-- << endl;
}
```

Ausgabe

```
10 18 24 28 30 30 28 24 18 10
```

Erlaubt ist auch die Formulierung von for-Schleifen mit mehreren Schleifenvariablen. Syntaktisch wird dies durch Verwendung des Komma-Operators ermöglicht, mit dem man Initialisierungs- Bedingungs- und Reinitialisierungsteil der for-Schleife in mehrere Teile untergliedern kann.

```
for (int i = 1, j = 10; i <= 10 && j >= 1; ++i, --j)
{
   cout << " " << i++ * j-- << endl;
}
```

Ausgabe

```
10 18 24 28 30 30 28 24 18 10
```

5.3.5 Performance-Tipps

Soll die Ausführungsgeschwindigkeit eines Programms verbessert werden, steht die Optimierung der Schleifen immer an vorderster Stelle. Dadurch, dass die Anweisungsblöcke der Schleifen mehrfach iteriert werden, können schon kleine Optimierungen in diesen Anweisungen zu einer deutlichen Verbesserung der Laufzeit führen.

Hier eine kleine Checkliste:

- Nehmen Sie alle unnötigen Anweisungen aus der Schleife heraus.
- Prüfen Sie alle Anweisungen, in denen keine Schleifenvariable auftaucht, ob man diese Anweisungen nicht als Initialisierung vor die Schleife oder zur Nachbearbeitung hinter die Schleife stellen kann.
- Vermeiden Sie, soweit es geht, zeitschluckende Operationen (Ein- und Ausgabe in Dateien, Bildschirmausgaben, Funktionsaufrufe).

Wenn Sie beispielsweise Punkte auf dem Konsolenbildschirm ausgeben wollen, um dem Anwender anzuzeigen, dass das Programm noch arbeitet und nicht etwa abgestürzt ist, geben Sie nur in jeder hundertsten oder tausendsten Iteration einen Punkt aus.

- Vermeiden Sie das Erzeugen von Objekten (siehe Kapitel 17) in der Schleife (besser: ein Objekt vor der Schleife erzeugen und dann in der Schleife verwenden).

5.4 Sprunganweisungen

Verzweigungen und Schleifen sind Konstrukte, die es nur auf der Ebene der höheren Programmiersprachen gibt. Auf Maschinenebene sind sie unbekannt. Womit sich die Frage stellt, wie Verzweigungen und Schleifen von den Übersetzertools in Maschinenbefehle umgewandelt werden?

Zwar gibt es auf Prozessorebene grundsätzlich keine Befehle für Schleifen und Verzweigungen, dafür gibt es aber praktisch keinen modernen Prozessor, der nicht einen oder mehrere Sprungbefehle bereitstellen würde.

Von Neumann und die konditionellen Sprünge

Der in Budapest geborene deutsche Mathematiker John von Neumann lehrte nach seinem Studium an verschiedenen deutschen Universitäten Mathematik, bis er 1931 ordentlicher Professor der University of Princeton wurde. Ein äußerst fruchtbares Forscherleben begann, in dessen Verlauf von Neumann die Theorie der Spiele begründete und wertvolle Gedanken zur Gruppen- und Funktionstheorie beisteuerte. Umfassende Arbeiten auf dem Gebiet der angewandten Mathematik weckten schließlich sein Interesse an elektronischen Rechenmaschinen.

Inspiriert von dem elektronischen Großrechner ENIAC beschäftige sich von Neumann intensiver mit der Theorie von Rechenmaschinen. Im Jahr 1945 formulierte er zwei Konzepte, die unsere Vorstellung von einem Computer nachhaltig geprägt haben:

- Das »shared-program«-Konzept forderte, dass ein Computer eine einfache, feststehende Struktur haben soll, die es ihm gestattet, unterschiedliche Programme auszuführen, ohne dass dazu Änderungen an der Hardware vorgenommen werden müssen. Kurz gesagt: Hard- und Software sollten getrennt werden.

Das »conditional control transfer«-Konzept forderte, dass der Code eines Programms zusammen mit den Daten im internen Speicher des Rechners abgelegt werden soll, um die Programmausführung kontrollieren zu können (Grundlage für Sprünge, Verzweigungen, Schleifen und Funktionsaufrufe).

Wenige Jahre später wurden die ersten »Von Neumann«-Rechner vorgestellt, beispielsweise EDVAC, UNIVAC, der SSEC von IBM oder Maniac (1952). Heute basieren alle modernen Rechner/Prozessoren auf der »Von Neumann«-Architektur und stellen Befehle zur Durchführung konditioneller Sprünge zur Verfügung.

Dadurch, dass der Code eines Programms beim Start Maschinenbefehl für Maschinenbefehl in die Zellen des Arbeitsspeichers geladen wird, erhält jeder Maschinenbefehl eine eindeutige Adresse, über die er angesprochen werden kann.

Die Adresse des ersten Befehls, mit dem die Programmausführung beginnen soll, wird beim Start in ein spezielles CPU-Register, das Befehlsregister, geschrieben. Der Prozessor führt diesen Befehl aus und inkrementiert die Adresse im Befehlsregister, sodass es auf den nachfolgenden Befehl weist. Dieser wird ebenfalls ausgeführt, die Adresse im Befehlsregister abermals inkrementiert und so geht es im Turnus immer weiter, bis die Befehle nach und nach abgearbeitet sind oder ein Sprungbefehl geladen und ausgeführt wird. Der Sprungbefehl ersetzt die Adresse im Befehlsregister durch seine eigene Zieladresse und bricht so die streng sequenzielle Abarbeitung auf. Verzweigungen, Schleifen, Funktionsaufrufe – praktisch alle Mittel, die uns von Java und anderen höheren Programmiersprachen zur Steuerung des Programmablaufs zur Verfügung gestellt werden – sind letztlich Sprünge zu bestimmten Code-Abschnitten und werden durch die direkte Zuweisung von Adressen an das Befehlsregister ermöglicht.

Die Bedeutung dieser Sprungbefehle und der zugrunde liegenden Von-Neumann-Architektur kann gar nicht hoch genug eingeschätzt werden.

Wo aber sind die Sprungbefehle in C++? Gibt es sie nur im engen Korsett von Verzweigungen und Schleifen oder können wir auch selbst festlegen, dass die Programmausführung von einer Anweisung A zu einer beliebigen Anweisung B springen soll?

5.4.1 Abbruchbefehle für Schleife

Die Anweisungsblöcke von Schleifen können sowohl mit der break- als auch der continue-Anweisung vorzeitig beendet werden.

Tabelle 5.5: Abbruchbefehle für Schleifen

Befehl	Beschreibung
continue	Mit Hilfe der continue-Anweisung kann die **aktuelle Schleifeniteration** abgebrochen werden. Nach Ausführung der continue-Anweisung werden die restlichen Anweisungen des Schleifenblocks übersprungen und die nächste Schleifeniteration wird begonnen. Das heißt, die Schleifenbedingung wird erneut ausgewertet (und in for-Schleifen wird auch die Inkrement-Anweisung ausgeführt).
break	Mit Hilfe der break-Anweisung kann die **ganze Schleife** abgebrochen und verlassen werden. Die Programmausführung wird danach mit der ersten Anweisung nach der Schleife fortgesetzt.

Das folgende Beispiel demonstriert die Verwendung der continue-Anweisung. Es berechnet die ersten sieben Quadratzahlen und gibt sie aus. Lediglich die Quadratzahl von 5 wird übersprungen.

```
for( int i = 1; i <= 7; ++i)
{
  if (i == 5)
    continue;

  cout << "  Quadrat von " << i << ": " << i * i << endl;
}
```

Ausgabe:

```
Quadrat von 1: 1
Quadrat von 2: 4
Quadrat von 3: 9
Quadrat von 4: 16
Quadrat von 6: 36
Quadrat von 7: 49
```

Der gleiche Code mit einer break- statt der continue-Anweisung beendet die Schleife mitten in der fünften Iteration.

```
for( int i = 1; i <= 7; ++i)
{
  if (i == 5)
    break;

  cout << "  Quadrat von " << i << ": " << i * i << endl;
}
```

Ausgabe:

```
Quadrat von 1: 1
Quadrat von 2: 4
Quadrat von 3: 9
Quadrat von 4: 16
```

Wenn Sie die continue-Anweisung in einer while- oder do-while-Schleife verwenden, müssen Sie darauf achten, dass die Schleifenvariable im Schleifenblock noch vor der continue-Anweisung verändert (inkrementiert, dekrementiert etc.) wird, sonst erzeugen Sie eine Endlosschleife.

```
do
{
  if( n%10 == 0 )
    continue;

  // irgendwelche Anweisungen

  n++;      // Inkrement

} while(n <= 100);
```

Der Fehler liegt hier darin, dass durch die continue-Anweisung auch die Veränderung der Schleifenvariablen übersprungen wird und sich daher nach dem ersten Ausführen der continue-Anweisung an dem Wert der Schleifenvariablen und der Auswertung der Schleifenbedingung nichts mehr ändert.

In for-Schleifen besteht dieses Problem meist nicht. Wenn man sich an die Regel hält, den Wert der Schleifenvariablen nur im Veränderungsteil des Schleifenkopfs zu ändern, kann nichts passieren. Die continue-Anweisung springt an das Ende des Schleifenblocks, danach wird der Veränderungsteil ausgeführt, die Bedingung überprüft und gegebenenfalls die neue Iteration begonnen.

Gewollte Endlosschleifen

Mit Hilfe der break-Anweisung können Sie »gewollte Endlosschleifen« implementieren, die so lange ausgeführt werden, bis *im* Anweisungsblock eine bestimmte Bedingung erfüllt wird.

Das nachfolgende Programm nutzt eine solche Schleife, um immer wieder neue Werte vom Anwender abzufragen, für die das Programm dann die Potenz zur Basis 2 berechnet und ausgibt. Erst wenn der Anwender eine 0 als Wert eingibt, wird die Schleife verlassen.

```
#include <iostream>
#include <cmath>
using namespace std;

int main()
{
   cout << endl;

   int zahl;

   while(true)
   {
      cout << " Geben Sie einen Zahl ein (0 zum Beenden): ";
      cin >> zahl;

      if (zahl == 0)
         break;

      cout << "  2^" << zahl << " = " << pow(2.0, zahl);
      cout << endl << endl;
   }

   cout << endl;

   return 0;
}
```

Ausführung:

```
Geben Sie einen Zahl ein (0 zum Beenden): 7
2^7 = 128.0

Geben Sie einen Zahl ein (0 zum Beenden): 8
2^8 = 256.0

Geben Sie einen Zahl ein (0 zum Beenden): 32
2^32 = 4.294967e+009

Geben Sie einen Zahl ein (0 zum Beenden): 0
```

HINWEIS

Wenn Sie die for-Syntax bevorzugen, lassen Sie einfach die nicht benötigten Teile des Schleifenkopfs leer:

```
for(;;)
{
  ...
  if(bedingung)
    break;   // Schleife verlassen
  ...
}
```

5.4.2 Abbruchbefehle für Funktionen

Schließlich gibt es, wie bereits in Listing 5.2 demonstriert, die Möglichkeit die ganze Funktion vorzeitig zu verlassen, indem man die `return`-Anweisung ausführt.

5.4.3 Sprünge mit goto

C++ erlaubt es auch, einzelne Anweisungen Ihres Programms mit Sprungmarken zu versehen:

```
Markel: Anweisung;
```

Mittels der Anweisung

```
goto Markel
```

können Sie dann von einer beliebigen Stelle des Programms aus an die Stelle mit der entsprechenden Marke springen. Es ist allerdings nicht sonderlich empfehlenswert, davon Gebrauch zu machen, denn solche Sprünge machen ein Programm schnell vollkommen unübersichtlich und unverständlich. Zudem sind sie bei sorgfältiger Programmierung stets vermeidbar.

5.5 Fallstricke

So einfach Verzweigungen und Schleifen von der Syntax und der Konzeption her sind, so tückisch können sie sich in der Praxis verhalten. Die folgende Liste versucht die häufigsten Fehlerquellen und Verständnisprobleme anzusprechen.

5.5.1 Die leere Anweisung ;

Im Abschnitt 5.2.1 wurde bereits kurz die »leere« Anweisungen vorgestellt: Ein einzelnes Semikolon wird an Stellen, wo Anweisungen stehen dürfen oder vom Compiler erwartet werden, als vollwertige, wenn auch leere, d.h. nichts tuende Anweisung interpretiert.

Zwei typische Einsatzgebiete für leere Anweisungen sind die leeren Schleifen und die reduzierten `for`-Schleifen:

Leere Schleifen

Eine leere Schleife liegt vor, wenn der gesamte funktionelle Code der Schleife schon im Schleifenkopf (bei while-Schleifen in der Bedingung) steht.

```
for(int n = 0; n < 12; n++, cout << n << endl)
   ;
```

Empfehlenswert ist eine solche Implementierung allerdings meist nicht – bestenfalls ist sie geeignet, C++-Anfänger zu verblüffen.

Vorsicht, Semikolon

Die leere Anweisung kann in Verbindung mit Schleifen und Verzweigungen aber auch zu heimtückischen Fehlern führen.

Während einfache Anweisungen in C++ stets mit einem Semikolon abgeschlossen werden, enden Verzweigungen und abweisende Schleifen mit dem zugehörigen Anweisungsblock. Das letzterer auch aus einer einzelnen Anweisung bestehen kann und dann nicht mit Blockklammern geschrieben werden muss, spart unnötige Tipparbeit, wird aber gerade für Programmieranfänger häufig zur Falle.

Setzt der Programmierer nämlich hinter eine if-Bedingung oder einen Schleifenkopf ein Semikolon – sei es versehentlich oder im Irrglauben, die Anweisung auf diese Weise korrekt abzuschließen –, deutet der Compiler das Semikolon nicht als Abschluss, sondern als leere Anweisung.

```
cout << "1" << endl;
cout << "2" << endl;

if (option == 0);
   cout << "3" << endl;

cout << "4" << endl;
cout << "5" << endl;
```

Dieser Code gibt immer (unabhängig von dem Wert, den option in der if-Bedingung hat) die Zahlen von 1 bis 5 aus!

Reduzierte for-Schleifen

Die Syntax der for-Schleife erfordert, dass im Schleifenkopf Initialisierung, Bedingung und Veränderung angeführt werden. Für die Ausführung einer Schleife sind aber nicht immer alle drei Teile erforderlich – beispielsweise wenn eine weiter oben deklarierte und initialisierte Variable als Schleifenvariable dienen soll. Nun kann der Initialisierungsteil aber nicht einfach entfallen. Der Compiler würde sonst den Bedingungsteil als Initialisierungsteil deuten und sich wundern, wo der dritte Teil geblieben ist. Anstatt die Teile einfach wegfallen zu lassen, setzen wir daher leere Anweisungen:

```
for(; eineVar < 100; eineVar++)
```

5.5.2 Nebeneffekte in booleschen Ausdrücken

Die Operanden der logischen Operatoren && und || werden immer von links nach rechts ausgewertet. Allerdings wird auf die Auswertung des rechten Operanden verzichtet, wenn der Wert der Verknüpfung bereits nach Auswertung des linken Operanden feststeht!

Dies kann die Effizienz eines Programms erhöhen, kann aber auch zu hässlichen Fehlern führen.

```
if( (y*2.4 < 100) && (x > 50) )
```

Die obige Bedingung ist nicht sehr effizient formuliert, da die relativ aufwendige Gleitkommamultiplikation ganz unnötigerweise jedes Mal durchgeführt wird. Effizienter wäre es die Operanden auszutauschen, sodass die zeitraubende Multiplikation im rechten Operanden steht:

```
if( (x > 50) && (y*2.4 < 100) )
```

Ergibt jetzt der erste Vergleich, dass x kleiner oder gleich 50 ist, wird der zweite Vergleich nicht mehr durchgeführt.

Vorsicht ist jedoch geboten, wenn die Operanden Nebeneffekte haben, d.h., wenn innerhalb der Operanden Zuweisungen stattfinden (etwa mit Hilfe der Operatoren ++ oder --) oder Funktionen aufgerufen werden.

```
if( (++y*2.4 < 100) & (x > 50) )
```

Hier wird im linken Operanden nicht nur ein Vergleich durchgeführt, sondern gleichzeitig auch eine Erhöhung um 1 ausgeführt. Wenn Sie diese Bedingung wie folgt umformulieren

```
if( (x > 50) && (++y*2.4 < 100) )
```

wird das Inkrement von y nur noch dann durchgeführt, wenn x größer 50 ist. Dieses Verhalten kann gewollt sein, kann aber auch falsch sein!

5.5.3 Dangling else-Problem

Betrachten Sie noch einmal die folgende verschachtelte if-Konstruktion, die Sie bereits in Abschnitt 5.2.2 gesehen haben.

```
if(n == 100)
{
   if(m < n)
     cout << "m kleiner n (100)" << endl;
   else
     cout << "m groesser oder gleich n (100) " << endl;
}
```

Hier könnte man die geschweiften Klammern weglassen, da die `if-else`-Verzweigung aus Sicht des Compilers als eine einzelne Anweisung zählt:

```
if(n == 100)
   if(m < n)
     cout << "m kleiner n (100)" << endl;
   else
     cout << "m groesser oder gleich n (100) " << endl;
```

Allerdings kann das »Einsparen« der geschweiften Klammern schnell dazu führen, dass sich der Programmierer darin täuscht, welche if- und else-Teile zusammengehören.

```
if(n == 100)
   if(m < n)
     cout << "m kleiner n (100)" << endl;
else
   cout << "m groesser oder gleich n (100) " << endl;
```

Hier scheint der Programmierer zu glauben, dass der `else`-Teil zu der oberen `if`-Bedingung gehört – jedenfalls deutet seine Art der Einrückung darauf hin. Die Einrückung ist für die Zuordnung von `if`- und `else`-Teilen bedeutungslos, sie dient lediglich der besseren Lesbarkeit. Tatsächlich gehört der `else`-Teil immer zu dem letzten vorangehenden `if`-Teil, der noch über keinen `else`-Teil verfügt. Im obigen Beispiel gehörte der `else`-Teil also zur `if`-Bedingung `if(m < n)`.

ACHTUNG

Die Zuordnung von `if` und `else` wird nicht durch die Einrückung bestimmt! Diese dient allein der Übersichtlichkeit.

5.5.4 Endlosschleifen

Wichtig ist, dass Sie beim Aufsetzen einer Schleife sicherstellen, dass diese wirklich wieder verlassen wird. Betrachten Sie folgende Schleife:

```
int n = 1;
while ( n <= 10 )
{
  // weitere Anweisungen
  --n;
}
```

Hier wird die Schleifenvariable n nach jedem Schleifendurchgang dekrementiert, das heißt, um 1 vermindert. Der Wert von n wird nie größer als 10 werden, und die Schleife wird nie verlassen!

Solche Endlosschleifen sind ein häufiges Beispiel für logische Fehler innerhalb eines syntaktisch korrekten Programms.

Besonders tückisch sind Schleifen, die bei hundert Programmaufrufen korrekt arbeiten und beim 101-ten Programmaufruf in eine Endlositeration ausarten.

Die folgende Schleife wird beispielsweise nur dann zur Endlosschleife, wenn die Variable zugabe vor Eintritt in die Schleife einen negativen Wert zugewiesen bekommen hat.

```
for(int n = 1; n <= 10; n + zugabe)
{
  ...
}
```

5.6 Übungen

1. Muss man in C++ den Code, der von einer if-Bedingung kontrolliert werden soll, einrücken?
2. Vereinfachen Sie die folgenden verschachtelten if-Anweisungen, indem Sie sie durch eine einzige if-Anweisung ersetzen:

   ```
   if (i > 0)
      if (i < 10)
         cout << "i = " << i << endl;
   ```

3. Sie wollen prüfen, ob ein Wert x zwischen 10 und 20 und ein zweiter Wert y zwischen 100 und 120 liegt. (In einem Windows-Programm mit grafischer Benutzeroberfläche könnten Sie so beispielsweise prüfen, ob der Mauszeiger über einem bestimmten Fensterbereich liegt.) Welche Konstruktion wählen Sie?

4. Sie wollen prüfen, ob ein Wert x zwischen 10 und 20 oder zwischen 20 und 30 liegt. Wenn der Wert x zwischen 10 und 20 liegt, ist interessant, ob der Wert y zwischen 100 und 120 liegt. Wenn der Wert zwischen 20 und 30 liegt, ist interessant, ob der Wert y größer 50 ist. Welche Konstruktion wählen Sie?

5. Was stimmt nicht mit der folgenden Schleife?

```
i = 1;
while (i < 10)
{
   j = i * i - 1;
   k = 2 * j - i;
}
```

6. Wie lautet die Ausgabe der folgenden `for`-Schleife?

```
for (int i = 5; i < 10; i + 2)
   cout <<  i - 2  << endl;
```

7. Schreiben Sie ein Programm, das folgende Ausgabe erzeugt:

```
*
**
***
****
*****
******
*******
********
*********
**********
```

Tipp: Verwenden Sie zwei verschachtelte `for`-Schleifen, wobei die Schleifenvariable der inneren Schleife bis maximal zum Wert der äußeren Schleifenvariable läuft.

Kapitel 6

Eigene Funktionen

Funktionen sind ein von vielen Programmiersprachen angebotenes Hilfsmittel zur Modularisierung des Programmcodes.

Warum empfiehlt es sich, Programmcode zu modularisieren?

Erstens wird der Programmquelltext übersichtlicher. Wenn Sie ein mittelgroßes Programm von einigen Hundert Zeilen, Anweisung für Anweisung aufsetzen, werden Sie irgendwann große Schwierigkeiten haben zu verstehen, was in Ihrem Programm eigentlich vorgeht (noch schwieriger dürfte dies für andere Programmierer sein, die Ihr Programm später eventuell überarbeiten und warten müssen). Mit Hilfe von Funktionen können Sie größere Programme in Teilprobleme auflösen.

Nehmen wir an, Sie möchten ein Programm schreiben, das mehrere Zahlenwerte einlesen und daraus den Mittelwert berechnen soll. Anstatt den Code direkt Anweisung für Anweisung niederzuschreiben, können Sie das Programm in die folgenden drei Teilprobleme auflösen:

```
Werte einlesen
Mittelwert berechnen
Ergebnis ausgeben
```

Nachdem Sie dies getan haben, schreiben Sie für jedes der drei Teilprobleme eine eigene Funktion, die das Teilproblem bearbeitet. In der `main()`-Funktion des Programms brauchen Sie dann nur noch nacheinander die drei Funktionen aufzurufen.

Der zweite Grund, der für die Auslagerung von Code in Funktionen spricht, ist, dass man Funktionen sehr gut wiederverwerten kann. Eine einmal im

Programm definierte Funktion kann man nämlich an jeder beliebigen Stelle des Programms aufrufen. Stellen Sie sich vor, Sie müssen in Ihrem Programm an verschiedenen Stellen eine recht komplizierte mathematische Formel berechnen. Ohne Funktionen müssten Sie an jeder Stelle, an der die Formel berechnet werden soll, die Anweisungen zur Berechnung der Formel neu aufsetzen. (Sie können den Code natürlich kopieren, doch wenn Sie später im Code einen Fehler bemerken, haben Sie immer noch das Problem, nachträglich sämtliche Stellen aufsuchen und den Fehler beheben zu müssen.) Mit Funktionen können Sie eine Funktion zur Berechnung der Formel schreiben und brauchen diese dann nur noch an den betreffenden Stellen aufzurufen. Ja, Sie können sogar mehrere Funktionen in eine Bibliothek kompilieren und auf diese Weise anderen Programmen zur Verfügung stellen (siehe Kapitel 16).

Sie lernen in diesem Kapitel,

- wie man Funktionen definiert und aufruft,
- wie eine Funktion ein Ergebnis zurückliefern kann,
- wie eine Funktion Argumente übernehmen kann,
- was globale Variablen sind,
- was bei einem Funktionsaufruf im Arbeitsspeicher geschieht
- wie man mehrere Funktionen gleichen Namens definiert und wieso das überhaupt möglich ist.

6.1 Definition und Aufruf

Letzten Endes ist eine Funktion nichts anderes als ein Anweisungsblock, der mit einem Namen (dem Funktionsnamen) versehen ist, damit man ihn von beliebigen Stellen des Programms aus aufrufen kann.

```
typ funktionsname()
{
  Anweisung(en);
}
```

An anderer Stelle im Programm könnte diese Funktion dann wie folgt aufgerufen werden:

```
...
funktionsname();
...
```

Der Funktionsaufruf bewirkt einfach, dass die Programmausführung in den Anweisungsblock der Funktion springt. Nach Abarbeitung des Funktionscodes kehrt die Programmausführung dann wieder in die Zeile des Aufrufs zurück und das Programm wird fortgesetzt (natürlich ohne nochmalige Ausführung der Funktion). Zur Verdeutlichung betrachten wir ein kleines Beispielprogramm:

Listing 6.1: Funktionen rufen sich auf (Programmausfuehrung.cpp)

```
#include <iostream>
using namespace std;

void func1()
{
   cout << " Funktion func1 meldet sich! " << endl;
}

void func2()
{
   cout << " Funktion func2 meldet sich! " << endl;
   func1();
}

int main()
{
   cout << " Funktion main meldet sich! " << endl;
   func2();

   cout << " Funktion main verabschiedet sich! " << endl;

   return 0;
}
```

Stören Sie sich nicht an dem neuen Schlüsselwort `void`, das hier vor den von uns definierten Funktionsnamen steht. Es zeigt dem Compiler an, dass die Funktionen keinen Rückgabetyp haben und keine `return`-Anweisung benötigen – doch dazu gleich mehr. Im Moment wollen wir uns auf die Programmausführung konzentrieren. Überlegen Sie sich also einmal, wie die Ausgabe des Programms aussehen könnte.

Was wissen wir über die Programmausführung?

- Die Programmausführung beginnt immer mit der Funktion `main()`, deren Anweisungen nacheinander ausgeführt werden.
- Wird eine Funktion aufgerufen, wechselt die Programmausführung in den Anweisungsblock der Funktion.
- Wird eine Funktion beendet, springt die Programmausführung zurück zu dem Punkt, wo die Funktion aufgerufen wurde.

Das obige Programm beginnt also mit der ersten Anweisung in `main()` und gibt die Meldung »Funktion main meldet sich!« aus. Dann wird als zweite Anweisung die Funktion `func2()` aufgerufen. Die Programmausführung springt also in den Code von `func2()` und führt als Erstes deren `cout`-Anweisung aus. Danach wird `func1()` aufgerufen. Wieder springt die Programmausführung und es wird die `cout`-Anweisung von `func1()` ausgeführt. Danach ist die Funktion `func1()` beendet. Die Programmausführung kehrt an den Punkt zurück, von wo die aktuelle Funktion (`func1()`) aufgerufen wurde – also hinter den Aufruf von `func1()` in `func2()`. An diesem Punkt ist `func2()` aber ebenfalls schon beendet und die Programmausführung springt in den Aufrufer von `func2()` zurück – also zurück in `main()`. Jetzt wird die zweite `cout`-Anweisung von `main()` ausgeführt und auch noch die `return`-Anweisung. Dann ist auch das Ende von `main()` erreicht und das Programm endet. Die Ausgabe sieht insgesamt also wie folgt aus:

```
Funktion main meldet sich!
Funktion func2 meldet sich!
Funktion func1 meldet sich!
Funktion main verabschiedet sich!
```

6.1.1 Der Ort der Funktionsdefinition

Funktionsdefinitionen dürfen in C++ an zwei Stellen stehen:

- auf Dateiebene (siehe auch Erläuterung im Kasten)
- als untergeordnete Elemente von Klassentypen (doch dazu kommen wir erst in Kapitel 7.4)

Wichtig für die Verwendung einer Funktion ist aber auch der genaue Ort in der Datei, denn wie Sie bereits aus Kapitel 1.3 wissen, können Sie in C++ nur solche Elemente verwenden, die zuvor dem Compiler bekannt gemacht wurden.

Für unser obiges Beispiel bedeutet dies, dass wir die Abfolge der Funktionsdefinitionen gar nicht anders hätten wählen können, denn da die Funktion `func2()` die Funktion `func1()` aufruft, muss `func1()` vor `func2()` definiert sein, und weil `main()` die Funktion `func2()` aufruft, muss `func2()` wiederum vor `main()` definiert sein.

Oder etwa nicht?

Tatsächlich könnte man die Funktionen auch in anderer Reihenfolge definieren. Man müsste dann aber zu Beginn der Datei passende Funktionsdeklarationen einfügen, damit der Compiler zufrieden gestellt wird. Wie das geht, erfahren Sie im nächsten Abschnitt.

Dateiebene

Eine Quelltextdatei ist wie ein leeres Blatt. Wenn Sie auf diesem Blatt ein Element definieren (wie z.B. die `main()`-Funktion) sagt man, dass das Element auf Dateiebene definiert ist. Wenn Sie jetzt ein weiteres Element definieren, können Sie dies – rein theoretisch – innerhalb des `main()`-Elements tun oder parallel zu `main()`. Im ersten Fall spricht man von einem lokal definierten Element, im zweiten Fall von einem globalen Element respektive einer Definition auf Dateiebene.

```
// Beginn der Datei

void func                    // Definition auf Dateiebene
{
   ...
}

int var1;                    // Definition auf Dateiebene

int main()                   // Definition auf Dateiebene
{
   int var2;                 // lokale Definition
   ...
}

// Ende der Datei
```

Während praktisch alle Elemente global definiert werden können, gelten für die lokale Definition bestimmte Einschränkungen, d.h., nicht jedes Element kann in jedem anderen Element lokal definiert werden. Insbesondere können Funktionen nicht als lokale Elemente anderer Funktionen definiert werden.

6.1.2 Funktionsprototypen (Deklaration)

Damit Sie eine Funktion an einer bestimmten Stelle im Programm aufrufen können, müssen zwei Dinge gegeben sein:

- Die Funktion muss irgendwo im Programm definiert sein.
- Die Funktion muss vor ihrem Aufruf deklariert sein. Sonst kann der Compiler nämlich nichts mit dem Funktionsnamen anfangen.

In dem einführenden Beispiel zu diesem Abschnitt war beides der Fall, denn Funktionsdefinitionen schließen die Deklaration mit ein.

Vielleicht fänden Sie es aber übersichtlicher, `main()` ganz oben im Quelltext stehen zu lassen und die zusätzlich definierten Funktionen darunter anzuhängen. In C++ ist dies problemlos möglich, Sie müssen lediglich vor `main()` die Funktionsdeklarationen der aufgerufenen Funktionen notieren. Oder anders ausgedrückt: Wenn Sie eine Funktion am Anfang einer Datei deklarieren (beispielsweise direkt unter den `#include`-Direkten), können Sie die Funktion danach an beliebiger Stelle in der Datei aufrufen – gleichgültig, wo sich die eigentliche Funktionsdefinition befindet.

Das Aufsetzen einer Funktionsdeklaration ist übrigens gar nicht schwierig. Sie müssen einfach nur von der Funktionsdefinition den Anweisungsteil weglassen und dafür hinter die schließende, runde Klammern ein Semikolon setzen.

```
#include <iostream>
using namespace std;

// Vorabdeklarationen der Funktionen
void func1();
void func2();

int main()
{
   // wie gehabt
}

void func2()
{
   // wie gehabt
}

void func1()
{
   // wie gehabt
}
```

Funktionsdeklarationen benötigen Sie insbesondere, wenn Sie Funktionssammlungen in eigene Quelltextdateien auslagern (siehe Kapitel 16) oder wenn Sie mehrere Funktionen schreiben, die sich wechselseitig aufrufen, sodass es nicht mehr möglich ist, die Funktionsdefinitionen in eine Reihenfolge zu bringen, die gewährleistet, dass alle Funktionen vor ihrem Aufruf auch definiert sind. Auch professionelle Bibliotheken nutzen die Technik der Funktionsdeklaration. So enthält die Headerdatei *cmath* der C++-Standardbibliothek beispielsweise die Deklarationen der in der Bibliothek definierten mathematischen Funktionen.

6.2 Rückgabewerte und Parameter

Funktionen wären aber nicht sehr hilfreich, wenn es nur darum ginge, einen ausgelagerten Anweisungsblock auszuführen. Darum gestatten Funktionen es auch, Werte vom Aufrufer entgegenzunehmen und Ergebnisse an den Aufrufer zurückzuliefern.

Betrachten Sie hierzu die folgende Funktion zur Berechnung der Endgeschwindigkeit beim freien Fall. Vernachlässigt man Bremsvorgänge durch den Luftwiderstand und rechnet man mit einer durchschnittlichen Erdbeschleunigung von 9,91 m/s, so hängt die Endgeschwindigkeit beim Aufschlag allein von der Fallhöhe ab. Die Funktion nimmt daher über ihren `int`-Parameter `hoehe` einen Wert für die Fallhöhe in Metern entgegen und liefert die Endgeschwindigkeit via `return` als `double`-Wert zurück.

Listing 6.2: Aus FreierFall.cpp

```
#include <iostream>
#include <cmath>
using namespace std;

double endgeschwindigkeit(int hoehe)
{
   const double g = 9.81;

   double ergebnis = sqrt(hoehe * 2.0 * g);

   return ergebnis;
}
```

Der Name dieser Funktion ist `endgeschwindigkeit`. Sie definiert einen `int`-Parameter namens `hoehe`, über den sie beim Aufruf einen `int`-Wert als Argument entgegennimmt. Dann folgt der Anweisungsblock der Funktion, in dem zuerst eine konstante Variable `g` für die Erdbeschleunigung definiert wird.

In der nächsten Zeile wird für die übergebene Höhe die Endgeschwindigkeit berechnet und in der lokalen Variablen `ergebnis` abgespeichert. In der letzten Anweisung wird der Wert von `ergebnis` (also die berechnete Endgeschwindigkeit) an den Aufrufer zurückgeliefert.

Ein Aufruf dieser Funktion könnte wie nun folgt aussehen:

Listing 6.3: Rest des Programms FreierFall.cpp

```
int main()
{
   int h = 0;

   cout << endl;
   cout << " Programm zur Berechnung der"
        << " Endgeschwindigkeit beim freien Fall "
        << endl
        << " ************************************"
        << endl << endl;
```

```
    cout << " Geben Sie die Fallhoehe ein : ";
    cin >> h;

    cout << endl;
    cout << " Endgeschw.: " << endgeschwindigkeit(h);

    cout << endl << endl;
    return 0;
}
```

Hier wird der Funktion endgeschwindigkeit() beim Aufruf die zuvor vom Benutzer abgefragte und in der Variablen h gespeicherte Höhe übergeben. Die Funktion wird ausgeführt, berechnet die Endgeschwindigkeit und liefert diese zurück. Die Programmausführung springt daraufhin zurück zur main()-Funktion, genau zu der Stelle, wo der Funktionsaufruf erfolgt, nur dass der Aufruf jetzt quasi durch den Rückgabewert der Funktion ersetzt ist. Was in diesem Beispiel bedeutet, dass der Rückgabewert ausgegeben wird.

> Eine andere Möglichkeit wäre gewesen, den Rückgabewert erst noch einmal in einer Variablen zwischenzuspeichern:
>
> ```
> int main()
> {
>    ...
>    int ergebnis = endgeschwindigkeit(h);
>    cout << " Endgeschw.: " << ergebnis;
> ```
>
> Da wir mit dem Rückgabewert aber nichts weiter vorhaben, als ihn auszugeben, sparen wir uns die Variable und geben den Rückgabewert direkt aus.

6.2.1 Rückgabewerte

Funktionen, die einen Rückgabewert zurückliefern möchten, müssen den Datentyp des Rückgabewerts in der Funktionsdefinition vor dem Funktionsnamen angeben.

```
int func(int a, int b)
```

Die obige Funktion erwartet beispielsweise zwei int-Argumente und liefert einen int-Wert als Ergebnis zurück.

Zum Zurückliefern des Ergebnisses verwenden Sie die return-Anweisung. Schreiben Sie einfach das Schlüsselwort return in eine neue Zeile und dahinter geben Sie den zurückzuliefernden Wert (Variable oder Ausdruck) an.

```
int multiplizieren(int a, int b)
{
   return a * b;
}
```

Funktionen, die Rückgabewerte zurückliefern, stehen in Ausdrücken stellvertretend für ihren Rückgabewert:

```
ergebnis = multiplizieren(12, 7);
ergebnis = (3 + eineVar) * multiplizieren(12, 7);
cout << multiplizieren(12, 7);
```

Selbstverständlich kann der Rückgabewert nicht nur zum Zurückliefern von *Ergebnissen* verwendet werden. Wenn die eigentliche Aufgabe einer Funktion beispielsweise darin besteht, einen übergebenen Parameter zu ändern, kann sie den Rückgabewert in unterschiedlichster Weise nutzen:

- Sie kann den neuen Wert zusätzlich als Ergebniswert zurückliefern.
- Sie kann einen Fehlercode zurückliefern, den der Aufrufer in einer `if`-Bedingung überprüfen kann (beispielsweise `false`, um anzuzeigen, dass die Aufgabe wegen eines Fehlers nicht ordnungsgemäß erledigt werden konnte, und `true`, um anzuzeigen, dass alles geklappt hat).
- Sie braucht überhaupt keinen Rückgabewert zurückzuliefern. In diesem Falle muss in der Funktionsdefinition an der Stelle des Rückgabetyps das Schlüsselwort `void` stehen.

Funktionen, die keinen Rückgabewert zurückliefern, müssen in der Definition als Datentyp `void` angeben. Sie können, müssen aber nicht mit `return` beendet werden.

Funktionen vorzeitig beenden

Die `return`-Anweisung liefert nicht nur einen Wert zurück, sie beendet gleichzeitig auch die Ausführung der Funktion.

Meist steht die `return`-Anweisung daher als letzte Anweisung am Ende der Funktion. Sie können aber auch den Programmfluss in der Funktion mittels `if`- oder `switch`-Verzweigungen aufspalten und die einzelnen Verzweigungen mit eigenen `return`-Anweisungen abschließen.

```
#include <iostream>
#include <string>
using namespace std;

string belohnung(int alter)
{
   if (alter < 12)
      return "eine Kinderlieder-CD!";

   else if (alter < 26)
      return "eine CD von Coolio";

   else
      return "das Weiße Album der Beatles";
}
```

```
int main()
{
   cout << endl;

   cout << " Sie haben bei unserem Musikquiz gewonnen! " << endl;
   cout << " Geben Sie Ihr Alter an: ";

   int alter;
   cin >> alter;

   cout << endl;
   cout << " Ihr Gewinn ist ... " << belohnung(alter) << endl;

   cout << endl << endl;

   return 0;
}
```

Ausführung:

```
Sie haben bei unserem Musikquiz gewonnen!

Geben Sie Ihr Alter an: 54

Ihr Gewinn ist ...  das Weiße Album der Beatles
```

In der `main()`-Funktion beendet die `return`-Anweisung `main()` und damit das gesamte Programm.

6.2.2 Parameter

Parameter sind spezielle Funktionsvariablen, über die die Funktion Werte vom Aufrufer entgegennehmen kann. Sie werden im Funktionskopf innerhalb der runden Klammern hinter dem Funktionsnamen angegeben. Die einzelnen Parameter werden dabei wie ganz normale Variablen definiert und – falls mehrere Parameter definiert werden – durch Kommata getrennt. Innerhalb der Funktion können Sie die Parameter dann wie ganz normale lokale Variablen verwenden.

```
void tueWas(int zahl)
{
    zahl = 12;
    ...
}

void tueWasAnderes(int zahl, string text)
{
    zahl = 12;
    text += "***";
    ...
}
```

Jeder Parameter muss für sich definiert werden! Wenn Sie also zwei `int`-Parameter definieren, können Sie nicht wie bei der normalen Variablendefinition `int param1, param2` schreiben, sondern müssen die ausführliche Form `int param1, int param2` wählen.

Funktionsaufruf

Beim Aufruf wird für jeden Parameter der Funktion ein passendes Argument übergeben. Passend heißt in diesem Fall, dass der Datentyp des Arguments mit dem Datentyp des Parameters übereinstimmen muss (wobei implizite Typumwandlungen, siehe Kapitel 3.5, berücksichtigt werden). Notfalls kann der Programmierer das Argument mit Hilfe einer expliziten Typumwandlung an den Typ des Parameters angleichen.

Ein Argument kann ein beliebiger Ausdruck sein (Literal, Variable, Rückgabewert einer anderen Funktion oder eine Kombination aus Operanden und Operatoren). Aufrufe der beiden oben definierten Funktionen könnten wie folgt aussehen:

```
int wert = 12;
string s = "Hallo";
tueWas(wert);
tueWasAnderes(3, s);
```

Vorgang der Parameterübergabe

Wird eine Funktion aufgerufen, wird zuerst Speicher für ihre Parameter reserviert. Dann werden die Werte der im Aufruf übergebenen Argumente in die Parameter kopiert. Die Parametervariablen werden also mit den Werten der Argumente initialisiert.

Später, wenn der Anweisungsblock der Funktion abgearbeitet ist und die Programmausführung zum Aufrufer zurückkehrt, werden die Parameter (zusammen mit den lokalen Variablen der Funktion) aufgelöst und ihr Speicher wieder freigegeben.

Parameter und Argumente

Die Verwendung der Begriffe »Parameter« und »Argument« ist in der Literatur recht uneinheitlich. Die »offizielle« Terminologie bezeichnet die in der Funktionsdefinition spezifizierten Variablen als formale Parameter oder formale Argumente und die im Aufruf übergebenen Werte entsprechend als Parameter oder Argumente. Wir folgen daher der weniger offiziellen, dafür aber eingängigeren Terminologie, dass wir die in der Funktionsdefinition spezifizierten Variablen als Parameter und die im Aufruf für die Parameter übergebenen Ausdrücke als Argumente bezeichnen.

call by value

Die im vorangehenden Abschnitt beschriebene Form der Übergabe von Argumenten an Parameter führt grundsätzlich dazu, dass Variablenwerte als Kopie an die Parameter übergeben werden. Dieses Konzept stellt sicher, dass als Argument übergebene Variablen nicht von den aufgerufenen Funktionen verändert werden können.

Listing 6.4: Argumente als Wert übergeben (callbyvalue.cpp)

```
#include <iostream>
using namespace std;

void change(int param)
{
   cout << endl;
   cout << "\t Param nach Funktionsaufruf: " << param << endl;
   param = param*param;
   cout << "\t Param nach Berechnung:      " << param << endl;
}

int main()
{
   int var = 10;

   cout << endl;
   cout << " var vor Funktionsaufruf:  " << var << endl;

   change(var);

   cout << endl;
   cout << " var nach Funktionsaufruf: " << var << endl;

   cout << endl << endl;
   return 0;
}
```

Ausgabe:

```
var vor Funktionsaufruf:  10

         Param nach Funktionsaufruf: 10
         Param nach Berechnung:      100

var nach Funktionsaufruf: 10
```

Das Pendant zu »call by value« nennt sich »call by reference« und beruht darauf, dass eine Funktion über eine spezielle Form von Parameter nicht den Wert einer übergebenen Variable entgegennimmt, sondern einen Verweis auf deren Speicherplatz. Über diesen Verweis kann die Funktion dann direkt auf den Speicher des Arguments zugreifen und dieses folglich auch verändern. Verweise sind in C++ Zeiger und Referenzen und werden in Kapitel 8 behandelt.

Vorgabewerte für Funktionen

Grundsätzlich muss beim Aufruf einer Funktion jedem Parameter ein Argument übergeben werden – es sei denn, die Funktion definiert Parameter mit Vorgabeargumenten.

```
string wiederholeBuchstabe(int anzahl, char c = '-')
{
    string s = "";
    for (int i = 0; i < anzahl; i++)
       s += c;

    return s;
}
```

Die Funktion `wiederholeBuchstabe()` erzeugt einen String, der aus der n-maligen Wiederholung eines einzelnen Zeichens besteht. Die Anzahl der Wiederholungen und das zu wiederholende Zeichen werden beim Aufruf der Funktion an die Parameter `anzahl` und `c` übergeben. Das Besondere: In der Annahme, dass die die Funktion vermutlich vornehmlich zur Erzeugung von Trennlinien eingesetzt wird, hat sich der Autor der Funktion entschlossen, den Parameter `c` mit einem passenden Vorgabeargument auszustatten. Anwender, die einfach eine Trennlinie ausgeben möchten, brauchen daher nur noch die Anzahl der Zeichen zu übergeben. Anwender, die lieber selbst festlegen möchten, welche Zeichen in der Trennlinie verwendet werden sollen (oder die die Funktion zu ganz anderen Zwecken einsetzen), haben weiterhin die Möglichkeit, Anzahl und Zeichen zu übergeben.

```
string line1 = wiederholeBuchstabe(10);             // ----------
string line1 = wiederholeBuchstabe(10, '*');        // **********
```

Auf einen Parameter mit Vorgabeargument dürfen keine Parameter ohne Vorgabeargumente mehr folgen

Befehlszeilenargumente für main()

Die `main()`-Funktion kann ebenfalls mit Parametern definiert werden. Die Parameter werden allerdings vom C++-Standard fest vorgegeben und dienen ausschließlich dazu, Argumente aus dem Programmaufruf zu übernehmen.

```
int main(int argc, char* argv[])
```

Der erste Parameter `argc` gibt an, wie viele Argumente über die Befehlszeile übergeben wurden.

Der zweite Parameter `argv[]` ist ein Array, in dem die Argumente aus der Befehlszeile gespeichert sind. (Das erste Argument ist immer der Name des aufgerufenen Programms.)

Stören Sie sich nicht an dem Datentyp der `argv[]`-Elemente. Eigentlich würde man ja den Klassen-Datentyp `string` erwarten, doch da die `main()`-Funktion noch aus C-Zeiten stammt, verwendet sie eine Konstruktion, die in C zur Repräsentation von Strings sehr üblich war: einen Buchstaben-Zeiger, definiert als `char*`. (Mehr zu Zeigern in Kapitel 8.1, mehr zu den alten C-Strings in Kapitel 12.)

Listing 6.5: Entgegennahme von Befehlszeilenargumenten (Befehlszeilenargumente.cpp)

```
#include <iostream>
#include <string>
using namespace std;

int main(int argc, char* argv[])
{
   cout << endl;
   cout << " Befehlszeilenargumente:" << endl << endl;

   for(int i = 0; i < argc; i++)
      cout << " " << i << ". Argument:  "
           << argv[i] << endl;

   return 0;
}
```

Wenn Sie dieses Programm aus einem Konsolenfenster heraus starten, listen Sie die Befehlszeilenargumente einfach hinter dem Programmnamen auf und schicken dann ab.

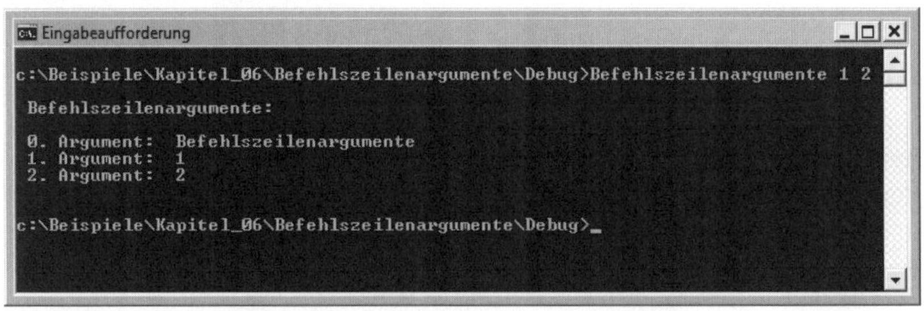

Abb. 6.1: Übergabe von Argumenten über die Befehlszeile

Zum Testen können Sie auch von Visual C++ aus Befehlszeilenargumente übergeben. Rufen Sie dazu im Projektmappen-Explorer über das Kontextmenü des Projektknotens den Befehl EIGENSCHAFTEN auf und wechseln Sie in den Eigenschaftenseiten zu KONFIGURATIONSEIGENSCHAFTEN/DEBUGGING. Dort können Sie Ihre Argumente in das Feld BEFEHLSARGUMENTE eintippen.

Wenn Sie dem Programm einen Text aus mehreren Wörtern als ein einzelnes Befehlszeilenargument übergeben möchten, setzen Sie den Text in Anführungszeichen.

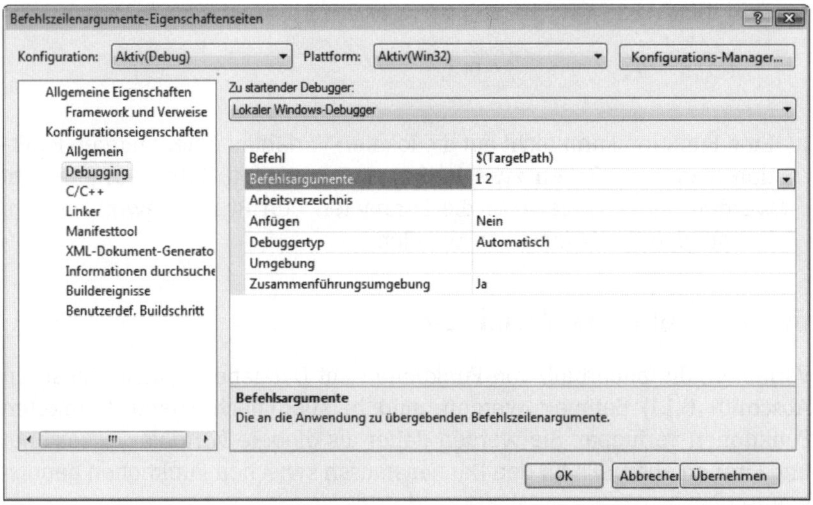

Abb. 6.2: Angabe von Befehlszeilenargumenten in Visual C++

6.3 Lokale und globale Variablen

Bisher haben wir Variablen ausnahmslos in unseren Funktionen definiert. Variablen, die innerhalb einer Funktion (genauer gesagt innerhalb eines Anweisungsblock) definiert werden, bezeichnet man als *lokale Variablen*.

6.3.1 Lokale Variablen

Lokale Variablen sind nur innerhalb ihres Gültigkeitsbereich. (d.h. ihrem Anweisungsblock) und nur ab dem Ort ihrer Definition verwendbar. Außerdem existieren sie nur so lange, wie ihre Funktion ausgeführt wird (d.h., ihr Speicher wird bei Aufruf der Funktion reserviert und bei Beendigung der Funktion wieder freigegeben).

Für die Arbeit mit lokalen Variablen bedeutet dies unter anderem:

- Sie können, wenn Sie möchten, in zwei Funktionen durchaus lokale Variablen mit demselben Namen definieren. Den Compiler stört dies nicht, da es Variablen aus unterschiedlichen Gültigkeitsbereichen sind. (Was nicht geht, ist innerhalb einer Funktion (genauer gesagt eines Anweisungsblocks) zwei gleichnamige Variablen zu definieren.)

```
void func1()
{
   int n = 12;

   double n = 5.5;     // Fehler!, Neudefinition!
}
```

```
void func2()
{
   int n = 7;            // Okay!
}
```

- Eine Funktion kann nicht auf die lokalen Variablen einer anderen Funktion zugreifen. Sollen zwischen zwei Funktionen Daten ausgetauscht werden, müssen Sie dazu die Parameter, den Rückgabewert oder im Notfall *globale Variablen* verwenden.

6.3.2 Globale Variablen

Variablen, die außerhalb von Funktionen auf Dateiebene (siehe Kasten in Abschnitt 6.1.1) definiert werden, sind in allen nachfolgend definierten Funktionen verfügbar. Sie werden daher als *globale Variablen* bezeichnet und können ebenfalls für den Dateiaustausch zwischen Funktionen genutzt werden.

Listing 6.6: Datenaustausch über globale Variablen (globaleVariablen.cpp)

```
#include <iostream>
using namespace std;

int globVar = 0;                  // globale Variable

void verdoppeln()
{
   globVar *= 2;
}

int main()
{
   globVar = 127;

   cout << endl;
   cout << " Wert von globVar vor Aufruf von verdoppeln() : "
        << globVar << endl;

   verdoppeln();

   cout << " Wert von globVar nach Aufruf von verdoppeln(): "
        << globVar << endl;

   cout << endl << endl;
   return 0;
}
```

Ausgabe:

```
Wert von globVar vor Aufruf von verdoppeln() : 127
Wert von globVar nach Aufruf von verdoppeln(): 254
```

Wie Sie sehen, können beide Funktionen den Wert von `globVar` abfragen und verändern. Die globale Variable stellt also eine Art gemeinsamen Speicher für die Funktionen dar.

Die Verwendung von globalen Variablen für den Datenaustausch zwischen den Funktionen hat den Vorteil, dass

- es sehr einfach zu programmieren ist,
- mehrere Funktionen ohne großen Aufwand auf ein und dieselben Daten zugreifen können,
- die Parameterliste der Funktionen klein bleibt.

Globale Variablen haben aber den Nachteil, dass

- die Unabhängigkeit und Abgeschlossenheit der Funktionen beeinträchtigt wird. Die Funktionen sind dann nämlich auf das Vorhandensein der jeweiligen globalen Variablen angewiesen.
- der Aufruf einer Funktion unübersichtlich wird, wenn man zuvor globale Variablen setzen muss. Daher sollte man Daten, die das Verhalten einer Funktion steuern, grundsätzlich über Parameter übergeben, während Daten, die von der Funktion verändert werden, notfalls auch als globale Variablen definiert werden können.
- die Gefahr besteht, dass der Programmierer die Übersicht darüber verliert, welche Funktionen auf die globale Variable zugreifen. Schnell verändert dann eine Funktion die globale Variable in einer Weise, dass die nächste Funktion nicht mehr korrekt mit der globalen Variablen arbeiten kann.

In C++ gibt es allerdings noch eine zweite Variante der globalen Variablen, die wesentlich sicherer zu verwenden ist: die Membervariablen von Klassen (siehe Kapitel 7.4). Diese sind zwar nicht für alle Funktionen global, sondern nur für die Memberfunktionen der Klasse. Dafür ist ihre Verwendung aber sicher.

6.3.3 Gültigkeitsbereiche und Verdeckung

Gültigkeitsbereiche können ineinander verschachtelt sein. Betrachten Sie dazu folgendes Listing:

```
/********* Beginn Dateibereich *********/
#include <iostream>
using namespace std;

   /********* Beginn Funktionsblock *********/
```

```
   void func()
   {
      // weiterer Code

      /********* Beginn Anweisungsblock *********/
      if (true)
      {
         //... weiterer Code
      }
      /********* Ende Anweisungsblock *********/

   }
   /********* Ende Funktionsblock *********/

   /********* Beginn Funktionsblock *********/
   int main()
   {

      return 0;
   }
   /********* Ende Funktionsblock *********/

/********* Ende Dateibereich *********/
```

Hier sind die verschiedenen Gültigkeitsbereiche durch Einrückung und spezielle Kommentarzeilen sichtbar gemacht. Wie Sie sehen, gibt es in diesem Programm im Datei-Gültigkeitsbereich zwei untergeordnete Gültigkeitsbereiche für die Funktionen, wobei die Funktion `func` noch einen weiteren untergeordneten Gültigkeitsbereich für den `if`-Block enthält.

Im Falle verschachtelter Gültigkeitsbereiche gilt:

MERKSATZ

> Eine Variable, die in einem Gültigkeitsbereich definiert ist, ist in diesem und allen untergeordneten Gültigkeitsbereichen gültig.

Sichtbarkeit und Verdeckung

Von der Gültigkeit zu unterscheiden, ist die Sichtbarkeit.

Zum einem ist eine Variable in ihrem gesamten Gültigkeitsbereich gültig, aber erst ab dem Ort Ihrer Deklaration sichtbar.

Zum anderen kann die Sichtbarkeit einer Variablen in untergeordneten Gültigkeitsbereichen verdeckt werden.

Listing 6.7: Verdeckung.cpp

```
#include <iostream>
using namespace std;

int wert = 0;              // globale Variable

int main()
{
   int wert = 7;          // lokale Variable verdeckt globale Variable

   cout << endl;

   cout << " Wert von wert in main() : " << wert << endl;

   cout << endl << endl;
   return 0;
}
```

Hier verdeckt die in `main()` definierte lokale Variable `wert` die gleichnamige globale Variable. Folglich lautet die Ausgabe des Programms:

```
Wert von wert in main() : 7
```

Die Verdeckung beschränkt sich auf den untergeordneten Gültigkeitsbereich, in dem die Verdeckung stattfindet, führt aber in der Regel dazu, dass die verdeckte Variable in diesem Gültigkeitsbereich nicht mehr verfügbar ist. Einzige Ausnahme: verdeckte globale Variablen (wie im obigen Beispiel). Auf diese kann man auch zugreifen, wenn sie verdeckt sind. Man muss lediglich dem Variablennamen den Gültigkeitsbereichoperator `::` voranstellen:

```
cout << " Wert von ::wert in main() : " << ::wert << endl;
```

6.4 Funktionen und der Stack

Der Stack ist ein dynamisch wachsender und schrumpfender Bereich im Arbeitsspeicher. Hier legt das Programm alle Informationen ab, die für die Protokollierung und Verwaltung der Funktionsaufrufe benötigt werden.

Immer wenn Sie eine Funktion aufrufen, wird der Stack um einen neuen Datenblock erweitert. In diesem Datenblock werden die Parameter der Funktion, die lokalen Variablen der Funktion und einige interne Informationen (von denen die Rücksprungadresse zum Code der aufrufenden Funktion die wichtigste ist) abgelegt. Diesen Datenblock nennt man auch den Stack-Frame oder Stackrahmen der Funktion.

Abb. 6.3: Stackbelegung für einen Funktionsaufruf

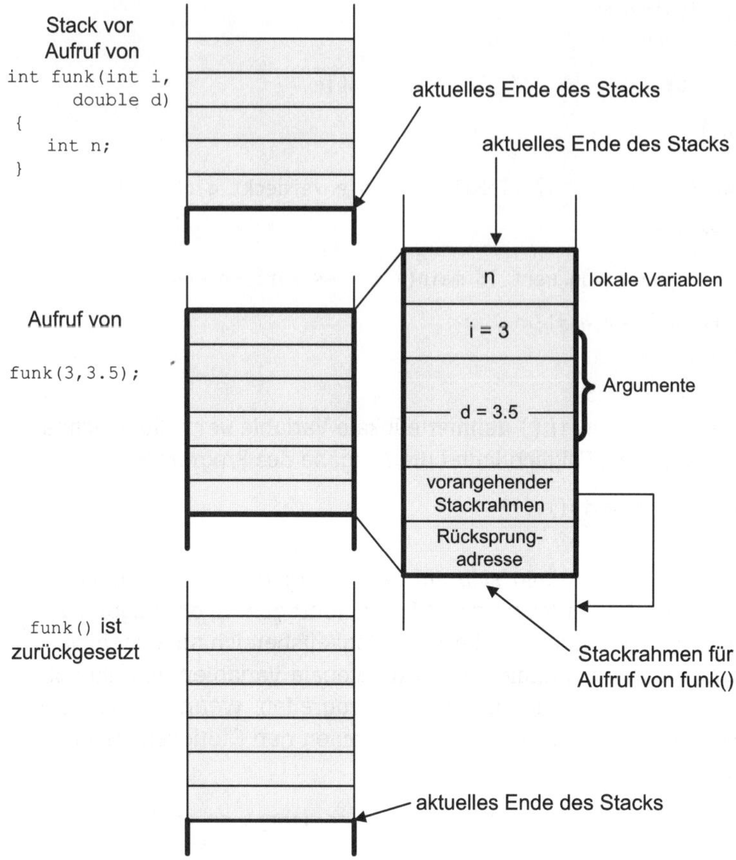

Solange eine Funktion abgearbeitet wird, bleibt ihr Stack-Frame auf dem Stack liegen. Werden aus einer Funktion heraus weitere Funktionen aufgerufen, werden deren Stack-Frames auf den Stack-Frame der jeweils zuvor aufgerufenen Funktion draufgepackt. Wird eine Funktion beendet, wird ihr Stack-Frame vom Stack entfernt.

Der Stack ist also immer das genaue Abbild der zurzeit noch in Ausführung befindlichen Funktionen. Die Stapelreihenfolge der Funktionen zeigt an, welche Funktion von welcher anderen Funktion aufgerufen wurde.

MERKSATZ

Der zusätzliche Zeitaufwand, der nötig ist, um bei einem Funktionsaufruf den Stack-Frame einzurichten, wird als *Function overhead* bezeichnet.

Wenn Sie in Visual C++ ein Programm debuggen (Befehl Debugging/Debugging starten), können Sie im Fenster Aufrufliste (Aufruf über Debuggen/Fenster) kontrollieren, welche Funktionen sich gerade im Stack befinden. Mit anderen Worten, Sie können zu jedem Zeitpunkt der Programmausführung nachvollziehen, welche Funktionen in welcher Reihenfolge aufgerufen und noch nicht beendet wurden. (Wie Sie ein Programm im Debugger an einer bestimmten Position anhalten können, lesen Sie in Kapitel 9.)

6.5 Überladung

Grundsätzlich gilt, dass Bezeichner innerhalb ihres Gültigkeitsbereichs eindeutig sein müssen. Wenn Sie also am Anfang einer Funktion eine Variable `demo` definieren, dürfen Sie nicht weiter unten in der Funktion noch einmal eine Variable `demo` definieren. Für Funktionen gilt prinzipiell das Gleiche, nur dass zwei Funktionen auch dann eindeutig sind, wenn sie zwar gleiche Namen, aber dafür unterschiedliche Parameterlisten haben.

Werden in einem Programm mehrere Funktionen gleichen Namens, aber mit unterschiedlichen Parameterlisten definiert, spricht man von *Überladung*.

Name und Parameterliste einer Funktion werden zusammen als **»Signatur«** der Funktion bezeichnet.

Wie kann das Konzept der Überladung sinnvoll eingesetzt werden?

Ein Negativ-Beispiel

Grundsätzlich kann man sagen, dass die Überladung von Funktionen nur dann sinnvoll ist, wenn die Lesbarkeit des Programms dadurch verbessert wird. Dies ist mit Sicherheit nicht der Fall, wenn Sie mehreren Funktionen, die unterschiedliche Aufgaben erfüllen, gleiche Namen zuweisen:

```
#include <iostream>
using namespace std;

int Addiere(int a, int b)
{
   return a + b;
}
```

```
int Addiere(int a)
{
   cout << " Das Ergebnis der Addition lautet: " << a << endl;
   return 0;
}

int main()
{
   Addiere(Addiere(3,27));

   return 0;
}
```

Im obigen Programm werden zwei Funktionen mit dem Namen `Addiere` definiert. Während die erste Funktion tatsächlich – wie man es auch erwartet – eine Addition durchführt, dient die zweite Funktion dazu, das Ergebnis einer Addition auszugeben. Die Funktionen sind zwar korrekt überladen, d.h., sie haben den gleichen Namen, aber Parameterlisten, die sich in Anzahl oder Typen einzelner Parameter unterscheiden, doch ihr Einsatz in der `main()`-Funktion zeigt, dass die Überladung der Funktionen dem Programmierer das Verständnis des Programms keineswegs erleichtert.

Die Übergabe eines Rückgabewerts einer Funktion als Argument an eine andere Funktion ist in C++ zwar ein übliches und probates Mittel, macht im obigen Fall die Konfusion allerdings komplett, da beide Funktionen den gleichen Namen haben und man nicht direkt ablesen kann, welche Funktion welche Aufgabe übernimmt.

Ein Positiv-Beispiel

Die Überladung darf also nicht dazu führen, dass man aus dem Namen einer Funktion nicht mehr genau die Aufgabe der Funktion ablesen kann. Anders ausgedrückt: Die Überladung von Funktionen ist sinnvoll, wenn man eine Aufgabe hat, die je nach übergebenen Parametertypen unterschiedlich zu erledigen ist.

So ist z.B. in der C++-Standardbibliothek die Funktion `pow()` zur Berechnung von Potenzen überladen:[1]

```
double pow(double x, int y);      // berechnet x^y
double pow(double x, double y);   // berechnet x^y
```

1. Manche Compiler definieren sogar noch weitere Überladungen für `pow()`.

Hier werden zur Berechnung der Potenz unterschiedliche Formeln benutzt, je nachdem ob der Exponent ganzzahlig oder eine Gleitkommazahl ist. Gäbe es nicht die Möglichkeit der Überladung, hätten sich die Autoren der Standardbibliothek zwei verschiedene Namen ausdenken müssen, beispielsweise `powInt()` und `powDouble()` und der Programmierer hätte stets darauf achten müssen, die richtige Funktion aufzurufen.

Dank der Überladung heißen alle Funktionen zur Potenzberechnung gleich und der Compiler wählt automatisch die Version aus, die am besten zu den übergebenen Argumenten passt.

Als Einsteiger in die C++-Programmierung werden sie von der Überladung eher selten Gebrauch machen. Einzige Ausnahme: die Überladung von Konstruktoren (siehe unter anderem Kapitel 7.4).

Wenn Sie eine überladene Funktion mit Argumenten aufrufen, deren Typen nicht exakt mit den Parametertypen übereinstimmen, versucht der Compiler die Typen durch automatische Konvertierungen abzugleichen. Manchmal stellt er dabei fest, dass die Argumente zu verschiedenen überladenen Versionen passen.

Der Visual C++-Compiler definiert z.B. mehrere Versionen von `pow()`, die einen Gleitkomma- und einen Ganzzahlparameter erwarten, aber keine Version die zwei `int`-Argumente übernimmt. Wenn sie `pow()` unter Visual C++ wie folgt aufrufen:

```
pow( 3, 4 );
```

ernten Sie daher eine Fehlermeldung, dass der Aufruf mehrdeutig ist (der Compiler also an den Argumenten nicht ablesen kann, welche Version der `pow()`-Funktion aufgerufen werden soll.

In solchen Fällen hilft es meist, einen oder mehrere Parameter mit einem Cast in den exakten Parametertyp umzuwandeln.

```
pow( (double) 3, 4 );
```

6.6 Übungen

1. Was ist eine lokale Variable?
2. Wie definieren Sie eine Funktion, die keinen Wert zurückliefert?
3. Die Funktion `endgeschwindigkeit()` aus Abschnitt 6.2 wurde mit zwei lokalen Variablen implementiert. Diese sollten die Lesbarkeit erhöhen und Ihnen die Vorgänge in der Funktion besser verdeutlichen. Tatsächlich sind sie im Grunde aber unnötig. Können Sie die Funktion so umschreiben, dass sie überhaupt keine lokalen Variablen verwendet (der Parameter `hoehe` bleibt natürlich).
4. Schreiben Sie eine Funktion, die die Fläche eines beliebigen Kreises mit Radius r berechnet.
5. Betrachten Sie noch einmal das Programm *globaleVariablen.cpp* aus Abschnitt 6.3.2. An welchen Stellen in `main()` wird der Wert der globalen Variablen geändert?

Kapitel 7

jetzt lerne ich

Eigene Datentypen

Im vorangehenden Kapitel haben Sie unter anderem gelernt, wie man mit Hilfe einer Schleife größere Datenmengen – beispielsweise die ersten zehn oder auch hundert Potenzen von 2 – berechnen kann. Was aber macht man, wenn man die Daten im Programm auch zwischenspeichern möchte? Muss man dann etwa hundert einzelne Variablen definieren?

```
int zahl1, zahl2, zahl3, zahl4 ...
```

Nein, selbstverständlich gibt es auch für dieses Problem eine wesentlich elegantere Lösung. Sie müssen dazu allerdings einen passenden eigenen Datentyp definieren.

Sie lernen in diesem Kapitel,

- wie man Arrays für mehrere Werte eines Datentyps definiert,
- wie man Aufzählungstypen definiert,
- wie man mehrere Variablen zu Strukturtypen zusammenfasst,
- wie aus Strukturen Klassen werden.

7.1 Arrays

Ein Array ist eine besondere Datenstruktur, die vom Programmierer selbst definiert wird und in der er mehrere Werte eines Datentyps ablegen kann. Arrays werden mit Hilfe einer speziellen Syntax definiert, in der die eckigen Klammern eine besondere Rolle spielen.

7.1.1 Definition

Nehmen Sie beispielsweise an, Sie benötigten 100 Integer-Variablen, um 100 Messwerte abzuspeichern. Hundert Integer-Variablen explizit zu deklarieren, wäre eine ebenso mühselige wie stupide Aufgabe:

```
int messwert1;
int messwert2;
...
```

Mit der Hilfe eines Arrays geht dies viel einfacher:

```
int messwerte[100];
```

Hier wird ein Array definiert, das Platz für 100 `int`-Werte hat. Die Syntax ist nicht sonderlich kompliziert, im Grunde gleicht sie einer simplen Variablendefinition, nur dass Sie hinter dem Variablennamen in eckigen Klammern angeben, wie viele Werte (vom angegebenen Datentyp) in der Variablen Platz haben sollen:

```
int variablenname;          // Variable zur Aufnahme eines int-Werts

int variablenname[100];     // Array-Variable zur Aufnahme von
                            // 100 int-Werten
```

Abb. 7.1: Ein Array im Speicher

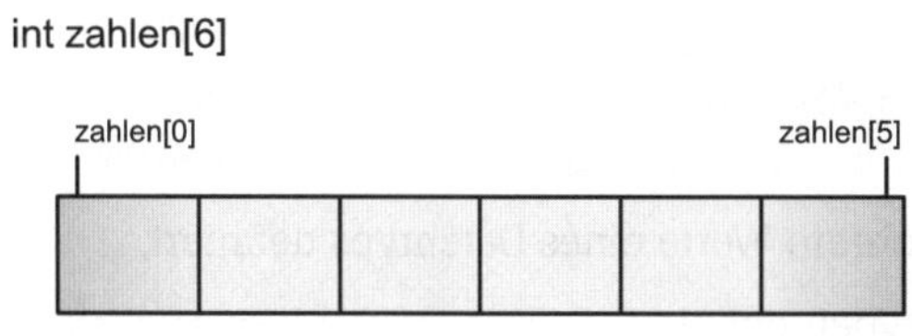

Der Vorteil der Array-Definition liegt jedoch nicht nur in der eingesparten Tipparbeit. Die einzelnen Werte, man spricht hier auch von *Elementen*, werden im Speicher hintereinander in einem zusammenhängenden Block abgelegt (siehe Abbildung 7.1). Dies bringt eine Reihe interessanter Vorteile, beispielsweise die Möglichkeit, über einen Index auf einzelne Elemente im Array zuzugreifen.

Arrays – Typ und Variable

Vielleicht wundern Sie sich, dass wir hier direkt eine Array-Variable definieren, wo es in der Einleitung zu diesem Kapitel doch eigentlich hieß, dass es um die Definition eigener Datentypen ginge.

Die Erklärung hierfür ist, dass die Definition einer Array-Variablen – in unserem Falle also die Zeile

```
int messwerte[100];
```

gleichzeitig implizit auch einen passenden Array-Typ definiert. Diese implizite Definition ist allerdings eine absolute Ausnahme in C++. Wenn wir uns in den nachfolgenden Unterkapiteln noch weitere Datentypen ansehen, werden wir diese immer erst explizit definieren müssen, bevor wir Variablen dieser Typen erzeugen können.

Der Typ des obigen Arrays lautet übrigens: `int[]` – Array von `int`-Werten. Man beachte, dass die Größe des Arrays (die Anzahl Werte, die aufgenommen werden können) nicht zum Typ gehört.

7.1.2 Auf Array-Elemente zugreifen

Die einzelnen Elemente im Array werden über ihre Position im Array angesprochen. Die Position wird dabei als Index in eckigen Klammern an den Array-Namen angehängt. Beachten Sie aber, dass die Nummerierung der Elemente im Array mit 0 beginnt, das erste Element im Array also den Index 0 hat.

Das erste Element in einem Array hat den Index 0! Der letzte Index ist die Anzahl der Elemente im Array minus 1.

Wenn Sie also dem ersten Element im Array `zahlen` den Wert 12 zuweisen wollen, schreiben Sie:

```
zahlen[0] = 12;
```

Wenn Sie dem zweiten Element den doppelten Wert des ersten Elements zuweisen wollen, schreiben Sie:

```
zahlen[1] = 2 * zahlen[0];
```

Wichtig ist nur, dass Sie nur gültige Indizes (von 0 bis Arraygröße - 1) verwenden und nur die Werte von Array-Elementen abfragen, denen zuvor auch Werte zugewiesen wurden. Dies wirft allerdings die Frage auf, ob es eine Möglichkeit gibt, die einzelnen Array-Elemente ebenso elegant zu initialisieren, wie sie definiert wurden.

Tatsächlich gibt es sogar zwei Techniken:

- Im Falle kleinerer Arrays können Sie den Array-Elementen bei der Erzeugung der Array-Variablen explizit einzelne Werte zuweisen.
- Sie durchlaufen das Array mit Hilfe einer Schleife und weisen den Elementen Werte zu.

7.1.3 Initialisierung

Anstatt zuerst eine Array-Variable zu definieren und dann den einzelnen Elementen im Array Werte zuzuweisen, können Sie die Array-Variable auch direkt bei der Definition initialisieren. Auf den Namen der Array-Variablen folgt dann der Zuweisungsoperator und in geschweifte Klammern gefasst die einzelnen Werte, die zugewiesen werden sollen.

```
double werte[3] = { 2.34, 5.76, 1.0 };   /* entspricht:
                                            werte[0] = 2.34;
                                            werte[1] = 5.76;
                                            werte[2] = 1.0;    */
```

Fehlt die Größenangabe, wird die Größe aus der Anzahl der Elemente errechnet.

```
double werte[] = { 2.34, 5.76 };        /* entspricht:
                                           double werte[2];
                                           werte[0] = 2.34;
                                           werte[1] = 5.76;    */
```

7.1.4 Arrays in Schleifen durchlaufen

Mit Hilfe von Schleifen kann man bequem beliebig große Arrays Element für Element durchlaufen und bearbeiten. Die Schleifenvariable wird dabei meist als Index für den Zugriff auf die Elemente verwendet.

So kann man ein Array aus zehn Zahlen beispielsweise elegant und effektiv mit den ersten zehn Quadratzahlen füllen:

```
int zahlen[10];

for (int i = 0; i < 10; ++i)
{
   zahlen[i] = (i+1)*(i+1);
}
```

Die explizite Angabe der maximalen Elementzahl ist allerdings eine gefährliche Angelegenheit. Schnell hat man sich vertan oder vergisst, die Angabe anzupassen, nachdem man die Arraygröße in der Definition nachträglich geändert hat. Man kann solche Fehler vermeiden, indem man die Arraygröße als konstante Variable definiert:

```
const int ARRAYGROESSE = 10;
int zahlen[ARRAYGROESSE];

for (int i = 0; i < ARRAYGROESSE; ++i)
{
   zahlen[i] = (i+1)*(i+1);
}
```

Alternativ können Sie die Anzahl Elemente auch mit Hilfe des `sizeof`-Operators berechnen. Sie müssen lediglich die Byte-Größe des Arrays durch die Byte-Größe der einzelnen Elemente teilen:

```
int anzahlElemente = sizeof(zahlen)/sizeof(int);
```

Das nachfolgende Programm liest über die Tastatur eine beliebige Anzahl von Werten ein, speichert diese in einem Array und errechnet nach abgeschlossener Eingabe den Mittelwert.

Listing 7.1: Mittelwertberechnung mit Hilfe eines Arrays (Arrays.cpp)

```
#include <iostream>
using namespace std;

int main()
{
   // Array erzeugen
   double messwerte[100];
   int anzahl = 0;

   // Anzahl der Messwerte abfragen
   cout << endl;
   cout << " Wie viele Messwerte werden eingegeben (max. 100): ";
   cin >> anzahl;
   cout << endl;

   // Bei unzulässiger Anzahl das Programm beenden
   if (anzahl < 0 || anzahl >= 100)
   {
      cout << " Unzulaessige Anzahl " << endl;
      return 0;
   }

   // Messwerte einlesen
   for(int i = 0; i < anzahl; ++i)
   {
      cout << " Geben Sie den " << (i+1) << ". Messwert ein: ";
      cin >> messwerte[i];
   }
```

```
    // Mittelwert berechnen und ausgeben
    double mittelwert = 0;
    double summe      = 0;

    for(int i = 0; i < anzahl; ++i)
       summe += messwerte[i];

    mittelwert = summe/anzahl;

    cout << endl;
    cout << " Der Mittelwert betraegt: " << mittelwert << endl;

    cout << endl;

    return 0;
}
```

7.1.5 Arrays an Funktionen übergeben

Die Übergabe von Arrays an Funktionen stellt unter C++ kein großes Problem dar. Im Kopf der Funktion wird der Arrayparameter durch die eckigen Klammern gekennzeichnet. Ein Wert für die Größe des Arrays wird in den Klammern nicht angegeben, da diese ja vom zu übergebenden Array abhängt. Es ist allerdings ratsam, die Anzahl Elemente im Array als zusätzliches Argument entgegenzunehmen, da die Funktion selbst keine Möglichkeit hat, die Arraygröße zu bestimmen.

```
void init(int feld[], int max)
```

Im Aufruf der Funktion wird als Argument für den Arrayparameter einfach der Variablenname übergeben:

```
init(x, MAX);
```

Ein Beispiel für die Übergabe von Arrays an Funktionen finden Sie in den Übungen zu Kapitel 11.

7.1.6 Mehrdimensionale Arrays

Zwei- oder mehrdimensionale Arrays sind Arrays, deren Elemente wiederum Arrays sind.

```
int tabelle[5][10];           // zweidimensionales Array mit
                              // 5 Unterarrays à 10 Elementen
```

Bei mehrdimensionalen Arrays kann die erste eckige Klammer leer bleiben. Dies erklärt sich dadurch, dass ein mehrdimensionales Array als ein einfaches Array angesehen wird, dessen Elemente wiederum Arrays sind. Die

Größe des Arrays darf später deklariert werden, aber die Größe der Elemente muss bei der Definition feststehen. Der folgende Code nutzt dies und lässt den Compiler die Größe des Arrays aus der Initialisierungsliste berechnen.

```
int matrix[][2] = {   { 1, 2 },
                      { 10, 20 },
                      { 100, 200 } };
```

7.1.7 Vor- und Nachteile der Programmierung mit Arrays

Arrays haben gewisse Nachteile:

- Man muss bei der Einrichtung der Array-Variablen die Anzahl der Elemente im Array angeben.
- Man kann die Größe eines Arrays nicht nachträglich verändern.
- Das Suchen in Arrays ist recht zeitaufwendig – außer man sortiert das Array vorab. Dann aber wird das Einordnen weiterer Elemente in das sortierte Array zu einem Laufzeitfresser.

Es gibt für diese Probleme zwar Lösungen – die zumeist auf speziellen von C übernommenen Funktionen aus der Standardbibliothek beruhen (dynamische Array-Allokation mit `malloc()` oder `new`, `realloc()`, `qsort()` –, doch es gibt mittlerweile auch wesentlich leistungsfähigere Alternativen: die Container der C++-Standardbibliothek. Anstatt uns tiefer und tiefer in die nicht immer einfache und durchaus fehleranfällige Programmierung mit den traditionellen Arrays zu vergraben, werden wir daher das Thema hier beenden und uns einige Kapitel später etwas intensiver mit den Containern der Standardbibliothek befassen.

Nur weil es zu den Arrays mittlerweile eine leistungsfähigere Alternative gibt, heißt dies aber nicht, dass man sich von den Arrays ganz abwenden sollte. In Fällen, wo an einen Datencontainer nicht mehr Anforderungen gestellt werden, als auch ein einfaches, traditionelles Array erfüllen kann, ist gegen deren Einsatz nichts zu sagen.

7.2 Aufzählungen

Mit den Aufzählungstypen kommen wir zu dem ersten Datentyp, den wir explizit selbst definieren.

Bevor wir allerdings zu den technischen Details kommen, wollen wir uns ansehen, wofür Aufzählungstypen eigentlich benötigt werden.

Angenommen Sie möchten ein Programm schreiben, in dem es eine Ampel gibt. Diese Ampel kann wie eine echte Verkehrsampel die Zustände Rot, Rotgelb, Grün und Gelb annehmen. In einer switch-Verzweigung soll dann der Zustand der Ampel abgefragt und mit einer passenden Ausgabe beantwortet werden.

Die Frage ist nur: »Wie kann man die verschiedenen Ampelzustände in einem Programm darstellen?«

1. Ansatz

Ein einfacher und naheliegender Ansatz ist, die einzelnen Ampelzustände durch Zahlen zu kodieren. Damit Sie keine Fehler machen, notieren Sie sich die Zuordnung der Ampelzustände zu den Zahlen auf einem Zettel:

Ampelzustand	**Kodiert durch**
Rot	1
Rotgelb	2
Grün	3
Gelb	4

Dann schreiben Sie das folgende Programm, indem Sie zur Repräsentation der Ampel eine short-Variable ampel definieren.

```
#include <iostream>
using namespace std;

int main()
{
   short ampel = 1;  // zum Testen auf "Rot" setzen

   switch (ampel)
   {
   case 1 : cout << " Die Ampel ist rot." << endl;
            cout << " Halten Sie an!" << endl;
            break;
   case 2 : cout << " Die Ampel ist rotgelb." << endl;
            cout << " Sie koennen anfahren." << endl;
            break;
   case 3 : cout << " Die Ampel ist gruen. " << endl;
            cout << " Freie Fahrt." << endl;
            break;
   case 4 : cout << " Die Ampel ist gelb." << endl;
            cout << " Bremsen Sie nach Moeglichkeit." << endl;
            break;
   }
```

```
   cout << endl << endl;

   return 0;
}
```

2. Ansatz

Das Programmieren mit Code-Zahlen ist äußerst fehleranfällig. Schnell hat man sich vertan und z.B. vergessen, wofür die Zahl 2 eigentlich stehen soll. Aber gab es da nicht eine Lösung für derartige Probleme? Erinnern Sie sich an Kapitel 3.3, wo Sie ausdrücklich aufgefordert wurden, Zahlen, die für bestimmte Werte stehen, als `const`-Variablen zu definieren!

Diesem Ratschlag wollen wir nun folgen. Der überarbeite Quelltext sieht wie folgt aus:

```
#include <iostream>
using namespace std;

int main()
{
   const int rot = 1;
   const int rotgelb = 2;
   const int gruen = 3;
   const int gelb = 4;


   short ampel = rot;

   switch (ampel)
   {
   case rot :     cout << " Die Ampel ist rot." << endl;
                  cout << " Halten Sie an!" << endl;
                  break;
   case rotgelb : cout << " Die Ampel ist rotgelb." << endl;
                  cout << " Sie koennen anfahren." << endl;
                  break;
   case gruen :   cout << " Die Ampel ist gruen. " << endl;
                  cout << " Freie Fahrt." << endl;
                  break;
   case gelb :    cout << " Die Ampel ist gelb." << endl;
                  cout << " Bremsen Sie nach Moeglichkeit." << endl;
                  break;
   }

   cout << endl << endl;

   return 0;
}
```

Beachten Sie, dass wir nun der Variablen `ampel` nicht nur statt z.B. 1 den Wert von `rot` zuweisen, sondern die `const`-Variablen sogar wie echte Konstanten in den `case`-Marken der `switch`-Verzweigung benutzen können. Das macht unseren Quelltext wesentlich besser lesbar und reduziert Fehler.

3. Ansatz

Sicherlich stimmen Sie mir zu, dass die Werte der `const`-Variablen `rot`, `rotgelb`, `gruen` und `gelb` irgendwie zusammengehören. Schließlich sind es nicht einfach irgendwelche Werte, sondern eben die Zustände einer Verkehrsampel. Was wäre also natürlicher, als sie zu einem gemeinsamen Datentyp `ampelzustaende` zusammenfassen. Und genau dies geht mit Hilfe eines Aufzählungstyps.

7.2.1 Definition

Aufzählungstypen sind ganzzahlige Datentypen, deren mögliche Werte durch explizite Aufzählung von benannten Integer-Konstanten festgelegt werden.

```
enum Ampelzustand { Rot, Rotgelb, Gruen, Gelb };
```

Auf das Schlüsselwort `enum` folgen der Name des neuen Datentyps (im obigen Beispiel `Ampelzustand`) und danach – in geschweiften Klammern – die Auflistung der Werte.

Die in einem Aufzählungstyp definierten Elemente werden wie Integer-Konstanten behandelt. Damit die Konstanten nicht undefinierte Werte annehmen, werden sie vom Compiler automatisch initialisiert. Nichtinitialisierte Elemente bekommen dabei den Wert ihres Vorgängers +1 zugewiesen. Dem ersten Element wird 0 zugewiesen. Mit Hilfe des Zuweisungsoperators kann der Programmierer den Elementen selbst Werte zuordnen. Es sind allerdings nur (ganzzahlige) Integer-Werte erlaubt oder Werte, die als Integer-Werte interpretiert werden können. Verschiedene Elemente dürfen gleiche Werte haben.

Im dem folgenden Aufzählungstyp werden die einzelnen Werte durch die Zahlen von 1 bis 4 kodiert.

```
enum Ampelzustand { Rot = 1, Rotgelb, Gruen, Gelb };
```

Ort der Definition

Obwohl es grundsätzlich möglich ist, sollten Sie eigene Datentypen nicht wie Variablen innerhalb einer Funktion definieren. Definieren Sie Ihren Aufzählungstyp stattdessen auf Dateiebene – beispielsweise unter den `#include`-Direktiven:

```
#include <iostream>
using namespace std;

enum Ampelzustand { Rot = 1, Rotgelb, Gruen, Gelb };

int main()
{
   ...
```

7.2.2 Variablen

Von dem neuen Aufzählungstyp können Sie Variablen definieren, denen Sie nach Bedarf Werte der Aufzählung zuweisen können.

```
int main()
{
   Ampelzustand ampel = Rot;
```

Sie können einer Aufzählungsvariablen auch Integer-Werte zuweisen, müssen dazu allerdings den Typ explizit umwandeln. Auf diese Weise zwingt Sie der Compiler noch einmal zu prüfen, ob der zugewiesene Integer-Wert auch im Wertebereich der Aufzählung liegt. (Der Compiler nimmt eine solche Überprüfung nämlich nicht vor. Sie könnten der Variablen `ampel` im obigen Beispiel also durchaus auch einen Wert wie 87 zuweisen.)

```
ampel = (Ampelzustand) 2;
cout << ampel << endl;                 // Ausgabe: 2
```

7.2.3 Aufzählungstypen und switch-Verzweigungen

Da die Werte eines Aufzählungstyps wie Integer-Konstanten behandelt werden, können sie auch als `case`-Konstanten verwendet werden. Das nachfolgende Beispiel zeigt das fertige Ampel-Programm mit unserem selbst definierten Aufzählungstyp `Ampelzustand`.

Listing 7.2: Definition und Einsatz eines Aufzählungstyps für Ampelzustände (Aufzaehlungen.cpp)

```
#include <iostream>
using namespace std;

enum Ampelzustand { Rot = 1, Rotgelb, Gruen, Gelb };

int main()
{
   Ampelzustand ampel = Rot;

   switch (ampel)
   {
   case Rot :      cout << " Die Ampel ist rot." << endl;
                   cout << " Halten Sie an!" << endl;
                   break;
```

```
    case Rotgelb : cout << " Die Ampel ist rotgelb." << endl;
                   cout << " Sie koennen anfahren." << endl;
                   break;
    case Gruen :   cout << " Die Ampel ist gruen. " << endl;
                   cout << " Freie Fahrt." << endl;
                   break;
    case Gelb :    cout << " Die Ampel ist gelb." << endl;
                   cout << " Bremsen Sie nach Moeglichkeit." << endl;
                   break;
  }

  cout << endl << endl;

  return 0;
}
```

7.3 Strukturen

Während Arrays dazu dienen, mehrere Variablen gleichen Datentyps zusammenzufassen, können Sie mit Strukturen mehrere Variablen unterschiedlichen Datentyps zusammenfassen.

Angenommen Sie arbeiten an einem Programm, das mit Punkten im zweidimensionalen Raum arbeitet (dies könnten beispielsweise die Koordinaten von Städten auf einer Landkarte sein oder die Punkte einer mathematischen Funktion in einem zweidimensionalen Koordinatensystem). Ein solcher Punkt ist in der Regel durch die Werte seiner x- und y-Koordinaten definiert.

Mit unserem bisherigen Wissen könnten Sie einen solchen Punkt also durch zwei Variablen repräsentieren:

```
int x;
int y,
```

Wenn Sie mehrere Punkte verwalten müssen, könnten Sie mehrere Variablen definieren

```
int x1, x2, x3;
int y1, y2, y3;
```

oder ein Array definieren und sich merken, dass die Koordinaten in diesem Array immer paarweise abgelegt sind (also x - y- x - y ...)

```
                   // x1  y1  x2  y2  x3  y3
int punkte[6] = {  12,  4, -3,  5, 77, 19};
```

Welches Verfahren Sie aber auch wählen, Sie haben stets das Problem, dass die x- und y-Koordinaten der Punkte unabhängige Variablen (oder Array-

Elemente) sind und Sie höllisch aufpassen müssen, dass Sie die Koordinaten nicht durcheinanderbringen.

Genau an diesem Punkt setzt das Konzept der Strukturen an. Strukturen erlauben Ihnen, mehrere Variablen zu einem übergeordneten »Objekt« zu verbinden. So würden Sie z.B. für ein Punkt-Objekt zwei untergeordnete Variablen x und y für die zugehörigen Koordinatenwerte definieren.

```
struct Punkt
{
   int x;
   int y;
};
```

7.3.1 Definition

Die allgemeine Syntax zur Definition einer Struktur sieht folgendermaßen aus:

```
struct Typname
{
   Deklaration der Strukturelemente
};
```

Den Namen für den Strukturtyp können Sie frei wählen. (Aber bitte die Regeln für Bezeichner in C++ beachten, siehe Kapitel 3.2.1).

Die Strukturelemente (auch Membervariablengenannt) sind ganz normale Variablendeklarationen – d.h. sie sehen so aus, wie die von uns bisher benutzten Variablendefinitionen, nur dass der Compiler noch keinen Speicher für die Variablen definiert. (Schließlich befinden wir uns ja in einer Typdefinition, d.h., wir *beschreiben* nur, wie Objekte (Variablen) des neu definierten Typs aufgebaut sein sollen.)

Da für die deklarierten Membervariablen noch kein Speicher reserviert ist, können sie auch nicht initialisiert werden!

```
struct Demo
{
   int membervar = 3;      // Fehler!!
};
```

Typische Beispiele für Strukturtypen sind z.B.: Punkte oder Adressen:

```
struct Punkt
{
   int x;
   int y;
};
```

```
struct Adresse
{
   string vorname;
   string nachname;
   string strasse;
   int hausnummer;
   int plz;
   string stadt;
};
```

Strukturtypen werden üblicherweise auf Dateiebene definiert (siehe Erläuterungen zur Definition von Funktionen in Abschnitt 6.1).

7.3.2 Variablendefinition

Eine Struktur ist nichts weiter als ein Datentyp. Der nächste Schritt besteht daher darin, Variablen und Objekte[1] dieses Datentyps zu erzeugen.

```
Adresse jim, tim;
```

Hier werden zwei Objekte der Struktur `Adresse` erzeugt, die in den Variablen `jim` und `tim` abgelegt werden.

Darüber hinaus erlaubt C++ auch die Variablendefinition im direkten Anschluss an die Typdefinition:

```
struct Adresse
{
   // Definitionen der Strukturelemente
} jim, tim;
```

7.3.3 Zugriff auf Elemente

Wir haben nun zwei Strukturobjekte `jim` und `tim`, die jeder über eigene untergeordnete Membervariablen x und y verfügen.

Stellt sich die Frage, wie wir auf diese Membervariablen zugreifen können – etwa um ihnen Werte zuzuweisen oder ihren aktuellen Wert abzufragen. Die Lösung liegt in der Verwendung eines speziellen Operators: dem `.`-Operator.

1. Bei Struktur- und Klassentypen wird üblicherweise von »Objekten« statt von »Werten« gesprochen. Der Begriff stammt aus der Terminologie der objektorientierten Programmierung und unterstreicht nebenbei die Komplexität dieser »Werte«, die ja nicht mehr nur aus einer einfachen Zahl oder einem Zeichen bestehen, sondern aus einer Kombination der im Datentyp definierten, untergeordneten Elemente.

Der konkrete Zugriff sieht so aus, dass Sie zuerst das Objekt angeben, auf dessen Membervariablen Sie zugreifen möchten, dann hängen Sie mit dem .-Operator den Namen der Membervariablen an:

```
jim.vorname = "Jim";
jim.nachname = "Liebig";
jim.strasse = "Mandarinweg";
jim.hausnummer = 9;
jim.plz = 81829;
jim.stadt = "Münchhausen";
```

7.3.4 Initialisierung

Strukturvariablen können bei ihrer Definition direkt initialisiert werden. Dazu werden die Werte, mit denen die Strukturelemente initialisiert werden sollen, in geschweiften Klammern aufgelistet und mittels des Zuweisungsoperators der Strukturvariablen zugewiesen.

```
Adresse jim = {  "Jim",
                 "Liebig",
                 "Mandarinweg",
                 81829,
                 "Münchhausen"
              };
```

7.3.5 Arrays von Strukturen

Das nachfolgende Listing demonstriert die Programmierung mit Strukturen. Es definiert eine einfache Struktur für Punkte und erzeugt ein Array für drei Punkt-Objekte. Anschließend liest das Programm die Daten für die Punkte über die Tastatur ein und ermittelt, welcher am weitesten vom Ursprung (0,0) entfernt ist.

Listing 7.3: Definition und Verwendung eines Strukturtyps für Punkte (Strukturen.cpp)

```
#include <iostream>
#include <cmath>
using namespace std;

struct Punkt
{
   int x;
   int y;
};

int main()
{
   const int MAX_PUNKTE = 3;
   Punkt punkte[MAX_PUNKTE];
```

```
   // Punktdaten einlesen
   for (int i = 0; i < MAX_PUNKTE; i++)
   {
      cout << endl;
      cout << " " << i+1 << ". Punkt " << endl;
      cout << "    x : ";
      cin  >> punkte[i].x;
      cout << "    y : ";
      cin  >> punkte[i].y;
   }
   cout << endl;

   double abstand = 0.0;        // Abstand des am weitesten entfernten
                                // Punktes
   int index = -1;              // Index des am weitesten entfernten
                                // Punktes. Zu Beginn weisen wir einen
                                // ungültigen Index zu. Dieser wird
                                // dann in der Schleife korrigiert

   for (int i = 0; i < MAX_PUNKTE; i++)
   {
      double d = sqrt( (double) punkte[i].x*punkte[i].x
                              + punkte[i].y*punkte[i].y);

      if (d > abstand)        // aktuelles Element ist weiter entfernt
      {
         abstand = d;
         index = i;
      }
   }

   cout << endl;
   cout << " Am weitesten entfernt ist der Punkt: "
        << "(" << punkte[index].x << "," << punkte[index].y << ")";
   cout << endl << endl;

   return 0;
}
```

7.4 Klassen

Der Strukturtyp, den Sie im vorangehenden Abschnitt kennengelernt haben, stammt eigentlich nicht von der Sprache C. In C wurde er zum Datentyp der Klasse erweitert. Der Klassentyp ist nicht nur einfach irgendein weiterer neuer Datentyp, er ist auch gleichzeitig die Basis für die objektorientierte Programmierung, mit der wir uns im dritten Teil des Buches beschäftigen.

An dieser Stelle, quasi um uns schon einmal ein wenig mit dem Klassentyp bekannt zu machen und um besser auf Teil 2 und 3 des Buches vorbereitet zu sein, werden wir den Klassentyp aber einfach als Erweiterung des Strukturtyps betrachten und uns auf drei Besonderheiten der Klassentypen konzentrieren:

- Sie können neben Membervariablen auch Memberfunktionen enthalten.
- Ihre Objekte werden mit Hilfe einer speziellen Memberfunktion, dem sogenannten Konstruktor, erzeugt.
- Sie können ihre Member (untergeordnete Elemente) vor dem Zugriff schützen.

7.4.1 Definition

Klassen besitzen neben Variablen meist auch Funktionen als untergeordnete Elemente – man spricht von Membervariablen und Memberfunktionen. Die Memberfunktionen können automatisch mit den Membervariablen der Klasse arbeiten.

```
class Punkt                         // Klasse Punkt
{
public:

    int x;                          // Membervariablen
    int y;

    void verschieben(int dx, int dy) // Memberfunktion, die die
    {                               // Werte der Membervariablen
        x += dx;                    // x und y verändert
        y += dy;
    }
};
```

7.4.2 Variablen, Objekte und Konstruktoren

Jede Klasse besitzt zumindest einen Konstruktor. Ein Konstruktor ist eine spezielle Memberfunktion, die keinen Rückgabetyp besitzt und den Namen der Klasse trägt. Sie wird automatisch ausgeführt, wenn ein Objekt[1] der Klasse erzeugt wird. Konstruktoren können wie alle Funktionen überladen werden. Meist geschieht dies, um Werte entgegenzunehmen, die den Membervariablen der Objekte als Anfangswerte zugewiesen werden sollen.

---

1. Wie bereits im Abschnitt zu den Strukturen angemerkt, bezeichnen wir die »Werte« von Struktur- und Klassentypen als »Objekte«.

```
class Punkt
{
public:
    int x;
    int y;

    Punkt()                              // Konstruktor
    {
        x = 0;
        y = 0;
    }

    Punkt(int n, int m)                  // Konstruktor
    {
        x = n;
        y = m;
    }

    void verschieben(int dx, int dy)
    {
        x += dx;
        y += dy;
    }
};
```

Bei der Definition einer Klassentyp-Variablen können Sie die Argumente für den Konstruktor (sofern erforderlich) an den Variablennamen anhängen.

```
Punkt p1;              // Erzeugt ein Punkt-Objekt und speichert
                       // es in der Variablen p1. Im Hintergrund
                       // wird der Konstruktor Punkt() aufgerufen,
                       // der p1.x und p1.y auf 0 setzt.

Punkt p2(12, -5);      // Erzeugt ein Punkt-Objekt und speichert
                       // es in der Variablen p2. Im Hintergrund
                       // wird der Konstruktor Punkt(int, int)
                       // aufgerufen, der p1.x und p1.y die
                       // Werte 12 und -5 zuweist.
```

7.4.3 Zugriffsschutz

Auf die Memberfunktionen eines Objekts können Sie ebenso wie auf die Membervariablen mit Hilfe des Punktoperators zugreifen – vorausgesetzt, die betreffenden Elemente sind in der Klassendefinition unter dem Zugriffsspezifizierer `public` deklariert.

In der Klasse aus Abschnitt 7.4.2 ist dies für alle Elemente der Klasse der Fall, weil wir eingangs der Klassendefinition den Zugriffsspezifizierer `public` gesetzt und den Zugriffsschutz danach nicht mehr geändert haben.

```
class Punkt
{
public:

    int x;
    int y;

    Punkt() ...
    Punkt(int n, int m)  ...
    void verschieben(int dx, int dy) ...
};
```

Wir können daher ohne Probleme ein Objekt der Klasse erzeugen und über die Objektvariable auf die Elemente des Objekts zugreifen:

```
Punkt p;                    // Zugriff auf Konstruktor Punkt()

p.x = -1;                   // Zugriff auf Membervariable x
p.y = 1;                    // Zugriff auf Membervariable y
p.verschieben(-10, 5) ;  // Zugriff auf Memberfunkt. verschieben()
```

Professionelle Klassen werden aber meist so definiert, dass der Zugriff auf die Membervariablen verweigert wird. Dahinter verbirgt sich die Vorstellung, dass die Werte der Membervariablen den »Zustand« eines Klassenobjekts darstellen. Wenn die Werte der Membervariablen nicht direkt, sondern nur auf dem Weg über die Memberfunktionen, die die Klasse definiert, verändert werden können, kann die Klasse selbst bestimmen, wie der Zustand ihrer Objekte verändert wird (mehr dazu in Kapitel 17).

Die folgende Klasse deklariert gemäß dieser Konvention ihre Membervariablen als `private` (die Elemente können nur von anderen Elementen der Klasse benutzt werden) und gibt für den Programmierer, der Objekte der Klasse erzeugt, nur die Konstruktoren und Memberfunktionen frei:

Listing 7.4: Beispiel für eine Klassendefinition mit Konstruktor und Zugriffsschutz (Klassen.cpp)

```
#include <iostream>
using namespace std;

class Punkt
{
private:
    int x;
    int y;

public:
    Punkt()                         // Konstruktor
    {
        x = 0;
        y = 0;
    }
```

```
    Punkt(int n, int m)                  // Konstruktor
    {
        x = n;
        y = m;
    }

    void verschieben(int dx, int dy)
    {
        x += dx;
        y += dy;
    }

    void ausgeben()
    {
        cout << "(" << x << "," << y << ")";
    }
};


int main()
{
   Punkt p;

   // p.x = -1;          // nicht erlaubt, da die
   // p.y =  1;          // Membervariablen x und y private sind

   p.verschieben(-10, 5);

   cout << endl;
   cout << " Punkt p: ";
   p.ausgeben();
   cout << endl << endl;

   return 0;
}
```

Beachten Sie, dass wir die Klasse um eine Memberfunktion `ausgeben()` erweitert haben, da wir sonst in `main()` ja keine Möglichkeit gehabt hätten, die Inhalt der `private`-Membervariablen `x` und `y` zur Kontrolle auszugeben.

> Die Zeile »private:« zu Beginn der Klassendefinition hätten wir übrigens weglassen können, da in Klassen alle Elemente standardmäßig `private` sind.

Strukturen in C++

In Abschnitt 7.3 wurden Ihnen die Strukturen so vorgestellt, wie sie seit den Zeiten von C traditionell verwendet werden. Sie sollten aber wissen, dass Strukturen in C++ nur noch Spezialisierungen des Klassentyps sind, deren Elemente standardmäßig `public` statt `private` sind.

7.5 Übungen

1. Kann man die Größe eines Arrays nachträglich ändern?
2. Schreiben Sie ein Programm, das die ersten 32 Potenzen von 2 berechnet, in einem Array abspeichert und danach ausgibt. (Hinweis: Achten Sie auf den Datentyp der Array-Elemente, da der Wertebereich von `int` nicht ausreicht!)
3. Legen Sie ein (kleines) zweidimensionales Array an, füllen Sie es mit Hilfe einer verschachtelten `for`-Schleife mit Zahlenwerten und geben Sie es aus.
4. Erweitern Sie das Ampel-Programm (*Aufzaehlungen.cpp*) um eine Schleife, die eine Ampelschaltung simuliert. (Die Schleife soll die Ampelzustände in der Reihenfolge wie bei einer Verkehrsampel durchlaufen und mit Hilfe der `switch`-Verzeigung auf die Konsole ausgeben. Achtung: Am schwierigsten dürfte der Veränderungsteil der `for`-Schleife sein, da Werte vom Typ Ampelzustand nicht einfach inkrementiert werden können.)
5. Schreiben Sie ein Programm, das einen Strukturtyp für Rechtecke definiert (mit den Membervariablen `x` und `y` (Koordinaten der linken, oberen Ecke) sowie `laenge` und `breite`). Erzeugen Sie ein Rechteck-Objekt mit Werten, die Sie vom Benutzer abfragen und geben Sie die Fläche des Rechtecks aus. Schreiben Sie zur Berechnung der Fläche eine Funktion `flaeche()`.
6. Schreiben Sie das Programm aus Übung 5 so um, dass es statt der Membervariablen `x` und `y` eine Membervariable des Strukturtyps `Punkt` verwendet.
7. Wandeln Sie die Struktur `Rechteck` aus Übung 6 in eine Klasse `Rechteck` um und nehmen Sie die Funktion `flaeche()` als Memberfunktion in die Klasse auf. (Deklarieren Sie zur Vereinfachung alle Elemente der Klasse als `public`. Beachten Sie auch die Veränderungen in der Funktion `flaeche()`. Wenn sie zur Memberfunktion wird, braucht sie das `Rechteck`-Objekt nicht mehr über einen Parameter entgegenzunehmen, sondern kann direkt auf die Membervariablen `breite` und `laenge` zugreifen.)

Kapitel 8

jetzt lerne ich

Zeiger und Referenzen

Zeiger sind eines der leistungsfähigsten, allerdings auch schwierigsten und daher in jüngster Zeit am heftigsten gescholtenen Konzepte von C++.

Zeiger sind Variablen, die als Werte Speicheradressen enthalten. Sie erlauben dem Programmierer, unmittelbar und eigenverantwortlich in die Speicherreservierung einzugreifen, und sind damit ein äußerst wichtiges Instrument der Programmierung in C++. Dynamische Speicherreservierung auf dem Heap oder die »call by reference«-Übergabe von Funktionsargumenten sind in C++ beispielsweise nur auf dem Weg über Zeiger möglich (bzw. die syntaktisch leichter zu handhabende Form der Referenzen).

Zeiger sind allerdings ein zweischneidiges Schwert. Fehler oder Unachtsamkeit des Programmierers führen schnell zu Speicherlecks durch dynamisch reservierten, aber nicht mehr freigegebenen Speicher, sowie zu Programmabstürzen durch Speicherzugriffe über korrupte Zeiger.

Sie lernen in diesem Kapitel,

- wie Syntaxformen für die Programmierung mit Zeigern aussehen,
- wie Syntaxformen für die Programmierung mit Referenzen aussehen,
- wie man Zeiger und Referenzen bei der Übergabe von Objekten an Funktionsparameter nutzt,
- wie man für Zeiger dynamischen Speicher reserviert.

8.1 Zeiger

Ein Zeiger ist eine Variable, in der sich die Adresse eines Datenobjekts, einer Funktion oder einfach eines reservierten Speicherbereichs befindet.

Ein Wort zur Terminologie: Zeiger können sowohl auf Objekte von Klassen oder Strukturen wie auch auf Werte der elementaren Datentypen oder Arrays oder auch andere Zeiger verweisen. Um diese verschiedenen Varianten nicht immer explizit aufführen zu müssen, sprechen wir in diesem Kapitel ganz allgemein von »Datenobjekten« (und von Objekten, wenn speziell die Instanzen von Klassen oder Strukturen im Sinne der objektorientierten Programmierung gemeint sind).

8.1.1 Definition

Ein Zeiger kann immer nur auf einen bestimmten Typ von Daten verweisen. Bei der Definition eines Zeigers wird dieser Datentyp angegeben. Das Symbol * kennzeichnet die Variable als Zeiger.

```
int *i_ptr;                 // Zeiger auf int-Datenobjekte
```

8.1.2 Initialisierung

Die Initialisierung eines Zeigers erfolgt durch die Zuweisung einer Adresse. Dies kann die Adresse einer Variablen, der »Wert« eines anderen Zeigers oder der Name eines Arrays oder einer Funktion sein.

```
int i = 13;
int werte[3] = { 11, 12, 14 };

int *ptr1 = &i;             // Zuweisung der Adresse einer Variablen
int *ptr2 = ptr1;          // Kopieren der Adresse in einem Zeiger
int *ptr3 = werte;          // Zuweisung der Adresse eines Arrays
```

Beachten Sie die Verwendung des Adressoperators &. Variablennamen stehen, wie Sie bereits wissen, auf der rechten Seite von Zuweisungen üblicherweise für den Wert in der Variablen. Um den Compiler anzuzeigen, dass statt dieses Werts die Adresse der Variablen benötigt wird, muss dem Variablennamen der Adressoperator & vorangestellt werden.

Wenn Sie einen Zeiger auf dasselbe Datenobjekt richten wollen, auf das bereits ein anderer Zeiger verweist, können Sie dem zweiten Zeiger (im Beispiel `ptr2`) einfach den ersten Zeiger (`ptr1`) zuweisen. Würden Sie dem ersten Zeiger den Adressoperator voranstellen (`&ptr1`), würden Sie nicht die Adresse aus `ptr1` in `ptr2` kopieren, sondern `ptr2` mit der Adresse des Zeigers `ptr1` initialisieren. Statt zweier Zeiger, die auf dasselbe Datenobjekt

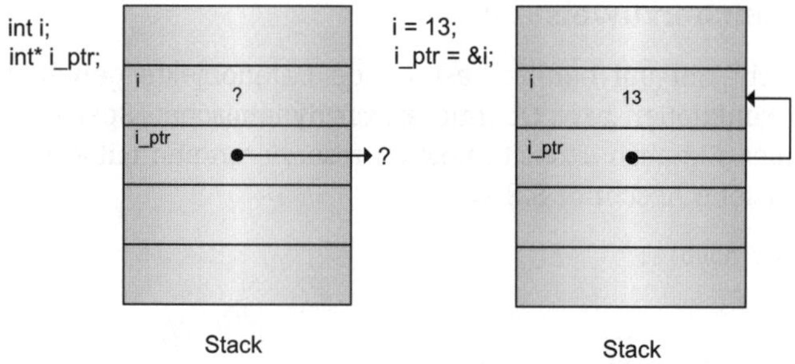

Abb. 8.1:
Das erste Teilbild zeigt einen Speicherauszug mit der Variablen i und dem Zeiger i_ptr. Da der Zeiger i_ptr definiert, aber nicht initialisiert wurde, zeigt er auf einen undefinierten Speicherbereich (versinnbildlicht durch das ?). Im zweiten Teilbild wurde der Zeiger i_ptr auf die Adresse der Variablen i gesetzt (i_ptr = &i).

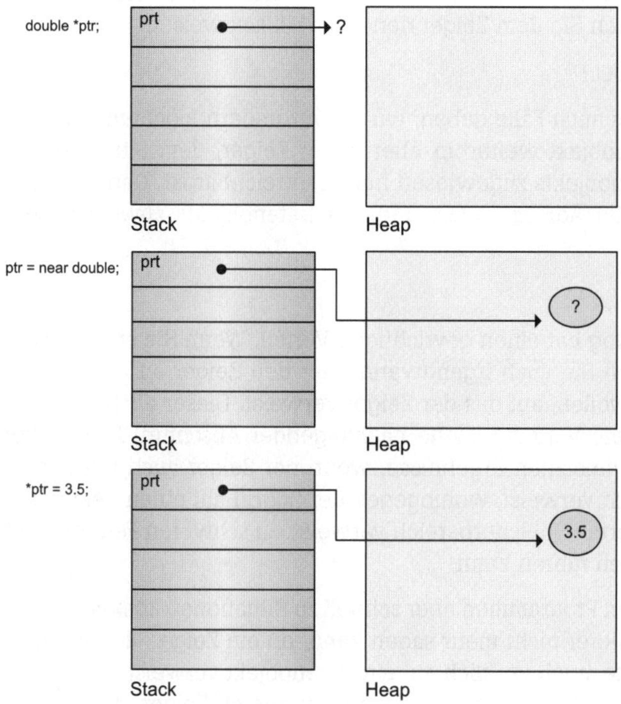

Abb. 8.2:
Das erste Teilbild zeigt den definierten, aber noch nicht initialisierten Zeiger ptr. Im zweiten Teilbild wird mittels new auf dem Heap Speicher für ein double-Objekt reserviert. Die Anfangsadresse des Objekts wird im Zeiger verwahrt, der damit auf das Objekt verweist. Im dritten Teilbild wird über den Zeiger der Wert 3.5 in das Objekt geschrieben.

(im obigen Beispiel die Variable `i`) verweisen, hätten Sie dann einen Zeiger `ptr2`, der auf einen Zeiger `ptr1` verweist, der wiederum auf `i` verweist.

Interessanterweise können Sie die Adressen von Arrays ebenfalls durch einfache Zuweisung der Arrayvariablen (ohne vorangestelltes &) zuweisen. Dies liegt daran, dass C++ Array-Variablen weitgehend wie Zeiger behandelt.

Dynamische Speicherzuweisung

Zeiger können nicht nur auf bereits bestehende Datenobjekte gerichtet werden. Mit den Funktionen bzw. Operatoren zur dynamischen Speicherreservierung können Sie auch explizit Speicher reservieren und mit einem Zeiger verbinden (siehe Abschnitt 8.3.2).

```
double *ptr4 = new double;
```

oder

```
int *ptr5 = (int*) malloc (3 * sizeof(int));
```

Zuweisung von NULL

Nicht immer wissen Sie bereits bei der Definition eines Zeigers, auf welches Datenobjekt bzw. welchen Speicherbereich der Zeiger verweisen soll. In diesen Fällen sollten Sie dem Zeiger den Wert `NULL` zuweisen.

```
double *ptr6 = NULL;
```

Ab und an wird es auch Fälle geben, wo Sie verhindern möchten, dass ein bestimmtes Datenobjekt weiterhin über einen Zeiger, dem Sie zuvor die Adresse des Datenobjekts zugewiesen haben, erreichbar ist. Dann müssen Sie dem Zeiger die Adresse eines anderen Datenobjekts zuweisen oder eben `NULL`.

```
ptr3 = NULL;
```

Die `NULL`-Zuweisung hat einen gewichtigen Vorteil. Wenn Sie einen Zeiger einrichten, werden Sie auch irgendwann über den Zeiger auf das Datenobjekt zugreifen wollen, auf das der Zeiger verweist. Dieser als Dereferenzierung bezeichnete Vorgang (siehe nachfolgender Abschnitt) liefert aber nur dann die gewünschten Ergebnisse, wenn der Zeiger auch tatsächlich auf ein Datenobjekt verweist, wohingegen der Zugriff auf einen Zeiger, der auf keinen definierten Speicherbereich verweist, zu schweren Fehlern oder Programmabstürzen führen kann.

Da es in komplexen Programmen aber schnell zu Situationen kommen kann, wo der Programmierer nicht mehr sagen kann, ob ein Zeiger, den er dereferenzieren möchte, auch wirklich auf ein Datenobjekt verweist, gibt es die `NULL`-Adresse. Hat der Programmierer darauf geachtet, Zeiger, die auf keinen definierten Speicherbereich verweisen, konsequent auf `NULL` zu setzen, kann er mit einer einfachen `if`-Bedingung testen, ob der Zeiger auf ein Datenobjekt weist oder nicht.

```
if (ptr6 != NULL)
{
   ...                 // nur ausführen, wenn ptr6 auf ein Datenobjekt
                       // oder einen reservierten Speicherbereich zeigt
```

8.1.3 Dereferenzierung

Zeiger sind Adressen. Dereferenzierung bedeutet, über diese Adresse auf das referenzierte Datenobjekt zuzugreifen. Dazu dienen die Dereferenzierungs-Operatoren. Deren Prototyp ist der *-Operator. Vor einen Zeiger gesetzt, greift er über die im Zeiger gespeicherte Adresse auf das referenzierte Datenobjekt zu und erlaubt dem Programmierer, diesem Datenobjekt einen Wert zuzuweisen oder den aktuellen Wert abzufragen:

```
int i;
int *i_ptr = &i;

*i_ptr = 7;                  // dem referenzierten Datenobjekt einen
                             // Wert zuweisen
cout << *i_ptr << endl;      // den Wert des referenzierten
                             // Datenobjekts abfragen
```

Wenn Sie einen Zeiger dereferenzieren möchten, der Element einer Klasse oder Struktur ist, klammern Sie den `obj.elem`-Ausdruck und stellen Sie dem Ganzen den Dereferenzierungs-Operator voran:

```
struct Demo
{
    int *x;
    int *y;
};

Demo obj;
obj.x = new int;
obj.y = new int;

*(obj.x) = 1;
*(obj.y) = 2;

cout << *(obj.x) << ", " << *(obj.y) << endl;
```

Und wenn Sie über einen Zeiger auf ein Objekt einer Struktur oder Klasse zugreifen wollen, können Sie statt des *-Operators auch den Operator -> verwenden, der Dereferenzierung und Memberzugriff kombiniert.

Listing 8.1: Demoprogramm zur Definition und Dereferenzierung von Zeigern (Zeiger.cpp)

```
#include <iostream>
using namespace std;

struct Demo
{
    int x;
    int *y;
};
```

```
int main()
{
    // Variable und Zeiger definieren
    Demo obj;                   // Variable definieren und
    obj.y = new int;            // Zeigerelement y mit Speicher
                                // verbinden
    Demo *ptr = &obj;           // Zeiger auf Demo-Variable

    // Zugriff über Zeiger mit *
    (*ptr).x  = 10;
    *((*ptr).y) = 20;

    // Zugriff über Zeiger mit ->
    cout << "(" << ptr->x << "," << *(ptr->y) << ")" << endl;

    return 0;
}
```

Dereferenzieren Sie niemals Zeiger, die ungültige Adressen beinhalten (nicht initialisierte Zeiger, Zeiger auf `NULL`, Zeiger auf Objekte, die nicht mehr existieren etc.). Diese Zeiger enthalten undefinierte Bitmuster, die bei der Dereferenzierung als Adresse interpretiert werden, was unweigerlich zu Programmfehlern und oftmals zu Programmabstürzen führt.

8.1.4 Zeigerarithmetik

Mit Zeigern kann auch gerechnet werden. Die Besonderheit dabei ist, dass die Adresse, die der Zeiger speichert, immer in Einheiten erhöht oder erniedrigt wird, die der Größe des Datentyps entspricht.

Wenn Sie also z.B. einen Zeiger vorliegen haben, der auf ein Array verweist oder auf einen dynamisch reservierten Speicherbereich (siehe Abschnitt 8.3.2), so können Sie durch Inkrementieren oder Dekrementieren des Zeigers von einem Element zum anderen springen.

```
int werte[3] = { 11, 12, 14 };
int *ptr = werte;

cout << *ptr      << endl;     // Ausgabe 11
cout << *(ptr+1)  << endl;     // Ausgabe 12
cout << *(ptr+2)  << endl;     // Ausgabe 14
```

Und es geht sogar noch einfacher. Der C++-Compiler interpretiert nämlich den Indizierungsoperator wie eine Zeigeraddition mit anschließender Dereferenzierung. Die Syntax `ptr[n]` ist daher gleichbedeutend mit `*(ptr+1)` und Sie können obige Ausgaben auch wie folgt schreiben:

```
cout << ptr[0]  << endl;     // Ausgabe 11
cout << ptr[1]  << endl;     // Ausgabe 12
cout << ptr[2]  << endl;     // Ausgabe 14
```

8.2 Referenzen

Referenzen verweisen wie Zeiger auf Datenobjekte, können jedoch nur einmal mit einem Datenobjekt initialisiert und danach nicht mehr auf andere Datenobjekte umgelenkt werden. Zudem entfällt für Referenzen die typische Zeigersyntax – sie werden wie ganz normale Variablen, quasi als Synonyme der Variablen, auf die sie verweisen, verwendet.

Technisch gesehen entspricht eine Referenz damit einem `const`-Zeiger, der bei jedem Zugriff automatisch dereferenziert wird.

Eine Referenz kann immer nur auf einen bestimmten Typ von Daten verweisen. Bei der Definition einer Referenz wird dieser Datentyp angegeben. Das Symbol & kennzeichnet die Variable als Referenz.

```
int i;
int &ir = i;                   // Referenz auf int-Datenobjekt
```

Referenzen, sofern es sich nicht gerade um Funktionsparameter oder ein Klassenelement handelt, müssen direkt bei der Definition initialisiert werden. Danach kann man über sie wie über eine normale Variable auf das Datenobjekt zugreifen, auf welches die Referenz verweist:

```
int zahl;                       // normale Variable
int& zahl_klon = zahl;          // Referenzvariable

zahl = 29;
cout << zahl << endl;           // liefert 29
cout << zahl_klon << endl;      // liefert 29

zahl_klon = 31;
cout << zahl << endl;           // liefert 31
cout << zahl_klon << endl;      // liefert 31
```

Es gibt keine Zeiger auf Referenzen, keine Arrays von Referenzen, keine Referenzen auf Referenzen und keine Referenzen vom Typ `void&`.

8.3 Einsatzgebiete

Die Verwendung von Zeigern bringt verschiedene Vorteile mit sich.

- **call by reference-Übergabe an Funktionen** (siehe Abschnitt 8.3.1). Eine Funktion, die Zeiger (oder Referenzen) als Parameter definiert, ist in der Lage, die ihr übergebenen Argumente direkt zu verändern. Zudem ist die Übergabe von Zeigern wesentlich schneller als das Kopieren großer Datenobjekte.

- **Dynamische Speicherverwaltung** (siehe Abschnitt 8.3.2). Mittels Zeigern kann der Programmierer Datenobjekte in einem speziellen Speicherbereich, dem `Heap`, anlegen und er kann selbst entscheiden, wann er wie viel Speicher reserviert und wieder freigibt.
- **Spezielle Syntaxformen**. Bestimmte Konstruktionen können in C++ nur mit Hilfe von Zeigern realisiert werden. Hierzu gehören z.B. die Definition *rekursiver Datenstrukturen* (Zeiger können für Datentypen definiert werden, die deklariert, aber noch nicht definiert sind. Auf diese Weise kann eine Klasse beispielsweise Zeiger auf ihre eigenen Instanzen haben.), *Arrays von Zeigern auf Funktionen* oder *generische* Implementierungen. Mit Zeigern lassen sich viele Probleme effizienter oder allgemeiner lösen. Beispielsweise durch Verwendung von Zeigern auf `void`, Zeigern auf Funktionen, um Funktionen als Argumente an andere Funktionen zu übergeben (siehe Kapitel 21.6), Basisklassenzeiger auf abgeleitete Objekte zur Verwaltung von Objekten verschiedener abgeleiteter Klassen in einem Array, Nutzung virtueller Memberfunktionen etc., siehe Kapitel 19.

8.3.1 call-by-reference

In Kapitel 6.2.2 haben Sie gelernt, dass beim Aufruf einer Funktion, die übergebenen Argumente in die Parameter der Funktion kopiert werden. Weiterhin haben Sie gelernt, dass dies für die Übergabe von Variablen letzten Endes bedeutet, dass die Funktion eine Kopie der Variablen erhält (**call by value**).

Meist ist dieses Verhalten auch genau das, was man sich wünscht. Betrachten Sie z.B. folgenden Code:

```
#include <iostream>
using namespace std;

double quadrat(double n)
{
   n *= n;            // nehme den Wert aus n, multipliziere ihn
                      // mit sich selbst und speichere das Ergebnis
                      // zurück in n

   return n;
}

int main()
{
   double zahl;
   double quadr;

   cout << endl;
```

```
   cout << " Geben Sie eine Zahl ein : ";
   cin >> zahl;

   quadr = quadrat(zahl);

   cout << endl;
   cout << " Das Quadrat von:  " << zahl
      << " ist : " << quadr << endl;

   cout << endl << endl;
   return 0;
}
```

Beachten Sie, dass die Funktion `quadrat()`, das berechnete Quadrat einfach direkt in ihrem Parameter `n` speichert. Wäre `n` keine Kopie des übergebenen Arguments `zahl`, sondern nur ein Synonym, würde dies bedeuten, dass die Ausgabe am Ende der `main()`-Funktion für die Eingabe 3 wie folgt lauten würde:

```
Das Quadrat von 9 ist: 9.
```

Tatsächlich aber lautet die Ausgabe

```
Das Quadrat von 3 ist: 9.
```

und dies liegt eben daran, dass Variablen beim call-by-value-Verfahren als Kopie übergeben werden.

Manchmal wünscht man sich aber gerade das Gegenteil: nämlich dass die Funktion in der Lage wäre, die übergebene Variable direkt zu ändern! Mit Zeigern oder Referenzen ist dies möglich. Das Verfahren heißt »call by reference«.

Der Trick bei der call-by-reference-Übergabe ist, dass statt der Werte von Variablen deren Adressen übergeben werden. Dazu muss die Funktion die betreffenden Parameter als Zeiger oder Referenzen definieren und der Aufrufer muss für den Parameter als Argument die Adresse eines Objekts übergeben.

Schauen wir uns ein Beispiel an. Angenommen Sie möchten eine Funktion `tauschen()` schreiben, die die Werte in zwei `int`-Variablen vertauschen soll (ein typisches Programmierproblem). Ein erster Ansatz für diese Funktion können wie folgt aussehen:

```
void tauschen(int param1, int param2)
{
   int temp;
   temp = param1;
   param1 = param2;
   param2 = temp;
}
```

Ein Aufruf dieser Funktion, etwa:

```
int n1 = 1, n2 = 2;
tauschen(n1, n2);
```

würde aber natürlich nicht zu dem gewünschten Ergebnis führen, da wir es hier immer noch mit einer call-by-value-Übergabe zu tun haben.

Was wir tun müssen, ist die Parameter in Zeiger umzuwandeln. Dazu definieren wir die Parameter mit dem Typ `int*`. Außerdem müssen wir im Code der Funktion die Parameter an allen Stellen, wo wir eigentlich am Wert im Parameter interessiert sind, dereferenzieren. In unserem Beispiel sind das alle Vorkommen von `param1` und `param2`. Schließlich müssen wir noch darauf achten, dass wir beim Aufruf der Funktion nicht die Variablen `n1` und `n2`, sondern die Adressen der Variablen übergeben.

Listing 8.2: Call-by-reference-Übergabe von Argumenten (Tauschen.cpp)

```
#include <iostream>
using namespace std;

void tauschen(int *param1, int *param2)
{
   int temp;
   temp = *param1;
   *param1 = *param2;
   *param2 = temp;
}

int main()
{
   int n1 = 1, n2 = 2;

   cout << endl;
   cout << "  n1: " << n1
        << "  n2: " << n2 << endl;

   tauschen(&n1, &n2);

   cout << endl;
   cout << "  n1: " << n1
        << "  n2: " << n2 << endl;

   cout << endl << endl;
   return 0;
}
```

Ausgabe:

```
n1: 1  n2: 2
n1: 2  n2: 1
```

Was passiert hier? Wenn die Funktion `tauschen()` aufgerufen wird, werden die Adressen der `main()`-Variablen `n1` und `n2` in den Zeiger-Parametern `param1` und `param2` abgelegt. Wenn die Funktion dann den Parameter param1 dereferenziert, greift sie auf den Speicherinhalt von n1 zu! Deren Wert wird also in temp kopiert. Nach dem gleichen Verfahren kopiert die nächste Zeile den Wert der Variablen, auf die param2 verweist (in unserem Fall der Wert von n2), in die Variable, auf die param1 verweist (in unserem Fall der Wert von n1). Schließlich wird der in temp zwischengespeicherte Wert (der alte Wert von n1) in die Variable geschrieben, auf die param2 verweist (n2) und der Tausch ist abgeschlossen.

Noch einfacher ist das Tauschen mit Referenz-Parameter. Wegen der vereinfachten Syntax müssen Sie lediglich die Funktionsparameter mit dem Typ int & definieren. Der restliche Code entspricht dem Code für call-by-value-Parameter:

```
void tauschen(int &param1, int &param2)
{
   int temp;
   temp = param1;
   param1 = param2;
   param2 = temp;
}
```

Aufruf:

```
int n1 = 1, n2 = 2;
tauschen(n1, n2);
```

Tabelle 8.1: Parameter-Argument-Kombinationen für call-by-reference-Parameter

Parameter	Argument	
Zeiger:		
typ *	ptr	(Zeiger vom Typ typ*)
typ *	&var	(Adresse einer Variablen vom Typ typ)
Referenz		
typ &	var	(Variable vom Typ typ)

const-Zeiger und -Referenzen

Wenn Sie Zeiger oder Referenzen als Parameter definieren, werden als Argumente Adressen übergeben (call by reference). Dies hat nicht nur den Vorteil, dass die Funktion in die Lage versetzt wird, die Argumente zu verändern – es reduziert auch den Kopieraufwand beim Funktionsaufruf.

Rekapitulieren wir noch einmal, was beim Funktionsaufruf passiert: Die Argumente werden in die Parameter kopiert. Für Variablen, die nach dem call-by-value-Verfahren übergeben werden, bedeutet dies, dass der Wert der Variablen kopiert wird. Für Variablen, die nach dem call-by-reference-Verfahren übergeben werden, bedeutet dies, dass die Adresse der Variablen kopiert wird. Warum aber soll es nun effizienter sein, die Adresse statt des Werts einer Variablen zu kopieren?

Betrachten Sie dazu folgenden Aufruf:

```
int n = 12;
irgendeineFunktion(n, &n);
```

Hier wird die Variable einmal als Wert und einmal als Adresse übergeben. Ein `int`-Wert ist in C++ üblicherweise 32-Bit groß, d.h., für die Übergabe der Variablen `n` als Wert müssen 32 Bit kopiert werden. Und wie groß ist eine Adresse? Unter 32-Bit-Rechnerarchitekturen ebenfalls 32 Bit. Im Falle einer `int`-Variable ist der Kopieraufwand für die Übergabe als Adresse also genauso groß wie für die Übergabe als Wert.

Etwas anders ist das Verhältnis, wenn Sie `double`-Werte übergeben, denn ein `double`-Wert belegt üblicherweise bereits 64 Bit, während die Adresse wie gesagt nur 32 Bit benötigt.

Richtig interessant wird es aber, wenn Sie Objekte von Strukturen oder Klassen kopieren, die viele Membervariablen enthalten – wie z.B. unsere Struktur `Adresse` aus Kapitel 7.3.

```
struct Adresse
{
   string vorname;
   string nachname;
   string strasse;
   int hausnummer;
   int plz;
   string stadt;
} adr;
irgeneineFunktion(adr, &adr);
```

Wir stoßen nun in Regionen vor, wo das Rechnen mit Bits unhandlich wird. Wir wechseln daher zu Bytes (1 Byte sind 8 Bit) und konstatieren, dass ein `int`-Wert 4 Byte groß ist. Ein `string`-Objekt ist sogar 32 Byte groß. Das komplette `adr`-Objekt wäre damit 136, die Adresse des Objekts aber nur 4 Byte groß. Das ist doch schon eine erstaunliche Ersparnis.[1]

> Funktionen, die Objekte von Strukturen und Klassen entgegennehmen, tun dies meist über Zeiger- oder Referenzparameter (call-by-reference), allein wegen des geringeren Kopieraufwands.

Wenn Sie also größere Datenobjekte an eine Funktion übergeben müssen und der Funktion auch noch die Gelegenheit geben möchten, die übergebenen Datenobjekte (und nicht etwa irgendwelche Kopien) zu bearbeiten, ist die Definition eines Zeiger- oder Referenzparameters nahezu zwingend.

1. Der tatsächliche Aufwand ist sogar noch größer, da am Kopieren von Objekten immer noch intern ein Konstruktor beteiligt ist. Dessen Aufruf geht ebenfalls auf Kosten der Laufzeit.

Wie aber sieht es aus, wenn Sie größere Datenobjekte nur des effizienteren Aufrufverfahrens wegen als Adresse übergeben möchten – ohne dass eine Änderung des übergebenen Arguments durch die Funktion erwünscht wäre? In solchen Fällen definieren Sie die Parameter als `const`, um das übergebene Argument vor Veränderungen zu schützen.

```
// Beispiel für eine Funktion mit const-Referenzparameter
void ausgeben(const Adresse &adr)
{
   cout << endl;
   cout << " Vorname    : " << adr.vorname << endl;
   cout << " Nachname   : " << adr.nachname << endl;
   cout << " Strasse    : " << adr.strasse << endl;
   cout << " Hausnummer: " << adr.hausnummer << endl;
   cout << " PLZ        : " << adr.plz << endl;
   cout << " Stadt      : " << adr.stadt << endl;
}
```

Die obige Funktion dient dazu, ein `Adresse`-Objekt auszugeben. Von einer solchen Funktion würde niemand erwarten, dass sie das übergebene Objekt dabei in irgendeiner Form verändert. Der Autor der `ausgeben()`-Funktion hat dies berücksichtigt, und um ganz sicher zu sein, hat er den Parameter noch als `const` deklariert. Hätte er jetzt irgendwo versehentlich doch Code stehen, der das Objekt, auf das der Parameter verweist, zu verändern sucht – beispielsweise:

```
cout << " Hausnummer: " << adr.hausnummer++ << endl;
```

erkennt der Compiler den Fehler und gibt eine Fehlermeldung aus.

Die `const`-Deklaration von Parametern hat noch weitere Vorteile:

- Einem `const`-Parameter können auch konstante Datenobjekte des zugehörigen Datentyps übergeben werden.
- Für `const`-Parameter nimmt der Compiler automatische Typkonvertierungen vor, wenn Sie Konstanten oder Variablen kompatibler Datentypen als Argumente für den Referenzparameter übergeben.

8.3.2 Dynamische Speicherreservierung

Einer der größten Vorzüge des Variablenkonzepts ist, dass wir, die Programmierer, uns nicht um die Speicherverwaltung für die Variablen kümmern müssen. Bei der Definition wird automatisch Speicher für die Variablen reserviert und, wenn die Programmausführung den Gültigkeitsbereich der Variablen verlässt, wird die Variable aufgelöst und ihr Speicher wieder freigegeben.

Obwohl die automatische Speicherverwaltung grundsätzlich ein Segen ist, schränkt sie den Programmierer doch empfindlich ein, denn er kann weder frei darüber entscheiden, wie viel Speicher reserviert wird (wird durch den Datentyp der Variablen vorgegeben), noch kann er selbst bestimmen, wann der Speicher reserviert und wieder freigegeben wird.

Nun stünde C++ aber natürlich nicht im Ruf einer besonders leistungsfähigen und mächtigen Sprache, wenn sie dem Programmierer nicht auch genau diese Möglichkeiten der Speicherreservierung bieten würde.

Der Heap

Wenn ein Programm zur Ausführung in den Arbeitsspeicher geladen wird, bekommt es vom Betriebssystem Speicher für seinen Code und seine Daten zugeteilt. Im Codespeicher werden die in Maschinencode übersetzten Anweisungen abgelegt – faktisch enthält er also die Funktionsdefinitionen. Der Datenspeicher wiederum zerfällt in drei Unterbereiche: statischer Speicher, Stack und Heap.

- Der statische Speicher nimmt die globalen Variablen und alle Variablen, die als `static` deklariert wurden, auf.
- Den Stack kennen Sie bereits aus den Erläuterungen zu den Funktionen (siehe Kapitel 6.4). Wann immer eine Funktion aufgerufen wird, wird dem Stack ein neuer Stack-Frame hinzugefügt, in dem die lokalen Variablen und Parameter angelegt werden. Nach Abarbeitung der Funktion wird der Stack-Frame und mit ihm der Speicher für die Variablen automatisch aufgelöst. Der Stack-Speicher ist die Grundlage der automatischen Speicherverwaltung.
- Das Pendant zum Stack ist der Heap. Heap-Speicher wird weder automatisch reserviert, noch freigegeben. Dafür kann der Programmierer nach Bedarf Speicherbereiche im Heap anfordern und über Zeiger auf die Speicherbereiche zugreifen. Er ist allerdings auch dafür verantwortlich, nicht mehr benötigte Speicherbereiche wieder freizugeben.

In C++ reservieren Sie Heap-Speicher mit den C++-Operatoren `new` und `new[]`. Zum Freigeben des Speichers verwenden Sie die Operatoren `delete` und `delete[]`.

> Sie können auch die von C übernommenen Funktionen `malloc()` und `free()` für die dynamische Speicherreservierung verwenden, doch sind diese vergleichsweise unhandlich und ihr Gebrauch fehleranfällig.

Speicherreservierung mit new und delete

Um ein einzelnes Datenobjekt – sei dies nun ein int-Wert oder das Objekt einer Struktur oder Klasse – auf dem Heap anzulegen, rufen Sie den Operator new mit dem Datentyp des Datenobjekts auf. Als Ergebnis erhalten Sie einen Zeiger auf das Datenobjekt.

```
int *p_int;
p_int = new int;
```

Über den Zeiger können Sie auf das Datenobjekt zugreifen und es bearbeiten.

```
*p_int = 12;
cout << *p_int << endl;
```

Wenn Sie das Datenobjekt nicht mehr benötigen, geben Sie den Speicherbereich des Datenobjekts mit delete wieder frei.

```
delete(p_int)
```

Aufgelöst wird dabei nur der dynamisch reservierte Speicher, auf den der Zeiger verweist. Der Zeiger selbst bleibt bestehen und kann bei Bedarf mit einer neuen Adresse reinitialisiert werden. Wenn Sie ihm keine neue Adresse zuweisen, sollten Sie ihn auf NULL setzen.

```
delete(p_int)
p_int = NULL;
```

Der Operator delete kann übrigens gefahrlos auf Null-Zeiger angewendet werden.

Datenobjekte auf dem Heap anlegen

Es gibt verschiedene Gründe, die dafür sprechen können oder es sogar erforderlich machen, dass Sie ein Datenobjekt auf dem Heap anlegen:

- Die Entscheidung, ob oder wie viele Datenobjekte erzeugt werden sollen, fällt erst zur Laufzeit. (Typisches Beispiel hierfür wäre die Implementierung verketteter Listen[1].)
- Es handelt sich um ein Objekt einer Klasse, auf welches Sie vornehmlich über Zeiger zugreifen wollen (z.B. weil Sie das Konzept der Polymorphie nutzen wollen, siehe Kapitel 19), sodass Sie überlegen, es gleich auf dem Heap anzulegen und nur über Zeiger anzusprechen.

1. Listen sind Datenstrukturen, die anders als Arrays keine feste Größe haben, sondern dynamisch wachsen oder schrumpfen. Dazu wird für jedes neue Element Speicher auf dem Heap reserviert und das Element wird mittels Zeigern mit dem vorangehenden und dem nachfolgenden Element verbunden. Die in der Standardbibliothek definierten Container-Klassen basieren zum Teil auf solchen Listen.

- Der Speicher des Datenobjekts soll nach Gebrauch unmittelbar freigegeben werden (anstatt darauf zu warten, dass der Speicher automatisch freigegeben wird, weil der Gültigkeitsbereich der Variablen, in der das Datenobjekt gespeichert wurde, verlassen wird).
- Ein Datenobjekt soll in der aktuellen Funktion erzeugt und der aufrufenden Funktion zur Verfügung gestellt werden.

Der letzte Punkt ist sicherlich nicht das wichtigste Einsatzgebiet für das Anlegen von Datenobjekten auf dem Heap, aber er eignet sich gut, um einige wichtige Aspekte der dynamischen Speicherreservierung und des Datenflusses zwischen Funktionen zu erörtern.

Elementare Werte zurückliefern

Beginnen wir damit, dass die aktuelle Funktion einen Wert eines elementaren Datentyps berechnet und an die aufrufende Funktion zurückliefern möchte. In diesem Szenario gibt es grundsätzlich keinen Grund, den Wert auf dem Heap anzulegen. Die Funktion speichert ihn einfach in einer lokalen Variablen und übergibt diese mit `return` an den Aufrufer.

```
int funktion1()
{
   int einWert = 0;

   einWert = 122;    // Ersatz für eine komplexere Berechnung

   return einWert;
}
...
// Aufruf
int erg = funktion1();
```

> Sollte der Rückgabewert schon anderweitig belegt sein oder müssen mehr als ein Wert zurückgeliefert werden, gibt es immer noch die Möglichkeit, Werte über Referenz- oder Zeigerparameter an den Aufrufer zurückzugeben.

Komplexe Objekte zurückliefern

Nach dem gleichen Modell können auch komplexe Objekte von Klassen oder Strukturen zurückgeliefert werden.

```
struct Punkt
{
   int x;
   int y;
};
```

```
Punkt funktion2()
{
   Punkt p;    // Punkt

   p.x = 1;    // Ersatz für eine komplexere Berechnung
   p.y = 2;

   return p;
}
...
// Aufruf
Punkt v = funktion2();
```

Als kritischer C++-Programmierer werden Sie mit dieser Variante aber vielleicht nicht zufrieden sein. Schließlich wird hier bei der Zurücklieferung des Ergebniswerts ein womöglich recht umfangreiches Objekt zweimal kopiert. (Tatsächlich wird für den obigen Code das Objekt p zuerst in den Speicherbereich kopiert, den die Funktion für den Rückgabewert angelegt hat, und dann von dort in die Variable der aufrufenden Funktion kopiert.)

Könnte man dies nicht effizienter lösen, indem man statt des kompletten Objekts nur seine Adresse zurückliefert?

Komplexe Objekte als Verweis zurückliefern

Ein erster Ansatz für die Ressourcen schonende Rückgabe des Objekts als Adresse könnte wie folgt aussehen:

```
Punkt* funktion3()
{
   Punkt p;

   p.x = 1;    // Ersatz für eine komplexere Berechnung
   p.y = 2;

   return &p;
}
...
// Aufruf
Punkt *p = funktion3();
```

Syntaktisch ist dieser Code ganz korrekt, doch er enthält einen schwerwiegenden Fehler. Die Funktion gibt die Adresse einer lokalen Variablen zurück. Da lokale Variablen aber automatisch aufgelöst werden, wenn ihre Funktion beendet ist, ist die Adresse schon nicht mehr gültig, kaum dass sie in den Zeiger der aufrufenden Funktion kopiert wurde.

Besonders tragisch ist, dass dieser Fehler unter Umständen nicht einmal gleich auffallen muss. Es kann nämlich durchaus sein, dass die aufrufende Funktion, wenn sie über den Zeiger auf das vermeintliche Datenobjekt zugreift, tatsächlich noch die alten Daten des Objekts vorfindet. Dies wäre dann allerdings nur noch ein glücklicher Zufall.

Die Lösung dieses Problems liegt natürlich in der dynamischen Reservierung von Speicher auf dem Heap.

Listing 8.3: Ausschnitt aus Dynam-Speicherreservierung.cpp (wo die Funktion allerdings punktFabrik heißt)

```
Punkt* funktion4()
{
   Punkt *p = new Punkt;

   p->x = 1;    // Ersatz für eine komplexere Berechnung
   p->y = 2;

   return p;
}
...
// Aufruf
Punkt *p = funktion4();
```

Jetzt ist alles korrekt. Die Funktion legt das Objekt auf dem Heap an und übergibt der aufrufenden Funktion die Adresse des Heap-Objekts. Da der auf dem Heap reservierte Speicher auch weiter reserviert bleibt, nachdem die Funktion beendet und die lokale Zeigervariable `p` aufgelöst wurde, kann die aufrufende Funktion über ihren Zeiger wie gewünscht auf das Objekt zugreifen.

Einen Haken hat das obige Modell allerdings. Die Funktion `funktion4()` erzeugt ein Objekt auf dem Heap, überlässt aber dem Aufrufer die Verantwortung dafür, dieses Objekt korrekt zur entsorgen (`delete`-Aufruf). Natürlich können – und sollten – Sie die Funktion ordentlich dokumentieren (mit einer Hilfedatei, zumindest aber mit einem Kommentar über der Funktionsdefinition, der ihren korrekten Gebrauch erläutert), um alle Programmierer, die die Funktion verwenden, darüber zu informieren, dass *sie* dafür verantwortlich sind, die zurückgelieferten Objekte nach Gebrauch aufzulösen. Verhindern können Sie einen fehlerhaften Gebrauch aber natürlich nicht.

Letzten Endes heißt es daher, Effizienz und potenzielle Speicherlecks gegen geringere Ausführungsgeschwindigkeit und Sicherheit abzuwägen.

Fehlerbehandlung

Im Erfolgsfall liefert der Operator `new` die Anfangsadresse des Speichers zurück. Kann der Operator `new` den angeforderten Speicher nicht reservieren, löst er eine `bad_alloc`-Ausnahme aus (die Ausnahmebehandlung wird später in Kapitel 20 behandelt). Es gibt aber auch eine überladene Version des Operators, die statt einer Ausnahme einen `NULL`-Zeiger zurückliefert:

```
p_int = new(nothrow) int;

if (p_int != NULL)
{
   ...
```

Speicherreservierung mit new[] und delete[]

Mit dem new[]-Operator können Sie ein ganzes Feld von Datenobjekten reservieren – vergleichbar einem Array. Die Anzahl Elemente im Feld werden dabei wie im Falle der Arrays in eckigen Klammern angegeben. Sie sind allerdings nicht darauf beschränkt, die Anzahl Elemente durch eine Konstante anzugeben.

```
int n = 7;
int *p_int = new int[n];          // Feld von n int-Werten
```

Die einzelnen Elemente im Feld können Sie dank der Zeigerarithmetik durch Addition der Position oder Indizierung ansprechen.

```
for (int i = 0; i < 7; i++)
{
    *(p_int+i)  = i;
    p_int[i]    = i;
}
```

Wird der Speicherbereich nicht mehr benötigt, geben Sie ihn mit dem Operator delete[] wieder frei.

```
delete[] p_int;           // Löschen der Membervariable
```

Ein typisches Einsatzgebiet für die dynamische Speicherreservierung mit new[] ist die Erzeugung eines Felds, dessen Größe (sprich die Anzahl der Elemente) erst zur Laufzeit bestimmt wird. Am Ende des Kapitels werden wir dazu noch eine Übung machen.

Hinweise und Tipps zur dynamischen Speicherreservierung

Die Tatsache, dass zur Freigabe des dynamischen Speichers ein Zeiger auf den Anfang des Speicherbereichs benötigt wird (Argument zu delete), bedeutet, dass der Speicherbereich nicht mehr freigegeben werden kann, wenn es keinen solchen Zeiger mehr gibt. Dies kann aus zwei Gründen geschehen:

- Wurde die Adresse einer lokalen Zeigervariablen zugewiesen, verfällt diese, wenn ihr Gültigkeitsbereich verlassen wird, der dynamisch reservierte Speicherbereich bleibt erhalten.
- Wird dem Zeiger eine andere Adresse zugewiesen und wurde versäumt, die Adresse des Speicherplatzes in einem anderen Zeiger zu speichern, ist der Speicherbereich ebenfalls nicht mehr adressierbar.

Noch gravierender ist es, wenn Sie einen Zeiger dereferenzieren, der auf keinen korrekt reservierten Speicherbereich verweist. Um solche Fehler zu vermeiden, sollten Sie:

- Zeigern, die auf keine korrekte Adresse im Speicher verweisen, den Wert `NULL` zuweisen (`NULL`-Zeiger), als Zeichen dafür, dass der Zeiger auf kein gültiges Datenobjekt verweist.
- vor der Dereferenzierung eines Zeigers, für den Sie nicht sicher sein können, ob er auf ein gültiges Datenobjekt verweist, prüfen, ob es sich um einen `NULL`-Zeiger handelt.

8.4 Übungen

1. Üben Sie die Zeiger-Syntax. Definieren Sie eine `double`-Variable. Definieren Sie danach einen Zeiger, den Sie auf die `double`-Variable richten.
2. Verändern Sie über den Zeiger aus der ersten Übung den Wert der `double`-Variablen.
3. Verändern Sie den Wert der `double`-Variablen aus der ersten Übung über eine Referenz.
4. Was passiert, wenn Sie versuchen eine bereits eingerichtete Referenz auf eine andere Variable umzulenken?

```
int n = 12;
int m = 207;


int &ref = n;
ref = m;              // ??
```

5. Sehen Sie sich noch einmal das Programm zu Übung 7.6 an. Prüfen Sie, ob man das Programm nicht verbessern könnte. (Achten Sie besonders auf die Funktion `flaeche()`.)
6. In Übung 7.7 wurden die Struktur `Rechteck` und die Funktion `flaeche()` aus Übung 7.6 zu einer Klasse zusammengefasst. Müsste man in diesem Programm die Funktion `flaeche()` nicht auch optimieren?
7. Schreiben Sie das Programm zur Mittelwertberechnung aus Listing 7.1 so um, dass es anfangs abfragt, wie viele Messwerte eingegeben werden sollen, und dann ein dynamisches Array passender Größe reserviert.

Kapitel 9

Noch ein paar Tipps

Nachdem die letzten Kapitel doch recht anstrengend waren und Sie mit einer Vielzahl komplexer Konzepte und Syntaxformen konfrontierten, wollen wir den Grundkurs mit einem etwas einfacher zu verdauenden Kapitel ausklingen lassen. Statt neuer Konzepte, hier ein paar Tipps für die ersten eigenen Schritte und den täglichen Kampf mit Programmideen, Compiler und Fehlermeldungen.

Sie lernen in diesem Kapitel,

- wie Sie neue Programmideen angehen,
- was Sie tun können, wenn Sie mit Fehlermeldungen des Compilers konfrontiert werden,
- was Sie tun können, wenn Sie vor scheinbar unlösbaren Programmieraufgaben stehen,
- was Sie tun können, wenn Ihre Programme nicht das tun, wofür sie geschrieben wurden,
- wie man mit einem Debugger arbeitet.

9.1 Wie gehe ich neue Programme an?

Anfänger tendieren dazu, bei neuen Programmideen erst einmal einfach drauf los zu programmieren und das Programm Anweisung für Anweisung in `main()` zu quetschen, während Profis meist dazu ermahnen, Programme am Reißbrett zu entwerfen, am besten mit Hilfe eines passenden UML-Programms[1] zur Software-Entwicklung.

Programme auf dem Blatt zu entwerfen, ist allerdings keine einfache Sache und verlangt in der Regel entsprechende Erfahrung in der Programmierung oder im Umgang mit den zur Unterstützung eingesetzten UML-Programmen. Da Sie aber gerade erst dabei sind, diese Erfahrungen zu sammeln, würde ich vorschlagen:

»Programmieren Sie einfach munter drauf los.«

Wenn Sie dann feststellen sollten, dass der Programmcode immer größer und unübersichtlicher wird oder Sie vielleicht sogar bereits die Kontrolle über Ihr Programm verloren haben, lehnen Sie sich zurück, kommen Sie ein wenig zur Ruhe und gehen Sie dann daran, das Programm zu strukturieren. Überlegen Sie sich, welche Teilaufgaben erledigt werden müssen und schreiben Sie für diese Aufgaben Funktionen. Überlegen Sie sich, welche Daten Ihr Programm verarbeitet und ob diese Daten nicht vielleicht in komplexen Datentypen (Aufzählungen, Strukturen, Klassen) zusammengefasst werden sollten. Die intensive Auseinandersetzung mit Ihrem Programm während des Drauf-los-Programmierens wird Ihnen dabei sicherlich zu Gute kommen.

Später, mit zunehmender Erfahrung, sollten Sie neue Projekte grundsätzlich damit beginnen, dass Sie sich überlegen, welche Datentypen und Funktionen Sie benötigen.

Noch später, wenn Sie dann auch die Kapitel zur objektorientierten Programmierung gelesen haben, sollten Sie das Stadium der strukturierten Programmierung (mit Daten und Funktionen) unbedingt hinter sich lassen und sich zu Beginn eines neuen Projekts überlegen, welche Klassen und Objekte Sie benötigen.

9.2 Wo finde ich Hilfe?

Hilfe findet man überall, beispielsweise in diesem Buch (beachten Sie auch die Syntax- und Bibliotheksreferenz im Anhang), in der Dokumentation

1. UML ist so etwas wie eine Metasprache zur Beschreibung von Programmen.

Ihres Compilers, in den Webseiten und Foren des Internets, bei Freunden und Bekannten, die ebenfalls programmieren.

9.2.1 Hilfe zu Compiler-Meldungen

Wenn sich ein Programm nicht kompilieren oder erstellen lässt, lesen Sie sich die Meldungen des Compilers durch. Die meisten Compiler geben die Zeilennummer der Zeile aus, in der der Fehler aufgetreten ist, sowie eine mehr oder weniger klare Fehlerbeschreibung.

TIPP

Compiler mit integrierter Entwicklungsumgebung (wie z.B. Visual C++) markieren im Editor die Fehlerzeile, wenn die entsprechende Meldung im Ausgabefenster doppelt angeklickt wird.

Die Fehlermeldungen sind von Compiler zu Compiler unterschiedlich. Es gibt allerdings einige typische Fehlermeldungen, die ich Ihnen im Folgenden kurz vorstellen möchte. (Beachten Sie, dass die in der Spalte »Fehler« aufgeführten Texte nicht den Fehlertexten eines bestimmten Compilers entsprechen.)

Tabelle 9.1: Typische Fehlermeldungen

Fehler	Erklärung
nicht deklarierter/ bekannter Bezeichner	Der Compiler ist auf ein Element gestoßen, dass er nicht kennt. Der Grund könnte sein, dass Sie ein Element aus der Standardbibliothek verwenden, aber vergessen haben, die Headerdatei einzukopieren. Oder Sie haben sich im Namen einer Variablen (Funktion, Klassentyp etc.) vertippt.
Mehrdeutigkeit (ambiguity)	Sie rufen eine überladene Funktion auf (oder versuchen eine Template-Funktion zu instanzieren), ihre Argumente genügen dem Compiler aber nicht, um eindeutig zu entscheiden, welche Version der Funktion aufzurufen ist. Versuchen Sie, die Argumente in die exakten Typen einer überladenen Version umzuwandeln. (Im Falle einer Template-Funktion geben Sie die Typen in eckigen Klammern an, siehe Kapitel 24.1.)
Konvertierung nicht möglich	Sie rufen eine Funktion auf, aber ihre Argumente passen nicht zu den Typen der Parameter und können auch nicht automatisch in die Parametertypen umgewandelt werden.

Tabelle 9.1: Typische Fehlermeldungen (Forts.)

Fehler	Erklärung
nicht aufgelöstes (unsolved) externes Symbol	Der Linker meldet, dass Sie ein Element benutzen, zu dem es zwar eine Deklaration, aber keine Definition gibt. Fehlt das Symbol `main`, versuchen Sie Ihren Quelltext in eine ausführbare Datei zu kompilieren, haben aber im Quelltext keine `main()`-Funktion definiert. Handelt es sich um ein Element, das Sie selbst erzeugt haben, prüfen Sie, ob Sie vergessen haben, es zu definieren. Existiert die Definition, prüfen Sie, ob die Datei mit der Definition auch mit kompiliert und eingebunden wird. Handelt es sich um ein Bibliothekselement, kann der Linker vermutlich die Bibliotheksdatei nicht finden (`.lib`, `.dll`, `.so`). Kontrollieren Sie in den Compilereinstellungen den Bibliothekspfad.
Neudefinition	Der Linker meldet, dass es zu einem Bezeichner im selben Gültigkeitsbereich zwei oder mehr Definitionen gibt. Prüfen Sie, ob Sie die Doppeldefinition vielleicht ein Fehler ist. Wenn nicht, könnte es sein, dass ein von Ihnen definiertes Element genauso heißt, wie ein Element der Standardbibliothek. Dann können Sie entweder Ihr Element umbenennen oder Sie verzichten darauf den Namensraum `std` einzubinden.

TIPP

Korrigieren Sie die gemeldeten Fehler in der Reihenfolge, in der die Meldungen vom Compiler ausgegeben werden. Kompilieren sie gegebenenfalls nach jedem korrigierten Fehler neu. Manchmal erzeugt ein Fehler mehrere Fehlermeldungen, die automatisch verschwinden, wenn Sie nach der Korrektur des Fehlers neu kompilieren.

9.2.2 Hilfe bei der Lösung von Programmieraufgaben

Sie stehen vor einer bestimmten Programmieraufgabe – sagen wir Sie müssen aus einem String alle führende Leerzeichen löschen – und wissen nicht, wie Sie diese Aufgabe lösen könnten. Verzweifeln Sie nicht, sondern:

- Zerlegen Sie die Aufgabe in Teilaufgaben und lösen Sie Teilaufgabe für Teilaufgabe (Divide-and-Conquer-Technik).
- Schlagen Sie in einer Referenz der Standardbibliothek (Buch oder Dokumentation des Compilers) nach, ob es in der Bibliothek Klassen oder Funktionen gibt, die Ihnen weiterhelfen könnten.

- Schreiben Sie kleine Testprogramme, mit denen Sie die einzelnen Schritte zur Lösung testen können und anhand deren Sie prüfen können, ob Ihr Code funktioniert.

Die Lösung der oben gestellten Aufgabe könnte beispielsweise wie folgt aussehen:

Um die Leerzeichen am Anfang eines Strings entfernen zu können, müssen Sie überhaupt erst einmal in der Lage sein, ein etwa vorhandenes Leerzeichen am Anfang des Strings zu entfernen. Und dazu müssen Sie in der Lage sein, festzustellen, ob am Anfang im String ein Leerzeichen steht.

Okay, das klingt nach einer `if`-Bedingung. Wie aber bekommt man heraus, welches Zeichen am Anfang eines Strings steht? Da unsere Strings Objekte der Klasse `string` sind, bietet es sich an, in einer Referenz zur Standardbibliothek nachzuschlagen, ob die Klasse `string` eine Memberfunktion kennt, mit der man auf ein einzelnes Zeichen im String zugreifen kann. (Tipp Schlagen Sie weiter hinten in Kapitel 12 in der Tabelle 12.3 nach.)

Wenn Sie in offiziellen Referenzen nachschlagen, beispielsweise in der Dokumentation Ihres Compilers, erschrecken Sie nicht: Die Klasse `string` ist eine Instanzierung des Templates `basic_string`. Templates sind typenunabhängige Vorlagen für Klassen und haben für C++-Neulinge eine äußerst abschreckende Syntax (siehe Kapitel 24) mit eckigen Klammern, Typparametern und meist vielen unbekannten Bezeichnern. Sehen Sie darüber hinweg und konzentrieren Sie sich auf die Namen der Memberfunktionen und Operatoren, die zur Verfügung stehen.

Sind Ihnen die Memberfunktion `at()` und der `[]`-Operator aufgefallen. Mit beiden können wir prüfen, ob das erste Zeichen in einem String ein Leerzeichen ist:

```
if (str[0] == ' ')
```

Der erste Schritt ist getan. Nun wollen wir aber nicht nur das erste Leerzeichen, sondern alle führenden Leerzeichen entfernen. Wir überlegen uns daher, die `if`-Bedingung in eine `for`-Schleife einzufassen, die alle Zeichen im String durchläuft und für jedes prüft, ob es ein Leerzeichen ist. Alle Zeichen im String. Woher wissen wir denn, wie viele Zeichen der String enthält. Ein Blick in die `string`-Dokumentation verrät uns, dass es dafür eine Memberfunktion `length()` gibt. Da diese einen `unsigned`-Wert zurückliefert, definieren wir unsere Schleifenvariable als `unsigned int`:

```
for (unsigned int i = 0; i < str.length(); ++i)
{
   if (str[i] == ' ')

}
```

Jetzt haben wir zwei Probleme. Wir müssen aufpassen, dass wir nicht alle Leerzeichen im String entfernen (dies könnte ein break bei Auftreten des ersten Nicht-Leerzeichens erledigen), und wir müssen uns fragen, wie wir ein führendes Leerzeichen, nachdem wir es gefunden haben, aus dem String entfernen.

Zum Entfernen gibt es in der string-Klasse an sich eine Memberfunktion erase(). Um die Sache spannender zu machen, wollen wir aber annehmen, Sie hätten die Memberfunktion nicht entdeckt. (So etwas kommt übrigens häufiger vor, als man vermuten möchte.) Dafür sind Sie auf die Memberfunktion substr() gestoßen. Mit deren Hilfe könnte man das erste Zeichen in einem String entfernen, indem man den Teilstring ab dem zweiten Zeichen zurückliefern lässt:

```
for (int i = 0; i < str.length(); ++i)
{
   if (str[i] == ' ')
      str = str.substr(1);
   else
      break;
}
```

Jetzt ist es höchste Zeit, dass wir unsere Schleife testen.

```
#include <iostream>
#include <string>
using namespace std;

int main()
{
   // Test-String mit vier führenden Leerzeichen
   string str = "    Hallo";

   // Test-String so ausgeben, dass wir sehen, ob
   // führende Leerzeichen vorhanden sind
   cout << " str = -" << str << "-" << endl;

   for (unsigned int i = 0; i < str.length(); ++i)
   {
      if (str[i] == ' ')
         str = str.substr(1);
      else
         break;
   }

   // Test-String so ausgeben, dass wir sehen, ob noch
   // führende Leerzeichen vorhanden sind
   cout << " str = -" << str << "-" << endl;
   cout << endl;

   return 0;
}
```

Ausgabe:

```
str = -    Hallo-
str = -  Hallo-
```

Offensichtlich stimmt mit unserer `for`-Schleife etwas nicht, denn es bleiben noch Leerzeichen übrig.

Jetzt gibt es zwei Wege, wie man fortfahren kann:

- entweder man sieht sich den Quelltext noch einmal genau an, versucht zu verstehen, was falsch läuft, korrigiert und testet erneut,
- oder man nutzt einen Debugger, um Schritt für Schritt nachzuvollziehen, was in dem Programm vor sich geht.

Den Einsatz eines Debuggers sehen wir uns gleich im nachfolgenden Abschnitt an. Hier wollen wir selbst überlegen, was schief läuft.

Zu Beginn haben wir den String

```
....Hallo      // Zur Verdeutlichung habe ich die Leerzeichen durch
               // Punkte ersetzt
```

Beim ersten Durchgang der Schleife findet die `if`-Bedingung also ein Leerzeichen an Position `i` (= 0) und der String wird reduziert zu:

```
...Hallo
```

Jetzt beginnt die zweite Schleife und die `if`-Bedingung sucht – aha! Sie sucht an der zweiten Position (`i` ist mittlerweile ja gleich 1) im neuen String. Das heißt sie überspringt das erste Leerzeichen.

Zur Erinnerung: Die Indizierung beginnt in C++ fast immer mit 0.

Wir könnten jetzt die Indizierung ändern, aber mittlerweile kommen uns Zweifel, ob eine `for`-Schleife wirklich die richtige Wahl war. Wie wäre es stattdessen mit einer `while`-Schleife, die solange ausgeführt wird, wie das erste Zeichen im String ein Leerzeichen ist?

Listing 9.1: Führende Leerzeichen aus einem String löschen (Testen.cpp)

```
#include <iostream>
#include <string>
using namespace std;

int main()
{
   // Test-String mit vier führenden Leerzeichen
   string str = "    Hallo";
```

```
    // Test-String so ausgeben, dass wir sehen, ob noch
    // führende Leerzeichen vorhanden
    cout << " str = -" << str << "-" << endl;

    // 2. Ansatz
    while (str[0] == ' ')
    {
       str = str.substr(1);
    }

    cout << " str = -" << str << "-" << endl;
    cout << endl;

    return 0;
}
```

Die Ausgabe

```
str = -    Hallo-
str = -Hallo-
```

überzeugt uns, dass die Schleife funktioniert und wir können sie in das eigentliche Programm einbauen.

> Die Schleife funktioniert jetzt zwar, könnte aber durchaus noch optimiert werden. Anstatt nämlich nach jedem gefundenen führenden Leerzeichen den String durch Aufruf der Memberfunktion `substr()` zu kürzen, wäre es effizienter, in der Schleife lediglich festzustellen, wie viele führende Leerzeichen es gibt, und diese dann nach Beendigung der Schleife mit einem Aufruf von `substr()` zu löschen.

9.2.3 Hilfe bei Programmen, die nicht richtig funktionieren

Wenn der Compiler Ihr Programm erstellt, bedeutet dies erst einmal nur, dass Ihr Quelltext syntaktisch korrekt ist. Ob Ihr Programm allerdings auch das tut, wofür Sie es geschrieben haben, ist noch eine ganz andere Frage.

Dazu müssen Sie es auf Herz und Nieren, mit möglichst vielen verschiedenen Daten und Eingaben testen. Stellen Sie dabei fest, dass das Programm nicht wie gewünscht arbeitet, müssen Sie irgendwie herausfinden, was schief läuft und wo genau der Fehler liegt. Da die Suche nach Fehlern im Programmablauf (so genanten Laufzeitfehlern) oft ziemlich schwierig ist, gibt es spezielle Programme, die dem Entwickler bei dieser Aufgabe helfen: die Debugger.

TIPP

Manchmal, aber leider wirklich nur manchmal, hilft es auch, ein Programm komplett neu zu erstellen. Das heißt, der Quelltext wird komplett neu übersetzt (im Vergleich zum normalen Erstellen, bei dem nur geänderte Quelltextdateien übersetzt werden). In Visual C++ heißt der betreffende Befehl ERSTELLEN/ <PROJEKTNAME> NEU ERSTELLEN.

9.2.4 Debuggen

In der Praxis sieht eine Debug-Sitzung so aus, dass Sie ständig die folgenden drei Schritte wiederholen:

- **Programm im Debugger ausführen**.

Um das Programm, das Sie gerade in der Visual C++-IDE bearbeiten, im Debugger auszuführen, rufen Sie den Befehl DEBUGGEN/DEBUGGING STARTEN auf. Nach Aktivierung des Debuggers wird dieser Befehl im Menü durch den Befehl DEBUGGEN/WEITER ersetzt, mit dem Sie ein im Debugger angehaltenes Programm weiter ausführen können. Mit den Befehlen DEBUGGEN/EINZELSCHRITT und DEBUGGEN/PROZEDURSCHRITT können Sie das Programm Anweisung für Anweisung ausführen (wobei letzterer Befehl nicht in Funktionen verzweigt).

- **Programmausführung anhalten**. An den Stellen des Programms, die Ihnen verdächtig vorkommen und in denen Sie einen Fehler vermuten, halten Sie die Ausführung des Programms an. Dazu setzen Sie Haltepunkte oder lassen das Programm schrittweise ausführen.

In Visual C++ setzen Sie einen Haltepunkt, indem Sie einfach im Editor in die graue Leiste links neben der Zeile klicken, an der Sie anhalten möchten. Der Haltepunkt wird durch einen roten Punkt gekennzeichnet und kann durch einen weiteren Klick wieder entfernt werden.

- **Programmzustand prüfen**. Bevor Sie das Programm weiter ausführen lassen, sehen Sie sich in den Anzeigefenstern des Debuggers Informationen über den aktuellen Zustand des Programms an, beispielsweise den Inhalt von Variablen, den Zustand des Aufrufstacks oder der Register. Mit Hilfe dieser Informationen versuchen Sie, Rückschlüsse auf Ort und Art des Fehlers zu ziehen.

In Visual C++ öffnen Sie die Debug-Fenster über die Befehle im Menü DEBUGGEN/FENSTER.

Beispiel

Wenn Sie über einen Debugger verfügen, versuchen Sie doch einmal mit seiner Hilfe zu analysieren, was in der `for`-Schleife aus dem vorangehenden Abschnitt schief lief.

1. Wenn Sie mit Visual C++ arbeiten, laden Sie das Projekt *Debugger*. Wenn Sie einen anderen Debugger verwenden, lesen Sie in seiner Dokumentation nach, wie Sie die Quelltextdatei *Debugger.cpp* debuggen können (eventuell müssen Sie ein eigenes Projekt für Ihre IDE erstellen und den Quelltext aus *Debugger.cpp* kopieren).
2. Führen Sie das Programm aus.

Es sollte die folgende Ausgabe erzeugen, die darauf hinweist, dass die `for`-Schleife nicht wie gewünscht die führenden Leerzeichen im String löscht.

```
str = -    Hallo-
str = -  Hallo-
```

3. Setzen Sie jetzt einen Haltepunkt in die erste Anweisung in der `for`-Schleife (also in die Zeile mit der `if`-Bedingung).

   In Visual C++ klicken Sie dazu mit der Maus auf Höhe der Anweisung in die graue Leiste am linken Rand des Editors.
4. Führen Sie das Programm bis zum Haltepunkt aus.

   In Visual C++ rufen Sie dazu den Befehl DEBUGGEN/DEBUGGING STARTEN auf.
5. Führen Sie das Programm um einen Einzelschritt weiter aus, um zu prüfen, ob das Programm richtig erkennt, dass das erste Zeichen ein Leerzeichen ist.

   In Visual C++ rufen Sie dazu den Befehl DEBUGGEN/PROZEDURSCHRITT auf. (EINZELSCHRITT würde uns in den Code des Indexoperators führen.)

Das Programm springt in die Anweisung mit der Extraktion des Teilstrings. Das Leerzeichen wurde offenbar erkannt, unsere `if`-Bedingung scheint zu funktionieren. Der Fehler wird wohl woanders liegen.

6. Lassen Sie sich den Inhalt der Variablen `str` anzeigen.

   In Visual C++ rufen Sie dazu den Befehl DEBUGGEN/FENSTER/ÜBERWACHEN/ÜBERWACHEN 1 auf und tippen in dem Fenster in die Spalte NAME den Namen der zu überwachenden Variablen ein.
7. Führen Sie einen weitern Prozedurschritt aus, damit die Zuweisung ausgeführt wird.

Sie sollten jetzt feststellen, dass ein Leerzeichen aus dem String entfernt wurde. Im Überwachungsfenster von Visual C++ ist dies etwas schwer zu erkennen. Wenn Sie aber den STR-Knoten im Fenster anklicken, listet Visual

C++ Ihnen die einzelnen Zeichen im String auf und Sie können sich leicht vergewissern, dass es nur noch drei Leerzeichen sind.

Die Extraktion des Leerzeichens scheint also ebenfalls zu funktionieren.

8. Führen Sie das Programm weiter aus.

   In Visual C++ rufen Sie dazu den Befehl DEBUGGEN/WEITER auf.

9. Lassen Sie sich den Inhalt der Schleifenvariablen `i` anzeigen.

   In Visual C++ tippen Sie den Namen der Variablen in ein freies Feld in der Spalte NAME des Überwachungsfensters ein.

An dieser Stelle könnte Ihnen bereits auffallen, dass hier fälschlicherweise mit dem Index `i` gleich 1 auf das zweite Zeichen im String zugegriffen wird. Das wäre richtig, wenn der String unverändert geblieben wäre, es ist hier aber falsch, weil wir den String schon gekürzt haben.

Falls es Ihnen nicht auffällt, führen Sie die Schleife Iteration für Iteration aus und kontrollieren Sie die Variablen: wie sieht der Inhalt der Schleifenvariablen aus, auf welches Zeichen wird zugegriffen, wie verändert sich `str`.

9.3 Programme optimieren

Wenn das Programm korrekt arbeitet, ist der letzte Schritt, den Programmcode zu optimieren.

- Werden in einer Schleife Objekte erzeugt, die vielleicht auch einmalig außerhalb der Schleife erzeugt werden könnten?
- Wird dynamischer Speicher reserviert, der nach Gebrauch nicht freigegeben wird?
- Könnte man einzelne Funktionen oder Anweisungsblöcke effizienter implementieren (siehe abschließende Anmerkung zur `while`-Schleife in Abschnitt 9.2.2)?

Übertreiben Sie es aber nicht. Wenn das Programm zufriedenstellend schnell arbeitet, lohnt es sich in der Regel nicht, mit viel Aufwand ein paar Millisekunden Laufzeit herauszukitzeln.

Und erstellen Sie unbedingt vor dem Optimieren eine Kopie Ihres Programms (und aller Quelltextdateien), denn es besteht immer die Gefahr, dass Sie bei Ihren Optimierungsbemühungen den Programmcode so verändern, dass das Programm danach nicht mehr korrekt arbeitet.

Wenn Sie mit dem Programm endlich zufrieden sind, erstellen Sie es komplett neu, wobei Sie den Compiler so einstellen, dass er den Code auch noch einmal optimiert.

Unter Visual C++ rufen Sie dazu die Projekteigenschaften auf (Befehl Projekt/<Projektname>-Eigenschaften) und klicken im aufspringenden Dialog auf die Schaltfläche Konfigurations-Manager. Im Dialog des Konfigurations-Manager wählen Sie dann die Konfiguration Release aus. Unter dieser Konfiguration wird die Programmdatei optimiert und in ein Unterverzeichnis *Release* geschrieben.

Dem GNU-Compiler können Sie über das Aufrufargument *-O* mitteilen, dass er den Code optimieren soll:

```
g++ -O quelldatei.cpp -o MeinProgramm
```

TIPP

Zur Überprüfung Ihrer Optimierungen können Sie Laufzeittest durchführen. Dabei bestimmen Sie vor und nach dem zu überprüfenden Code die aktuelle Uhrzeit. Aus der Differenz können Sie ablesen, wie schnell Ihr Code ist. Wenn Sie sich die gemessenen Zeiten notieren, können Sie leicht kontrollieren, ob Ihre Optimierungen zu einer Verbesserung der Laufzeit geführt haben. (Achtung! Manchmal muss man den zu kontrollierenden Code zwischen den Messpunkten mehrfach ausführen lassen, damit sich messbare Unterschiede ergeben. Führen Sie die Messungen außerdem unbedingt mehrfach aus, um abschätzen zu können, wie groß die normalen Schwankungen sind. Lassen Sie während der Messung möglichst keine anderen Programme auf dem Rechner laufen und achten Sie darauf, im überprüften Code keine Benutzerabfragen durchzuführen – sie wollen ja Ihren Code und nicht die Reaktionszeit des Benutzers messen.)

Teil II

Aufbaukurs: die Standardbibliothek

In diesem Teil wenden wir uns verschiedenen, in der Programmierung sehr häufig benötigten Techniken zu – wie z.B. das Berechnen mathematischer Funktionen, dem Schreiben in eine Datei oder das Abfragen des aktuellen Datums – und schauen, wie uns die Elemente der Standardbibliothek bei der Lösung dieser Aufgaben helfen.

Kapitel 10

jetzt lerne ich

Einführung

Bevor wir in den nachfolgenden Kapiteln unseren Streifzug durch die Elemente der C++-Standardbibliothek beginnen, müssen wir noch einige Punkte klären. Beispielsweise, was zu beachten ist, wenn Sie Bibliothekselemente im Quelltext eines Ihrer Programme verwenden möchte, oder wo Sie weitere Informationen zu den Bibliothekselementen finden. Außerdem muss ich Sie darauf vorbereiten, dass viele der Bibliothekselemente auf weit fortgeschrittenen C++-Techniken basieren, die wir erst viel später kennenlernen werden. Dies soll Sie aber nicht erschrecken, denn die Arbeit mit diesen Elementen ist gleichwohl erstaunlich einfach.

Sie lernen in diesem Kapitel,

- wie man Bibliothekselemente nutzbar macht,
- wo man Hilfe zu Bibliothekselementen findet,

10.1 Bibliotheken verwenden

Damit Sie ein Element aus der C++-Standardbibliothek verwenden können, müssen folgende Bedingungen erfüllt sein:

- Compiler und Linker müssen wissen, wo die Headerdateien bzw. die binären Bibliotheksdateien (*.lib*, *.dll*, *.so*) stehen. Nach Installation des Compilers sind diese Angaben, die sogenannten Include- und Lib-Pfade meist automatisch korrekt eingestellt. Es gibt aber auch Ausnahmen, dann müssen Sie die Pfade selbst setzen (siehe Dokumentation des Compilers).

  Im Falle von Visual C++ sind die Pfade nach der Installation automatisch korrekt eingestellt. Sie können lediglich zusätzliche Verzeichnisse für zugekaufte oder selbst erstellte Bibliotheken hinzufügen. (Befehl PROJEKT/<PROJEKTNAME>-EIGENSCHAFTEN, Option ZUSÄTZLICHE INCLUDEVERZEICHNISSE auf der Seite KONFIGURATIONSEIGENSCHAFTEN/C/C++/ALLGEMEIN und Option ZUSÄTZLICHE BIBLIOTHEKSVERZEICHNISSE auf der Seite KONFIGURATIONSEIGENSCHAFTEN/LINKER/ALLGEMEIN.)

- Sie müssen mit einer `#include`-Direktive die Headerdatei einkopieren, in der das Bibliothekselement deklariert ist (siehe auch Tabelle 1.1).

- Sie müssen den Namensraum `std` einbinden (`using namespace std;`) – oder bei jedem Zugriff auf das Element das Namensraum-Präfix `std::` voranstellen.

10.2 Hilfe zu den Bibliothekselementen

Die nächsten Kapitel werden Sie mit den interessantesten Funktionen und Klassen der C++-Standardbibliothek bekannt machen. Obwohl wir dabei recht viele Elemente und Techniken ansprechen werden, wird dennoch früher oder später der Punkt kommen, wo Sie weiterführende Hilfe zur Bibliothek oder einem bestimmten Element aus der Bibliothek benötigen.

- Wenn Sie wissen möchten, welche Klassen eine Headerdatei oder welche Memberfunktionen eine Klasse bereitstellt, sollten Sie am besten in einer guten C++-Referenz nachschlagen. Referenzen finden Sie im Buchhandel, teils im Internet und nicht selten auch im Zubehör des Compilers.

- In Referenzen können Sie außerdem nachschlagen, was genau eine bestimmte Funktion macht, wie sie aufgerufen wird und was für einen Wert sie zurückliefert.

- Wenn Sie sich in bestimmte Programmiergebiete einarbeiten möchten, sollten Sie sich nach Lehrbüchern umsehen, die auf diese Aufgabengebiete spezialisiert sind. Wenn Sie Lösungen zu konkreten Problemen suchen, helfen Foren oder die sogenannten »Koch«- oder »Codebücher«.

Templates

Ein Punkt, auf den ich Sie ungedingt noch vorbereiten muss, sind die Templates.

Templates sind typunabhängige Vorlagen für Klassen. Viele Klassen und Funktionen aus der C++-Bibliothek gehen auf Templates zurück. Das Problem dabei ist, dass Templates eine recht komplizierte Syntax haben und die aus den Templates abgeleiteten Klassen manchmal anders heißen als das Template. Das Gute daran ist, dass die Programmierung mit den von Templates abgeleiteten Klassen und Funktionen in der Regel ganz einfach ist. Beispielweise geht unsere Klasse `string`, die wir schon gelegentlich zum Speichern von String benutzt haben (und auf die wir in Kapitel 12 noch ausführlich eingehen werden), auf das Template `basic_string` zurück. Und fanden Sie etwa die Programmierung mit `string` kompliziert?

Doch zurück zu den Referenzen. Wenn Sie in einer Referenz die Klasse `string` nachschlagen, kann es Ihnen schnell passieren, dass Sie auf einer Seite zu `basic_string` landen und mit Deklarationen wie

```
template <
   class CharType,
   class Traits=char_traits<CharType>,
   class Allocator=allocator<CharType>
>
class basic_string
```

oder

```
basic_string<CharType, Traits, Allocator>& append(
     const value_type* _Ptr
);
basic_string<CharType, Traits, Allocator>& append(
     const value_type* _Ptr,
     size_type _Count
);
basic_string<CharType, Traits, Allocator>& append(
     const basic_string<CharType, Traits, Allocator>& _Str,
     size_type _Off,
      size_type _Count
);
```

konfrontiert werden.

Das erste Listing zeigt dabei eine mögliche Deklaration der Template-Klasse `basic_string`, während das zweite Listing drei der vielen Überladungen der `basic_string`-Memberfunktion `append()` zeigt.

Falls Ihre Referenz mit solchen Syntax-Ungetümen aufwartet ...

... bewahren Sie zuerst einmal Ruhe. Streichen Sie dann in Gedanken das Schlüsselwort `template` und alles, was in eckigen Klammern steht. Ersetzen Sie `basic_string` durch `string` und `size_type` durch `int`. Ersetzen Sie Bezeichner mit einem oder zwei führenden Unterstrichen durch den Namen ohne Unterstriche.

So wird aus dem obigen Code:

```
class string

...

string& append(
     const value_type* Ptr
);
string& append(
     const value_type* Ptr,
     int Count
);
string& append(
     const string& _Str,
     int Off,
     int Count
);
```

Na bitte! Ohne den erläuternden Text, den ich hier weggelassen habe, können Sie jetzt natürlich immer noch nicht wissen, was die Memberfunktion `append()` macht und welche Bedeutung die Parameter haben, aber der Code sieht doch schon bedeutend verständlicher aus.

Kapitel 11

jetzt lerne ich

Mathematische Funktionen

Bestimmte, häufig benötigte Rechenoperationen, wie das Ziehen einer Wurzel oder das Berechnen des Sinus eines Winkels, sind mit Hilfe der Operatoren für die Grundrechenarten nur sehr schwer umzusetzen. (Die Berechnung eines Sinuswerts beruht z.B. auf der Annäherung durch eine Reihenentwicklung.) Die C++-Standardbibliothek bietet dem Programmierer daher verschiedene vordefinierte Funktionen und Klassen an:

- die mathematischen Funktionen, siehe Abschnitt 11.1
- Funktionen zur Generierung von Zufallszahlen, siehe Abschnitt 11.2
- eine Klasse für komplexe Zahlen, siehe Abschnitt 11.3

Sie lernen in diesem Kapitel,

- welche mathematischen Funktionen es gibt,
- wie man mit den trigonometrischen Funktionen programmiert,
- wie man Überläufe in den mathematischen Funktionen behandeln kann,
- wie man Zufallszahlen generiert,
- wie man Lottozahlen erzeugen kann,
- wie man mit komplexen Zahlen rechnet.

11.1 Die mathematischen Funktionen

Die mathematischen Funktionen der C++-Standardbibliothek sind in der Headerdatei <cmath> deklariert. Die Programmierung mit diesen Funktionen ist im Grunde ganz einfach:

1. Sie rufen die Funktion auf und übergeben ihr das zu verarbeitende Argument. Alle Funktionen akzeptieren `double`-Argumente, sind aber auch für `float` und `long double` überladen. Einige Funktionen übernehmen ein zweites Argument (das meist einen anderen Typ hat).
2. Sie erhalten das Ergebnis zurück.

Das folgende Programm demonstriert das Verfahren anhand einer kleinen Auswahl von Funktionen.

Listing 11.1: Verwendung der mathematischen Funktionen (MathFunktionen.cpp)

```
#include <iostream>
#include <cmath>
#include <string>
using namespace std;

int main()
{
   const double PI = 3.14159265;
   string str;
   double zahl;

   cout << endl;
   cout << " Geben Sie ein Zahl zwischen 1 und 1000 ein: ";
   cin >> zahl;

   // Eingaben außerhalb Bereich abfangen
   if (zahl < 1.0 || zahl > 1000.0)
      return 0;

   cout << endl;
   cout << "  Quadrat von " << zahl << "      = " << pow(zahl,2)
        << endl;
   cout << "  " << zahl << "^3                = " << pow(zahl,3)
        << endl;
   cout << "  Log.2 von " << zahl << "        = " << log(zahl)
        << endl;
   cout << "  Log.10 von " << zahl << "       = " << log10(zahl)
        << endl;
   cout << "  Sinus von " << zahl << " (RAD) = " << sin(zahl)
        << endl;
   cout << "  Sinus von " << zahl << " (DEG) = "
        << sin(2*PI*zahl/360) << endl;

   cout << endl << endl;
   return 0;
}
```

Beispiel für eine Sitzung mit dem Programm:

```
Geben Sie ein Zahl zwischen 1 und 1000 ein: 5

  Quadrat von 5      = 25
  5^3                = 125
  Log.2 von 5        = 1.60944
  Log.10 von 5       = 0.69897
  Sinus von 5 (RAD) = -0.958924
  Sinus von 5 (DEG) = 0.0871557
```

Tabelle 11.1: Funktionen aus <cmath>

Funktion	Beschreibung
double acos(double x)	Arkuskosinus berechnen.
double asin(double x)	Arkussinus berechnen.
double atan(double x)	Arkustangens von x berechnen.
double atan2(double y, double x)	Arkustangens von x/y berechnen.
double ceil(double x)	Rundet auf nächste Ganzzahl auf.
double cos(double x)	Kosinus berechnen.
double cosh(double x)	Kosinus hyperbolicus berechnen.
double exp(double x)	Exponentialfunktion berechnen.
double fabs(double x)	Absolutwert ermitteln.
double floor(double x)	Größte Ganzzahl ermitteln, die kleiner oder gleich x ist.
double fmod(double x, double y)	Rest der Gleitkommadivision.
double frexp(double x, int *exp)	Exponentialwert berechnen.
double ldexp(double x, int exp)	Gleitkommazahl multiplizieren.
double log(double x)	Natürlicher Logarithmus.
double log10(double x)	Logarithmus zur Basis 10.
double modf(double x, double *i)	Argument in ganzzahligen und gebrochenen Teil zerlegen.
double pow(double x, double y)	Zahl potenzieren (x^y).
double sin(double x)	Sinus berechnen.
double sinh(double x)	Sinus hyperbolicus berechnen.
double sqrt(double x)	Quadratwurzel berechnen.
double tan(double x)	Tangens berechnen.
double tanh(double x)	Tangens hyperbolicus berechnen.

11.1.1 Mathematische Konstanten

Ein kleines Manko der Standardbibliothek ist, dass der ANSI-Standard nicht vorschreibt, dass in der Bibliothek auch die wichtigsten mathematischen Konstanten wie PI oder E definiert sind. Einige Compiler-Hersteller definieren die Konstanten zwar trotzdem, aber wenn Sie Ihre Programme irgendwann auch einmal mit einem anderen Compiler übersetzen wollen, ist es unter Umständen besser, die Konstanten selbst als `const double`-Variablen zu definieren, beispielsweise:

```
const double E      = 2.71828182845904523536;
const double LOG2E  = 1.44269504088896340736;
const double LOG10E = 0.434294481903251827651;
const double LN2    = 0.693147180559945309417;
const double PI     = 3.14159265358979323846;
const double PI_2   = 1.57079632679489661923;
```

Wenn Sie mit Visual C++ arbeiten, können Sie die Konstanten »zuschalten«, indem Sie vor dem Einkopieren von `<cmath>` die Präprozessor-Direktive `_USE_MATH_DEFINES` definieren:

```
#define _USE_MATH_DEFINES
#include <cmath>
```

Die Visual C++-Konstanten heißen: `M_E`, `M_LOG2E`, `M_LOG10E`, `M_LN2`, `M_PI` und `M_PI_2`.

11.1.2 Verwendung der trigonometrischen Funktionen

Wenn Sie mit den trigonometrischen Funktionen arbeiten, müssen Sie beachten, dass diese Funktionen als Parameter stets Werte in Bogenmaß (Radiant) erwarten. Beim Bogenmaß wird der Winkel nicht in Grad, sondern als Länge des Bogens angegeben, den der Winkel aus dem Einheitskreis (Gesamtumfang 2π) ausschneidet: $1 \text{ rad} = 360°/2\pi$; $1° = 2\pi /360 \text{ rad}$.)

Wenn Sie 32 Grad in Radiant umrechnen wollen, multiplizieren Sie einfach die Winkelangabe mit 2π und teilen das Ganze durch 360 (oder multiplizieren Sie mit π und teilen durch 180) – siehe `sin()`-Aufruf in Listing 11.1.

11.1.3 Überläufe

Manche der mathematischen Funktionen sind etwas anfällig gegenüber falschen Argumenten oder zu großen Ergebnissen. Beispielsweise kann die Wurzel (Funktion `sqrt()`) nicht korrekt berechnet werden, wenn das übergebene Argument eine negative Zahl ist und die Potenz-Funktion (`pow()`) kann schnell zu Ergebnissen führen, die außerhalb des Wertebereichs von `double` liegen.

Um Ihre Programme abzusichern, können Sie so vorgehen, dass Sie vor dem Aufruf überprüfen, ob die Argumente in einem Wertebereich liegen, der mit dem Definitionsbereich der Funktion übereinstimmt, und auch keine Ergebnisse außerhalb des Wertebereichs von double erzeugen.

```
if (zahl >= 0)
   ergebnis = sqrt(zahl);
```

Alternativ können Sie auch den internen Fehlermelde-Mechanismus für die mathematischen Funktionen nutzen. Dieser sieht so aus, dass die Funktionen

- im Falle eines ungültigen Arguments die globale Variable errno (aus <cerrno>) auf den vordefinierten Wert EDOM setzen und
- im Falle eines Überlaufs im Ergebnis den Wert HUGE_VAL zurückliefern.

```
double zahl = 100;
double exponent = 10;
double ergebnis = pow(zahl, exponent);

// Absicherung gegen ungültige Argumente
if (errno == EDOM)
{
   cout << " ungueltiges Argument " << endl;
   errno = 0;                                  // errno zurücksetzen
}
// Absicherung gegen Überlauf
else if (ergebnis == HUGE_VAL)
{
   cout << " Ueberlauf " << endl;
}
// alles okay
else
   cout << " ergebnis = " << ergebnis << endl;
```

11.2 Zufallszahlen

Ein recht häufiges und sehr interessantes Problem bei der Programmierung ist die Erzeugung von Zufallszahlen. Zufallszahlen werden nicht nur für die Umsetzung etlicher Programmieraufgaben benötigt, sie werden häufig auch zum Testen von Programmen eingesetzt.

Eine zufällige Zahlenfolge ist eine Folge von Zahlen, die sich auch nach Tausenden von Zahlen noch nicht wiederholt und hinter der kein System zu erkennen ist. Wie sich eine solche Folge erzeugen läßt, kann man in guten Büchern zur Algorithmenlehre nachlesen. Für die Praxis reicht es meist zu wissen, dass es in der Standardbibliothek bereits zwei leistungsfähige Funktionen zur Erzeugung von Zufallszahlen definiert sind.

Die Funktion rand() aus <cstdlib> erzeugt eine ganzzahlige Pseudo-Zufallszahl. Die erzeugte Zahl liegt im Bereich zwischen 0 und der Konstanten RAND_MAX.

Wenn Sie Zahlen in einem vorgegebenen Bereich erhalten möchten, müssen Sie den Rückgabewert von rand() umrechnen. Zahlen zwischen 0 und 99 erhalten Sie z.B. mit Hilfe des Modulo-Operators:

```
zahl = rand() % 100;          // Werte zwischen 0 und 99
```

Wenn Sie zu dem Ergebnis noch 1 addieren, erhalten Sie Werte zwischen 1 und 100:

```
zahl = (rand() % 100) + 1;    // Werte zwischen 1 und 100
```

Das folgende Programm zieht sechs zufällige Zahlen zwischen 1 und 49.

Listing 11.2: Generierung von Lottozahlen (Lottozahlen.cpp)

```
#include <iostream>
#include <cstdlib>
using namespace std;

int main()
{
   const int LOTTOZAHLEN = 6;
   int zahlen[LOTTOZAHLEN];

   for (int i = 0; i < LOTTOZAHLEN; i++)
   {
      zahlen[i] = (rand() % 49) + 1;
   }

   cout << endl;
   cout << " Ihre persoenlichen Lottozahlen: " << endl;

   for (int i = 0; i < LOTTOZAHLEN; i++)
   {
      cout << "    " << zahlen[i] << endl;
   }


   cout << endl;

   cout << endl << endl;
   return 0;
}
```

Das Programm weist noch einige Mängel auf:

- Es können Zahlen doppelt gezogen werden (für eine Lösung siehe Übungsteil).
- Die Zahlen werden nicht sortiert ausgegeben (für eine Lösung siehe Kapitel 15).

Noch ein weiterer Mangel wird deutlich, wenn Sie das Programm mehrfach ausführen und die jeweils ausgegebenen Zahlen vergleichen: Die Zahlen sind identisch!

Die Erklärung für dieses Phänomen liegt in der Funktion `rand()`, die letzten Endes so arbeitet, als würde sie die Zahlen einer vorgegebenen Folge von »Zufallszahlen« nacheinander zurückliefern. Die Zahlen sind also zufällig, die Folge aber nicht.

Wie diese Folge aussieht, können Sie mit der Funktion `srand()`, der Sie einen `unsigned int`-Wert übergeben. Für jeden Wert erhalten Sie eine eigene Zufallsfolge. Wenn Sie »zufällig« eine Zufallsfolge auswählen möchten, rufen Sie `srand()` zu Beginn des Programms auf und übergeben Sie der Funktion am besten die als `int`-Wert kodierte aktuelle Prozessorzeit:

```
#include <ctime>;
...
int main()
{
   time_t t;
   srand((unsigned) time(&t));

   ...
```

Nicht zufällige Zufallszahlen

Während der Entwicklung eines Programms ist es meist wünschenswert, dass das Programm bei eingeschobenen oder abschließenden Tests oder Fehlersuchen reproduzierbare Ergebnisse liefert. Mit Zufallszahlen, die sich von Aufruf zu Aufruf ändern, sind reproduzierbare Ergebnisse aber natürlich nicht machbar. Generiert Ihr Programm also Zufallszahlen, denken Sie daran, zum Testen und Debuggen `srand()` eine feste Zahl zu übergeben (also beispielsweise 1). Ist das Programm fertig, können Sie dann `srand()` wieder die Prozessorzeit übergeben.

11.3 Komplexe Zahlen

Wer mit komplexen Zahlen rechnen möchte, kann dazu die Klasse `complex` aus der Standardbibliothek verwenden.

`complex` ist eigentlich ein Template (siehe Kapitel 10) und erwartet eine Angabe, von welchem Typ Real- und Imaginärteil sein sollen. Ein Objekt für die komplexe Zahl (1, i5) würden Sie daher beispielsweise wie folgt erzeugen.

```
#include <complex>
using namespace std;
...
complex<double> c(1.0, 5.0);
```

Objekte der Klasse `complex` können Sie mit Hilfe der üblichen Operatoren addieren, subtrahieren, multiplizieren, dividieren, vergleichen und ausgeben. Zudem stehen folgende globale Funktionen zur Verfügung, die `complex`-Objekte als Argumente übernehmen: `real()`, `imag()`, `abs()`, `arg()`, `norm()`, `conj()` und `polar()`).

```
#include <complex>
using namespace std;
...
complex<double> c1(1.0, 1.0);
complex<double> c2(20.0, 5.0);

complex<double> c3 = c1 + c2;

cout << " Realteil von c3      : " << real(c3) << endl;    // 21
cout << " Imaginaerteil von c3 : " << imag(c3) << endl;    // 6
```

Komplexe Zahlen

Komplexe Zahlen gehören zwar nicht unbedingt zum täglichen Handwerkszeug eines Programmierers, bilden aber ein wichtiges Teilgebiet der Algebra und finden als solches immer wieder Eingang in die Programmierung, so zum Beispiel bei der Berechnung von Fraktalen.

Komplexe Zahlen haben die Form

$z = x + iy$

wobei x als Realteil, y als Imaginärteil und i als die imaginäre Einheit bezeichnet wird (mit $i^2 = -1$). Vereinfacht werden komplexe Zahlen oft als Paare aus Real- und Imaginärteil geschrieben: (x, iy).

11.4 Übungen

1. Schreiben Sie ein Programm, dass eine ganze Zahl `n` kleiner 100 einliest, davon die Potenz 10^n berechnet und vom Ergebnis den Logarithmus zur Basis 10.
2. Mit welcher Anweisung können Sie eine Zufallszahl zwischen -5 und 5 erzeugen.
3. Wandeln Sie das Lotto-Programm aus Abschnitt 11.2 so ab, dass es keine doppelten Zahlen zieht. (Tipp: Schreiben Sie eine Hilfsfunktion, die prüft, ob in einem übergebenen Array Einträge doppelt sind.)

Kapitel 12

jetzt lerne ich

Strings

Im vorangehenden Kapitel haben wir uns ausführlicher mit der Programmierung mit Zahlen auseinandergesetzt. Jetzt wollen wir uns intensiver der Bearbeitung von Texten (sprich Strings) zuwenden.

Sie lernen in diesem Kapitel,

- wie man Sonderzeichen in String-Literalen verwendet,
- wie man String-Literale im Quelltext umbrechen kann,
- wie man Strings aneinanderhängt, vergleicht oder anderweitig verarbeitet,
- wie man auf einzelne Zeichen in einem String zugreift
- welche Memberfunktionen zur Stringmanipulation es weiterhin gibt,
- wie man mit Unicode-Strings arbeitet,
- wie Strings früher in C dargestellt wurden,
- wie man Strings in Zahlen umwandelt.

12.1 String-Literale

Strings haben wir bisher meist als String-Literale verwendet – beispielsweise in Ausgaben an `cout`:

```
cout >> " Geben Sie eine Zahl ein: ";
```

Wie Sie bereits wissen, werden String-Literale dadurch gekennzeichnet, dass sie mit doppelten Anführungszeichen beginnen und mit doppelten Anführungszeichen enden.

Die Frage ist nur, was passiert, wenn ein String selbst doppelte Anführungszeichen enthält.

```
"Der Pfarrer sprach: "Der Tod ist der Sünde Sold.""
```

Wenn Sie versuchen, einen solchen String auszugeben oder anderweitig zu verarbeiten, werden Sie dafür vom Compiler einen Haufen wütender Fehlermeldungen empfangen. Der Grund ist, dass der Compiler nicht nach dem letzten sucht, sondern den String direkt nach dem zweiten doppelten Anführungszeichen für beendet ansieht. Der Compiler erkennt also `"Der Pfarrer sprach: "` als einen String, dahinter eine Folge von Zeichen `Der Tod ist der Sünde Sold.`, mit denen er überhaupt nichts anfangen kann, und schließlich einen zweiten, leeren String `""`.

Um dennoch Strings mit doppelten Anführungszeichen definieren und verarbeiten zu können, bräuchte man einen Weg, wie man dem Compiler anzeigen kann, dass das folgende doppelte Anführungszeichen eben nicht das Ende des Strings signalisiert, sondern als normales Zeichen zu behandeln ist. Diese Möglichkeit eröffnen uns die Escape-Sequenzen.

12.1.1 Escape-Sequenzen

Mit Hilfe des *Escape*-Zeichens \ kann man zum einen Zeichen, die für den Compiler eine besondere Bedeutung haben (" oder \), in Strings als einfache Textzeichen kennzeichnen (\" oder \\), zum anderen kann man bestimmte Sonderzeichen in einen Text einfügen (beispielsweise `\t` zum Einfügen eines Tabulators).

Tabelle 12.1: Die Escape-Sequenzen

Escape-Sequenz	Beschreibung
`\'`	Einfaches Anführungszeichen
`\"`	Doppeltes Anführungszeichen
`\\`	Backslash
`\0`	Null-Zeichen
`\a`	Signalton

Tabelle 12.1: Die Escape-Sequenzen (Forts.)

Escape-Sequenz	Beschreibung
\b	Rückschritttaste
\f	Seitenvorschub
\n	Neue Zeile (Zeilenumbruch) Entspricht bei der Ausgabe endl.[1]
\t	Horizontaler Tabulator
\v	Vertikaler Tabulator
\x	Eingabe eines Zeichens über seinen Zeichencode. Beispielsweise könnten Sie statt eines a auch \x61 schreiben. "H\x61llo"; Sie können den Zeichencode dazu benutzen, Zeichen einzugeben, die Sie nicht auf der Tastatur haben oder die Ihr Editor nicht korrekt verarbeitet. Beachten Sie aber, dass der von Ihnen gewählte Zeichencode (Windows-OEM, Windows-ANSI, etc.) auch von dem Ausgabegerät verstanden werden muss. Unicode-Zeichen müssen Sie in wstring-Literale einbauen, siehe Abschnitt 12.6.

Um beispielsweise doppelte Anführungszeichen in einem String zu verwenden, brauchen Sie den Anführungszeichen im String lediglich das Escape-Zeichen \ voranzustellen:

```
"Der Pfarrer sprach: \"Der Tod ist der Sünde Sold.\""
```

Mit Hilfe von Leerzeichen sowie der Escape-Sequenzen \n und \t kann man Textausgaben übersichtlicher gestalten:

Listing 12.1: Umbrüche und Tabulatoren in Strings (aus Escape.cpp)

```
#include <iostream>
using namespace std;

int main()
{
   cout << endl;
   cout << " *** Daten von Manfred Mustermann *** \n \n";
   cout << " \t Alter       : 43 \n";
   cout << " \t Groesse     : 180 \n\n";
   cout << " \t Hobbys      : Schottland \n";
   cout << " \t             : Puzzles \n";
```

1. Bei der Ausgabe auf die Konsole gibt es kaum Unterschiede zwischen \n und endl. Wenn Sie allerdings Strings aneinanderhängen (siehe Abschnitt weiter unten), können Sie zwar \n nicht aber endl in Ihre Strings einbauen.

```
    cout << " \t                : Photographie \n";
    cout << " \t                : Philosophie \n";
    cout << endl;

    cout << endl << endl;
    return 0;
}
```

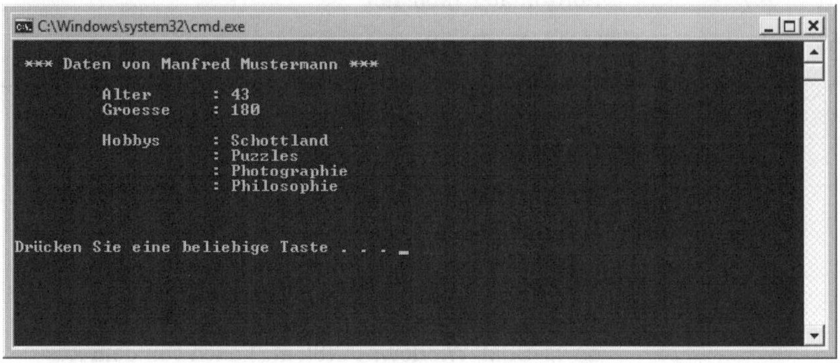

Abb. 12.1: Mit Hilfe von Tabulatoren, Leerzeichen und Umbrüchen formatierte Ausgabe

Beachten Sie, dass die Doppelpunkte in den Zeilen durch Leerzeichen untereinander ausgerichtet wurden. Würde man hinter den einzelnen Eigenschaften Tabulatoren einfügen, wäre nicht sichergestellt, dass die Doppelpunkte untereinander stehen. Dies liegt daran, dass Tabulatoren bis zu vordefinierten Zeichenspalten vorrücken. Wenn das Ende von `Alter` zufällig vor und das Ende von `Groesse` und `Hobbys` hinter einer solchen Spalte liegen, springen die Tabulatoren hinter den Wörtern zu unterschiedlichen Spalten.

12.1.2 Zeilenumbrüche

Manchmal muss man mit String-Literalen arbeiten, die so lang sind, dass man sie am liebsten auf mehrere Zeilen verteilen würde.

```
cout << "Dies ist ein langer Text, den man im Quelltext am liebsten
auf mehrere Zeilen verteilen würde!" << endl;
```

Dieser Text ist nur für den Ausdruck in diesem Buch umgebrochen worden. Im Quelltext eines Programms würde er in einer Zeile stehen – mit dem Effekt, dass das Ende des Textes ohne Scrollen nicht mehr zu lesen ist.

Wenn man aber im Quelltext einen Umbruch einfügt, erntet man dafür später beim Kompilieren eine Fehlermeldung, denn Umbrüche in String-Literalen sind nicht erlaubt.

Die Lösung zu diesem Problem besteht darin, den String in zwei oder mehrere Teilstrings aufzubrechen und diese nacheinander auszugeben oder mit Hilfe des +-Operators zusammenzufügen und in einer `string`-Variablen zu speichern, die anschließend ausgegeben wird. Die einzelnen Teilstrings kann man dann auf mehrere Zeilen verteilen:

```
cout << "Dies ist ein langer Text, den man im Quelltext am "
     << "liebsten auf mehrere Zeilen verteilen wuerde!"
     << endl;
```

oder

```
string str =  "Dies ist ein langer Text, den man im Quelltext am ";
       str += "liebsten auf mehrere Zeilen verteilen wuerde!";
cout << str  << endl;
```

Den +-Operator für Strings nennt man auch Verkettungs- oder Konkatenationsoperator. Er ist der einzige der arithmetischen Operatoren (+, -, *, /, %), der auch für Strings definiert ist.

12.2 Strings erzeugen

Für die Programmierung mit Strings gibt es in der C++-Standardbibliothek die Klasse `string` (`wstring` für Wide Character-Strings, siehe Abschnitt 12.6). Die zugehörige Headerdatei ist <`string`>.[1]

Der übliche Weg, einen String zu erzeugen, ist, eine Variable vom Typ `string` zu definieren und dieser ein String-Literal zuzuweisen.

```
#include <string>
using namespace std;
...
string s = "Hallo, wie geht es?";
```

Oder Sie benutzen einen der `string`-Konstruktoren:

```
string s1("Hallo, wie geht es?");   // Initialisierung mit Literal
string s2(s1);                      // Initialisierung mit anderem
                                    // String
string s3('*', 20);                 // Initialisierung mit einer
                                    // Folge von 20 *-Zeichen
```

Welchen Weg Sie auch wählen, immer wird im Hintergrund ein Objekt der Klasse `string` erzeugt und in der von Ihnen definierten `string`-Variablen gespeichert.

1. Für Fortgeschrittene sei erwähnt, dass die Klasse `string` auf das Template `basic_string` zurückgeht. Die `string`-Klasse ist also in Wirklichkeit ein Alias für die Instanzierung des Templates für den `char`-Zeichentyp: `typedef basic_string<char> string;`.

Für dieses Objekt können Sie alle Memberfunktionen aufrufen, die in der Klasse `string` definiert sind. Einige dieser Memberfunktionen werden nachfolgend vorgestellt. Die Aufrufe dieser Memberfunktionen sehen stets so aus, dass Sie an den Variablennamen den `.`-Operator und den Funktionsnamen anhängen. (Der `.`-Operator dient dazu, auf ein Element eines Objekts zuzugreifen.) Wenn die Memberfunktion Argumente entgegennimmt, übergeben Sie diese in den runden Klammern.

```
objektvariable.funk();               // Aufruf einer Memberfunktion
objektvariable.funk(argument);       // Aufruf mit einem Argument
objektvariable.funk(arg1, arg2);     // Aufruf mit zwei Argumenten
```

Wie viele Argumente übergeben werden müssen und welche Datentypen diese Argumente haben, wird von der jeweiligen Memberfunktion vorgegeben.

12.3 Strings aneinanderhängen

Eine wichtige Operation zur Bearbeitung von Strings ist das Anhängen eines Strings an einen anderen. Im Programmierjargon bezeichnet man dies als *Konkatenation*.

Um uns das Aneinanderhängen von Strings so bequem wie möglich zu machen, wurde der Datentyp `string` so implementiert, dass man dafür den +-Operator verwenden kann.

Schauen wir uns an, wie man drei einzelne Strings zu einem neuen String kombiniert.

```
string s = "Leicht";
s += "bau";                     // oder auch s.append("bau");
s +="weise";                    // oder auch s.append("weise");

cout << s << endl;              // Ausgabe: Leichtbauweise
```

Natürlich hätte man im obigen Beispiel gleich einen einzigen String aufsetzen können. Das Aneinanderhängen ist aber wichtig, wenn man Werte von Variablen oder Benutzereingaben in Strings einbauen will.

```
string vorname;
string nachname;
string name;

cout << " Geben Sie Ihren Vornamen ein : ";
cin >> vorname;
cout << " Geben Sie Ihren Nachnamen ein: ";
cin >> nachname;

name = vorname + " " + nachname;
```

Denken Sie daran, dass Sie zum Einfügen von Zeilenumbrüchen in Strings die Escape-Sequenz `\n` benutzen. Der Manipulator `endl` ist nur für die Ausgabe gedacht.

12.4 Strings vergleichen

Alle Vergleichsoperatoren von C++ können auch für String-Vergleiche genutzt werden.

```
string passwort;
cout << " Geben Sie das Passwort ein: ";
cin >> passwort;

if (passwort == "Sesam")
    cout << " Tritt ein! " << endl;
else
     cout << " Kein Einlass! " << endl;
```

Sie müssen allerdings beachten, dass es sich hierbei um Überladungen der Operatoren `==`, `!=`, `<`, `<=`, `>` und `>=` handelt, die für die Klasse `string` definiert wurden. Sie können die Operatoren daher nur nutzen, wenn die Headerdatei `<string>` eingebunden und zumindest einer der Operanden ein `string`-Objekt ist.

Strings werden nach dem ASCII-Code ihrer Zeichen verglichen. Im Großen und Ganzen entspricht dies einem alphabetischen Vergleich, es ist allerdings zu beachten, dass

- Großbuchstaben bei Stringvergleichen immer kleiner sind als Kleinbuchstaben (Z ist also kleiner als a), weil die Großbuchstaben im ASCII-Code vor den Kleinbuchstaben stehen,
- die deutschen Umlaute einen höheren ASCII-Code haben als die anderen Buchstaben,
- als letztes Kriterium auch noch die String-Länge hinzugezogen wird (»Spiel« ist also kleiner als »Spiele« oder »Spielkalb«).

Statt der Vergleichsoperatoren können Sie auch die Memberfunktion `compare()` verwenden.

```
string name1 = "Vincent";
string name2 = "Wolfgang";
int ergebnis;

ergebnis = name1.compare(name2);
```

Hier wird der String name1 mit dem String name2 verglichen. Beachten Sie, dass der Ergebniswert kein boolescher Wert (true, false) ist. Stattdessen liefert die Memberfunktion folgende Werte zurück:

Tabelle 12.2: Ergebniswerte von compare()

Ergebniswert	für
<0	name1 < name2
0	name1 == name2
>0	name1 > name2

Die Memberfunktion compare() können Sie auch dazu nutzen, nur einen Teil eines Strings mit einem zweiten String zu vergleichen. In diesem Fall geben Sie in den Klammern des Funktionsaufrufs zuerst die Position des ersten zu vergleichenden Zeichens (gezählt wird ab 0), die maximale Anzahl zu vergleichender Zeichen und dann den zweiten String an.

```
string name1 = "Vereinsleben";
string name2 = "rein";
int ergebnis;

ergebnis = name1.compare(2, 4, name2);
```

Hier wird der Teilstring rein mit dem String rein verglichen. Das Ergebnis ist 0, was bedeutet, dass die verglichenen Strings identisch sind.

Strings vergleichen

Strings werden lexikografisch verglichen, das heißt, der Compiler geht die beiden Strings von vorne nach hinten durch und vergleicht Zeichen für Zeichen, bis er auf das ersten Zeichen trifft, das in beiden Strings unterschiedlich ist. Dann stellt er fest, welches dieses Zeichen im Alphabet (genauer gesagt im Zeichensatz) zuerst kommt. Der String, zu dem dieses Zeichen gehört, ist der lexikografisch kleinere der beiden verglichenen Strings.

Sind die beiden Strings bis zum Ende eines Strings gleich, entscheidet die String-Länge. Ist auch diese gleich, sind die beiden Strings gleich.

Strings nach dem deutschen Alphabet vergleichen

Es ist in C++ auch möglich, Strings nach dem deutschen Alphabet zu vergleichen – also mit korrekter Einordnung der Umlaute und ohne Berücksichtigung der Groß-/Kleinschreibung. Der Code ist allerdings äußerst komplex, eigentlich viel zu komplex für ein einführendes Buch zu C++. Da die Technik allerdings wohl etliche Leser interessieren wird, gebe ich sie hier, grob kommentiert, wieder:

```
string s1 = "Rein";
string s2 = "mein";

// Erzeuge eine Lokale für deutsche Spracheigentümlichkeiten
locale loc("german");

// Verwende grundsätzlich die erzeugte Lokale
locale::global(loc);


// Wandle die zu vergleichenden Strings in C-Strings um
const char* cs1 = s1.c_str();
const char* cs2 = s2.c_str();

// Vergleiche unter Berücksichtigung der Lokale
// Übergebe jeweils Anfang und Ende der Strings
if(use_facet<collate<char> >(loc).compare(cs1,
                                          &cs1[strlen(cs1)],
                                          cs2,
                                          &cs2[strlen(cs2)]) < 0)
   cout << s1 << " < " << s2 << endl;
else
   cout << s1 << " >= " << s2 << endl;
```

Für diesen Code ist »Rein« größer als »mein«.

12.5 Sonstige String-Manipulationen

Für die am häufigsten benötigten String-Manipulationen definiert die Klasse `string` weitere Memberfunktionen.

Tabelle 12.3: Memberfunktionen der Klasse string

Memberfunktion	**Beschreibung**
`[n]`	Indexoperator. Liefert einen `char`-Zeiger auf das n+1-te Zeichen im String zurück.
`c_str()`	Liefert einen `char`-Zeiger auf das erste Zeichen im String zurück.
`clear()`	Löscht alle Zeichen im String.

`erase()`	Entfernt ab dem `pos`-ten Zeichen (erstes Argument) `n` Zeichen (zweites Argument) aus dem aktuellen String
	`string s = "1234567";`
	`s.erase(1, 3);      // 1567`

Tabelle 12.3: Memberfunktionen der Klasse string (Forts.)

Memberfunktion	Beschreibung

`find()`	Sucht das erste Vorkommen des übergebenen Strings im aktuellen String und liefert die gefundene Position zurück (bzw. -1, falls die Suche erfolglos war).
	`str1.find(str2);`
	Soll die Suche erst ab einer bestimmten Position im aktuellen String beginnen, übergeben Sie diese als zusätzliches Argument.
	`string s = "1234567";`
	`int n = s.find("345", 3);  // -1`

`find_first_of()`
`find_last_of()`
	Suchtdas erste (bzw. letzte) Vorkommen eines beliebigen Zeichens aus dem übergebenen String im aktuellen String.
	`string s = "1234567";`
	`int n = s.find_first_of("2"); //1`

`insert()`	Fügt den übergebenen String an der Position `pos` in den aktuellen String ein:
	`str1.insert(pos, str2);`
	Soll nur ein Teil von `str2` eingefügt werden, übergeben Sie zusätzlich die Position des ersten Zeichens und die Maximalzahl einzufügender Zeichen.
	`string s = "12345";`
	`s.insert(2, "aabcc", 2, 1);  // 12b345`

`length()`	Liefert die Anzahl Zeichen im String zurück:
	`string s = "Hallo";`
	`cout << s.length() << endl;  // 5`

`replace()`	Ersetzt beginnend ab der Position `pos` genau `n` Zeichen aus dem aktuellen String durch den übergebenen String:
	`str1.replace(pos, n, str2);`
	Soll nur ein Teil von `str2` eingefügt werden, übergeben Sie zusätzlich die Position des ersten Zeichens und die Maximalzahl anzuhängender Zeichen.
	`string s = "1234567";`
	`s.replace(1, 5, "aaabbc", 2, 2);  // 1ab7`

Memberfunktion	Beschreibung
rfind()	Wie find(), nur dass vom Ende des Strings aus gesucht wird.

substr()	Liefert den Teilstring zurück, der ab dem pos-ten Zeichen beginnt und nach n Zeichen oder mit dem letzten Zeichen des aktuellen Strings endet.
	`string s1 = "1234567";`
	`string s2 = s1.substr(2, 4);   // 3456`

Tabelle 12.3: Memberfunktionen der Klasse string (Forts.)

12.6 Unicode-Strings

Unicode ist ein relativ moderner Zeichensatz, in dem nahezu sämtliche bekannten Zeichen aller verbreiteten Alphabete kodiert sind. Da die Codenummern des Unicode-Zeichensatzes zu groß sind, um sie in einem char-Wert zu speichern, gibt es in C++ für die Unicode-Unterstützung den Datentyp wchar_t und den String-Typ wstring.

Wenn Sie mit Strings arbeiten, die nach den Unicode-Zeichensatz kodiert sind oder selbst in ihren Strings Zeichen aus dem Unicode-Zeichensatz verwenden möchten, müssen Sie

- Ihre Strings als Objekte vom Typ wstring erzeugen,
- den String- und Zeichenliteralen das Präfix L voranstellen,
- für die Ausgabe auf die Konsole das Objekt wcout verwenden.

```
#include <iostream>
#include <string>
using namespace std;

int main()
{
   wstring wc_str1(L"Hallo");
   wstring wc_str2(L" Welt!");

   wc_str1.append(wc_str2);

   wcout << wc_str1 << endl;

   return 0;
}
```

Von ASCII zu Unicode

Wie in Kapitel 1.1 angesprochen, war Speicher in den Anfangszeiten des Computers ein teures Gut, weshalb man bemüht war, Speicher zu sparen, wo es nur ging. (Denken Sie beispielsweise an das Jahr 2000-Problem, das daher rührte, dass man in älteren Programmen aus Sparsamkeit die Jahreszahlen nur mit 2 Ziffern abspeicherte – als 87 statt 1987.) Aus diesem Grunde speicherte man Zeichen anfangs auch nur in 7 Bit. In 7 Bit kann man aber leider nur 128 Zeichen kodieren, weswegen bei der Standardisierung dieses Zeichencodes (7-Bit-ASCII) ausschließlich die Zeichen der amerikanischen Tastatur Eingang gefunden haben. Es folgten Erweiterungen auf 8 Bit (gleich 256 Zeichen) mit Unterstützung für Umlaute und Sonderzeichen der verschiedenen europäischen Länder. Leider waren diese Erweiterungen nicht einheitlich und schwankten je nach Betriebssystem und Programm.

Dank Unicode werden die damit verbundenen Probleme allerdings bald zu Ende sein. Unicode verwendet 16 Bit für jedes einzelne Zeichen. Das reicht, um nicht nur alle europäischen Zeichen, sondern auch die Schriftzeichen der Araber, der Chinesen, Koreaner und Japaner zu kodieren (wobei der ASCII-Code den ersten Teil des Unicodes bildet).

12.7 C-Strings

Mancher C++-Code enthält noch Strings, die im C-Stil definiert wurden. Obwohl die Programmierung mit C-Strings nicht ungefährlich ist,[1] sollten Sie zumindest mit der Syntax der C-String-Definition vertraut sein.

Die erste Variante ist die Definition als Array vom Typ `char`:

```
char str[25];
```

Einer solchen String-Variablen können Sie direkt bei der Definition eine String-Konstante zuweisen:

```
char str[25] = "Dies ist ein String";
```

Denken Sie daran, dass String-Literale vom Compiler automatisch mit dem Zeichen `\0` abgeschlossen werden. Für den String `"Hallo"` müssen Sie also mindestens sechs `char`-Speichereinheiten reservieren (`char str[6]`).

1. Bei der Arbeit mit `string` übernimmt die Klasse `string` die korrekte Speicherverwaltung, bei der Arbeit mit C-Strings muss der Programmierer selbst für die Speicherverwaltung sorgen.

Die zweite Möglichkeit ist die Definition eines char-Zeigers:

```
char* str;
str = (char *) malloc(100*sizeof(char));
```

Der Speicherbereich wird dabei mit new oder der C-Funktion malloc() reserviert.

12.8 Umwandlungen zwischen Strings und Zahlen

In C++ können Sie Umwandlungen zwischen Strings und Zahlen mit Hilfe von stringstream-Instanzen vornehmen. Die Klasse stringstream ist in der Headerdatei <sstream> definiert. Nachdem Sie eine Variable der Klasse definiert haben, lesen Sie mit dem überladenen <<-Operator die umzuwandelnde Zahl (oder den String) in den Stream ein. Anschließend schreiben Sie mit dem >>-Operator die umgewandelten Daten in einen String (oder die numerische Variable). Vor weiteren Umwandlungen leeren Sie den Stream durch Aufruf der Memberfunktion clear().

Listing 12.2: Umwandlung von Strings (StringsUmwandeln.cpp)

```
#include <iostream>
#include <string>
#include <sstream>
using namespace std;

int main()
{
   stringstream sstream;
   double r;
   string s;

   // Gleitkommazahl in String umwandeln
   r = 12.5;
   sstream << r;
   sstream >> s;
   sstream.clear();
   cout << s << endl;

   // String in Gleitkommazahl umwandeln
   s = "100";
   sstream << s;
   sstream >> r;
   sstream.clear();

   r *= -1;
   cout << r << endl;

   return 0;
}
```

12.9 Übungen

1. Wodurch werden String-Literale gekennzeichnet?
2. Wie kann man folgende Zeichen in Strings einbauen?
   - b
   - "
   - Zeilenumbruch
   - Tabulator
   - å
3. Wie kann man Strings vergleichen?
4. Was ist die Länge eines Strings und wie kann man sie ermitteln?
5. Mit welcher Memberfunktion kann man prinzipiell prüfen, ob in einem String ein bestimmtes Zeichen vorhanden ist?

Kapitel 13

jetzt lerne ich

Ein- und Ausgabe

Nachdem wir uns im letzten Kapitel mit den Strings vertraut gemacht haben, sind wir nun soweit, dass wir ein Thema zusammenfassen können, das uns bereits durch nahezu alle Kapitel und Programme begleitet hat: die Ein- und Ausgabe.

Sie lernen in diesem Kapitel,

- mehr zu `cout`,
- wie man Ausgaben formatiert,
- wie man deutsche Umlaute ausgibt,
- mehr zu `cin` und mögliche Alternativen,
- was Streams sind,
- wie man Daten aus Dateien liest,
- wie man Daten in Dateien schreibt.

13.1 Daten auf die Konsole ausgeben

In C++-Programmen nutzen Sie für die Ausgabe am besten das vordefinierte Objekt `cout`.

> `cout` ist ein globales Objekt der Klasse `ostream` und in der Headerdatei `<iostream>` definiert.

cout

Um Daten auf die Konsole auszugeben, schicken Sie sie mit Hilfe des <<-Operators an `cout`. Der Operator << ist für die elementaren Datentypen und diverse Klassentypen aus der Standardbibliothek überladen (beispielsweise für die Klasse `string`[1]), weswegen Sie sich in der Regel um Typumwandlungen keine Sorgen machen müssen.[2]

```
cout << " Hallo ";              // Ausgabe eines Strings

int zahl = 2;
cout << zahl;                   // Ausgabe eines int-Werts

cout << endl;                   // Ausgabe eines Zeilenumbruchs
```

Ausgaben mit dem <<-Operator können auch verkettet werden. Sie kennen dies bereits aus vielen Beispielen:

```
int zahl = 2;
cout << " Der Wert von zahl ist : " << zahl << endl;
```

> C++ kennt noch zwei weitere `ostream`-Objekte, die standardmäßig ebenfalls auf die Konsole schreiben: `cerr` und `clog`. `cerr` können Sie für Fehlermeldungen und `clog` für Protokolleinträge verwenden.
>
> Zur Ausgabe von Unicode-Strings gibt es die `wostream`-Objekte `wcout`, `wcerr` und `wclog`.

13.2 Formatierte Ausgabe

Das Ausgeben von Variablenwerten ist eine typische und häufige Aufgabe bei der Programmierung. Bisher haben wir diese Aufgabe so gelöst, dass

---

1. Sie müssen allerdings die Headerdatei `<string>` einkopieren, in der die Überladungen des <<-Operators für `string`-Operanden definiert sind. (Der in `<iostream>` definierte <<-Operator kann nur C-Strings verarbeiten.)
2. Ausgaben auf Konsole oder Eingaben über die Tastatur sind immer Zeichenfolgen, weswegen auszugebende Zahlen in Zeichenfolgen und eingelesene Ziffernfolgen in Zahlen umgewandelt werden müssen.

wir die Variable einfach mittels << ausgegeben haben. Jetzt wollen wir uns ansehen, wie Sie die Ausgabe eines Variablenwerts durch Festlegung der Ausgabebreite, der Ausrichtung und im Falle von Gleitkommazahlen durch Begrenzung der Ziffernstellen steuern können.

13.2.1 Ausgabebreite

Mit Hilfe der Memberfunktion `width()` können Sie für die Ausgabe des nächsten Werts eine minimale Breite festlegen.

```
cout.width(10);
```

Umfasst die Ausgabe weniger Stellen, als `width()` als Argument übergeben wurden, werden Füllzeichen eingefügt. Das endgültige Format hängt dann vom ausgewählten Füllzeichen (siehe unten) und der Ausrichtung (`left`, `right`, `internal`) ab.

```
double f = 23.5;

cout.width(5);
cout << f << endl << f << endl;
```

Ausgabe

```
 23.5
23.5
```

Wird `width()` mit 0 als Argument aufgerufen, werden keine Füllzeichen verwendet (Standard).

13.2.2 Füllzeichen

Mit der Memberfunktion `fill()` können Sie ein Füllzeichen festlegen. Füllzeichen werden verwendet, wenn Sie für eine Ausgabe eine Feldbreite wählen (siehe oben), die größer ist als die eigentliche Ausgabe.

```
double f = 23.5;

cout.fill('.');
cout << f << endl;

cout.width(6);
cout << f << endl;

cout.setf(ios_base::left);
cout.width(6);
cout << f << endl;
```

Ausgabe

```
23.5
..23.5
23.5..
```

Standardmäßig wird das Leerzeichen als Füllzeichen verwendet.

13.2.3 Genauigkeit

Wenn Sie selbst festlegen wollen, wie viele Nachkommastellen bei der Ausgabe von Gleitkommazahlen angezeigt werden sollen, legen Sie die Anzahl der Ziffernstellen mit der Memberfunktion `precision()` fest. Standardwert sind dabei sechs Stellen.

Allerdings ist dabei zu unterscheiden, ob die Gleitkommazahlen im Standardmodus ausgegeben werden oder ob zuvor eines der Format-Flags `fixed` oder `scientific` gesetzt wurde.

- Im Standardmodus legt `precision()` die Gesamtzahl der Ziffern fest.
- Im `fixed`- oder `scientific`-Modus legt `precision()` die Zahl der Nachkommastellen fest.

```
f = 20.123456789;              // Standardgenaugikeit = 6 Stellen
cout << f << endl;             // insgesamt

cout.precision(5);             // Genauigkeit auf 5 Stellen
cout << f << endl;             // reduzieren

cout << fixed << f << endl;    // Genauigkeit nur für Nachkommastellen
```

Ausgabe

```
20.1235
20.123
20.12346
```

13.2.4 Formatierte Ausgabe mit printf()

Die Ausgabe mit `cout` ist manchmal etwas umständlich, weswegen viele C++-Programmierer zur Ausgabe die alte C-Funktion `printf()` vorziehen.

Die Funktion `printf()`, die in der Headerdatei `<cstdio>` deklariert ist, übernimmt den auszugebenden Text als Argument.

```
printf("Dies ist der auszugebende Text");
```

Das Besondere daran ist, dass Sie in diesen Text Platzhalter für die Inhalte von Variablen einbauen können. Jeder dieser Platzhalter besteht aus dem Zeichen `%` und einem Zeichen, welches das gewünschte Ausgabeformat angibt (und zum Typ des auszugebenden Werts passen muss).

Tabelle 13.1: Platzhalter für printf()

Platzhalter	Ausgabe
%c	Einzelnes Zeichen
%d	Dezimale Ganzzahl
%x	Hexadezimale Ganzzahl
%f	Gleitkommazahl im Format [-]dddd.dddd
%e	Gleitkommazahl in wissenschaftlicher Schreibweise
%s	String

Damit die Funktion weiß, welche Variableninhalte an Stelle der Platzhalter in den String eingefügt werden sollen, übergeben Sie die Variablen in der gleichen Reihenfolge, in der die Platzhalter im String stehen, als weitere Argumente an die Funktion.

```
int    alter = 35;
string name  = "Jim";

printf("%s ist %d Jahre alt\n", name.c_str(), alter);
```

Für jeden Platzhalter, den Sie im Ausgabe-String des `printf()`-Aufrufs verwenden, können Sie

- die minimale Feldbreite,
- die Ausrichtung des Inhalts und
- die Anzahl der Nachkommastellen (für Gleitkommazahlen)

angeben.

Um eine minimale Feldbreite für die Ausgabe eines Werts vorzusehen, geben Sie die Feldbreite im Platzhalter an. Der eigentlich auszugebende Inhalt wird in diesem Feld rechtsbündig ausgegeben.

```
int var1 = 100;
int var2 = 200;
printf("%7d %7d", var1, var2);
```

erzeugt folgende Ausgabe:

```
    100     200
```

Soll die Ausgabe linksbündig erfolgen, stellen Sie einen Bindestrich voran.

```
int var1 = 100;
int var2 = 200;
printf("%-7d %7d", var1, var2);
```

erzeugt folgende Ausgabe:

```
100         200
```

Für Ausgaben im Gleitkommaformat kann neben der Feldbreite auch die Anzahl der Nachkommastellen angegeben werden.

```
double var3 = 1234.56789;
printf("%10.2f", var3);
```

erzeugt folgende Ausgabe:

```
   1234.57
```

13.3 Deutsche Umlaute

Sicher ist Ihnen aufgefallen, dass wir es bei unseren bisherigen Ausgaben pfleglich vermieden haben, deutsche Umlaute auf die Konsole zu schreiben. Statt

```
cout << " Unzulässige Anzahl " << endl;
```

hieß es stets

```
cout << " Unzulaessige Anzahl " << endl;
```

Der Grund dafür war, dass viele Konsolen (vor allem unter Windows) mit traditionellen 8-Bit-OEM-Zeichensätzen arbeiten. Diese können in der Regel zwar auch deutsche Umlaute verarbeiten (vorausgesetzt der Rechner ist für die deutsche Sprache konfiguriert), das Problem ist jedoch, dass diese Zeichensätze in der Regel nur in den ersten 128 Zeichen (ASCII) mit der Kodierung übereinstimmen, die in Ihren C++-Programmen verwendet wird. Das traurige Ergebnis: Die deutschen Umlaute sowie verschiedene weitere Umlaute und Sonderzeichen, die die Konsole prinzipiell anzeigen könnte, gehen verloren.

Um die Umlaute dennoch korrekt auszugeben, müssen Sie

- die Umlaute entweder wie bisher ausschreiben (also ae statt ä),
- mit einem Testprogramm ausprobieren, wie die Umlaute im OEM-Zeichensatz kodiert sind und dann diese Kodierung in Ihren Ausgabestrings verwenden – also beispielsweise: [1]

  ```
  string str = "Umlaute \x84 \x94 \x81 \xE1 \n";
  ```

- oder dafür sorgen, dass Ihr Programm die gleiche Zeichentabelle verwendet wie die Konsole.

---

1. Das Problem hierbei ist natürlich, dass diese Kodierung dann für Ihr System, nicht aber zwangsweise für andere Systeme passt. Außerdem reagieren die Compiler unterschiedlich auf die \x-Sequenzen. Einige verlangen drei- oder vierstellige Angaben. Andere geben die Zeichen nur korrekt aus, wenn auch die Lokale (siehe Ausführungen in Kapitel 12.4) angepasst wird.

Um Ihr Programm an die Konfiguration der Konsole anzupassen, müssen Sie die Lokale ändern. Die Lokale ist ein Objekt, das alle Informationen über landes- und regionsspezifische Eigenheiten verwaltet. C++-Programme verwenden standardmäßig eine neutrale Lokale namens C. Um diese durch die Lokale der aktuellen Umgebung (dies wäre dann die Konsole, in der das Programm später ausgeführt wird) zu ersetzen, erzeugen Sie ein Objekt der Klasse locale (aus <locale>) und geben im Konstruktor als Namen der Lokale "" ein – das zeigt dem Compiler, dass Sie keine Lokale vorgeben, sondern die Lokale der Umgebung laden möchten. Das neue Lokale-Objekt übergeben Sie dann der globalen Funktion locale::global(), die dafür sorgt, dass die neue Lokale in Ihrem Programm verwendet wird.

```
#include <locale>
using namespace std;
...

// Erzeuge eine Lokale gemäß der aktuellen Umgebung
locale loc("");

// Verwende grundsätzlich die erzeugte Lokale
locale::global(loc);
```

Eigentlich war es das schon. Allerdings können einige Compiler die Umlaute nur korrekt verarbeiten, wenn sie in einem Unicode-String (Objekt der Klasse wstring) stehen.

Das folgende Programm demonstriert das gesamte Verfahren:

Listing 13.1: Ausgabe von deutschen und norweg. Umlauten auf die Konsole

```
#include <iostream>
#include <string>
#include <locale>
using namespace std;

int main()
{
   string str = "ä ö ü ß æ ø å";
   wstring wstr = L"ä ö ü ß æ ø å";

   // Erzeuge eine Lokale gemäß der aktuellen Umgebung
   locale loc("");

   // Verwende grundsätzlich die erzeugte Lokale
   locale::global(loc);

   // Strings mit Umlauten ausgeben
   cout << str << endl;
   wcout << wstr << endl;

   cout << endl << endl;
   return 0;
}
```

Lokale

Unter einer Lokale versteht man die Gesamtheit der landes- und regionsspezifischen Eigenheiten einer Region (Alphabet, Darstellung von Datumsangaben und Zahlen, Währungssymbol etc.).

In C++-Programmen werden diese Lokale durch Objekte der Klasse `locale` aus `<locale>` repräsentiert.

Die klassische C-Lokale, die jedes C++-Programm standardmäßig verwendet, können Sie sich mit

```
locale::classic()
```

zurückliefern lassen.

Die Lokale der aktuellen Umgebung erhalten Sie mit

```
locale loc("");
```

Wenn Sie wissen möchten, wie die Lokale heißt, geben Sie ihren Namen aus (`cout << loc.name() << endl;`).

Sie können auch eine Lokale über ihren Namen erzeugen, z.B.:

```
locale loc("German_Germany");
locale loc("de_DE");
```

Der Erfolg einer solchen Anweisung hängt allerdings davon ab, ob die Lokale auf dem System verfügbar ist und dort auch den betreffenden Namen trägt.

Die Lokale der Visual C++-Umgebung verwendet üblicherweise die deutsche Lokale mit der Codepage 1252: `locale("German_Germany.1252")`. Die Windows-Konsole verwendet dagegen standardmäßig die Codepage 850: `locale("German_Germany.850")`.

13.4 Daten über die Konsole (Tastatur) einlesen

In C++-Programmen nutzen Sie für die Eingabe am besten das vordefinierte Objekt `cin`.

`cin` ist ein globales Objekt der Klasse `istream` und in der Headerdatei `<iostream>` definiert.

cin

Um Daten über die Konsole einzulesen, schicken Sie sie mit Hilfe des >>-Operators von `cin` in den Speicher einer Variablen. Der Operator >> ist für die elementaren Datentypen und diverse Klassentypen aus der Standardbibliothek überladen (beispielsweise für die Klasse `string`[1]), weswegen Sie sich in der Regel um Typumwandlungen keine Sorgen machen müssen.[2]

```
int zahl;
cout << " Geben Sie eine ganze Zahl ein ";

cin >> zahl;                    // Einlesen eines int-Werts
```

Eingaben mit dem >>-Operator können auch verkettet werden.

Wenn Sie `cin` benutzen, um mehrere Werte auf einmal einzulesen:

```
double x;
int a;

cout << "Geben Sie, durch Leerzeichen getrennt, ";
cout << "eine Ganzzahl und eine Gleitkommazahl ein: " << endl;

cin >> a >> x;
```

so sind einige Regeln zu beachten:

- Zwischen mehreren aufeinander folgenden numerischen Eingaben muss jeweils ein Leerzeichen eingefügt werden.
- Zwischen aufeinander folgenden einzelnen Zeichen muss keine Leerstelle eingefügt werden, sie kann aber eingefügt werden.
- Zwischen aufeinander folgenden Strings muss eine Leerstelle eingefügt werden.
- Zwischen einem Zeichen und einer Ziffer muss nur dann eine Leerstelle eingefügt werden, wenn es sich bei dem Zeichen um eine Ziffer handelt.
- Die Eingabe kann über mehrere Zeilen erfolgen. Die endgültige Abarbeitung des Befehls erfolgt erst, wenn die vorgegebene Zahl von Variablen eingegeben ist.

---

1. Sie müssen allerdings die Headerdatei `<string>` einkopieren, in der die Überladungen des >>-Operators für `string`-Operanden definiert sind. (Der in `<iostream>` definierte >>-Operator kann nur C-Strings verarbeiten.)
2. Ausgaben auf Konsole oder Eingaben über die Tastatur sind immer Zeichenfolgen, weswegen auszugebende Zahlen in Zeichenfolgen und eingelesene Ziffernfolgen in Zahlen umgewandelt werden müssen.

Der Einleseoperator von cin liest immer nur so viele Zeichen aus der Tastatureingabe, wie für die aktuelle >>-Operation benötigt werden. Darüber hinausgehende Zeichen bleiben gepuffert und werden automatisch bei der nächsten >>-Operation gelesen. (In solchen Fällen wird das Programm durch die Einleseoperation nicht angehalten, der Anwender kann keine weiteren Daten eingeben.)

13.5 Fehlerbehandlung

In C++ basiert die Fehlerbehandlung für cin und cout auf Statusbits, die in der Basisklasse ios_base definiert sind. Geht bei der Ein- und Ausgabe etwas schief, wird das entsprechende Statusbit auf 1 gesetzt.

Tabelle 13.2: Die Statusbits

Statusbit	Fehler
ios_base::goodbit	Kein Fehler aufgetreten, alles ist in Ordnung. (In Wirklichkeit kein Bit, sondern der Wert 0.)
ios_base::eofbit	Beim Einlesen wurde das EOF-Zeichen erreicht (kann bei der Eingabe von Tastatur zur Not durch [Strg][D] oder [Strg][Z] simuliert werden).
ios_base::failbit	Bei der Eingabe konnte das erwartete Zeichen (beispielsweise wegen falschem Format) nicht eingelesen werden. Bei der Ausgabe konnte das gewünschte Zeichen nicht ausgegeben werden.
ios_base::badbit	Der Stream kann aus irgendeinem Grund nicht mehr korrekt arbeiten (meist ist dies der Fall, wenn es Probleme mit dem zugrunde liegenden Puffer gibt).

Sowie eines dieser Bits für einen Stream gesetzt wird, ist dieser blockiert, d.h., nachfolgende Ein- und Ausgabe-Operationen werden nicht mehr durchgeführt.

Dies kann äußerst unangenehme Folgen haben. Nehmen Sie zum Beispiel an, Ihr Programm liest Eingaben von der Tastatur ein, der Anwender hält sich aber nicht an das geforderte Format:

```
int d1, d2;

cin >> d1;                          // Eingabe 3.1
cin >> d2;                          // wird nicht ausgefuehrt

cout << "d1 = " << d1 << endl;      // Ausgabe d1 = 3
cout << "d2 = " << d2 << endl;      // Ausgabe d2 = 4304684
```

In diesem Fall würde das Programm einfach mit dem zufällig in d2 stehenden Wert weiterrechnen.

Will man sich also nicht darauf verlassen, dass bei der Ein- und Ausgabe immer alles glatt geht, muss man an kritischen Stellen den Streamstatus abfragen.

Streamstatus abfragen

Um sicherzugehen, dass eine Eingabe (oder eine Ausgabe) ordnungsgemäß ausgeführt wurde, kann man nach der Eingabe den Streamstatus abfragen. Hierzu gibt es verschiedene Möglichkeiten.

Tabelle 13.3: Streamstatus abfragen

Memberfunktion	Beschreibung
`bool good()`	`true`, wenn kein Statusbit gesetzt wurde.
`bool eof()`	`true`, wenn `eofbit` gesetzt wurde.
`bool fail()`	`true`, wenn `failbit` oder `badbit` gesetzt wurde.
`bool bad()`	`true`, wenn `badbit` gesetzt wurde.
`bool operator!()`	`true`, wenn `failbit` oder `badbit` gesetzt wurde.
`iostate rdstate()`	Liefert den gesamten Streamstatus zurück.

Will man nicht auf einen speziellen Fehler prüfen, bietet sich der Einsatz von `good()` an.

Das folgende Beispiel fasst die Eingaben in eine Endlosschleife ein. Nachdem die gewünschten Werte eingelesen wurden, wird durch Aufruf der Memberfunktion `good()` der Status des Eingabestreams überprüft.

- Ist alles in Ordnung, wird die Endlosschleife mit Hilfe von `break` beendet.
- Ansonsten soll das Einlesen in der nächsten Schleifeniteration wiederholt werden. Dazu muss aber der Eingabestream wieder reaktiviert werden.
- Der erste Schritt dazu ist, die Statusbits des Streams zu löschen. Dies übernimmt die Memberfunktion `clear()`.
- Der zweite Schritt besteht darin, die in dem Stream verbliebenen Zeichen zu löschen. Dazu lesen wir die Zeichen einfach bis zum nächsten Zeilenumbruch-Zeichen aus.

```
while(1)
{
    cout << "Geben Sie zwei Integer-Werte ein\n";
    cin >> d1 >> d2;
```

```
        if(cin.good())
            break;
        else
        {
            cin.clear();
            while(cin.get() != '\n')
                ;
        }
    }

    cout << "d1 = " << d1 << endl;
    cout << "d2 = " << d2 << endl;
```

AUFSTEIGER

Die C++-Streams lösen standardmäßig keine Ausnahmen aus (siehe Kapitel 20). Wenn Sie möchten, können Sie aber Ausnahmen des Typs `ios_base::failure` auslösen lassen. Dazu rufen Sie für den Stream die Memberfunktion `exceptions()` auf und übergeben ihr als Argumente die Statusbits, deren Auftreten in Zukunft mit einer Ausnahme quittiert werden soll:

```
try
{
   cin.exceptions(ios_base::badbit);
   cin >> x;
}
catch(ios_base::failure& exc)
{
   cerr << exc.what() << endl;
   throw;
}
```

Programmabbrüche durch Benutzereingaben vermeiden

Wenn Sie Eingaben vom Anwender einlesen, müssen Sie immer damit rechnen, dass der Anwender falsche oder ungültige Eingaben macht – etwa Text statt Zahlen (beispielsweise »sieben« statt 7) oder einen Wert außerhalb des zulässigen Wertebereichs (etwa die Zahl 442, wo das Programm eine Zahl zwischen 1 und 10 erwartet).

Ihre Aufgabe ist es, solche falschen Eingaben abzufangen. Beispielsweise können Sie mit Hilfe einer `if`-Bedingung testen, ob eine eingegebene Zahl innerhalb eines bestimmten Wertebereichs liegt. Auch der `default`-Block der `switch`-Konstruktion eignet sich zur Fehlerbehandlung.

13.6 Streams

Üblicherweise denkt man bei Ein- und Ausgabeoperationen an das Einlesen von der Tastatur, an die Ausgabe auf den Bildschirm, an das Schreiben in eine Datei oder von und zu einem anderen beliebigen Gerät. Man verbindet mit der Ein- und Ausgabe also stets eine bestimmte Quelle, von der die Daten stammen, und ein Ziel, zu dem die Daten geschrieben werden. Wie die Ein- und Ausgabe konkret vonstatten geht, hängt dabei ganz entscheidend davon ab, von wo nach wo die Daten transportiert werden.

Das Konzept der Streams, zu Deutsch: »Datenströme«, soll den Programmierer von den Interna der Datenübertragung abschirmen und die Implementierung von Ein- und Ausgabeoperationen von und zu den verschiedenen Geräten vereinheitlichen und vereinfachen.

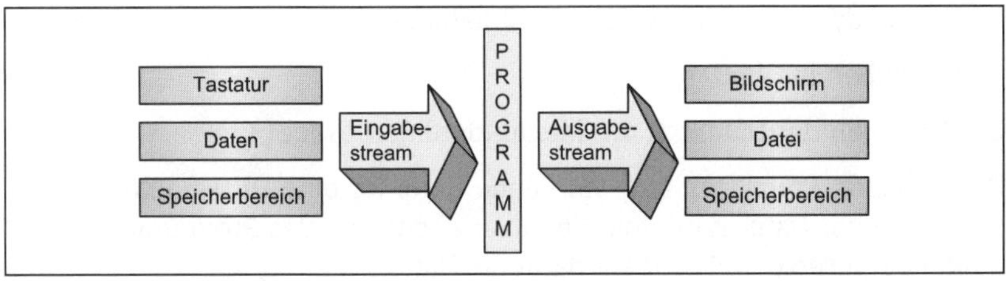

Abb. 13.1: Das Stream-Modell

Die C++-Standardbibliothek stellt für die unterschiedlichen Ein- und Ausgabeoperationen eine Reihe von Stream-Klassen und weiteren Hilfsklassen zur Verfügung, die das Ein- und Auslesen von Daten recht komfortabel gestalten.

In den folgenden Abschnitten werden Sie lernen, wie man mit Hilfe dieser Klassen Text- und Binärdaten in Dateien speichert oder aus diesen ausliest.

Text- und Binärdateien

Je nachdem, in welcher Form Daten in einer Datei gespeichert werden, unterscheidet man zwischen Text- und Binärdateien. Textdateien enthalten normalen ASCII- bzw. Unicode-Text, wie man ihn in jedem Editor betrachten und bearbeiten kann. Auch Zahlen werden in einer solchen Datei als Text (als Ziffernfolgen) abgespeichert. Binärdateien enthalten dagegen binär kodierte Daten, wie sie auch im Arbeitsspeicher des Computers stehen. Der Inhalt einer solchen Datei kann nur mit Hilfe spezieller Editoren gelesen werden.

13.7 Textdateien

In diesem Abschnitt werden Sie Daten in eine Textdatei schreiben und wieder aus der Datei in ein Programm einlesen. Als Beispiel dient uns ein einfaches DVD-Verwaltungssystem, das aus zwei Programmen bestehen wird. Mit dem ersten Programm kann man Adressen erfassen und in einer Textdatenbank abspeichern, mit dem zweiten die DVDs ausgeben.

13.7.1 In Textdateien schreiben

Um in eine Textdatei zu schreiben, sind fünf Schritte erforderlich:

1. Einkopieren der Headerdatei `<fstream>`.
2. Erzeugen eines `ofstream`-Objekts.
3. Öffnen der Datei mit der Memberfunktion `open()`.
4. Schreiben in die Datei.
5. Schließen der Datei mit der Memberfunktion `close()`.

Das folgende Programm legt eine neue Datei für eine DVD-Sammlung an. Der Name der Datei wird vom Benutzer abgefragt. Das Programm schreibt einige Datensätze und schließt dann die Datei.

Listing 13.2: In eine Textdatei schreiben (aus Datei_Schreiben.cpp)

```
#include <iostream>
#include <string>
#include <fstream>
using namespace std;

int main()
{
   string dateiname;
   ofstream datei;

   cout << endl;
   cout << " Name der zu erstellenden Datei: ";
   cin >> dateiname;
   cout << endl;

   // Datei zum Schreiben öffnen
   datei.open(dateiname.c_str(), ios_base::out);

   // Zum Testen Überschriften und vier Datensätze ausgeben

   datei << "------- Filmtitel---------|----Regisseur-------"
         << endl;
```

```
   datei << " Rosemary's Baby            | Roman Polanski       "
         << endl;
   datei << " About Schmidt              | Alexander Payne      "
         << endl;
   datei << " Die Stunde des Wolfes      | Ingmar Bergman       "
         << endl;
   datei << " Manhattan Murder Mystery   | Woody Allen          "
         << endl;

   cout << " Daten wurden geschrieben " << endl;

   // Datei schließen
   datei.close();

   cout << endl << endl;
   return 0;
}
```

Wenn Sie einen einfachen Dateinamen eingeben, wie z.B. *DVDs.txt* legt das Programm die Datei im aktuellen Verzeichnis an. (Dies ist das Verzeichnis, in dem die Programmdatei steht, oder – bei Ausführung von Visual C++ aus – das Projektverzeichnis.)

Wenn Sie den Dateinamen mit Pfad angeben, achten Sie darauf, als Verzeichnistrennzeichen / zu verwenden:

```
c:/temp/DVDs.txt
```

Wenn Sie \ in Strings verwenden, müssen Sie das Zeichen doppelt eingeben.

Abb. 13.2: Die geschriebene Datei

Am interessantesten an diesem Quelltext ist das Öffnen der Datei und das Schreiben in die Datei.

Zum Öffnen einer Datei verwenden Sie die Memberfunktion `open()`, die wie folgt deklariert ist:

```
void open(const char* dateiname, openmode modus = in);
```

- Für den ersten Parameter übergeben Sie den Namen der zu öffnenden Datei.

Wenn Sie wie im Beispiel den Dateinamen in einem `string`-Objekt gespeichert haben, müssen Sie sich mit der Memberfunktion `c_str()` den im Objekt enthaltenen C-String zurückliefern lassen.

- Der zweite Parameter gibt an, in welchem Modus die Datei geöffnet werden soll. Sie haben die Wahl zwischen:

Tabelle 13.4: Datei-Modi[1]

<table>
<tr><th>Modus</th><th>Bedeutung</th></tr>
<tr><td><code>in</code></td><td>Nur Lesen.</td></tr>
<tr><td><code>out</code>
<code>out | trunc</code></td><td>Nur Schreiben, existierende Dateien werden überschrieben, nicht existierende Dateien werden erzeugt.</td></tr>
<tr><td><code>out | app</code></td><td>Nur Schreiben, an existierende Dateien wird angehängt, nicht existierende Dateien werden erzeugt.</td></tr>
<tr><td><code>in | out</code></td><td>Lesen und Schreiben, Datei muss existieren.</td></tr>
<tr><td><code>in | out | trunc</code></td><td>Lesen und Schreiben, existierende Dateien werden überschrieben, nicht existierende Dateien werden erzeugt.</td></tr>
<tr><td><code>in | out | app</code></td><td>Lesen und Schreiben, an existierende Dateien wird angehängt, nicht existierende Dateien werden erzeugt.</td></tr>
</table>

Zum Schreiben in die Datei verwenden wir einfach den Streamoperator <<.

Vergessen Sie nie, die Datei zu schließen. Die Stream-Ausgabe in Dateien ist standardmäßig gepuffert, das heißt, die Daten werden erst im Arbeitsspeicher zwischengespeichert und später blockweise in die Datei geschrieben. Dieses Verfahren ist wesentlich effizienter als kleinste Datenmengen direkt zwischen Programm und Datei auszutauschen, denn Dateizugriffe sind relativ zeitaufwendig. Sie müssen aber beachten, dass die ausgegebenen Daten erst in die Datei geschrieben werden, wenn der Zwischenpuffer voll ist und geleert werden muss, wenn Sie explizit das Leeren des Puffers befehlen (`flush()`-Memberfunktion) oder wenn Sie die Datei schließen.

1. Wenn Sie dem `modus`-Argument zusätzlich noch `| binary` anhängen, schalten Sie vom Text- in den Binärmodus um. Im Binärmodus wird das `endl`- oder `\n`-Zeichen nicht in Zeilenumbrüche umgewandelt.

13.7.2 Aus Textdateien lesen

Nun wollen wir ein zweites Programm schreiben, mit dem wir die Adressen aus unserer Textdatenbank wieder auslesen und auf die Konsole ausgeben können.

Um Daten aus einer Textdatei zu lesen, sind vier Schritte erforderlich:

1. Einkopieren der Headerdatei `<fstream>`.
2. Erzeugen eines `ifstream`-Objekts.
3. Öffnen der Datei mit der Memberfunktion `open()`.
4. Lesen aus der Datei.
5. Schließen der Datei mit der Memberfunktion `close()`.

Das folgende Programm liest den Inhalt der in Abschnitt 13.7.1 geschriebenen Datei mit den Daten der DVD-Sammlung. Der Name der Datei wird vom Benutzer abgefragt. Das Programm liest die Datensätze und gibt sie auf die Konsole aus. Zum Schluss wird die Datei geschlossen.

Wenn Sie das Programm ausführen, geben Sie den Pfad zu der Datei an, die Sie in Abschnitt 13.7.1 erzeugt haben (mit / als Verzeichnistrennzeichen), oder kopieren Sie die Datei in das aktuelle Verzeichnis des Programms. (Dies ist das Verzeichnis, in dem die Programmdatei steht, oder – bei Ausführung von Visual C++ aus – das Projektverzeichnis.)

Listing 13.3: Aus einer Textdatei lesen (aus Datei_Lesen.cpp)

```
#include <iostream>
#include <string>
#include <fstream>
using namespace std;

int main()
{
   string dateiname;
   ifstream datei;

   cout << endl;
   cout << " Name der zu oeffnenden Datei: ";
   cin >> dateiname;
   cout << endl;

   // Datei zum Schreiben öffnen
   datei.open(dateiname.c_str(), ios_base::in);
```

```
    // Überschrift einlesen und auf Konsole ausgeben
    char eingelesen[100];
    datei.getline(eingelesen, 100);
    cout << eingelesen << endl;

    while (!datei.eof())
    {
       datei.get(eingelesen, 100, '|');
       cout << eingelesen;

       datei.getline(eingelesen, 100);
       cout << eingelesen << endl;
    }

    cout << endl;
    cout << " Daten wurden eingelesen " << endl;

    // Datei schließen
    datei.close();

    cout << endl << endl;
    return 0;
}
```

An diesem Quelltext interessiert uns vor allem das Einlesen der Daten.

Grundsätzlich stehen Ihnen zum Einlesen folgende Operatoren und Memberfunktionen zur Verfügung:

- << liest einzelne Wörter ein. Die Wortgrenzen werden am Whitespace (Leerzeichen, Tabulatoren, Zeilenumbruch) erkannt.
- `get(char c)` liest ein einzelnes Zeichen ein.
- `get(char *c, int max)` liest `max` Zeichen ein.
- `get(char *c, int max, char ende)` liest `max` Zeichen ein, bricht aber schon vorher ab, wenn das ende-Zeichen gelesen wird.
- `getline(char *c, int max)` liest bis zum Zeilenende, aber höchstens `max` Zeichen.

Wir verwenden im obigen Programm vornehmlich `get()` und `getline()`.

Eine der Schwierigkeiten beim Einlesen von Daten ist, dass diese meist in einem bestimmten Format gespeichert sind. Das Format unserer DVD-Datei sieht beispielsweise so aus, dass zuerst die Spaltenüberschriften kommen und dann die einzelnen Datensätze, die jeweils eine Zeile belegen und sich in den DVD-Titel, das Trennzeichen | und den Namen des Regisseurs gliedern.

```
------- Filmtitel---------|----Regisseur-------
 Rosemary's Baby          | Roman Polanski
 About Schmidt            | Alexander Payne
 Die Stunde des Wolfes    | Ingmar Bergman
 Manhattan Murder Mystery | Woody Allen
```

Entsprechend sieht unser Einlese-Code aus. Zuerst lesen wir die Spaltenüberschriften. Dazu lesen wir mit `getline()` einfach die komplette erste Zeile:

```
char eingelesen[100];
datei.getline(eingelesen, 100);
```

Wir legen ein `char`-Array an, in das `getline()` die eingelesenen Zeichen schreiben kann. Wir wählen die Anzahl der Array-Elemente ausreichend groß, dass die Zeile komplett im Array abgelegt werden kann. Damit es keine Komplikationen gibt, wenn die einzulesende Zeile doch größer ist als das Array, beschränken wir `getline()` auf das Einlesen von soviel Zeichen wie das Array fasst.

Dann starten wir eine `while`-Schleife, die so lange ausgeführt wird, bis das Dateiende erreicht ist. Das Dateiende erkennen wir mit Hilfe der Memberfunktion `eof()`, die `false` zurückliefert, wenn das Dateiende erreicht wurde.

```
while (!datei.eof())
{
   datei.get(eingelesen, 100, '|');

   datei.getline(eingelesen, 100);
}
```

Bei jedem Schleifendurchgang lesen wir eine Zeile. Zuerst lesen wir mit `get()` bis zum `|`-Trennzeichen. Dann lesen wir mit einem `getline()`-Aufruf den Rest der Zeile.

Das Beispiel ist ein wenig vereinfacht, da wir mit den eingelesenen Daten nichts anders machen, als sie auf die Konsole auszugeben. Wenn Sie die Daten im Programm weiterverarbeiten müssten, würden Sie sie in einzelne Variablen, Arrays oder Container (siehe Kapitel 15) speichern. Dann müssten Sie allerdings aus den eingelesenen Blöcken noch die überflüssigen Zeichen entfernen (Leerzeichen, `|`-Zeichen, Zeilenumbruch). (Helfen können Ihnen dabei die Memberfunktionen der Klasse `string` sowie die C-Funktion aus `<cstring>` und die Erläuterungen in Kapitel 9.2.2)

13.8 Binärdateien

Von Binärdateien spricht man, wenn der Inhalt der Datei nicht nach ASCII oder einem anderen Zeichensatz kodiert ist. In dem folgenden Programm werden beispielsweise Objekte der Struktur

```
struct Demo
{
   int wert;
   char text[30];
};
```

unformatiert in eine Datei *Ausgabe.dat* geschrieben. Dazu verwenden wir die Memberfunktion `write()`, der wir als Parameter übergeben:

- die Adresse, an der die auszugebenden Daten zu finden sind, und
- die Anzahl der auszugebenden Bytes.

Die Memberfunktion `write()` schreibt daraufhin die im Speicher angetroffene Bitfolge unverändert in die Datei.

Hier nun das Programm.

Listing 13.4: Schreiben und Lesen von Binärdaten (Binaerdateien.cpp)

```
#include <iostream>
#include <fstream>
#include <string>
#include <sstream>
using namespace std;

struct Demo
{
  int wert;
  string text;
};

Demo strukturen[10];

int main()
{
   ifstream dat_ein;
   ofstream dat_aus;

   // Array mit Strukturen initialisieren
   stringstream sstream;
   for(int n = 0; n < 10; n++)
   {
     strukturen[n].wert = n;
     sstream << n;
     sstream >> strukturen[n].text;
```

```
     sstream.clear();
     strukturen[n].text += ". Strukturvariable";
   }

   // Ausgabedatei oeffnen
   dat_aus.open("Ausgabe.dat", ios_base::out);
   if (!dat_aus)
   {
      cerr << "Datei konnte nicht geoeffnet werden!\n";
      return 1;
   }

   // Array mit Strukturen in Datei schreiben
   dat_aus.write((char *)strukturen, sizeof(struct Demo)*10);

   dat_aus.close();

   // Eingabedatei oeffnen
   dat_ein.open("Ausgabe.dat", ios_base::in);
   if (!dat_ein)
   {
      cerr << "Datei konnte nicht geoeffnet werden!\n";
      return 1;
   }

   // Strukturen einlesen
   int n = 0;
   while(!dat_ein.eof())
   {
      dat_ein.read((char *) &strukturen[n],sizeof(struct Demo));
      n++;
   }

   // eingelesene Strukturen auf Bildschirm ausgeben
   for(int n = 0; n < 10; n++)
   {
      cout << strukturen[n].text << endl;
      cout << "\t" << strukturen[n].wert << endl;
   }

   dat_ein.close();

   return 0;
}
```

Führen Sie das Programm aus und öffnen Sie danach die Datei *Ausgabe.dat* mal in einem Texteditor, um sich das Ergebnis anzusehen.

13.9 Übungen

1. Wie kann man die Wurzel von 2 berechnen und das Ergebnis mit nur zwei Nachkommastellen ausgeben?
2. Wie heißt die Klasse zum Schreiben von Dateien und in welcher Headerdatei ist sie deklariert?
3. Wie heißt die Klasse zum Lesen von Dateien und in welcher Headerdatei ist sie deklariert?
4. Schreiben Sie ein Programm, das Textdateien kopiert. (Tipp: Lesen Sie die Datei in einer `while`-Schleife Zeichen für Zeichen ein und schreiben Sie jedes eingelesene Zeichen gleich in die Ausgabedatei.)

Kapitel 14

jetzt lerne ich

Zeit und Datum

Da Sie auf Ihrem Windows-Desktop meist irgendwo eine Uhr- und Datumsanzeige sehen können, ist Ihnen bestimmt schon der Verdacht gekommen, dass Programme auf die PC-Uhr zugreifen können. Dies ist selbstverständlich auch von C++ aus möglich.

Sie lernen in diesem Kapitel,

- wie man die Zeit abfragen kann,
- wie man Zeit- und Datumsausgaben für die Ausgabe formatieren kann,
- wie man Laufzeitmessungen durchführt,
- wie man Warteschleifen programmiert (siehe Übungsteil).

14.1 Zeit und Datum

Die aktuelle Zeit (inklusive Datum) abzufragen, ist eigentlich gar nicht so schwer:

1. Sie binden die Headerdatei <ctime> ein.

```
#include <ctime>
```

2. Sie fragen mit der Funktion time()vom System die aktuelle Zeit ab.

```
time_t zeit = time(NULL);
```

Der Rückgabewert der Funktion time() ist ein Wert des Datentyps time_t, der ebenfalls in <ctime> definiert ist. Um die Systemzeit abzufragen, müssen Sie also zuerst eine Variable vom Typ time_t definieren.

In dieser Variablen können Sie dann die aktuelle Zeit speichern, wobei Ihnen zwei Wege zur Verfügung stehen:

- das übliche Verfahren, d.h. Sie speichern in der Variablen den Rückgabewert von time() (wobei Sie als Argument NULL übergeben)

```
time_t zeit;
zeit = time(NULL);
```

- Sie übergeben die Adresse Ihrer time_t-Variablen als Argument und lassen time() die aktuelle Zeit direkt in Ihre Variable schreiben

```
time_t zeit;
time(&zeit);
```

Der zweite Weg wirkt ungewohnt, ist aber effizienter, da man einen Kopiervorgang spart. Wenn Sie nämlich den Rückgabewert zuweisen, muss time() die Zeitdaten zuerst intern in einer lokalen Variablen speichern und dann zurückliefern (wobei die Daten in Ihre Variable kopiert werden). Wenn Sie die Adresse Ihrer Variablen übergeben, kann time() die Zeitdaten direkt in Ihre Variable schreiben.

Wenn Sie jetzt allerdings die aktuelle Zeit mit cout ausgeben, werden Sie enttäuscht sein. Die Ausgabe ist ein nichtssagender Zahlenwert.

```
time_t zeit;

zeit = time(NULL);

cout << " Es ist : " << zeit << endl;
```

Ausgabe:

```
Es ist : 1225973532
```

Die Erklärung hierfür ist, dass time() die aktuelle Zeit in Greenwich-Zeit als Anzahl der seit dem 1.1.1970 verstrichenen Sekunden speichert.

Datum und Zeit aufschlüsseln

Um das aktuelle Datum und die Uhrzeit aus einem time_t-Wert auszulesen, müssen Sie den Wert in eine tm-Struktur aufschlüsseln. Der Strukturtyp tm und die Funktionen, die Ihnen dabei helfen, sind ebenfalls in <ctime> definiert.

- gmtime() konvertiert die im time_t-Format übergebene Zeit in eine tm-Struktur.
- localtime() rechnet die im time_t-Format übergebene Zeit in die aktuelle Zeitzone des Systems und speichert sie in einer tm-Struktur.

Wenn Sie in Deutschland, Österreich oder der Schweiz leben, befinden Sie sich in der Zeitzone »(GMT +01:00) Amsterdam, Berlin, Bern, Rom, Stockholm, Wien«. Wenn diese Zeitzone auch korrekt in Ihrem Betriebssystem eingestellt ist und Sie die obigen Funktionen Punkt 14:30 Uhr Ortszeit aufrufen, speichern die Aufrufe:

```
tm* tmZeit;
tmZeit = localtime(&zeit);      // zeit ist vom Typ time_t
tmZeit = gmtime(&zeit);
```

in der tmZeit-Variablen neben dem Datum die folgende Uhrzeiten:

```
13:30:00        // GMT-Zeit
14:30:00        // lokale Zeit
```

In der tm-Strukturvariablen sind die einzelnen Datum- und Zeitbestandteile aufgeschlüsselt und über folgende Strukturelemente erreichbar:

```
struct tm
{
   int  tm_sec;          /* Sekunden               */
   int  tm_min;          /* Minuten                */
   int  tm_hour;         /* Stunden                */
   int  tm_mday;         /* Tag                    */
   int  tm_mon;          /* Monat, 0 == Januar     */
   int  tm_year;         /* Jahr seit 1900         */
   int  tm_wday;         /* Wochentag, 0 == Sonntag */
   int  tm_yday;         /* Jahr im Tag            */
   int  tm_isdst;        /* Sommerzeit-Flag        */
};
```

Sie können die Angaben einzeln abfragen oder – beispielsweise für die Ausgabe auf die Konsole – mit Hilfe der Funktionen asctime() und strftime() in Strings umwandeln.

Datum und Zeit ausgeben

Der einfachste Weg, aus einer tm-Struktur einen Zeit-String zu erzeugen, führt über die Funktion asctime():

```
string s = asctime(tmZeit);
cout << " Es ist : " << s << endl;
```

Ausgabe

```
Es ist : Thu Nov 06 15:01:45 2008
```

Sprache und Format des von asctime() zurückgelieferten Zeit-Strings können nicht verändert werden. Wenn Sie Datum und Uhrzeit in deutscher Sprache ausgeben oder den Strings anders aufbauen möchten (etwa mit ausgeschriebenem Wochentag oder nur mit der Uhrzeit), müssen Sie

- entweder die tm-Struktur selbst auswerten und aus den Daten einen String zusammensetzen
- oder sich der Funktion strftime() bedienen.

Die Funktion strftime() erwartet als Argumente:

- eine String-Variable vom Typ char* oder char[], in dessen Speicherbereich die formatierte Zeitangabe geschrieben werden soll,
- eine Angabe, wie viele Zeichen maximal in den String geschrieben werden sollen (wenn Sie die String-Variable als Array definieren, bietet sich hierfür die Anzahl Zeichen im Array an),
- einen Formatstring, in den man verschiedene Platzhalter für die einzelnen Elemente der tm-Struktur einfügen kann,
- eine tm-Strukturvariable, die die aktuelle Zeit enthält.

Um beispielsweise nur die Uhrzeit im Format hh:mm:ss auszugeben, würden Sie die Funktion wie folgt aufrufen:

```
char zeitStr[100];
strftime(zeitStr, 100, "%X Uhr", tmZeit);
cout << " Es ist : " << zeitStr << endl;
```

Tabelle 14.1: Platzhalter für den strftime()-Formatstring

Platzhalter für strftime()	Bedeutung
%a	Abgekürzter Name des Wochentags
%A	Voller Name des Wochentags
%b	Abgekürzter Name des Monats
%B	Voller Name des Monats
%c	Datum und Zeit

Tabelle 14.1: Platzhalter für den strftime()-Formatstring (Forts.)

Platzhalter für strftime()	Bedeutung
%d	Tag des Monats (01 – 31)
%H	Stunde (00 -23)
%I	Stunde (01 – 12)
%j	Tag des Jahres (001 – 366)
%m	Monat (01 – 12)
%M	Minute (00 – 59)
%p	AM oder PM
%S	Sekunde (00 – 59)
%U	Wochennummer (00 – 53), Woche beginnt mit Sonntag
%w	Wochentag (0 – 6), Sonntag == 0
%W	Wochennummer (00 – 53), Woche beginnt mit Montag
%x	Datum
%X	Uhrzeit
%y	Jahr ohne Jahrhundertangabe (00 – 99)
%Y	Jahr mit Jahrhundertangabe
%Z	Name der Zeitzone

Die Formatierung durch `strftime()` unterliegt den Einstellungen der globalen Lokale (siehe das Ausgeben deutscher Umlaute in Kapitel 13.3) und kann daher an die Sprach- und Regionskonfiguration des aktuellen System angepasst werden.

Das folgende Programm lädt die Lokale des Systems. Wenn es sich um eine deutsche Lokale handelt, wird ein mit `strftime()` individuell zusammen gebastelter Zeitstring in deutscher Sprache ausgegeben. Wenn die Lokale nicht als deutsche Lokale erkannt wird, gibt das Programm den Standard-String von `asctime()` aus.

Listing 14.1: Ausgabe eines deutschen Datums- und Uhrzeit-Strings (Datum.cpp)

```
#include <iostream>
#include <ctime>
#include <locale>
using namespace std;

int main()
{
   // Zeit abfragen
   time_t zeit;
   zeit = time(NULL);
```

```
    // Zeit in tm-Struktur umwandeln
    tm* tmZeit = new tm;
    tmZeit = localtime(&zeit);

    // Zeit ausgeben

    // Wenn dt. Lokale, dann deutschen String ausgeben,
    // ansonsten Standard-String

    // Lokale des Systems auswählen
    locale loc = locale("");
    locale::global(loc);

    // Etwaige mit . angehängte Codetabellennummern im Lokale-Name
    // abschneiden
    string locStr = loc.name();
    locStr = locStr.substr(0, locStr.find_first_of('.'));

    // Prüfen, ob eine deutsche Lokale vorliegt
    if (   (locStr == "de_DE") || (locStr == "de")
        || (locStr == "German_Germany") || (locStr == "German"))
    {
       char zeitStr[100];
       strftime(zeitStr, 100, "%A, der %m. %b. %Y, %X", tmZeit);
       cout << " Es ist : " << zeitStr << endl;
    }
    else
    {
       cout << " Es ist : " << asctime(tmZeit) << endl;
    }

    cout << endl << endl;

    return 0;
}
```

Ausgabe:

```
Es ist : Donnerstag, der 11. Nov. 2008, 15:01:45
```

Der Code zur Einrichtung und Verwendung des `locale`-Objekts wirkt etwas abschreckend. Ich spare mir aber eine ausführlichere Erklärung, da dies bereits in Kapitel 13.3 geschehen ist. Stattdessen möchte ich Ihre Aufmerksamkeit auf die Zeile mit dem `substr()`-Aufruf lenken.

Dabei geht es um das Problem, dass der Name der geladenen Lokale, wie ihn `loc.name()` zurückliefert, beispielsweise

```
de
de_DE
German
German_Germany
```

aber auch

```
de_DE.1252
```

oder

```
German_Germany.850
```

lauten könnte. Das heißt, dem eigentlichen Namen könnte mit einem Punkt die Nummer der verwendeten Codetabelle (Zeichensatz) angehängt sein.

Da wir weder gewillt noch in der Lage sind, in der `if`-Bedingung alle möglichen Namen in Kombination mit angehängten Codetabellen-Nummern zu prüfen, wählen wir einen anderen Weg:

Wir speichern den Namen in einem eigenen String und reduzieren diesen dann mit Hilfe von `substr()` auf den Teilstring, der mit dem ersten Zeichen (Index 0) beginnt und nach n Zeichen endet – wobei wir als n den Index des `.`-Zeichens im String verwenden.

```
string locStr = loc.name();
locStr = locStr.substr(0, locStr.find_first_of('.'));
```

Auch wenn Sie keine Lokale einrichten, können Sie dennoch `strftime()` zur Zusammenstellung des Zeit-Strings verwenden. Die Funktion arbeitet dann mit der Standard-C-Lokale.

14.2 Laufzeitmessungen

Oft ist es ganz nett, eine Stoppuhr im Programm zur Verfügung zu haben, z.B. zu Debugging-Zwecken, um herauszufinden, welche Programmteile die meiste Zeit verbrauchen.

Für Laufzeitmessungen arbeitet man üblicherweise nicht mit der `time()`-Funktion, sondern nutzt die `clock()`-Funktion, die angibt, wie viele »Ticks« seit einem festen compilerspezifischen Zeitpunkt vergangen sind.

Indem Sie `clock()` zu Beginn und am Ende der Laufzeitmessung aufrufen und die jeweiligen Werte in eigenen `clock_t`-Variablen abspeichern, können Sie errechnen, wie viele Ticks in dem Zeitraum der Messung vergangen sind.

Und falls Sie das Ergebnis Ihrer Messungen lieber in Sekunden als Ticks ausdrücken möchten, steht Ihnen die Konstante CLOCKS_PER_SEC zur Verfügung, die angibt, wie viele Ticks eine Sekunde enthält.

Listing 14.2: Durchführung von Laufzeitmessungen (Laufzeit.cpp)

```
#include <iostream>
#include <ctime>
#include <cmath>
using namespace std;

int main()
{
   clock_t start, ende;
   long diff;
   double tmp;


   // Zeitnahme vor dem zu messenden Codeblock
   start = clock();

      // Block, dessen Ausführungszeit gemessen werden soll
      // Berechnung von 10 Millionen Sinuswerten
      for (int n = 0; n < 10000000; n++)
      {
         tmp = sin(1.54);
      }


   // Zeitnahme nach dem zu messenden Codeblock
   ende = clock();

   // Auswertung
   diff = ende - start;

   cout << endl;
   cout << " Benötigte Zeit (in Ticks): "
        << diff
        << endl;
   cout << " Benötigte Zeit (in sec.) : "
        << diff/CLOCKS_PER_SEC
        << endl;


   cout << endl << endl;

   return 0;
}
```

Falls Sie eine Laufzeit von 0 Sekunden angezeigt bekommen, könnte dies daran liegen, dass Ihr Rechner ein gutes Stück schneller ist als mein Rechner (der fast 2 Sekunden für die Berechnung brauchte) oder dass Ihr Compiler die Schleife aggressiv optimiert hat.

Längere Zeiträume können auch mit `time()`-Aufrufen gemessen werden. Die Funktion `difftime()` liefert die Differenz in Sekunden zwischen zwei `time_t`-Werten zurück.

14.3 Übungen

1. Mit welchem `strftime()`-Aufruf könnten Sie nur den Wochentag ausgeben?
2. Mit welchem `strftime()`-Aufruf könnten Sie die Uhrzeit in Stunden und Minuten ausgeben?
3. Wie könnte eine Warteschleife aussehen, die die weitere Ausführung des Programms um fünf Sekunden verzögert? (Tipp: Verwenden Sie die Funktion `clock()` und implementieren Sie die Warteschleife als `while`-Schleife in einer eigenen Funktion `warten()`, der Sie als Argument die zu wartende Zeit in Ticks übergeben. Berechnen Sie in der Funktion die Zeit, zu der das Warten beendet werden soll. Schicken Sie das Programm dann in eine `while`-Schleife, die erst beendet wird, wenn die Zielzeit erreicht ist.)

Kapitel 15

jetzt lerne ich

Container

Arrays haben einen kleinen Nachteil: Man muss bei der Einrichtung der Array-Variablen die Anzahl der Elemente im Array angeben. In den bisherigen Beispielen war dies meist kein Problem, denn wir wussten stets vorab, wie viele Elemente wir maximal im Array speichern wollten.

Anders sieht es aus, wenn man beispielsweise eine Anzahl von Werten aus einer Datei oder direkt über die Tastatur einlesen möchte. Wenn Sie Glück haben, weiß der Anwender vorab, wie viele Werte er eingeben möchte (im Falle einer Datei steht die Anzahl der Werte vielleicht am Anfang der Datei). Dann können Sie zuerst die Anzahl einlesen und auf der Basis dieser Angabe das Array definieren. Wenn der Anwender aber selbst nicht vorab weiß, wie viele Werte er eingeben möchte (oder einfach zu faul ist, die Werte zuerst zählen zu müssen), bleibt Ihnen auch dieser Weg verschlossen. In so einem Fall bräuchten Sie eine Datenstruktur, die mit jedem neuen Wert wächst. Eine solche Datenstruktur steht Ihnen in Form der Klasse `vector` aus der C++-Standardbibliothek zur Verfügung.

Sie lernen in diesem Kapitel,

- was die STL ist,
- welche Datenstrukturen die Informatik kennt,
- wie man in einem `vector`-Container Daten verwaltet,
- wie man in einem `list`-Container Daten verwaltet,
- wie man Daten in einem `vector`-Container durchläuft,
- wie man Daten in einem `vector`-Container sortiert oder anderweitig verarbeitet,
- wie man Daten in einem Array sortiert,
- wie man Daten in einer `map` als Schlüssel/Wert-Paare verwaltet.

15.1 Die STL

Die STL (Standard Template Library) ist ein spezieller Teil der C++-Standardbibliothek, der sich mit der effizienten Verwaltung größerer Datenmengen beschäftigt. Zur STL gehören:

- **Container**. In diesen Containern werden die Daten verwaltet. Sie entsprechen also unseren klassischen Arrays, nur dass sie dynamisch mitwachsen und dass es verschiedene Kategorien von Containern gibt, die alle ihre eigenen Stärken und Schwächen haben.
- Hinzu kommen die **Iteratoren**. Iteratoren sind den Zeigern verwandt und dienen dem Zugriff auf die Elemente, die in Containern abgespeichert wurden.
- Drittens stehen eine Reihe von **Algorithmen** (Funktionen) zur Verfügung, die mit Hilfe von Iteratoren auf den Elementen der verschiedenen Container operieren können. Sie stellen also eine allgemeine Erweiterung der Funktionalität der Container-Klassen dar.
- Schließlich gibt es noch eine Reihe von **Hilfsklassen und -funktionen**, wie Funktionsobjekte, Adapter, etc.

Eine Besonderheit der STL ist, dass alle ihre Klassen und Funktionen als Templates implementiert sind.

So verbirgt sich hinter `vector` beispielsweise die folgende Template-Definition:

```
template <class T> class vector
{
   // Membervariablen und Memberfunktionen
};
```

Die Definition ist sogar noch etwas komplizierter, weil das Template mit zwei Typ-Platzhaltern arbeitet. Da der zweite allerdings mit einem Vorgabeargument ausgestattet ist, spielt er für uns keine Rolle – ganz im Gegensatz zum ersten Platzhalter, hier mit `T` angegeben. Er gibt an, von welchem Typ die Datenelemente im Container sind oder, anders ausgedrückt,: welchen Typ die Elemente haben müssen, die man im Container ablegen kann.

Was bedeutet das für die Praxis?

Es bedeutet, dass wir für jeden Container, den wir erzeugen, angeben müssen, welche Art von Elementen darin abgelegt werden sollen. Das ist nicht viel anders als bei der Definition einer Array-Variablen, nur dass wir den Datentyp nicht vor dem Variablennamen, sondern in den eckigen Klammern hinter dem Klassennamen angeben.

Wenn wir also statt eines Arrays für `int`-Elemente

```
int werte[10];
```

einen `vector`-Container erzeugen möchten, schreiben wir

```
vector<int> werte(10);
```

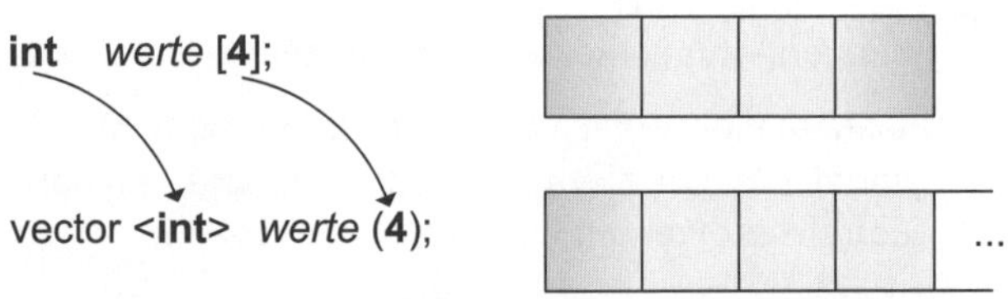

Abb. 15.1: Vom Array zur Vatenstruktur vector

Datenstrukturen

Die Informatik hat viele Konzepte zum Organisieren und Ablegen von Daten entwickelt, die allgemein als *Datenstrukturen* bezeichnet werden. Manche Datenstrukturen sind recht einfach zu verstehen und einzusetzen, andere sind hoch kompliziert und sehr schwierig zu programmieren. Die Kunst des guten Programmierens ist die Wahl der richtigen Datenstruktur und der richtigen Algorithmen, um auf der Datenstruktur zu operieren. Man muss sich überlegen, was für Daten vorliegen und was damit gemacht werden soll. Die Wahl der Datenstruktur sollte dann entsprechend getroffen werden. Wenn Sie beispielsweise eine Datenbank aufbauen wollen, in der viele Einfügeoperationen, aber selten Löschoperationen gemacht werden müssen, dann sollte die Datenstruktur das Einfügen möglichst effizient umsetzen; auch wenn dies eventuell zu Lasten der Löschoperationen geht. Wenn letztere nur selten benötigt werden, ist dies kein großer Nachteil.

Leider sind effiziente Datenstrukturen und Algorithmen in der Regel schwierig zu implementieren. Die Folge: Sehr viele Programme (auch professionelle in der Industrie) verwendeten früher schlechte, weil langsame oder speicheraufwendige Lösungen, obwohl die Forschung längst viel bessere Varianten gefunden hat. Um diese Lücke zwischen Theorie und Praxis zu schließen, bieten moderne Programmiersprachen sogenannte Container-Klassen, die moderne und effiziente Implementierungen bieten. Der Anwender kann einfach seine zu verwaltenden Objekte »hineinstopfen« und sich ansonsten auf die eigentlichen Ziele seines Programms konzentrieren. Mit dem komplizierten Verwalten der Daten muss er sich nicht mehr abmühen.

In der C++-Standardbibliothek finden sich Implementierungen folgender Grundtypen:

- Arrays – verwalten die Daten in größeren zusammenhängenden Blöcken (`vector`, `deque`).
- Listen – verwalten die Daten als einzelne, miteinander verkettete Speicherzellen (`list`, `deque`).
- Mengen – für sortierte Datensammlungen (`set`, `multiset`).
- Hashtabellen – verwalten die Daten als Schlüssel/Wert-Paare, d.h. jedem Datenelement wird ein Schlüssel zugeordnet, über den es identifiziert werden kann (`map`, `multimap`).
- Warteschlangen – Datenstruktur, die eine Warteschlange simuliert. Für die normale Warteschlange (`queue`) bedeutet dies, dass zuerst eingefügte Daten auch als Erstes wieder ausgelesen werden – FIFO-Prinzip (First In – First Out) (`queue`, `priorityQueue`).
- Stapel – Datenstruktur, die einen Stapel simuliert. Das bedeutet, dass zuletzt eingefügte Daten auch als Erstes wieder ausgelesen werden – LIFO-Prinzip (Last In – First Out) (`Stack`).

15.2 vector – ein intelligenter Daten-Container

Der STL-Container `vector` ist den uns bekannten Arrays sehr ähnlich, d.h., die einzelnen Datenelemente werden in einer geordneten Folge in einem zusammenhängenden Datenblock abgelegt und können daher über den Indexoperator [] angesprochen werden. Im Unterschied zu einem gewöhnlichen Array kann ein `vector` allerdings dynamisch wachsen. Und genau dies wollen wir uns jetzt zunutze machen.

In Kapitel 7.1.4 haben Sie in Listing 7.1 ein Programm gesehen, dass über die Konsole Messwerte einliest und dann den Mittelwert aus den eingegebenen Daten berechnet. Das Programm aus Listing 7.1 verwaltete die Daten in einem Array, das Platz für 100 `double`-Werte hatte. Dies hatte zwei Nachteile:

- Es belegt unnötig Speicher, wenn weniger als 100 Werte eingeben werden – was grundsätzlich kein guter Programmierstil ist, bei unseren Dimensionen (gerade mal 100 `double`-Werte) allerdings nicht sonderlich gravierend ist.
- Für Fälle, wo mehr als 100 Daten auszuwerten sind, ist das Programm ungeeignet. Das ist schon ärgerlicher, auch wenn Sie jetzt denken werden, dass wohl niemand so verrückt ist, 100 Werte über die Tastatur einzugeben. Nun, das Programm könnte aber auch so programmiert werden, dass es die Daten aus einer Datei einliest, und dann wäre es schon schade, wenn nicht auch größere Datenmengen verarbeitet werden könnten.

15.2.1 Einsatz eines Containers

Mit `vector` haben wir nun die Möglichkeit, das alte Programm zu überarbeiten und diese Beschränkungen aufzuheben.

1. Zuerst kopieren wir die Headerdatei <vector> ein, in der das `vector`-Tenplate deklariert ist.

   ```
   #include <vector>;
   ```

2. Erzeugen Sie einen `vector`-Container für `double`-Daten.

   ```
   vector<double> messwerte(20);
   ```

   Der Wert in den runden Klammern gibt an, dass der Container anfangs Platz für 20 Datenelemente haben soll. Wenn ein Anwender später in einer Sitzung mit dem Programm weniger als 20 Werte eingibt, wird also nicht so viel Speicher verschwendet wie bei einem Array für 100 double-Werte. Und wenn mehr als 20 Werte eingegeben werden, passt sich der Container automatisch an.

3. Lesen Sie die Messwerte ein.

Während das Abspeichern der Messwerte im Container dank des []-Operators nicht anders aussieht als bei einem Array, sollten wir das Einlesen von der Tastatur etwas gründlicher überarbeiten. Anstatt wie zuvor den Anwender aufzufordern, die Anzahl der einzugebenden Daten anzugeben (und ihn damit möglicherweise zu zwingen, über 100 Einträge abzuzählen), wollen wir ihn in einer Schleife wieder und wieder zur Eingabe des nächsten Werts auffordern, bis er durch Eingabe des Buchstaben »e« anzeigt, dass alle Werte eingelesen sind.

Das Problem dabei ist, dass wir den Buchstaben e nicht wie die Messwerte in unseren Container einlesen dürfen.

Wir lösen dies, indem wir vor dem eigentlichen Einlesen des Werts in den Container spitzeln (englisch: peek), welches das nächste Zeichen in der Eingabe ist. Ist es nicht das Zeichen 'e', hat der Anwender einen weiteren Wert eingegeben, den wir einlesen. Ist es das Zeichen 'e' überspringen wir das Einlesen. Die Bedingung am Ende der do-while-Schleife beendet dann die Schleife.

```
int anzahl = 0;
char c;

do
{
   cout << " Geben Sie den " << (anzahl+1)
        << ". Messwert ein: ";

   c = cin.peek();
   if (cin.peek() != 'e')
   {
      cin >> messwerte[anzahl];
      char cend = cin.get();
      anzahl++;
   }
} while (c != 'e');
```

Beachten Sie auch den Aufruf von cin.get() nach dem eigentlichen Einlesen. Dieser Aufruf ist erforderlich, weil cin >> variable das Zeilenumbruchzeichen im Eingabepuffer stehen lässt. Bei aufeinanderfolgenden >>-Operationen stört dies nicht. In der obigen Schleife würde es allerdings dazu führen, dass cin.peek() ab dem zweiten Schleifendurchgang das Zeichen '\n' zurückliefert.

4. Berechnen Sie den Mittelwert.

```
double mittelwert = 0;
double summe      = 0;

for(int i = 0; i < anzahl; ++i)
   summe += messwerte[i];

mittelwert = summe/anzahl;

cout << endl;
cout << " Der Mittelwert betraegt: " << mittelwert;
```

Das vollständige Listing finden Sie auf der Buch-DVD (*vector.cpp*).

15.2.2 Größenmanagement von Containern

Bei einem Container wie `vector` muss man zwischen der Anzahl der tatsächlich im Container verwalteten Elemente und der Anzahl der reservierten Speichereinheiten unterscheiden.

- Die Anzahl der enthaltenen Elemente können Sie mit der Memberfunktion `size()` abfragen.
- Die Anzahl der Elemente, die der Container aufnehmen kann, ohne dass neuer Speicher reserviert wird, ist seine Kapazität und wird von der Memberfunktion `capacity()` zurückgeliefert.

Wenn Sie einen neuen Container erzeugen, geben Sie in den runden Klammern die Anfangsgröße an:

```
vector<double> messwerte(20);
```

Die Anfangsgröße ist keine Kapazität. Es werden vielmehr bereits Elemente mit einem typabhängigen Standardwert angelegt (für `double`-Werte beispielsweise 0.0). Die Memberfunktion `size()` würde für den obigen Container also 20 zurückliefern.

Mit der Memberfunktion `push_back()` können Sie am Ende des Containers einen weiteren Wert hinzufügen.

```
messwerte.push_back(12.5);
```

Nach Ausführung dieses Funktionsaufrufs hätte der obige Container die neue Größe 21.

Häufiges Anhängen zusätzlicher Elemente am Ende des Containers ist allerdings wegen der ständigen Speichervergrößerungen im Hintergrund etwas ineffektiv. Daher gibt es auch die Möglichkeit, mit einem Funktionsaufruf gleich Speicher für mehrere Elemente anzufordern:

```
messwerte.reserve(10);              // vergrößert die Kapazität um 10
                                    // Einheiten
```

Nachfolgende `push_back()`-Aufrufe nutzen dann zunächst die bestehende Kapazität, so dass keine Neureservierung nötig ist.

Sie können auch die Größe des Containers verändern:

```
messwerte.resize(10);              // legt neue Größe fest
```

Hier wird kein zusätzlicher Speicher reserviert. Vielmehr wird ein neuer Speicherblock für 10 Elemente reserviert und dann werden die Elemente aus dem alten Speicherblock in den neuen Speicherblock kopiert. Ist der neue Speicherblock kleiner als der alte, gehen die überzähligen Elemente verloren; ist der neue Speicherblock größer, haben die zusätzlichen Elemente den typspezifischen Standardwert.

Noch ein Wort zum `[]`-Operator. Wie bei einem Array dürfen Sie mit `[]` nur auf Elemente zugreifen, die tatsächlich vorhanden sind. Mit anderen Worten: der Index muss kleiner als der Rückgabewert von `size()` sein.

```
// Alle Elemente im Container ausgeben
for(int i = 0; i < messwerte.size; ++i)
   cout << messwerte[i] << endl;
```

15.2.3 Typische Memberfunktionen

Wie bereits erwähnt, gibt es verschiedene Arten von Containern mit jeweils spezifischen Stärken und Schwächen und auch spezifischen Memberfunktionen. Der Container `vector` arbeitet z.B. am effizientesten, wenn Elemente am Ende hinzugefügt oder gelöscht werden. Aus diesem Grunde definiert er für diese Aufgaben eigene Memberfunktionen:

```
push_back(element)        // hängt ein neues Element am Ende an
pop_back()                // löscht das letzte Element
```

Daneben gibt es allerdings auch etliche Memberfunktionen, die allen Container gemeinsam sind. Hier eine kleine Auswahl:

Tabelle 15.1: Wichtige allgemeine Container-Memberfunktionen

Memberfunktion	**Beschreibung**
`int size()`	Liefert die aktuelle Anzahl Elemente im Container zurück.
`bool empty()`	Liefert `true` zurück, wenn der Container leer ist.
`void insert(pos, elem)`	Fügt an der angegebenen Position ein Element ein.
`pos erase(pos)`	Löscht das Element an der angegebenen Position und liefert die Position hinter dem gelöschten Element zurück.

Memberfunktion	Beschreibung
`pos erase(pos_anf, pos_end)`	Löscht die Elemente zwischen den angegebenen Positionen und liefert die Position hinter den gelöschten Elementen zurück.

Tabelle 15.1: Wichtige allgemeine Container-Memberfunktionen (Forts.)

Einige dieser Memberfunktionen arbeiten mit Positionen. Damit sind im Falle der Container jedoch keine Indexwerte gemeint, sondern die sogenannten Iteratoren.

15.3 Der Gebrauch von Iteratoren

Container stellen für den Zugriff auf ihre Elemente sogenannte *Iteratoren* bereit.

Ein Iterator ist im Grunde nichts anderes als ein zeigerähnlicher Verweis auf ein Element im Container.

Nun werden Sie sich sagen: »Das klingt mir zu kompliziert. Ich greife lieber weiter mit dem Index-Operator [] auf die Elemente in meinen Container zu.«

Falsch!

- Erstens ist die Programmierung mit Iteratoren gar nicht kompliziert, wenn man die Regeln kennt.
- Zweitens steht der Index-Operator nur für die Container vom Typ `vector` und `deque` zur Verfügung. Die anderen Container verwalten ihre Elemente in einer Art und Weise, die eine Indizierung nicht erlaubt. Iteratoren werden dagegen von allen Containern unterstützt.
- Drittens arbeiten auch viele globale Funktionen (siehe nachfolgender Abschnitt) und etliche Memberfunktionen der Container (beispielsweise `insert()`) mit Iteratoren.

Sehen wir uns also an, wie Sie mit Hilfe von Iteratoren die Elemente in einem Container durchlaufen können.

Alle Container definieren Memberfunktionen `begin()` und `end()`, die einen Iterator auf das erste bzw. hinter das letzte Element im Container zurückliefern. Mit diesen beiden Iteratoren können die Elemente in einem Container bequem durchlaufen werden.

Augenblick! In was für einer Variable können wir die von `begin()` bzw. `end()` zurückgelieferten Iteratoren denn speichern, sprich welchen Datentyp müssen diese Variablen haben?

Der Iterator-Typ ist bereits in der Template-Klasse des Containers definiert und heißt `iterator`. Die Definition einer Iterator-Variable sieht demnach wie folgt aus:

```
container<elementtyp>::iterator it;
```

Um aber nicht bei jeder Definition eines Iterators die ganze Typdefinition wiederholen zu müssen, ist es üblich, für den Typ ein Alias zu definieren. Dies geht mit Hilfe des C++-Schlüsselworts `typedef`.

Ein Iterator für einen `list`-Container für `int`-Elemente könnte also wie folgt definiert werden:

```
typedef list<int>::iterator iterTyp;
```

Das nachfolgende Programm erzeugt einen `list`-Container und demonstriert, wie mit Hilfe von Iteratoren seine Elemente durchlaufen oder einzeln hinzugefügt werden können.

```
#include <iostream>
#include <list>
using namespace std;

int main()
{
   list<int> zahlen(5);
   typedef list<int>::iterator iterTyp;

   // Container initialisieren
   int i = 1;
   for(iterTyp it = zahlen.begin(); it != zahlen.end(); it++)
   {
      *it = i;
      i++;
   }

   // Weiteres Elemente hinzufuegen
   list<int>::iterator it = zahlen.begin();
   it++;
   it++;
   it++;
   zahlen.insert(it, -717);

   //Elemente ausgeben
   cout << endl;

   for(iterTyp it = zahlen.begin(); it != zahlen.end(); it++)
   {
      cout << *it << endl;
   }
```

```
   cout << endl << endl;
   return 0;
}
```

Listing 15.1: Programmieren mit list-Container (list.cpp)

Ausgabe

```
1
2
3
-717
4
5
```

Die verschiedenen Container liefern unterschiedliche Typen von Iteratoren zurück. Alle Iteratoren können ebenso wie Zeiger mit dem *-Symbol dereferenziert werden (Zugriff auf das Element, auf welches der Iterator verweist). Außerdem können alle Iteratoren mit dem ++-Operator vorgerückt werden.

Einige Iteratoren können allerdings noch mehr. Hätten wir z.B. im obigen Programm einen `vector`-Container verwendet, hätten wir uns die mehrfache Anwendung des ++-Operators sparen und den Iterator mit `zahlen.begin() + 3` direkt an die gewünschte Stelle rücken können.

15.4 Die Algorithmen

Die Iteratoren sind für uns der Schlüssel, der uns eine kleine Schatzkammer von äußerst nützlichen Funktionen für die Arbeit mit Containern aufschließt: die in `<algorithm>` definierten STL-Algorithmen.

Die folgende Übersicht informiert Sie darüber, für welche Aufgaben Sie welchen STL-Algorithmus nutzen können. Für eine ausführliche Beschreibung oder Referenz der (häufig auch noch überladenen) Algorithmen fehlt uns hier leider der Platz. Ich werde allerdings im Anschluss an die Tabelle die grundsätzliche Programmierung am Beispiel zweier Algorithmen erläutern. Für Detailinformationen zu den einzelnen Algorithmen schlagen Sie bitte in einer geeigneten Referenz oder der Dokumentation Ihres Compilers nach.

Tabelle 15.2: Die STL-Algorithmen

Algorithmus	Beschreibung
`adjacent_find`	Benachbarte Vorkommen aufspüren
`binary_search`	Element in sortierter Sequenz suchen
`copy`	Sequenz kopieren (beginnt mit erstem Element)
`copy_backward`	Sequenz kopieren (beginnt mit letztem Element)

Tabelle 15.2: Die STL-Algorithmen (Forts.)

Algorithmus	Beschreibung
count	Elemente in Sequenz zählen
count_if	Bestimmte Elemente in Sequenz zählen
equal	Elemente in Sequenz paarweise vergleichen
equal_range	Einheitliche Sequenz suchen
fill	Elemente in Sequenz einen Wert zuweisen
fill_n	Den ersten n Elementen in Sequenz einen Wert zuweisen
find	Wert in Sequenz suchen
find_end	Letztes Vorkommen einer Teilsequenz suchen
find_first_of	Element in Sequenz suchen
find_if	Bestimmtes Element suchen
for_each	Funktion auf Elemente anwenden
generate	Sequenz einen berechneten Wert zuweisen
generate_n	Ersten Elementen einer Sequenz einen berechneten Wert zuweisen
includes	Sequenz enthalten in anderer Sequenz
inplace_merge	Zwei Sequenzen vermengen
iter_swap	Zwei Elemente tauschen
lexicographical_compare	Zwei Sequenz lexikographisch vergleichen
lower_bound	Element in sortierte Sequenz einfügen
make_heap	Sequenz in Heap umwandeln
max	Maximum zweier Werte bestimmen
max_element	Maximum einer Sequenz bestimmen
merge	Zwei Sequenzen vermengen
min	Minimum zweier Werte bestimmen
min_element	Minimum einer Sequenz bestimmen
mismatch	Ersten Elemente zweier Sequenzen, die nicht gleich sind
next_permutation	Nächste Permutation erzeugen
nth_element	N-tes Element einsortieren
partial_sort	Teilsequenz sortieren
partial_sort_copy	Teilsequenz sortiert kopieren

Tabelle 15.2: Die STL-Algorithmen (Forts.)

Algorithmus	Beschreibung
partition	Elemente, die eine Bedingung erfüllen, nach vorne kopieren
pop_heap	Element von Heap entfernen
prev_permutation	Vorangehende Permutation erzeugen
push_heap	Element in Heap einfügen
random_shuffle	Elemente in Sequenz neu verteilen
remove	Elemente mit bestimmtem Wert entfernen
remove_copy	Nur Elemente kopieren, die ungleich einem bestimmten Wert sind
remove_copy_if	Nur Elemente kopieren, die eine bestimmte Bedingung nicht erfüllen
remove_if	Bestimmte Elemente entfernen
replace	Elemente mit bestimmtem Wert ersetzen
replace_copy	Sequenz kopieren, bestimmte kopierte Elemente durch Wert ersetzen
replace_copy_if	Sequenz kopieren, bestimmte kopierte Elemente durch Wert ersetzen
replace_if	Bestimmte Elemente ersetzen
reverse	Reihenfolge der Elemente umkehren
reverse_copy	Sequenz in umgekehrter Reihenfolge kopieren
rotate	Elemente rotieren
rotate_copy	Sequenz in rotierter Reihenfolge kopieren
search	Teilsequenz suchen
search_n	Teilsequenz mit identischen Werten suchen
set_difference	Differenz zweier sortierter Sequenzen (für Elemente aus A, aber nicht B)
set_intersection	Schnitt zweier sortierter Sequenzen
set_symmetric_difference	Differenz zweier sortierter Sequenzen (für Elemente entweder in A oder B)
set_union	Vereinigung zweier sortierter Sequenzen
sort	Sequenz sortieren
sort_heap	Heap sortieren
stable_partition	Elemente, die eine Bedingung erfüllen, unter Beibehaltung ihrer relativen Ordnung nach vorne kopieren

Tabelle 15.2: Die STL-Algorithmen (Forts.)

Algorithmus	Beschreibung
`stable_sort`	Sequenz sortieren (Reihenfolge gleicher Elemente bleibt erhalten)
`swap`	Zwei Elemente tauschen.
`swap_ranges`	Elemente zweier Sequenzen tauschen
`transform`	Elementen einer Sequenz neue Werte zuweisen
`unique`	Duplikate aus Sequenz entfernen
`unique_copy`	Sequenz ohne Duplikate kopieren
`upper_bound`	Element in sortierte Sequenz einfügen

In dem nachfolgenden Programm wird die Algorithmusfunktion `generate()` zur Initialisierung der Container-Elemente herangezogen. Sie erspart uns eine `for`-Schleife.

Danach wird der Container um sechs neue Elemente mit identischen Werten erweitert.

Zum Schluss wird der Container mit Hilfe der Algorithmusfunktion `stable_sort()` sortiert und die Werte der Elemente ausgegeben.

Listing 15.2: Container-Elemente mit Algorithmen-Funtionen bearbeiten (Sortieren.cpp)

```
#include <cstdlib>
#include <iostream>
#include <functional>
#include <algorithm>
#include <deque>
using namespace std;

// Generator fuer ungerade Zufallszahlen
int get_ungerade()
{
   int zufallszahl;
   zufallszahl = rand()%10000;
   if (! (zufallszahl & 1L))
      return zufallszahl + 1;
   else
     return zufallszahl;
}

// Iterator definieren
typedef deque<int>::iterator iter;

int main()
{
   deque<int> container(5);
```

```
    // Werte initialisieren
    generate(container.begin(), container.end(), get_ungerade);

    // Werte hinzufuegen
    container.insert(container.end(), 6, get_ungerade());

    // Werte sortieren
    stable_sort(container.begin(), container.end(),
                less<int>());

    //Werte ausgeben
    int count = 1;
    for(iter i = container.begin(); i != container.end(); i++)
    {
       cout << count++ << ": " << *i << endl;
    }

    return 0;
}
```

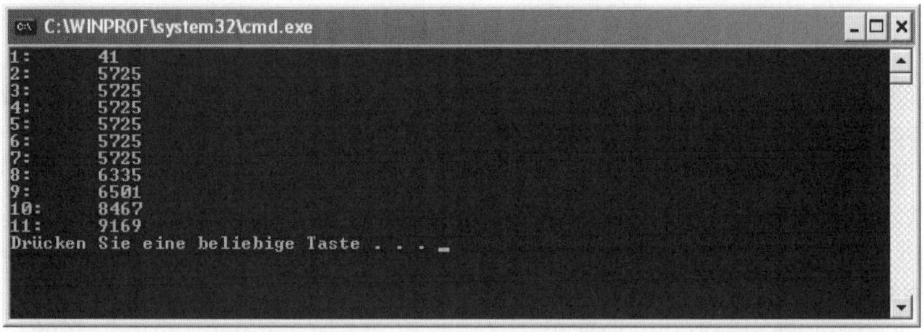

Abb. 15.2: Ausgabe des Programms Sortieren

15.4.1 generate()

Im obigen Programm wird zur Initialisierung der Elemente im Container die Algorithmen-Funktion `generate()` aufgerufen.

```
void generate(iterator anfang,
              iterator ende,
              Generator wertLieferant);
```

Die Funktion erwartet einen Iterator auf das erste Element, dem ein Wert zugewiesen werden soll, und einen zweiten Iterator, der hinter das letzte zu initialisierende Element weist. Plant man, allen Elementen in einem Container mit Hilfe der Funktion Werte zuzuweisen, kann man also einfach die Rückgabewerte der Container-Memberfunktion `begin()` und `end()` übergeben.

Etwas seltsam mutet der dritte Parameter an. Hier wird ein »Funktions-Objekt« erwartet, das die Algorithmen-Funktion `generate()` für jedes Element im Container aufruft und das ihr den Wert zurückliefert, den sie dem Element zuweisen soll. Sie können als Argument für diesen Parameter einfach den Namen einer Funktion übergeben, die selbst kein Argument erwartet und einen Wert vom Typ der Elemente im Container zurückliefert.

Die Funktion `get_ungerade()`, die im Programm übergeben wird, erzeugt eine Zufallszahl. Ist die Zahl gerade, addiert die Funktion 1. Dann liefert sie die Zahl zurück. Im Endeffekt liefert sie also eine zufällige ungerade Zahl zurück.

15.4.2 stable_sort()

Die Algorithmen-Funktion `stable_sort()` ist zweifach überladen:

```
void stable_sort(iterator anfang,
                 iterator ende)
```

```
void stable_sort(iterator anfang,
                 iterator ende,
                 Compare vergleich)
```

Die erste Version übernimmt zwei Iteratoren, die auf den Anfang und hinter das Ende des zu sortierenden Bereichs verweisen, und sortiert dann in aufsteigender Reihenfolge.

Natürlich wollen wir dies gerade nicht, sondern ziehen es vor, unsere Werte in absteigender Folge auszugeben. Anstatt aber die Ausgaberoutine umzuschreiben, nutzen wir die zweite Version von `stable_sort()`, der ein Vergleichsobjekt übergeben werden kann. In der Headerdatei `<functional>` sind glücklicherweise schon einige Vergleichsobjekte vordefiniert.

Tabelle 15.3: Vergleichsobjekte aus <functional>

Vergleichssobjekt	Beschreibung
`equal_to`	`arg1 == ag2`
`greater`	`arg1 > arg2`
`greater_equal`	`arg1 >= arg2`
`less`	`arg1 < arg2`
`less_equal`	`arg1 <= arg2`
`logical_and`	`arg1 && arg2`
`logical_not`	`!arg`
`logical_or`	`arg1 || arg2`
`not_equal_to`	`arg1 != arg2`

Einfache Arrays sortieren

Mit Hilfe der Algorithmen-Funktionen können Sie auch Arrays bearbeiten. Statt der Rückgabewerte von `begin()` und `end()` übergeben Sie dazu einfach die Adresse des ersten Elements im Array und eine Adresse hinter das letzte Element im Array:

```
// wie oben

int main()
{
   const int MAX = 10;
   int werte[MAX];

   // Werte hinzufuegen
   generate(&werte[0], &werte[MAX], get_ungerade);

   // Werte sortieren
   stable_sort(&werte[0], &werte[MAX], less<int>());

   ...
   return 0;
}
```

15.5 Schlüssel/Wert-Paare

Eine höchst wichtige Aufgabe in der Programmierung ist die Verwaltung von Wertepaaren. Dabei dient der erste Wert als Schlüssel, der zum Auffinden des zweiten Werts verwendet wird. Eine solche Zuordnung von Schlüsseln und Werten nennt man in der Informatik eine *Map* oder ein *Mapping.*

Nehmen wir beispielsweise das Mapping zwischen zwei Sprachen wie Englisch und Deutsch. Es gibt zwei Wertebereiche A und B: die englischen Wörter und die deutschen Wörter. Es sei A = {walk, work, yellow, sun} und B = {Spaziergang, Arbeit, gelb, Sonne}. Ein Mapping muss nun jedem englischen Wort das entsprechende deutsche Wort zuordnen. (Mehrfachbedeutungen von Wörtern lassen wir mal der Einfachheit halber weg.) Unsere Tabelle zur Durchführung des Mappings von Englisch nach Deutsch könnte dann so aussehen:

Tabelle 15.4: Beispiel für ein Mapping

Wort	wird abgebildet auf	Wort
walk	-->	Spaziergang
work	-->	Arbeit
yellow	-->	gelb
sun	-->	Sonne

Nehmen wir einmal an, die deutschen Wörter wären in einem Array gespeichert. Wie könnte dann der Benutzer des Programms die deutsche Übersetzung zu einem englischen Wort nachschlagen? Im Moment gar nicht, denn in unserem Array sind ja nur die deutschen Begriffe gespeichert! Wir könnten das Problem lösen, indem wir im Array nicht einfach nur einen String mit dem deutschen Wort, sondern ein Struktur- oder Klassenobjekt ablegen, welches das deutsche und das englische Wort enthält. Die Suche nach einem englischen Wort bedeutet dann, dass wir alle Objekte im Array danach absuchen. Haben wir das Objekt mit dem gesuchten englischen Begriff gefunden, haben wir auch das deutsche Wort (das ja mit im Objekt abgelegt ist).

Diese Methode funktioniert in unserem Beispiel, aber denken Sie einmal an Wörterbücher mit mehreren hunderttausend Einträgen! Für solche Datenmengen ist das obige Verfahren viel zu langsam. Selbst der Wechsel zu einem effizienteren Suchverfahren kann oft noch zu langsam sein. Am besten wäre ein Verfahren, das es uns erlaubt, zu einer gegebenen englischen Vokabel direkt die zugehörige deutsche Vokabel abzugreifen. Und das ist möglich! Wir müssen lediglich die Paare von englischen und deutschen Vokabel als Schlüssel/Wert-Paare in einem `map`-Container ablegen.

Listing 15.3: Verwalten von Wert-Paaren in einem map-Container (Woerterbuch.cpp)

```
#include <iostream>
#include <string>
#include <utility>
#include <map>
using namespace std;

int main()
{
   map<string,string> vokabeln;

   // Elemente aufnehmen
   // Der Index-Operator fügt das Element ein, wenn der Schlüssel
   // neu ist
   vokabeln["walk"] = "Spaziergang";
   vokabeln["work"] = "Arbeit";
   vokabeln["yellow"] = "gelb";
   vokabeln["sun"] = "Sonne";

   // Elemente ausgeben
   // Iterator iter liefert Elemente als pair-Objekte zurück
   typedef map<string, string>::iterator iterTyp;
   for(iterTyp it = vokabeln.begin(); it != vokabeln.end(); ++it)
   {
      cout << " Schluessel: " <<  it->first << "  \t";
      cout << " Wert: " <<  it->second << endl;
   }
```

```
    // Element abfragen
    string suchwort;

    cout << endl << endl;
    cout << " Geben Sie englisches Wort als Suchbegriff ein: ";
    cin >> suchwort;

    iterTyp it = vokabeln.find(suchwort);

    if (it != vokabeln.end())
    {
       cout << endl;
       cout << " " << suchwort << " = " << it->second << endl;
    }
    else
    {
       cout << endl;
       cout << " Kein Eintrag fuer " << suchwort << " gefunden."
            << endl;
    }

    cout << endl << endl;
    return 0;
}
```

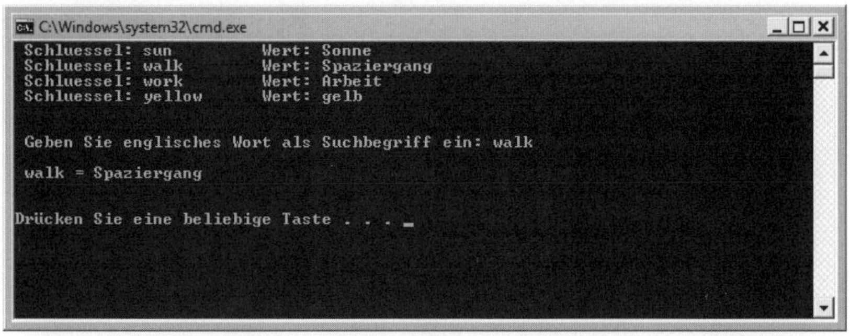

Abb. 15.3: Ausgabe des Programms Woerterbuch

Wie Sie sehen, können Sie Schlüssel/Wort-Paare in einen `map`-Container einfach dadurch einfügen, dass Sie den Schlüssel als Index benutzen:

```
vokabeln["walk"] = "Spaziergang";
```

Und wie Sie an der Ausgabe ablesen können, verwaltet der `map`-Container die eingefügten Schlüssel/Wert-Paare automatisch in nach dem Schlüssel sortierter Reihenfolge.

Was Sie an dem Programm jedoch nicht ablesen können, ist, dass der `map`-Iterator Schlüssel/Wert-Paare als Objekte der `pair`-Klasse aus `<utility>` zurückliefert. Die wichtigsten Elemente dieser Klasse sind die Membervariablen `first` und `second`, über die Sie den Schlüssel (`first`) und den Wert (`second`) abfragen können.

15.6 Übungen

1. Welche Schritte sind nötig, um das Programm aus Listing 15.2 von der Verwendung von `deque` auf `vector` umzustellen?
2. Welche Schritte sind nötig, um das Programm aus Listing 15.2 von der Verwendung von `deque` auf `list` umzustellen?
3. Suchen Sie sich ein Beispielprogramm aus, das mit normalen Arrays arbeitet, und ersetzen Sie das Array durch einen `vector`-Container. (Zu dieser Übung gibt es keine Lösung.)
4. Wenn Sie eine Referenz zur C++-Standardbibliothek oder zur STL besitzen, suchen Sie sich ein paar Algorithmen-Funktionen aus und testen Sie ihre Verwendung in einem Programm. (Zu dieser Übung gibt es keine Lösung.)

Kapitel 16

jetzt lerne ich

Programme aus mehreren Quelltextdateien

Größere Programme sollten nicht als eine endlose Folge von sequenziell abzuarbeitenden Anweisungen aufgesetzt werden. Stattdessen organisiert man den Quelltext, indem man Teilprobleme identifiziert und in Form von Funktionen oder Klassen getrennt (und möglichst gleich für den allgemeinen Fall) löst.

Zur besseren Codeorganisation und in Hinblick auf die mögliche Verwendung in anderen Programmen werden Klassen und thematisch zusammengehörende Funktionensammlungen dabei üblicherweise in eigene Quelltextdateien ausgelagert.

Sie lernen in diesem Kapitel,

- wie Sie den Quelltext auf mehrere Dateien verteilen können,
- wie Sie Deklarationen und Definitionen auf Header- und Quelltextdatei verteilen,
- wie man mit der `#define`-Direktive Schalter für den Präprozessor definiert,
- wie man mit speziellen Präprozessor-Direktiven steuern kann, welcher Code übersetzt werden soll.

16.1 Quelltext verteilen

Werden Elemente (Funktionen, Klassen, Variablen, etc.) in eigene Quelltextdateien ausgelagert, ist es üblich,

- die Deklaration in eine eigene Headerdatei (*.h*, *.hpp*) zu schreiben,
- die Definition in der zugehörigen Quelltextdatei (*.c*, *.cpp*) aufzusetzen.

Diese Aufteilung ist zwar keine von der Sprache vorgegebene Notwendigkeit, doch ist sie allgemein üblich und trägt zur unkomplizierten Verwendung von Programmelementen über Dateigrenzen hinweg bei, da die betreffenden Quelltextdateien dann nur die Headerdatei einkopieren müssen (`#include`), um die gewünschten Programmelemente anschließend verwenden zu können.

Natürlich ist es auch notwendig, die einzelnen Quelltextdateien zusammen zu kompilieren, um den Code zu einem gemeinsamen Programm zu vereinen.

In Visual C++ müssen Sie sich damit allerdings in der Regel nicht groß belasten. Wenn Sie neue Quelltextdateien mit Hilfe der Befehle im Menü Projekt anlegen,

- Projekt/Klasse hinzufügen – richtet neue Quelltext- und zugehörige Headerdatei ein (ideal für Klassen; Sie können aber auch den vordefinierten Klassencode in den Dateien löschen und durch eine reine Funktionensammlung ersetzen)
- Projekt/Neues Element hinzufügen, Vorlage C++-Datei – richtet neue Quelltextdatei ein
- Projekt/Neues Element hinzufügen, Vorlage Headerdatei – richtet neue Headerdatei ein

sorgt die Projektverwaltung automatisch dafür, dass beim Erstellen des Projekts alle zugehörigen Quelltextdateien einbezogen werden.

Wenn Sie mit einem Konsolen-Compiler arbeiten, etwa dem GNU-Compiler unter Linux, listen Sie die einzelnen zu kompilierenden Quelltextdateien zusammen im Aufruf des Compilers auf:

```
g++ main.cpp eineKlasse.cpp Funktionensammlung.cpp -o MeinProgramm
```

16.1.1 Funktionen über Dateigrenzen hinweg verwenden

Der Austausch von Funktionen ist extrem einfach: Die Definition der Funktion kommt in die Quelltextdatei, die Deklaration in die Headerdatei, die dann von den anderen Quelldateien, in denen die Funktion verwendet wird, per `#include`-Anweisung eingebunden wird.

Quelltextdatei	Headerdatei

`#include "Headerdatei.h"`
`int func(int n)`
`{`
`   ...`
`}`
	`int func(int n);`

16.1.2 Klassen über Dateigrenzen hinweg verwenden

Definieren Sie die Klasse einfach in der Headerdatei. Kleinere Memberfunktionen können Sie direkt in der Klasse definieren. Ansonsten verfahren Sie so, dass Sie die Memberfunktionen in der Klasse deklarieren (Headerdatei) und sie in der Quelltextdatei zu der Klasse definieren.

Wenn Sie zu der Klasse auch direkt eine Instanz mitliefern wollen, denken Sie daran, die Instanz in der Quelltextdatei zu definieren und in die Headerdatei eine `extern`-Deklaration aufzunehmen.

Quelltextdatei	Headerdatei

`#include "Headerdatei.h"`
 	
`void Demo::tueWas()`
`{`
`   // hier steht der Code`
`}`
	`class Demo`
	`{`
	`public:`
	`   int wert;`
	
	`   Demo(int w) {  wert = w; }`
	
	`   void tueWas();`
	`};`
	
	`extern Demo obj;`

In Kapitel 17 werden Sie noch weitere Klassenelemente kennenlernen. Einige davon müssen bei der Verteilung der Klassendefinition auf Header- und Quelltextdatei besonders behandelt werden, weswegen sie hier schon erwähnt werden:

- const-Membervariablen können Sie in der Konstruktorliste initialisieren.
- static-Membervariablen müssen noch einmal in der Quelltextdatei definiert werden (nicht in der Headerdatei sonst gibt es Mehrfachdefinitionen, die der Linker nicht auflösen kann)!

Quelltextdatei

```
#include "Headerdatei.h"

int Demo::stat_wert = 11;
Demo obj;
```

Headerdatei

```
class Demo
{
public:
   static int stat_wert;
   const int const_wert;

   Demo() : const_wert(44) {}
};

extern Demo obj;
```

16.1.3 Variablen über Dateigrenzen hinweg verwenden

Elemente, die über Dateigrenzen hinweg ausgetauscht werden sollen, müssen im globalen Dateibereich oder in einem Namensraum definiert werden. Bei Funktionen ist dies stets der Fall, da Funktionen in C++ überhaupt nur im globalen Dateibereich oder Namensraum definiert werden können. Wenn Sie Variablen über Dateigrenzen hinweg austauschen wollen, denken Sie daran, dass dies für lokale Variablen weder möglich noch sinnvoll wäre (schließlich wäre die lokale Variable gar nicht mehr existent, wenn aus einer anderen Quellcodedatei auf sie zugegriffen wird).

Ansonsten gilt auch für Variablen, dass die Deklaration in die Headerdatei kommt, die Definition in die Quelltextdatei. Das Besondere ist hierbei die Unterscheidung zwischen Deklaration und Definition, denn die übliche Deklaration

```
typ variablenbezeichner;
```

ist zugleich Deklaration und Definition.

Um anzuzeigen, dass mit einer solchen Deklaration keine Speicherreservierung einhergehen soll, stellt man das Schlüsselwort `extern` voran.

```
extern typ variablenbezeichner;
```

Wird im Zuge einer `extern`-Deklaration die Variable initialisiert, hebt dies den Effekt der `extern`-Deklaration auf, denn für die Zuweisung des Werts muss ja Speicher für die Variable definiert werden. Variablen dürfen daher nie in Headerdateien initialisiert werden.

Quelltextdatei	**Headerdatei**
`#include "Headerdatei.h"`	`extern int variable;`
`int variable;`	`extern class Demo obj;`
`class Demo obj;`	

16.1.4 Typdefinitionen über Dateigrenzen hinweg verwenden

Typdefinitionen (wozu im Übrigen auch Klassendefinitionen gehören) werden einfach direkt in die Headerdatei geschrieben und nach Belieben verwendet.

Quelltextdatei	**Headerdatei**
`#include "Headerdatei.h"`	`typedef  unsigned int UINT;`
	`enum farben {BLAU, ROT, GRUEN};`

16.2 Mehrfacheinkopieren von Headerdateien verhindern

Bei der Verwendung von Headerdateien kann es schnell dazu kommen, dass eine Headerdatei in einer Übersetzungseinheit (*.cpp*-Datei mit einkopierten Headerdateien) mehrfach aufgerufen wird. Grund dafür ist meist, dass Headerdateien selbst wieder andere Headerdateien aufrufen.

Um Mehrfachaufrufe von Headerdateien zu unterbinden, bedient man sich der bedingten Kompilierung und der Definition von Compiler-Schaltern. Die Direktive

```
#define MeinSchalter
```

definiert einen solchen Compiler-Schalter. Es handelt sich hier nicht um eine symbolische Konstante (sonst hätten wir ja noch einen Wert für die

Konstante angegeben). Ein solcher Compiler-Schalter ist entweder definiert oder er ist eben nicht definiert.

Mit Hilfe der Compiler-Direktiven `#ifndef` und `#endif` kann man festlegen, dass der zwischen den Direktiven stehende Code nur dann vom Compiler übersetzt werden soll, wenn ein bestimmter Compiler-Schalter nicht definiert ist.

```
#define schalter1

#ifndef schalter1
  void funktion1();
#endif

#ifndef schalter2
  void funktion2();
#endif
```

Trifft der Compiler auf obigen Code, wird er nur die Deklaration der Funktion `funktion2()` übersetzen, die Deklaration von `funktion1()` ignoriert er, weil der Compiler-Schalter `schalter1` ja definiert ist.

MERKSATZ

Das Auswählen der zu kompilierenden oder eben nicht zu kompilierenden Quelltextbereiche durch Präprozessor-Direktiven bezeichnet man auch als *bedingte Kompilierung*.

Das oben geschilderte Prinzip kann man dazu nutzen, die Mehrfacheinbindung von Headerdateien zu unterbinden.

1. Man denkt sich für die Headerdatei einen eindeutigen Schalternamen aus. (Meist baut man den Namen der Headerdatei in den Schalternamen ein. Die Headerdatei wiederum trägt meist den Namen der in ihr deklarierten Klasse oder beschreibt das Aufgabengebiet, der in ihr deklarierten Elemente.).

   ```
   _EineKlasseH_
   ```

2. Man setzt die `#ifndef`- und `#endif`-Direktiven auf.

   ```
   #ifndef _EineKlasseH_

   #endif
   ```

3. Man definiert zwischen `#ifndef` und `#endif` den Compiler-Schalter.

   ```
   #ifndef _EineKlasseH_
     #define _EineKlasseH_

   #endif
   ```

4. Man schreibt den Inhalt der Headerdatei zwischen `#ifndef` und `#endif`.

```
// Demo-Klasse
// EineKlasse.h
#ifndef _EineKlasseH_
  #define _EineKlasseH_

  #include <iostream>
  using namespace std;

  class EineKlasse
  {
   ...
  };

#endif
```

In der Headerdatei wird also geprüft, ob der Schalter definiert ist. Ist dies nicht der Fall, wird der Schalter jetzt definiert und daraufhin der Inhalt der Headerdatei aufgeführt. Bei weiteren Aufrufen der Headerdateien ist der Schalter definiert und die Deklarationen der Headerdatei werden übersprungen.

Wenn Sie Ihre Quelltext nur mit dem Visual C++-Compiler übersetzen, können Sie auch einfach nur die Direktive

```
#pragma once
```

verwenden, die Sie als erste Zeile in jede Headerdatei schreiben. Der Compiler generiert aus dieser Direktive dann selbstständig eine `#ifndef`-`#endif`-Klammer um den Code der Headerdatei.

16.3 Übungen

1. Sehen Sie sich noch einmal das Beispielprogramm *Klassen.cpp* aus Kapitel 7.4 an. Versuchen Sie den Quelltext des Programms auf zwei Quelltextdateien zu verteilen: eine Quelltextdatei *main.cpp*, die den Code der `main()`-Funktion enthält, und eine Quelltextdatei *Punkt.cpp*, die zusammen mit einer Headerdatei *Punkt.h* den Code der Klasse `Punkt` enthält.

   Tipp: Legen Sie zuerst die drei Dateien an. Wenn Sie mit einer integrierten Entwicklungsumgebung arbeiten, beispielsweise Visual C++, legen Sie ein leeres Projekt an und fügen Sie diesem die beiden Quelltext- und die Headerdatei hinzu.

Kopieren Sie dann den kompletten Code aus *Klassen.cpp* in die Datei *main.cpp* und erstellen Sie das Programm.

Verschieben Sie dann den Code der `Punkt`-Klassendefinition von *main.cpp* nach *Punkt.cpp*. Wenn Sie danach neu erstellen, erhalten Sie für *main.cpp* eine Meldung, dass der Bezeichner `Punkt` nicht deklariert ist. Kopieren Sie die Headerdatei *Punkt.h* mit `#include`-Direktiven sowohl in *Punkt.cpp* als auch *main.cpp* ein. Erstellen Sie das Programm neu. Wenn Sie Fehlermeldungen erhalten, dass in dem Code von *Punkt.h* irgendwelche Elemente aus der Standardbibliothek nicht bekannt sind (und Sie sollten solche Fehlermeldungen erhalten!), fügen Sie `#include`-Direktiven für die passenden Headerdateien hinzu.

Jetzt ist der Quelltext aufgeteilt und das Programm wieder lauffähig. Versuchen Sie aber noch einen Schritt weiterzugehen und lagern Sie wie in Abschnitt 16.1.2 beschrieben, die Definitionen der Memberfunktionen `verschieben()` und `ausgeben()` in die Quelltextdatei *Punkt.cpp* aus.

Teil III

Objektorientierte Programmierung

Kapitel 17

jetzt lerne ich

Klassen

Herzlichen Glückwunsch! Sie beherrschen nun die Grundlagen der Programmierung im Allgemeinen wie auch der Programmierung mit C++ im Besonderen und haben sich auch schon intensiv in die C++-Standardbibliothek eingearbeitet. Lehnen Sie sich für einen Moment zurück und genießen Sie das Gefühl, nicht mehr nur Anfänger, sondern mittlerweile ein erfahrener Geselle zu sein. Doch wie Hermann Hesse bereits festgestellt hat, zählt nicht das, was man in der Vergangenheit geleistet hat, sondern nur das, was man aktuell leistet. Schalten Sie also Ihren Rechner wieder an, stellen Sie sich eine Tasse Tee oder Kaffee zur Seite und bereiten Sie sich auf die höheren Weihen der C++-Programmierung vor.

Sie lernen in diesem Kapitel,

- was man unter objektorientierter Programmierung versteht,
- aus welchen grundsätzlichen Elementen eine Klasse besteht,
- wie man Klassen definiert,
- wie man Membervariablen definiert,
- wie man Memberfunktionen definiert,
- wie man Objekte von Klassen erzeugt,
- wie man Objekte von Klassen auflöst.

17.1 Objektorientiert denken – objektorientiert programmieren

Letzten Endes basiert die gesamte objektorientierte Programmierung auf einem einzigen Grundelement: der Klasse. Über die Technik der Klassendefinition, der Erzeugung von Objekten aus Klassen sowie der Arbeit mit Objekten konnten Sie sich bereits in Kapitel 7.4 informieren. Weiterführende, an die Klassen geknüpfte Techniken und Konzepte werden Sie im vor Ihnen liegenden Teil kennenlernen.

Doch objektorientierte Programmierung besteht nicht nur aus der Anwendung objektorientierter Techniken. Mindestens ebenso wichtig ist es, ein Gefühl für die besondere Art der objektorientierten Programmierung zu bekommen. Halten wir daher einen Moment inne und überlegen wir, was es – bar jeder Technik – bedeutet, objektorientiert zu programmieren.

17.1.1 Objektorientiertes Programmieren

Objektorientierte Programmierung bedeutet, dass der Programmierer versucht, die ihm gestellten Aufgaben mit Hilfe von Objekten zu lösen. Der erste Schritt dazu besteht üblicherweise darin, die beteiligten Objekte zu identifizieren und sich zu überlegen, wie diese zusammenarbeiten müssen, um die gestellte Aufgabe zu lösen. Erstaunlicherweise fällt dies blutigen Programmieranfängern oft leichter als Umsteigern, die von der imperativen Programmierung kommen. Warum ist dem so?

Denken Sie in Objekten!

Wer noch nie programmiert hat, denkt von Natur aus »objektorientiert«. Ein Beispiel: Angenommen Sie möchten am nächsten Morgen um Punkt 7 Uhr geweckt werden. Was tun Sie? Sie holen einen Wecker (d.h., Sie suchen sich ein passendes Objekt) und stellen diesen so ein, dass er Sie um 7 Uhr weckt (d.h., Sie weisen das Objekt an, um 7 Uhr zu klingeln).

Ein Programmierer denkt dagegen automatisch auf der Abstraktionsebene, die seiner Programmiersprache entspricht.

- Die niedrigste Abstraktionsebene ist die Ebene der Maschinen- und Assemblersprachen, auf der der Programmierer wie eine Maschine denkt: Ich lade die Systemzeit in ein Register und errechne, ob es schon 7 Uhr ist. Wenn ja, löse ich einen Systembeep aus, wenn nein, springe ich zurück zu dem Ladebefehl für die Systemzeit.[1]

---

1. Ich muss gestehen, dass es schon einige Zeit her ist, dass ich in Assembler programmiert habe. Für Ungenauigkeiten in der obigen Darstellung möchte ich daher um Nachsicht bitten.

- Die imperative/strukturierte Programmierung stellt die nächsthöhere Abstraktionsebene dar. Hier denkt der Programmierer in Daten, Operatoren und Funktionen: Ich speichere die Zeit, zu der geweckt werden soll, in einer Variablen. In einer Schleife rufe ich dann eine Funktion auf, die die Systemzeit abfragt. Diese Zeit vergleiche ich mit der abgespeicherten Weckzeit. Ist die Zeit zum Wecken gekommen, wird die Schleife verlassen und ich rufe die Funktion für den Systembeep auf.
- Die objektorientierte Programmierung abstrahiert noch weiter. Sie fordert uns auf, Objekte zu identifizieren und festzulegen, welche Aufgaben welches Objekt übernehmen soll: Ich erzeuge ein Objekt `wecker`, das zu einem beliebigen Zeitpunkt klingeln kann. Dieses Objekt weise ich an, um 7 Uhr zu klingeln.

Die Schwierigkeit für Umsteiger von strukturierten Programmiersprachen besteht also vor allem darin, die niedere, datenorientierte Abstraktionsebene zu verlassen und wieder »natürlich« zu denken.

17.1.2 Wie sind Objekte beschaffen?

Die Objekte, mit denen der Programmierer plant und arbeitet, verfügen über

- Merkmale und
- Verhaltensweisen.

Die Merkmale beschreiben das Objekt und seinen Zustand. (Später, wenn die Klasse für das Objekt implementiert wird, werden die Merkmale durch Membervariablen repäsentiert.)

Die Verhaltensweisen sind die Aktionen, die das Objekt ausführen kann. (Die Verhaltensweisen entsprechen den Memberfunktionen der Klasse.)

Welche Merkmale und Verhaltensweisen hätte beispielsweise das `wecker`-Objekt aus dem vorangehenden Abschnitt, das um 7 Uhr klingeln soll?

Zuerst einmal benötigt das `wecker`-Objekt ein Merkmal »alarmZeit«, in dem abgespeichert wird, wann der Alarm ausgelöst werden soll. Ebenfalls sinnvoll wäre ein Merkmal »alarmAktiviert«, das festhält, ob der Alarm aktiviert ist oder nicht. Wenn das Weckerprogramm über eine grafische Benutzeroberfläche verfügt, sollte das `wecker`-Objekt darüber hinaus Merkmale enthalten, die sein Aussehen beschreiben, beispielsweise »digitalOderAnalog«, »Hintergrundfarbe« oder »Sekundenanzeige«.

Nun zu den Verhaltensweisen. Damit das `wecker`-Objekt die ihm gestellte Aufgabe (»um 7 Uhr zu wecken«) erfüllen kann, muss es zumindest über die Verhaltensweisen »alarmEinstellen« und »klingeln« verfügen. Eine Verhaltensweise »alarmAbstellen« wäre ebenfalls wünschenswert.

HINWEIS

Mit »Verhaltensweisen« verbinden wir in der Regel Aktivitäten, die ein Objekt von selbst zeigt: das Wachsen einer Pflanze, das Wiehern eines Pferdes, das Umkippen einer Flasche oder eben das Klingeln des Weckers. Im objektorientierten Sinne zählen zu den Verhaltensweisen aber auch Aktivitäten, die mit der Bedienung oder Verwendung eines Objekts zu tun haben, also das Gießen einer Pflanze, das Pflegen eines Pferdes, das Öffnen einer Flasche oder eben das »Stellen« eines Weckers.

Arten von Objekten

Das oben beschriebene `wecker`-Objekt ist dem Modell eines echten Weckers nachempfunden. Für den Programmierer hat dies den Vorteil, dass ihm sein Wissen über Aufbau und Bedienung eines Weckers bei Entwurf und Schreiben seines Programms zugute kommt. Stellt er seinen Programmcode anderen Programmierern zur Verfügung, können sich diese dank ihrer alltäglichen Erfahrungen im Umgang mit echten Weckern schneller in Aufbau des Programms und des `wecker`-Objekts eindenken.

Die Nachbildung realer Dinge durch Objekte ist daher ein wichtiges und mächtiges Instrument der objektorientierten Programmierung. Auf der anderen Seite würde die objektorientierte Programmierung schnell an ihre Grenzen stoßen, wenn ihre Objekte ausschließlich Dinge der realen Welt nachbilden könnten. Glücklicherweise kann ein Objekt aber nahezu alles sein, was als Einheit aus Merkmalen und zugehörigen Verhaltensweisen ausgedrückt werden kann. So gibt es

- Objekte, die Dinge der realen Welt nachbilden.
- Objekte, die virtuelle Dinge repräsentieren (beispielsweise Dinge, die auf dem Bildschirm zu sehen sind, wie Fenster oder Schaltflächen oder ein gezeichnetes Monster).
- Objekte, die Daten repräsentieren oder verwalten (ein Programm zur Verwaltung von Musik-CDs könnte die einzelnen CDs als Objekte darstellen und zusammen in einem Container-Objekt verwalten, das das Ablegen, Sortieren und Suchen bestimmter CDs erleichtert).
- Objekte, die einfach eine bestimmte Funktionalität zur Verfügung stellen (beispielsweise für einen gegebenen Satz von Daten statistische Berechnungen wie Mittelwert, Standardabweichung u.a. ausführen).
- u.v.a.

17.1.3 Wie findet man einen objektorientierten Lösungsansatz?

Kleinere Programme werden häufig aus dem Bauch heraus geschrieben. Der Programmierer weiß, welche Aufgabe das Programm erfüllen soll (meist ist es eh nur eine einzige), und hat im Kopf bereits eine Vorstellung von dem ungefähren Programmablauf. Vielleicht steht der gesamte Code des Programms in der `main()`-Funktion, vielleicht hat der Programmierer Teilprobleme in andere statische Funktionen ausgelagert, die er von `main()` aus direkt aufruft, vielleicht hat er sogar eine eigene Klasse definiert, die er instanziert und deren Memberfunktionen er nutzt.

Für etwas größere Programme sind meist schon mehrere Klassen zu definieren. Trotzdem werden auch diese Programme oft aus dem Bauch heraus programmiert. Der Programmierer beginnt mit einer groben Vorstellung von den Mindestanforderungen, die das Programm erfüllen soll, und setzt diese in Code um. Während der Arbeit an dem Programm lernt er immer mehr über den Aufbau selbigens und passt seine Implementierung an – beispielsweise wenn er erkennt, dass diese oder jene Funktionalität, die er für sein Programm benötigt, am besten durch Objekte einer Klasse zur Verfügung gestellt würde, oder wenn er das Programm schrittweise ausbaut.

Werden die Programme noch umfangreicher, wird die angebotene Funktionalität immer komplexer, arbeitet gar ein ganzes Team von Programmierern an dem Projekt, verbietet sich die Programmierung »aus dem Bauch heraus« und es bedarf einer strengeren, methodischen Vorgehenweise.

Moderne Software-Entwicklung

Moderne Software-Entwicklung gliedert sich grundsätzlich in fünf Phasen:

1. Anforderungsspezifikation – In der ersten Phase wird festgelegt, welchem Zweck das Programm dienen und welche Aufgaben es erfüllen soll. Wird das Programm im Auftrag eines Kunden erstellt, ist es wichtig, die Anforderungen im Gespräch mit dem Kunden zu erarbeiten.

2. Analyse – In dieser Phase werden Bedienung und Arbeitsweise des Programms ausgearbeitet. Wichtig ist, dass die Analyse aus Sicht des Anwenders geschieht und sich auch dessen Terminologie bedient.

   Nach Beendigung der Analyse-Phase sollten Sie eine klare Vorstellung davon haben, wie die Anwender Ihr Programm nutzen und was Sie von dem Programm erwarten. Zudem sollte die Analyse einen Eindruck von den Abläufen im Programm geben und erste Hinweise auf die benötigten Klassen liefern.

3. Design – In der Design-Phase werden die Ergebnisse der Analyse ausgewertet und in Klassen-Spezifikationen umgesetzt. Dabei ist zu erfassen, welche Klassen (Objekte) benötigt werden, welches die wichtigsten Elemente der Klassen sind und in welchen Beziehungen die Klassen zueinander stehen (Klasse A definiert Membervariablen vom Typ der Klasse B, Klasse C ist von Klasse D abgeleitet, eine Memberfunktion der Klasse E übernimmt Objekte der Klasse A als Argumente und so weiter).
4. Implementierung – Das Klassen-Design wird in Code umgesetzt.
5. Test – Das Programm (oder einzelne Module des Programms) werden kompiliert, ausgeführt und getestet. Fehler werden analysiert und behoben.

Wenn Sie Glück haben, müssen Sie im Zuge der Programmentwicklung jede dieser Phasen nur ein einziges Mal durchlaufen. Meist ergeben sich in der Implementierungs- oder Test-Phase aber neue Erkenntnisse, die Änderungen in der Implementierung oder gar im Design notwendig machen.

17.1.4 Objekte und Klassen

OOP-Objekte kommen nicht aus dem Nichts, sondern werden aus Klassen erzeugt.

Die Klassendefinition

In der Klassendefinition werden die Merkmale und Verhaltensweisen des Objekts zusammengefasst. Merkmale werden dabei als Membervariablen, Verhaltensweisen als Memberfunktionen definiert.

Eine Klasse zur Erzeugung von `Mitarbeiter`-Objekten könnte beispielsweise über die Membervariablen `name` und `gehalt` sowie die Memberfunktion `befoerdern()` verfügen:

```
class Mitarbeiter
{
public:
    string name;
    int gehalt;

    void befoerdern(int betrag)
    {
        gehalt = gehalt + betrag;
    }
};
```

Klassen und Objekte

Die Beziehung zwischen Klasse und Objekt sollte ganz klar sein. Im objektorientierten Denkmodell ist ein Objekt ein Ding, beispielsweise Sie selbst, Ihr Nachbar, der Bleistift, der neben Ihnen liegt, oder die Bäume, die Sie sehen, wenn Sie aus dem Fenster schauen. Einerseits ist jedes dieser Objekte für sich genommen einzigartig, andererseits gibt es zu jedem dieser Objekte auch gleichartige Objekte. Wenn Sie beispielsweise in ein Schreibwarengeschäft gehen, um einen Buntstift zu kaufen, finden Sie dort rote, blaue, grüne und gelbe, dicke und dünne, billige und teure Buntstifte.

Zur Bezeichnung gleichartiger Objekte verwenden wir in der Sprache Oberbegriffe: »Buntstift« ist beispielsweise ein solcher Oberbegriff. Er weckt in uns die Vorstellung von einem langen, dünnen Schreibgerät aus Holz, das eine bestimmte Farbe und eine bestimmte Dicke hat, das man anspitzen und mit dem man malen kann. Beachten Sie, dass der Oberbegriff »Buntstift« nichts über die genaue Farbe oder Dicke aussagt, er legt nur fest, dass die Objekte, die wir als Buntstifte ansehen, Merkmale wie Farbe und Dicke haben. Welche Farbe und welche Dicke ein Buntstift-Objekt hat, ist seine Sache.

Was in der Sprache die Oberbegriffe sind, sind in der objektorientierten Programmierung die Klassen. Auch Klassen sind allgemeine Beschreibungen für eine Gruppe gleichartiger Objekte. Während wir in der Sprache Oberbegriffe jedoch meist nur dazu verwenden, die Objekte, denen wir täglich begegnen, zu beschreiben und zu klassifizieren, erfüllen die Klassen in der objektorientierten Programmierung zwei Aufgaben:

- Klassen beschreiben die Dinge, die wir in dem Programm verwenden wollen und
- Klassen dienen als Vorlage oder Gussform, aus der wir die Objekte, mit denen wir arbeiten wollen, erst erzeugen.

Die Objekterzeugung

Eine Klasse ist lediglich ein Datentyp. Der nächste Schritt besteht folglich darin, ein Objekt vom Typ der Klasse zu erzeugen und in einer Variablen zu speichern. In C++ geschieht dies üblicherweise in einem Schritt:

```
Mitarbeiter jim;
Mitarbeiter jules;
```

Hier werden zwei `Mitarbeiter`-Variablen definiert und in jeder dieser Variablen wird ein `Mitarbeiter`-Objekt abgelegt. Jedes `Mitarbeiter`-Objekt erhält dabei Kopien der in der Klasse definierten Membervariablen und einen (internen) Verweis auf die Memberfunktionen der Klasse.

Die einzelnen Objekte, die von einer Klasse gebildet werden, besitzen also jedes einen eigenen Satz der Membervariablen, verwenden aber die gleichen Memberfunktionen.

Objekte werden auch als *Instanzen* ihrer Klasse, die Erzeugung eines Objekts als *Instanzbildung* oder *Instanzierung* bezeichnet.

Bei der Objekterzeugung wird implizit oder explizit immer eine besondere Memberfunktion der Klasse aufgerufen: der Konstruktor. Der Konstruktor trägt denselben Namen wie die Klasse, hat keinen Rückgabetyp und kann für verschiedene Argumente überladen werden. Klassen, die keinen Konstruktor definieren, bekommen vom Compiler einen parameterlosen Ersatzkonstruktor gestellt. Klassen, die eigene Konstruktoren definieren, nutzen diesen dazu, den Membervariablen sinnvolle Anfangswerte zuzuweisen oder sonstige Arbeiten durchzuführen, die für die korrekte Einrichtung des Objekts erforderlich sind (beispielsweise die Reservierung nötiger externer Ressourcen wie Dateien, Datenbankverbindungen etc.).

```
/*  Beispiel für eine Klassendefinition
 *
 */
class Mitarbeiter
{
public:
    string name;
    int gehalt;

    Mitarbeiter()
    {
        name = "unbekannt";
        gehalt = 1500;
    }
    Mitarbeiter(string n, int s)
    {
        name = n;
        gehalt = s;
    }

    void befoerdern(int betrag)
    {
        gehalt = gehalt + betrag;
    }
};
```

Wenn Sie neue Klassentyp-Variablen definieren, können Sie an den Variablennamen eine Liste mit Argumenten für den Konstruktor anhängen. Gibt es mehrere überladene Konstruktoren (siehe Kapitel 6.5), bestimmt der Compiler anhand der Argumenttypen den aufzurufenden Konstruktor.

```
Mitarbeiter jim;
Mitarbeiter jules("Jules", 2000);

cout << "\n jim-Objekt:" << endl;
cout << "   Name:    " << jim.name << endl;        // unbekannt
cout << "   Gehalt: " << jim.gehalt << endl;       // 1500

cout << "\n jules-Objekt:" << endl;
cout << "   Name:    " << jules.name << endl;      // jules
cout << "   Gehalt: " << jules.gehalt << endl;     // 2000
```

Selbstverständlich können Sie auch Referenzen oder Zeiger auf Objekte definieren und Sie können Objekte auf dem Heap anlegen (siehe Kapitel 8.3.2):

```
Mitarbeiter *tim = new Mitarbeiter();
Mitarbeiter *tules = new Mitarbeiter("Tules", 2000);

cout << "\n tim-Objekt:" << endl;
cout << "   Name:    " << tim->name << endl;        // unbekannt
cout << "   Gehalt: " << tim->gehalt << endl;       // 1500

cout << "\n tules-Objekt:" << endl;
cout << "   Name:    " << tules->name << endl;      // Tules
cout << "   Gehalt: " << tules->gehalt << endl;     // 2000
```

In Abschnitt 17.5 werden wir uns im Zusammenhang mit den Konstruktoren noch einmal etwas ausführlicher mit der Objekterzeugung beschäftigen.

Programmieren mit Objekten

Mit Hilfe des Punktoperators können Sie auf die Elemente eines Objekts zugreifen:

```
Mitarbeiter jim;

jim.name = "Jim Bubble";
jim.gehalt = 2500;
```

Bei Zugriff über einen Zeiger verwenden Sie entsprechend den Operator ->.

Allerdings ist der Zugriff nicht für jedes Element des Objekts erlaubt. Die Klasse kann nämlich sensible Elemente durch Setzen bestimmter vorgegebener Zugriffsspezifizierern vor dem Zugriff von außen (über ein Objekt) schützen. Zwei dieser Zugriffssspezifizierer, `public` und `private`, haben Sie bereits in Kapitel 7.4.3 kennengelernt. Es gibt noch einen dritten, `protected`, doch bevor wir jetzt zu sehr in Details abdriften, beenden wir diese Einführung in die objektorientierte Denkweise und die Rekapitulation der wichtigsten objektorientierten Grundtechniken und sehen uns die komplette Syntax der Klassendefinition etwas genauer an.

17.2 Klassendefinition

Die allgemeine Syntax der Klassendefinition (ohne Vererbung) lautet:

```
class Klassenname
{
Zugriffsspez_A:
       Membervariablen
       Konstruktoren
       Destruktoren
       Memberfunktionen
       Typdefinitionen
       Friends                  // siehe Kapitel 22.2
       Operatorfunktionen       // siehe Kapitel 22.3

Zugriffsspez_B:
       Membervariablen
       ...
};
```

Eine Klassendefinition besteht aus dem einleitenden Schlüsselwort `class`, dem von Ihnen frei wählbaren Namen der Klasse (aber bitte die Regeln zur Namensgebung beachten, siehe Hinweise zur Variablendefinition in Kapitel 3.2.1) und den in geschweiften Klammern folgenden Definitionen der Klassenelemente.

> Klassendefinitionen werden immer mit Semikolon abgeschlossen!

Wie viele und welche Klassenelemente Sie in einer Klasse definieren, bleibt gänzlich Ihnen überlassen. Zwar fordert C++, dass jede Klasse zumindest einen Konstruktor und einen Destruktor definieren muss, doch sind Sie nicht gezwungen, diese selbst zu definieren, da sie notfalls vom Compiler automatisch ergänzt werden.[1]

Alle Klassenelemente gehören zudem einer von drei Zugriffsebenen an (festgelegt durch die Zugriffsspezifizierer `private`, `protected` und `public`) und haben ihre Klasse als Gültigkeitsbereich.

1. Die Liste der im Bedarfsfall automatisch ergänzten Elemente ist sogar noch länger: Neben Konstruktor und Destruktor werden notfalls auch noch ein Kopierkonstruktor und Überladungen des Zuweisungs- und des Adressoperators ergänzt.

17.2.1 Zugriffsrechte

Alle in einer Klasse definierten Elemente (Member) können im Code der anderen Klassenelemente (Memberfunktionen, Konstruktoren etc.) verwendet werden.

Demgegenüber wird der Zugriff von außerhalb der eigenen Klasse durch die Zugriffsspezifizierer geregelt, unter denen die Elemente definiert sind. C++ kennt drei Zugriffsspezifizierer: `public`, `protected` und `private`.

Die Zugriffsspezifizierer werden einfach an den Anfang einer neuen Zeile in die Klassendefinition gesetzt, mit Doppelpunkt abgeschlossen, und gelten dann für alle nachfolgenden Elemente bis zum Ende der Klassendefinition oder bis zum nächsten Zugriffsspezifizierer. Ansonsten gilt:

- Klassenelemente am Anfang der Klassendefinition, für die kein Zugriffsspezifizierer angegeben wurde, gelten automatisch als `private`.
- Die Zugriffsspezifizierer können innerhalb einer Klassendefinition mehrfach verwendet werden und gelten immer für alle nachfolgend deklarierten Klassenelemente bis zum nächsten Zugriffsspezifizierer.
- Die Zugriffsspezifizierer können nicht kombiniert werden.

Tabelle 17.1: Zugriffsspezifizierer für Klassenelemente

Spezifizierer	Beschreibung
`private`	Zugänglich nur innerhalb der eigenen Klasse. Der Zugriff erfolgt direkt über den Namen. Dies ist der Standardzugriff für Elemente, die ohne Spezifizierer deklariert wurden.
`protected`	Zugänglich innerhalb der eigenen sowie sämtlicher abgeleiteten Klassen (siehe Kapitel 18 zur Vererbung). Der Zugriff erfolgt direkt über den Namen.
`public`	Uneingeschränkt zugänglich. Innerhalb der eigenen oder einer abgeleiteten Klasse erfolgt der Zugriff über den Namen. Im sonstigen Code erfolgt der Zugriff über ein Objekt der Klasse (bzw. über den Namen der Klasse, wenn es sich um ein statisches Element handelt, siehe Abschnitt 17.3.5).

Das nachfolgende Listing demonstriert den Effekt der Zugriffspezifizierer beim Zugriff von innerhalb der Klasse und beim Zugriff über ein Objekt der Klasse (der dritte Fall, der Zugriff aus dem Code einer abgeleiteten Klasse heraus, entspricht dem Zugriff innerhalb der Klasse mit der Einschränkung, dass `private`-Elemente nicht verfügbar sind).

Listing 17.1: Auswirkung der Zugriffsspezifizierer (Zugriffsspezifizierer.cpp)

```
#include <iostream>
using namespace std;

class A
{
public:      int pubMV;
protected:   int proMV;
private:     int privMV;

    void demoFunc()
    {
        // Zugriff auf Elemente der eigenen Klasse
        pubMV = 1;           // ok
        proMV = 1;           // ok
        privMV = 1;          // ok
    }
};

int main()
{
   A obj;

   obj.pubMV = 1;        // ok
   // obj.proMV = 1;     // Fehler, da proMV in Klasse A
                         // nicht als public deklariert
   // obj.privMV = 1;    // Fehler, da privMV in Klasse A
                         // nicht als public deklariert
   return 0;
}
```

Wie Sie sehen, können Sie im Code der Klasse A (hier innerhalb der Memberfunktion demoFunc()) ohne Einschränkung auf die Elemente von A zugreifen. Wenn Sie allerdings in main(), also von außerhalb der Klasse A, versuchen, über einer erzeugtes Objekt, hier obj, auf die Elemente von A zuzugreifen, lässt der Compiler nur Zugriff auf die »öffentlichen« public-Elemente zu. (Nicht anders wäre es, wenn obj eine Membervariable von einer anderen Klasse wäre.)

Verwendung

Die Grundregeln für die Vergabe der Zugriffsspezifizierer lauten:

- Deklarieren Sie Elemente, die lediglich der internen Implementierung der Klasse dienen, als private und Elemente, die für die Programmierung mit den Objekten der Klasse benötigt werden, als public (Konzept der *öffentlichen Schnittstelle*).

- Deklarieren Sie Membervariablen vorzugsweise als `private` und vermitteln Sie den Zugriff auf die Variablen über `public`-Memberfunktionen (siehe hierzu auch Kapitel 17.3.2 und 17.4.6).

- Der Zugriffsspezifizierer `protected` wird nur in Verbindung mit der objektorientierten Technik der Vererbung bedeutsam, der wir uns erst in Kapitel 18 zuwenden. Tortzdem sei schon einmal angemerkt, dass man statt des Zugriffsspezifizierers `private` den Zugriffsspezifizierer `protected` verwendet, wenn Sie abgeleiteten Klassen den direkten Zugriff auf die betreffenden Elemente gestatten wollen. Nutzen Sie den `protected`-Spezifizierer sparsam.

17.2.2 Quelltext- und Headerdatei

In den meisten Beispielen dieses Buches wurde der gesamte Quelltext in eine einzige Quelltextdatei gepackt. Dies erleichtert das Lesen und das Verständnis des Codes, ist aber kein gutes Rezept für größere Software-Projekte. Für die tägliche Praxis gilt daher vielmehr der Grundsatz, den von den Klassendefinitionen vorgegebenen modularen Aufbau auf die Ebene der Quelltextdateien zu übertragen.

Grundsätzlich sollte also jede Klasse in ihrer eigenen Datei definiert werden. Und als Ergänzung zu dieser Quelltextdatei sollte eine Headerdatei mit der reinen Klassendeklaration bereitgestellt werden (um die Verwendung der Klasse in anderen Quelltextdateien zu vereinfachen).

Wie der Code einer Klassendefinition auf Quelltext- und Headerdatei verteilt wird, haben Sie bereits in Kapitel 16 gesehen. Da die Beherrschung dieser Technik allerdings für Ihren weiteren Werdegang als Programmierer sehr wichtig und in der objektorientierten Programmierung mit C++ recht weit verbreitet ist, wollen wir das Ganze noch einmal am Beispiel der `Mitarbeiter`-Klasse aus Kapitel 17.1.4 üben.

Ich möchte vorab anmerken, dass Visual C++ Ihnen beim Anlegen neuer Klassen einige Routinearbeit abnehmen kann (siehe Abschnitt 17.2.3). Bevor wir uns allerdings dieser Annehmlichkeiten bedienen, sollten Sie die Grundlagen der Aufteilung von Klassencode auf Quelltext- und Headerdatei verstanden haben.

Die Headerdatei

Die Headerdatei enthält die reine Klassen*deklaration*. Die Deklaration einer Klasse unterscheidet sich von der Definition dadurch, dass die Memberfunktionsdefinitionen fehlen. Für die Klasse `Mitarbeiter` aus Kapitel 17.1.4 sieht die Deklaration demnach wie folgt aus:

```
#include <string>
using namespace std;

class Mitarbeiter
{
public:
    string name;
    int gehalt;

    Mitarbeiter();
    Mitarbeiter(string n, int s);

    void befoerdern(int betrag);
};
```

Beachten Sie, dass die Deklaration einer Memberfunktion – anders als die Definition – mit einem Semikolon abgeschlossen wird.

Eigentlich wäre die Headerdatei damit schon fertig, gäbe es da nicht ein organisatorisches Problem: Bei der Verwendung von Headerdateien kann es schnell passieren, dass eine Headerdatei in einer Übersetzungseinheit (*.cpp*-Quelltextdatei mit Headerdateien) mehrfach aufgerufen wird. Grund dafür ist meist, dass Headerdateien selbst wieder andere Headerdateien aufrufen.

Um einen Mehrfachaufruf zu verhindern, fassen wir den kompletten Quelltext der Headerdatei (in unserem Beispiel also die Klassendeklaration) in Präprozessor-Direktiven für die bedingte Kompilierung ein (siehe Kapitel 16.2):

Die vollständige Headerdatei sieht damit wie folgt aus:

Listing 17.2: Mehrfaches Einkopieren verhindern (Mitarbeiter.h)

```
#ifndef _MitarbeiterH_
#define _MitarbeiterH_

#include <string>
using namespace std;

class Mitarbeiter
{
public:
    string name;
    int gehalt;

    Mitarbeiter();
    Mitarbeiter(string n, int s);

    void befoerdern(int betrag);
};

#endif
```

Die Quelltextdatei

In der Quelltextdatei wird die Klasse definiert (man spricht daher auch von *Implementierungsdatei*) Meist sieht dies so aus, dass die Headerdatei einkopiert und die Definitionen der Memberfunktionen nachgetragen werden.

Damit der Compiler beim Übersetzen des Quelltextes weiß, zu welcher Klasse die Memberfunktionen gehören, müssen Sie dem Memberfunktionsnamen den Namen der Klasse mit dem Gültigkeitsbereichoperator `::` voranstellen.

Listing 17.3: Die Definitionen der Memberfunktionen werden nachgereicht (Mitarbeiter.cpp)

```
#include "Mitarbeiter.h"

Mitarbeiter::Mitarbeiter()
{
    name = "unbekannt";
    gehalt = 1500;
}
Mitarbeiter::Mitarbeiter(string n, int s)
{
    name = n;
    gehalt = s;
}

void Mitarbeiter::befoerdern(int betrag)
{
    gehalt = gehalt + betrag;
}
```

Verwendung

Wenn Sie die Klasse jetzt in anderen Quelltextdateien benutzen möchten, brauchen Sie nur die Headerdatei einzukopieren.

Listing 17.4: Verwendung einer Klasse, zu der eine Headerdatei angeboten wird (Programm.cpp)

```
#include <iostream>
#include "Mitarbeiter.h"
using namespace std;

int main()
{
    Mitarbeiter jim;
    Mitarbeiter jules("Jules", 2000);

    cout << "\n jim-Objekt:" << endl;
    cout << "  Name:   " << jim.name << endl;
    cout << "  Gehalt: " << jim.gehalt << endl;

    cout << "\n jules-Objekt:" << endl;
    cout << "  Name:   " << jules.name << endl;
    cout << "  Gehalt: " << jules.gehalt << endl;

    return 0;
}
```

Allerdings dient die Headerdatei nur dazu, die verwendete Klasse beim Compiler bekannt zu machen. Bei der Programmerstellung muss zudem sichergestellt werden, dass der Linker auch die zugehörigen Memberfunktionsdefinitionen findet. Dies erreichen Sie, indem Sie die *.cpp*-Dateien zusammen kompilieren. In Visual C++ bedeutet dies nicht anderes, als dass Sie die *.cpp*-Dateien zusammen in einem Projekt verwalten (siehe nachfolgender Abschnitt). Wenn Sie mit einem Konsolen-Compiler wie z.B. dem GNU-Compiler arbeiten, brauchen Sie nur die beteiligten *.cpp*-Dateien zusammen in der Befehlszeile des Compiler-Aufrufs zu übergeben (mit welchem Compiler-Schalter Sie den Programmnamen festlegen, hängt vom verwendeten Compiler ab, für den GNU-Compiler heißt der Schalter *-o*):

```
g++ Programm.cpp Mitarbeiter.cpp -o Programmname
```

17.2.3 Klassen zu Visual C++-Projekten hinzufügen

Wie Sie einem Visual C++-Projekt eine Klasse hinzufügen, hängt davon ab, ob Sie die Klasse neu definieren möchten oder ob es sich um eine bestehende Klasse handelt, die Ihnen als Quelltext oder Bibliothek zur Verfügung steht.

Neue Klasse hinzufügen

Um die Arbeit an einer neuen Klasse zu beginnen, gehen Sie wie folgt vor:

1. Laden Sie Ihr Projekt.
2. Rufen Sie im Menü PROJEKT den Befehl KLASSE HINZUFÜGEN auf. Wählen Sie im gleichnamigen Dialogfeld unter der Kategorie C++ die Vorlage C++-KLASSE aus und klicken Sie auf HINZUFÜGEN.
3. Es erscheint der Klassenassistent. Geben Sie in seinem Dialog als Namen für die Klasse *Mitarbeiter* ein. Das Feld für die BASISKLASSE lassen Sie frei. Kontrollieren Sie, ob für den Zugriff PUBLIC ausgewählt und von den Kontrollkästchen keines gesetzt ist. Klicken Sie auf FERTIG STELLEN.

Visual C++ legt daraufhin eine Quelltextdatei (*Mitarbeiter.cpp*) und eine Headerdatei (*Mitarbeiter.h*) für die neue Klasse an.

```
// Inhalt der Headerdatei
#pragma once

class Mitarbeiter
{
public:
   Mitarbeiter(void);
   ~Mitarbeiter(void);
};
```

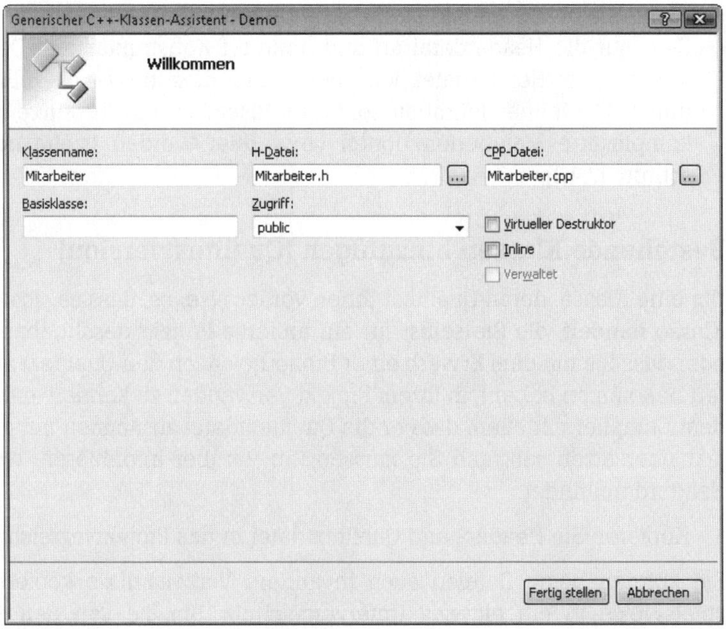

Abb. 17.1: Anlegen einer neuen Klasse in Visual C++

Die Klasse verfügt bereits über die Deklaration eines Konstruktors (siehe Abschnitt 17.5) und eines Destruktors (siehe Abschnitt 17.6). Die Definitionen der beiden Klassenelemente stehen in der Quelltextdatei (enthalten aber keinen Code).

Die Direktive `#pragma once` ist eine Spezialität des Visual C++-Compilers. Sie weist den Compiler an, den nachfolgenden Quelltext selbstständig mit einer `#ifndef`-`#endif`-Klammer vor dem Mehrfacheinkopieren zu schützen.

```
// Inhalt der Quelltextdatei
#include "Mitarbeiter.h"


Mitarbeiter::Mitarbeiter(void)
{
}

Mitarbeiter::~Mitarbeiter(void)
{
}
```

Wenn Sie im Klassenassistenten die Option *inline* aktivieren, legt Visual C++ nur die Headerdatei an und definiert Konstruktor und Destruktor direkt in der Headerdatei. Man bezeichnet dies in C++ als Inline-Definition. Die Inline-Definition sollte grundsätzlich nur für kurze, nicht zu komplizierte Memberfunktionen verwendet werden (siehe auch Abschnitt 17.4.1).

Bestehende Klassen hinzufügen (Quelltextversion)

Um eine Klasse, deren Quelltext Ihnen vorliegt (sei es, dass es sich um eine Klasse handelt, die Sie selbst für ein anderes Projekt geschrieben haben, oder dass Sie mit dem Erwerb einer Bibliothek auch den Quelltext ausgeliefert bekommen haben), in Ihrem Projekt verwenden zu können, müssen Sie dem Compiler mitteilen, dass er die Quelltextdatei zusammen mit dem Projekt übersetzen soll, und Sie müssen ihn darüber informieren, wo er die Headerdatei findet.

1. Kopieren Sie Header- und Quelltextdatei in das Projektverzeichnis.

Sie können beide Dateien auch in andere Verzeichnisse kopieren (beispielsweise in ein eigenes Unterverzeichnis, um sie von den anderen Dateien des Projekts zu trennen) oder auf unterschiedliche Verzeichnisse verteilen. Wichtig ist, dass die Dateien irgendwo im Verzeichnisbaum des Projekts stehen, damit sie nicht verloren gehen, wenn Sie das Projekt einmal verschieben oder eine Sicherungskopie anlegen.

2. Fügen Sie die Dateien Ihrem Projekt hinzu (Befehl PROJEKT/VORHANDENES ELEMENT HINZUFÜGEN).

Die Quelltextdatei müssen Sie dem Projekt hinzufügen, damit sie zusammen mit dem Projekt kompiliert wird. Die Headerdatei müssen Sie nicht hinzufügen, da sie nicht wie die Quelltextdateien von der Projektverwaltung an den Compiler zur Übersetzung übergeben wird, sondern automatisch einkopiert wird, wenn der Compiler auf eine entsprechende `#include`-Direktive stößt. Wenn Sie die Headerdatei trotzdem in das Projekt aufnehmen, hat dies allerdings den Vorzug, dass Sie sie bei Bedarf bequem per Doppelklick im Projektmappen-Explorer zum Einsehen oder Überarbeiten in den Editor laden können.

Achtung! Wenn die Headerdatei nicht im Projektverzeichnis liegt, müssen Sie dem Compiler mitteilen, wo er die Datei findet. Rufen Sie dazu im Kontextmenü des Projektknotens den Befehl EIGENSCHAFTEN auf und geben Sie auf der Seite C/C++/ALLGEMEIN unter ZUSÄTZLICHE INCLUDEVERZEICHNISSE das Verzeichnis mit der Headerdatei an.

Bestehende Klassen hinzufügen (Binärversion)

Wenn Ihnen die Klasse nur in kompilierter Form zur Verfügung steht (etwa als *.obj*- oder *.lib*-Datei mit zugehöriger Headerdatei), müssen Sie Compiler und Linker darüber informieren, wo sie die beiden Dateien finden.

1. Kopieren Sie die Dateien in ein geeignetes Verzeichnis.

Dies kann ein allgemeines Bibliotheksverzeichnis sein (wie im Falle der mit Visual C++ installierten C++-Standardbibliothek) oder auch das Projektverzeichnis bzw. ein Verzeichnis unter dem Projektverzeichnis.

2. Sorgen Sie dafür, dass der Compiler die Headerdatei findet.

Wenn Sie die Headerdatei in das Projektverzeichnis kopiert haben, müssen Sie nichts weiter tun, da dieses automatisch vom Compiler durchsucht wird. Ansonsten rufen Sie im Kontextmenü des Projektknotens den Befehl EIGENSCHAFTEN auf und geben auf der Seite C/C++/ALLGEMEIN unter ZUSÄTZLICHE INCLUDEVERZEICHNISSE das Verzeichnis an, in dem der Compiler die Headerdatei finden kann.

3. Sorgen Sie dafür, dass der Linker die Binärdatei mit dem Klassencode findet.

Rufen Sie im Kontextmenü des Projektknotens den Befehl HINZUFÜGEN/VORHANDENES ELEMENT auf und wählen Sie die Binärdatei aus.

17.3 Membervariablen

Variablen, die innerhalb einer Klasse definiert werden, bezeichnen wir als Membervariablen.

```
class Punkt
{
public:
    double x;                    // Membervariablen
    double y;
  ...
```

Membervariablen werden in der objektorientierten Literatur auch als *Elementvariablen* oder *Felder* bezeichnet.

Wird von einer Klasse eine Instanz (sprich ein Objekt) erzeugt, wird in dieser Instanz Speicher für die Membervariablen der Klasse reserviert. (Ausgenommen sind hiervor lediglich die statischen Membervariablen, siehe weiter unten.) Jede Instanz besitzt folglich ihre eigene Kopie der (nicht statischen) Membervariablen, die daher auch *Instanzvariablen* genannt werden.

Die Instanzvariablen verleihen den einzelnen Objekten, die von der Klasse erzeugt werden, ihre Individualität. Wenn Sie beispielsweise zwei Objekte der Klasse `Punkt` erzeugen müssen, die die Koordinaten (10, -5) und (1,1) in einer Ebene repräsentieren sollen, weisen Sie den Instanzvariablen `x` und `y` die entsprechenden Werte zu. Und eben diese in den Instanzvariablen gespeicherten Werte sind es dann, die die `Punkt`-Objekte charakterisieren (wobei es selbstredend möglich ist, dass mehrere `Punkt`-Objekte mit gleichen Werten für `x` und `y` erzeugt werden).

Da sich die Werte in den Instanzvariablen eines Objekts während der Arbeit mit dem Objekt auch verändern können (ein `Punkt`-Objekt könnte beispielsweise um zehn Einheiten auf der x-Achse verschoben werden), spricht man in der objektorientierten Programmierung auch davon, dass die Instanzvariablen den »Zustand« eines Objekts beschreiben.

Dieser »Zustand« eines Objekts sollte nie undefiniert sein, d.h. der Autor der Klasse sollte dafür sorgen, dass alle Objekte, die von der Klasse erzeugt werden, sinnvolle oder zumindest definierte Werte in ihren Instanzvariablen stehen haben.

17.3.1 Anfangswerte

Wie Sie bereits aus Kapitel 7.4 wissen, ist an der Objekterzeugung immer eine spezielle Klassenfunktion beteiligt, die als Konstruktor bezeichnet wird. Über diesen Konstruktor können den Instanzvariablen der einzelnen Objekte Werte zugewiesen werden. Wie dies genau funktioniert, legt der Autor der Klasse fest. Die wichtigsten Modelle seien hier kurz vorgestellt.

Kein Konstruktor – keine Anfangswerte

Wenn Sie eine Klasse ohne Konstruktor definieren, weist der Compiler der Klasse einen Ersatzkonstruktor zu. Dieser dient jedoch allein der Erzeugung der Objekte, ohne dabei den Instanzvariablen Werte zuzuweisen. Die Aufgabe, den Instanzvariablen Anfangswerte zuzuweisen, wird damit von der Klasse auf den Benutzer der Klasse übertragen.

```
class Punkt          // Klasse mit Ersatzkonstruktor
{
public:
   double x;
   double y;
};
```

```
int main()
{
   Punkt p;
   p.x = 12;           // Anfangswerte werden vom Benutzer
   p.y = 13;           // der Klasse zugewiesen
```

Dieses Modell sollten Sie allerdings nur in Ausnahmefällen wählen. Da der Ersatzkonstruktor den Instanzvariablen keine Werte zuweist, stehen nach der Erzeugung eines neuen Objekts in den Instanzvariablen nur zufällige Bitmuster. Vergisst der Benutzer der Klasse, den Instanzvariablen sinnvolle Werte zuzuweisen, bevor er das erste Mal lesend auf die Instanzvariablen zugreift, erhält er sinnlose Werte zurück.

Anfangswerte vorgeben

Sicherer und besser ist es, den Instanzvariablen über einen selbst definierten Konstruktor sinnvolle oder zumindest definierte Werte zuzuweisen.

Die Klasse `Punkt` könnte beispielsweise dahingehend verbessert werden, dass sie die Zuweisung sinnvoller Werte für `x` und `y` zwar weiterhin dem Benutzer der Klasse überlässt, gleichzeitig aber durch Definition eines eigenen Konstruktors sicherstellt, dass `x` und `y` nach der Objekterzeugung keine zufälligen Bitmuster, sondern den Wert 0 enthalten (der Punkt also quasi im Ursprung liegt).

Ein neuerlicher Entwurf der Klasse `Punkt` könnte daher wie folgt aussehen:

```
class Punkt
{
public:
   double x;
   double y;

   Punkt()
   {
      x = 0.0;              // korrekt, aber nicht die
      y = 0.0;              // effizienteste Lösung
   }
};
```

Die Zuweisungen im Konstruktor sind allerdings keine Initialisierungen (Erstzuweisung im Zuge der Speicherreservierung). Die Initialisierung der Instanzvariablen ist zu dem Zeitpunkt, da die Ausführung des Konstruktorrumpfs beginnt, bereits vollzogen. Wenn Sie Werte für die Initialisierung vorgeben möchten, müssen Sie sich daher einer anderen Syntax bedienen: der Konstruktorliste.

In der Konstruktorliste werden die einzelnen zu initialisierenden Variablen hinter der Parameterliste des Konstruktors aufgelistet und die zuzuweisenden Werte in runden Klammern übergeben:

```
class Punkt
{
public:
   double x;
   double y;

   Punkt() : x(0.0), y(0.0)
   {
   }
};
```

Die Konstruktorliste ist der effizienteste Weg, um den Instanzvariablen einfache Werte (Literale oder das Ergebnis eines einfachen Ausdrucks) zuzuweisen. Wenn Sie die Werte erst mittels mehrerer Zeilen Code berechnen müssen – beispielsweise könnten Sie x und y mit Zufallszahlen zwischen 0 und 10 initialisieren –, bleibt nur der Weg über den Anweisungsblock des Konstruktors. Manche Autoren bevorzugen die Zuweisung im Anweisungsteil allerdings auch wegen der übersichtlicheren Syntax und verzichten dafür auf den Laufzeitvorteil.

Anfangswerte über Konstruktor weiterleiten

Schließlich kann der Autor der Klasse einen Konstruktor definieren, der Anfangswerte für die Instanzvariablen als Argumente entgegennimmt und weiterleitet.

```
class Punkt
{
public:
   double x;
   double y;

   Punkt(double _x, double _y) : x(_x), y(_y)
   {
   }
};

int main()
{
   Punkt p(12,13);
```

Wenn für eine Membervariable nur bestimmte Werte zulässig sind, sollten Sie das vom Konstruktor entgegengenommene, zugehörige Argument erst auf seine Korrektheit prüfen, bevor Sie es zuweisen. Angenommen die obige Klasse Punkt soll ausschließlich positive Koordinaten verarbeiten. In diesem Fall sollte der Konstruktor negative Argumente abfangen und beispielsweise durch 0 ersetzen:

```
Punkt(double _x, double _y)
{
   if (_x < 0)
      x = 0;
   else
      x = _x;

   if (_y < 0)
      y = 0;
   else
      y = _y;
}
```

Obigen Konstruktor könnte man übrigens auch so definieren, dass er die Werte zuerst weiterleitet und dann in seinem Anweisungsteil korrigiert, wenn negative Argumente übergeben wurden:

```
Punkt(double _x, double _y) : x(_x), y(_y)
{
   if (_x < 0)
      x = 0;

   if (_y < 0)
      y = 0;
}
```

Mischtechniken

Beachten Sie, dass die oben definierte Klasse Punkt keinen Konstruktor mehr besitzt, der ohne Argumente aufgerufen werden kann. Der Benutzer der Klasse wird also gezwungen, bei jeder Erzeugung eines Punkt-Objekts Anfangswerte für x und y zu übergeben. Obwohl dies zweifelsohne der sicherste Weg der Instanzbildung ist, kann dies die Arbeit mit Punkt-Objekten in Einzelfällen unnötig erschweren (siehe Abschnitt 17.5.2). Viele Klassen überladen daher den Konstruktor, um die Objekte wahlweise mit Argumenten oder Vorgabewerten zu initialisieren.

```
class Punkt
{
public:
   double x;
   double y;
```

```
   Punkt() : x(0.0), y(0.0)
   {
   }

   Punkt(double _x, double _y) : x(_x), y(_y)
   {
   }
};

int main()
{
   Punkt p1;
   Punkt p2(5, 10);
```

Selbstverständlich ist es auch möglich, Konstruktoren zu definieren, die für einzelne Instanzvariablen Argumente entgegennehmen und den restlichen Instanzvariablen vorgegebene Werte zuweisen.

17.3.2 Private-Deklaration

In der Einleitung zum Thema Membervariablen wurde ausgeführt, dass die Membervariablen den »Zustand« eines Objekts beschreiben und daher mit sinnvollen Werten initialisiert werden sollten. Gleiches gilt aber im Grunde für die gesamte Lebensdauer des Objekts: Die Membervariablen sollten stets nur so verändert werden, dass ihre Werte einen gültigen Objektzustand beschreiben.

Hinter dieser etwas trocken-akademischen Regel verbirgt sich letzten Endes nichts anderes als die Forderung, dass die Membervariablen keine unsinnigen Werte annehmen sollten.

Beispielsweise sollte eine Klasse `Vektor`, die drei Membervariablen `x`, `y` und `laenge` definiert, so implementiert werden, dass der Wert von `laenge` immer der Länge des Vektors von (0,0) bis (x,y) entspricht.

Oder stellen Sie sich vor, Sie schrieben eine Klasse `Countdown`, die eine `int`-Membervariable definiert, die vom Konstruktor auf einen beliebigen Anfangswert gesetzt und dann durch wiederholten Aufruf der Memberfunktion `herabzaehlen()` bis auf 0 heruntergezählt werden kann.

```
class Countdown
{
public:
   int zaehler;

   Countdown(int n) : zaehler(n)
   {
      if (n < 0)
```

```
         zaehler = 0;
   }

   int herabzaehlen()
   {
      if (zaehler > 0)
         zaehler--;

      return zaehler;
   }
};
```

Obwohl der Konstruktor dieser Klasse sorgsam sicherstellt, dass der Zähler nur mit positiven Werten initialisiert wird, kann dies dennoch nicht verhindern, dass ein unachtsamer Benutzer der Klasse die Instanzvariable `zaehler` nach Erzeugung eines `Countdown`-Objekts auf einen negativen Wert setzt und das Objekt damit in einen Zustand versetzt, den das Objekt eigentlich nie einnehmen sollte:

```
Countdown counter(10);
counter.zaehler = -3;          // fehlerhafter Gebrauch
```

Gleiches gilt für das Herunterzählen des Zählers. Solange der Benutzer zum Herunterzählen ausschließlich die Memberfunktion `herabzaehlen()` aufruft, erfolgt der Countdown ordnungsgemäß in Einerschritten und endet bei 0. Dies hilft allerdings nichts, wenn der Benutzer während des Countdowns den Zähler immer wieder erhöht oder durch direkte Zuweisung an `zaehler` herunterzählt und sich dabei verzählt.

Um derartigen Missbrauch oder falsche Verwendung zu unterbinden, deklarieren Klassen ihre Membervariablen meist als `private`.

Listing 17.5: Aus Countdown.cpp

```
#include <iostream>
using namespace std;

class Countdown
{
private:
   int zaehler;

public:
   Countdown(int n) : zaehler(n)
   {
      if (n < 0)
         zaehler = 0;
   }

   int herabzaehlen()
   {
```

```
        if (zaehler > 0)
           zaehler--;

        return zaehler;
    }
};
```

Der direkte Zugriff auf die Membervariablen über Objekte der Klasse wird auf diese Weise unterbunden:

```
Countdown counter(10);
counter.zaehler = -3;        // nicht erlaubt, da zaehler private
                             // führt zu Fehlermeldung des Compilers
```

... und der Benutzer der Klasse kann den Wert der Membervariablen `zaehler` (und damit den Zustand des `counter`-Objekts) nur noch über die `public`-Memberfunktionen der Klasse verändern.

```
int main()
{
   Countdown counter(10);

   for (int i = 0; i < 20; i++)
   {
      cout << counter.herabzaehlen() << endl;
   }

   return 0;
}
```

Die öffentliche Schnittstelle

Die `public`-Elemente – also die »Bedienelemente« einer Klasse, die der Programmierer für die Arbeit mit der Klasse nach außen sichtbar und verfügbar macht – bezeichnet man im Programmierjargon auch als die *öffentliche Schnittstelle* einer Klasse.

In der Regel sollte die öffentliche Schnittstelle ausschließlich aus Memberfunktionen bestehen, während die Membervariablen als `private` deklariert werden. Ist es nötig, dass der Benutzer den Wert einer einzelnen Membervariablen bei Bedarf neu setzt oder abfragt, ist es sicherer, hierfür zwei spezielle Memberfunktionen aufzusetzen als die Membervariable als `public` freizugeben. (Memberfunktionen, die keine besondere Aufgabe erfüllen, sondern letztlich nur als `public`-Schnittstelle zu einer `private`-Membervariablen dienen, werden auch als Get- bzw. Set-Memberfunktionen bezeichnet, siehe Abschnitt 17.4.6).

17.3.3 Eingebettete Objekte

Eine Membervariable kann nicht nur von einem einfachen Datentyp sein, Membervariablen können selbst auch wieder Klassentypen angehören. Man spricht in diesem Fall auch von eingebetteten Objekten.

Die Einbettung von Objekten ist nichts Ungewöhnliches – man denke nur an die vielen Membervariablen vom Typ `string`.

Aus Sicht der umgebenden Klasse sind eingebettete Objekte ganz normale Membervariablen. Es gibt also weder irgendwelche speziellen Regeln für eingebettete Objekte noch irgendwelche Situationen, in denen sich eingebettete Objekte anders verhalten.

Es gibt allerdings drei Punkte, in denen der Umgang mit eingebetteten Objekten Fragen aufwirft, die sich für Objekte einfacher Datentypen normalerweise nicht stellen (obwohl die anzuwendenden Regeln jeweils gleich sind).

Deklaration

Membervariablen können nur von vollständig definierten Klassentypen deklariert werden. Daraus folgt unter anderem, dass eine Klasse keine Membervariablen ihres eigenen Typs definieren kann. Erlaubt sind allerdings Zeiger oder Referenzen auf unvollständig deklarierte Datentypen:

```
class Motor;                // unvollständige Vorwärtsdeklaration

class Auto
{
    Motor *m;               // okay
    ...
};
```

Einrichtung und Initialisierung

Eingebettete Objekte werden im Zuge der Instanzbildung des ihnen übergeordneten Objekts erzeugt. Da an der Erzeugung eines Objekts immer ein Konstruktor beteiligt ist, folgt, dass auch für die eingebetteten Objekte ein Konstruktor aufgerufen werden muss. Welcher Konstruktor für ein eingebettetes Objekt aufgerufen werden soll und welche Argumente ihm zu übergeben sind, kann der Programmierer selbst festlegen, indem er den Konstruktoraufruf in die Konstruktorliste seiner Klasse aufnimmt:

```
class Demo
{
public:
    string name;

    Demo() : name("Unbekannt")
    {
    }
};


int main()
{
    Demo d;                 // d.name gleich "Unbekannt"
    ...
```

Hier wird das `string`-Objekt in name mit dem Text "`Unbekannt`" initialisiert.

Aufrufe von Standardkonstruktoren (Konstruktor, der ohne Argumente aufgerufen werden kann) müssen nicht explizit in die Konstruktorliste aufgenommen werden – sie werden implizit ergänzt. Voraussetzung ist allerdings, dass die Klasse der Instanzvariablen einen Standardkonstruktor definiert.

```
class Demo
{
public:
    string name;

    Demo()                  // für name wird implizit der
    {                       // Standardkonstruktor von string
    }                       // aufgerufen, der das string-Objekt
};                          // mit einer leeren Zeichenkette anlegt


int main()
{
    Demo d;                 // d.name gleich ""
    ...
```

Auflösung

Die Auflösung eines Objekts ist das Pendant zur Instanzbildung. Wie die Instanzbildung mit dem internen Aufruf eines Konstruktors verbunden ist, wird bei der Instanzauflösung der Destruktor der Klasse aufgerufen. (Eine Klasse verfügt immer nur über einen Destruktor. Dies liegt daran, dass man für Destruktoren keine Parameter definieren kann. Folglich kann man Destruktoren auch nicht überladen.)

Wie bei der Instanzbildung für alle eingebetteten Objekte deren eigene Konstruktoren aufgerufen werden (im Zweifelsfall der jeweilige Standardkonstruktor, siehe oben), wird bei der Instanzauflösung jedes eingebettete Objekt durch seinen eigenen Destruktor aufgelöst (im Zweifelsfall durch den Standarddestruktor seiner Klasse).

17.3.4 Konstante Membervariablen

Membervariablen, die als `const` deklariert werden, können nach der Instanzbildung nicht mehr verändert werden. Ihr Wert muss über die Konstruktorliste zugewiesen werden.

```
class Demo
{
public:
    const int j;          // konstante Instanzvariable
    Demo() : j(2)         // Initialisierung
    {
      ...
};
```

Wenn Sie eine Klassentyp-Variable als `const` deklarieren, bedeutet dies nicht nur, dass Sie der Variablen kein anderes Objekt ihrer Klasse zuweisen können, sondern auch, dass alle Membervariablen des aktuellen Objekts als unveränderlich angesehen werden. (Ausgenommen sind Membervariablen, die in der Klasse als `mutable` oder `static` deklariert sind.)

17.3.5 Statische Membervariablen

Membervariablen, die mit dem Schlüsselwort `static` definiert sind, gibt es für jede Klasse nur einmal, d.h. sie werden *nicht* für die einzelnen Instanzen kopiert – ihren Speicher bekommen sie vielmehr im Zuge einer zusätzlichen Definition im umliegenden Dateibereich zugeteilt:

```
class Demo
{
public:
    static int klassenvariable;
    ...
};
int Demo::klassenvariable;                    // Definition
```

Statische Membervariablen werden daher auch als *Klassenvariablen* bezeichnet und sie können sowohl über die Objekte der Klasse als auch den Klassennamen angesprochen werden. Im letzteren Falle steht zwischen Klassen- und Elementname der Gültigkeitsbereichoperator:

```
int main()
{
    Demo obj;
    Demo::klassenvariable = 12;

    cout << Demo::klassenvariable << endl;
    cout << obj.klassenvariable << endl;

    return 0;
}
```

Klassenvariablen eignen sich unter anderem zum Speichern von Daten, die für alle Objekte einer Klasse gleich sind. Beispielsweise könnten alle Mitarbeiter einer Firma das gleiche Gehalt beziehen. Eine Klasse `Mitarbeiter` könnte daher das Gehalt in einer Klassenvariablen speichern. Im Falle einer Gehaltserhöhung muss dann nur der Wert der Klassenvariablen erhöht werden (ohne Klassenvariable müsste die entsprechende Instanzvariable für alle erzeugten Objekte einzeln erhöht werden).

Konstante Klassenvariablen als Ersatz für globale Variablen

Klassenvariablen eignen sich unter anderem, um an eine Klasse gebundene Konstanten zu definieren. So könnte eine Klasse `Astrophysik` zur Berechnung astronomischer Daten die Gravitationskonstante als konstante Klassenvariable definieren.

```
class Astrophysik
{
public:
    static const double GRAVITATION;

};
const double Astrophysik::GRAVITATION = 6.67e-11;
```

ACHTUNG

Konstante Klassenvariablen müssen bei der Definition im Dateibereich initialisiert werden!

TIPP

Gegenüber konstanten globalen Variablen haben die konstanten Klassenvariablen den Vorzug, dass sie keine Namenskonflikte auslösen und dass sich ihr Verwendungszweck aus dem Kontext ihrer Klasse dokumentiert. Gegenüber symbolischen `#define`-Konstanten haben die konstanten Klassenvariablen den zusätzlichen Vorteil, dass sie typisiert sind.

17.4 Memberfunktionen

Die Funktionen, die innerhalb einer Klasse definiert werden, stellen die Verhaltensweisen/Operationen der Klasse dar. Wir bezeichnen sie als Memberfunktionen. Die Memberfunktionen einer Klasse können alle Elemente ihrer Klasse verwenden, egal ob diese `public`, `protected` oder `private` sind.

Memberfunktionen werden in der objektorientierten Literatur auch als Elementfunktionen oder Methoden bezeichnet.

17.4.1 Definition innerhalb der Klassendefinition

Memberfunktionen können in der Klassendefinition nicht nur deklariert, sondern auch definiert (also mit einem Anweisungsteil verbunden) werden.

```
class Demo
{
    int wert;

public:
    Demo()              { wert = 0; }
    Demo(int i)         { wert = i; }
    int get_wert()      { return wert; }
    int set_wert(int i) { wert = i; }
  };
```

Für kleine Memberfunktionen ist dies nicht nur recht übersichtlich, es hat noch einen weiteren positiven Nebeneffekt: Memberfunktionen, die innerhalb der Klassendefinition definiert werden, werden automatisch als `inline` interpretiert.

inline-Memberfunktionen

Der Aufruf einer Memberfunktion bringt gegenüber der direkten Ausführung von Anweisungen immer eine zeitliche Verzögerung mit sich, den sogenannten Function Overhead.

C++ erlaubt es daher, Memberfunktionen von Klassen (ebenso wie normale Funktionen) als `inline` zu deklarieren. Das Schlüsselwort `inline` weist den Compiler an, ähnlich wie bei einem Makro, die Memberfunktionsaufrufe durch den Funktionskörper zu ersetzen. Die `inline`-Deklaration ist allerdings lediglich eine Empfehlung. Ob der Compiler sich an die Empfehlung hält, bleibt ihm überlassen.

Um eine Memberfunktion als `inline` zu deklarieren, müssen Sie das Schlüsselwort `inline` an den Anfang der Funktionsdeklaration stellen. Für Memberfunktionen, die innerhalb der Klassendefinition definiert werden, ist dies nicht erforderlich – sie werden wie gesagt automatisch als inline-deklariert angesehen.

Allgemein ist zum Gebrauch von inline-Memberfunktionen zu sagen, dass diese zwar die Laufzeit eines Programms beschleunigen, dafür aber den Code aufblähen. Sie eignen sich daher vor allem für kleinere Memberfunktionen.

17.4.2 Definition außerhalb der Klassendefinition

Bei der Definition außerhalb der Klasse muss dem Namen der Memberfunktion der Klassenname vorangestellt werden, um den Bezug zur Klasse wiederherzustellen:

```
class Demo
{
    int wert;

public:
    Demo();
    Demo(int i);
    int get_wert();
    void set_wert(int i);
};

// Memberfunktionsdefinitionen außerhalb der Klasse
Demo::Demo()
{
   wert = 0;
}

Demo::Demo(int i)
{
   wert = i;
}

int Demo::get_wert()
{
   return wert;
}

void Demo::set_wert(int i)
{
   wert = i;
}
```

Beachten Sie, dass die reinen Memberfunktionsdeklarationen in der Klasse mit Semikolon abgeschlossen werden.

17.4.3 Der this-Zeiger

Werden mehrere Objekte einer Klasse gebildet, bekommt jedes Objekt (jede Instanz) eine eigene Kopie der Instanzvariablen der Klasse. Die Memberfunktionen der Klasse stehen aber nur einmal im Arbeitsspeicher und werden von allen Instanzen der Klasse gemeinsam benutzt. Wie also wird sichergestellt, dass Memberfunktionen immer genau die Kopien der Instanzvariablen bearbeiten, die zu dem Objekt gehören, für das sie aufgerufen wurden?

Der Trick ist, dass der Compiler intern jeder Instanz einen Zeiger auf sich selbst zuweist. Bei jedem Aufruf einer (nicht-statischen) Memberfunktion wird dieser Zeiger automatisch an die Memberfunktion übergeben. Der Programmierer kann ihn sogar selbst im Anweisungsteil der Memberfunktionen verwenden. Er wird durch das Schlüsselwort `this` repräsentiert.

Listing 17.6: This.cpp

```
#include <iostream>
#include <string>
using namespace std;

class Demo
{
   string name;

public:
   Demo(string s) : name(s) {}

   void print()
   {
      cout << "Objekt: " << name << " (" << this << ")"
           << endl;
   }
};

int main()
{
   Demo obj1("Jim"), obj2("Tim");

   obj1.print();
   obj2.print();

   return 0;
}
```

Die Ausgabe dieses Programms könnte wie folgt aussehen:

```
Objekt: Jim (12ff64)
Objekt: Tim (12ff3c)
```

Der this-Zeiger wird vor allem dazu verwendet, Verweise auf das aktuelle Objekt weiterzugeben oder die Verdeckung von Instanzvariablen durch gleichnamige Parameter oder lokale Variablen aufzulösen:

```
class Demo
{
    int n;

public:
    void funk(int n)
    {
       this->n = (n + 1) * 2;
    }
    ...
};
```

17.4.4 Statische Memberfunktionen

Die static-Deklaration einer Memberfunktion ist das Pendant zur static-Deklaration einer Membervariable.

Statische Memberfunktionen besitzen keinen this-Zeiger und können daher nur auf andere statische Elemente der Klasse zugreifen. Wie die Klassenvariablen können sie sowohl über Instanzen als auch den Klassennamen aufgerufen werden. Ihre Verwendung ist daher nicht an das Vorhandensein irgendwelcher Objekte der Klasse gebunden.

Um eine Memberfunktion als static zu deklarieren, stellen Sie einfach in der Klassendefinition das Schlüsselwort static vor die Deklaration der Memberfunktion. Wenn Sie die Memberfunktion außerhalb der Klasse definieren, setzen Sie das Schlüsselwort static nur vor die Deklaration in der Klasse. Bei der Definition außerhalb der Klasse lassen Sie das Schlüsselwort weg.

Listing 17.7: Definition und Aufruf statischer Memberfunktionen (Statisch.cpp)

```
#include <iostream>
using namespace std;

class Demo
{
  private:
    static int standardwert;

  public:
    static void std_setzen(int i);
    int get_std() { return standardwert; }
};
```

```
int Demo::standardwert = 1;
void Demo::std_setzen(int i)
{
    if( i > 0 && i < 100 )
        standardwert = i;
}


int main()
{
    Demo obj1, obj2;
    Demo::std_setzen(33);

    cout << obj1.get_std() << endl;
    cout << obj2.get_std() << endl;

    return 0;
}
```

Statische Memberfunktionen können beispielsweise zum Aufbau von Klassen genutzt werden, die als reine Funktionensammlungen dienen (und gar nicht instanziert werden) – ein Konzept, das in C++ wegen der Hybrid-Struktur der Sprache zwar weniger verbreitet ist als in rein objektorientierten Sprachen wie Java oder C#, aber dennoch statthaft ist.

Oder Sie nutzen die statischen Memberfunktionen als öffentliche Schnittstelle zu privaten Klassenvariablen. So garantiert die Konstruktion aus dem obigen Listing zum Beispiel, dass der Klassenvariablen `standardwert` nur Werte von 1 bis 99 zugewiesen werden können. (Mit einer normalen Memberfunktion könnten Sie die Zuweisung zwar ebenfalls kontrollieren, doch würde dies dann eine bestehende Instanz voraussetzen und im Übrigen den Eindruck erwecken, als würde eine Instanzvariable manipuliert. Und wenn Sie statt einer Klassenvariablen eine globale Variable auf Dateiebene definieren würden, wäre der Zugriff sogar gänzlich unkontrollierbar.)

17.4.5 Konstante Memberfunktionen

Die `const`-Deklaration von Memberfunktionen unterscheidet sich von anderen Deklarationen dadurch, dass das Schlüsselwort `const` nicht wie andere Modifizierer dem Funktionsnamen vorangestellt wird. Stattdessen wird das Schlüsselwort `const` der Funktionsdeklaration nachgestellt:

```
rückgabetyp funktionsname(PARAMETER)  const;
```

Der wenig spektakuläre Grund für die etwas absonderliche Deklarationssyntax ist, dass man auf diese Weise am bequemsten Konflikte mit dem Rückgabetyp der Funktion vermeidet:

```
const int funktion();    // Funktion mit Rückgabetyp const int
int funktion() const;    // const-Funktion mit Rückgabetyp int
```

Zwei Gründe gibt es, eine Memberfunktion als `const` zu deklarieren:

- Sie möchten vom Compiler sicherstellen lassen, dass die Memberfunktion nicht die Werte irgendwelcher Membervariablen der Klasse verändert (ausgenommen Membervariablen, die als `mutable` deklariert sind).
- Sie möchten sicherstellen, dass diese Memberfunktionen auch für `const`-Instanzen der Klasse aufgerufen werden können. (Aufrufe von nicht-`const`-Memberfunktionen für `const`-Instanzen führen zu Warnungen oder Fehlermeldungen des Compilers.)

```
class Demo
{
public:
    int i;
    mutable int n;

    Demo()  {}

    void inkr() const
    {
        i++;            // Fehler
        n++;            // ok, da mutable-Membervariable
    }

    void func() {}
};


int main()
{
    const Demo obj;
    obj.func();       // Fehler
    obj.inkr();       // ok, da const-Memberfunktion

    return 0;
}
```

17.4.6 Get-/Set-Memberfunktionen

In Abschnitt 17.3.2 wurde ausgeführt, wie Klassen die Programmierung mit den eigenen Objekten sicherer gestalten, indem sie ihre Membervariablen durch `private`-Deklaration vor dem (eventuell fehlerhaften) Zugriff von außen schützen und stattdessen für die Arbeit mit den Objekten öffentliche (`public`) Memberfunktionen zur Verfügung stellen.

Die nachfolgend definierte Klasse Bruch beherzigt diesen Grundsatz und stellt auf diese Weise sicher, dass niemand der Membervariablen nenner den Wert 0 zuweist.

```
class Bruch
{
private:
    int zaehler;
    int nenner;

public:
    Bruch(int z, int n) : zaehler(z), nenner(n)
    {
       if (n == 0)
          nenner = 1;
    }

    double ausrechnen() const
    {
      return (double) zaehler / nenner;
    }
};
```

Benutzer der Klasse Bruch können Bruch-Objekte für beliebige Kombinationen aus Zähler und Nenner erzeugen und ausrechnen lassen. Dabei können sie sich darauf verlassen, dass ungültige Nennerwerte (0) abgefangen und ersetzt werden. Und die private-Deklaration der Membervariablen sorgt dafür, dass die Benutzer sich nicht durch unkontrollierte direkte Zuweisungen an nenner selbst ein Bein stellen und nenner versehentlich auf 0 setzen.

Leider führt hier die private-Deklaration der Membervariable auch dazu, dass die Klasse Bruch nur sehr eingeschränkt zu verwenden ist. So gibt es z.B. keine Möglichkeit, einen bestehenden Bruch zu verändern, d.h., für jede zu berechnende Zähler/Nenner-Kombination muss ein neues Bruch-Objekt erzeugt werden. Und wenn der Benutzer der Klasse den Bruch ausgeben möchte, steht er unter Umständen vor dem Problem, dass er für ein bestehendes Bruch-Objekt zwar den berechneten Wert (Rückgabewert der Memberfunktion ausrechnen()), nicht aber die Werte für Zähler und Nenner abfragen kann.

Um solche Defizite abzufangen, definiert man Get- und Set-Memberfunktionen als öffentliche Schnittstelle zu den Membervariablenn.

Listing 17.8: Get- und Set-Memberfunktionen (Bruch.cpp)

```
#include <iostream>
using namespace std;

class Bruch
{
private:
    int zaehler;
    int nenner;

public:
    Bruch(int z, int n) : zaehler(z), nenner(n)
    {
       if (n == 0)
          nenner = 1;
    }

    double ausrechnen() const
    {
      return (double) zaehler / nenner;
    }

    // Get- und Set-Memberfunktionen
    int get_zaehler() const
    {
       return zaehler;
    }
    void set_zaehler(int z)
    {
        zaehler = z;
    }

    int get_nenner() const
    {
       return nenner;
    }
    void set_nenner(int n)
    {
        if (n != 0)
           nenner = n;
    }
};

int main()
{
   Bruch b(3, 4);

   cout << b.get_zaehler() << "/" << b.get_nenner()
        << " = " << b.ausrechnen() << endl;

   b.set_zaehler(12);
   b.set_nenner(0);

   cout << b.get_zaehler() << "/" << b.get_nenner()
        << " = " << b.ausrechnen() << endl;

   return 0;
}
```

Beachten Sie, dass es sich bei den Get- und Set-Memberfunktionen um ganz normale Memberfunktionen handelt, denen allein wegen ihres speziellen Verwendungszweckes eine Sonderstellung zukommt. Viele Programmierer benennen ihre Get- und Set-Memberfunktionen nach den Membervariablen, auf die die Memberfunktionen zugreifen, und stellen dem Variablennamen eines der Präfixe *get* oder *set* voran. Verbindlich oder notwendig ist diese Namensgebung allerdings nicht.

Get-/Set-Memberfunktionen müssen nicht immer paarweise auftreten. Wenn Sie zu einer privaten Membervariablen lediglich eine Get-Memberfunktion definieren, wird die Variable aus Sicht des Objekts zu einer Nur-Lesen-Membervariablen.

17.5 Die Konstruktoren

Jede Instanzbildung ist mit dem Aufruf eines Konstruktors verbunden. Aufgabe des Konstruktors ist es, das gerade erzeugte Objekt in einen sinnvollen Anfangszustand zu versetzen.

Der Programmierer kann auf die Erzeugung der Objekte Einfluss nehmen, indem er

- an den Konstruktor eine Konstruktorliste zur Initialisierung der Membervariablen anhängt (vergleiche auch die Abschnitte 17.3.1 und 17.3.2),
- im Anweisungsteil des Konstruktors nötige Initialisierungsarbeiten erledigt (Reservierung von dynamischem Speicher, Öffnen externer Ressourcen wie Dateien oder Datenbankverbindungen, komplexere Zuweisungen an Membervariablen),
- durch Definition mehrerer überladener Konstruktoren die Instanzbildung an die Übergabe verschiedener Argumenttypen anpasst.

17.5.1 Definition und Aufruf

Der Konstruktor ist eine spezielle Memberfunktion. Charakteristisch für den Konstruktor ist, dass er

- den gleichen Namen wie die Klasse trägt,
- ohne Rückgabetyp definiert wird (auch nicht `void`),
- nicht als `virtual`, `static`, `const`, `mutable` oder `volatile` deklariert werden kann,
- häufig überladen wird, um Objekte auf der Grundlage verschiedener Argumente erzeugen zu können.

```
class string
{
public:
     string();                   // Standardkonstruktor
     string(const char *s);      // String auf Basis eines C-Strings
                                 // initialisieren
     string(const string &s);    // String auf Basis eines
                                 // anderen Strings initialisieren

     string(const string &s, int anf, int end);  // String auf
                                 // Basis der Zeichen anf bis end
                                 // eines anderen Strings
                                 // initialisieren
     ...
```

Konstruktoraufruf

Der Konstruktor wird automatisch bei jeder Bildung eines Objekts aufgerufen. Sind mehrere Konstruktoren in der Klasse definiert, wählt der Compiler den passenden Konstruktor anhand der Argumente aus, die bei der Instanzbildung übergeben werden (angehängt an den Instanz- oder den Klassennamen).

```
string str1;              // Standardkonstruktor wird ohne
                          // Klammern aufgerufen[1]
string str2("Hallo");
string str3(str2);
string str4(str2, 2, 4);
```

Wenn Sie wie oben eine neue Objektvariable (Variable eines Klassentyps) definieren, wird der Konstruktor immer implizit aufgerufen.

Der Konstruktor kann aber auch explizit über seinen Namen aufgerufen werden. Der explizite Konstruktoraufruf wird benötigt, um

- Objekte auf dem Heap zu erzeugen

  ```
  string *p_str = new string("Hallo");
  ```

  Hier wird der Konstruktor verwendet, um ein `string`-Objekt auf dem Heap einzurichten. Nach erfolgreicher Speicherreservierung und Initialisierung des Objekts wird die von `new` zurückgelieferte Adresse des Objekts in dem Zeiger `p_str` gespeichert.

1. Obwohl es logisch wäre, im Zuge einer Variablendefinition den Standardkonstruktor mit runden Klammern aufzurufen (`string str1();`) ist dies in C++ nicht möglich, da der Compiler diese Syntax nicht von einer Funktionsdeklaration (Funktion `str1` ohne Parameter mit Rückgabetyp `string`) unterscheiden kann.

- Objekte innerhalb eines Funktionsaufrufs ad hoc zu erzeugen und als Argument an einen Parameter zu übergeben

  So können Sie die Funktionen

```
void func1(Demo  arg)      // eher unüblich, wegen dem
                           // hohen Kopieraufwand für
                           // Objekte
void func2(Demo &arg)      // Referenz-Argument
void func3(Demo *arg)      // Zeiger-Argument
```

  wie folgt mit unbenannten Demo-Objekten als Argumenten aufrufen:

```
func1(Demo(5));       // Übergabe an normalen Parameter
func2(Demo(5));       // Übergabe an Referenz-Parameter
func3(new Demo(5));   // Übergabe an Zeiger-Parameter
```

Verwenden Sie den expliziten Aufruf nicht zur Erzeugung von Objekten für normale Variablen:

```
Demo obj = Demo(12,7);             // nicht verwenden!
```

Hier werden unnötigerweise zwei Demo-Objekte erzeugt.

Ist ein Objekt erst einmal erzeugt, kann für das Objekt kein Konstruktor mehr aufgerufen werden!

17.5.2 Ersatz- und Standardkonstruktoren

Da die Einrichtung von Objekten immer mit dem Aufruf eines passenden Konstruktors verbunden ist, darf es keine Klassen ohne Konstruktor geben. Um aber dem Programmierer bei der Implementierung einfacher Klassen, deren Objekte nicht in besonderer Weise initialisiert werden müssen, Arbeit abzunehmen und um kompatibel zu bestehendem C-Code zu sein, akzeptiert der Compiler auch Klassen ohne eigenen Konstruktor und weist diesen einfach einen automatisch generierten Ersatzkonstruktor zu. Dieser Ersatzkonstruktor definiert keine Parameter und hat einen leeren Anweisungsteil:

```
klassenname() {}
```

Standardkonstruktoren

Konstruktoren, die ohne Argumente aufgerufen werden können, heißen auch *Standardkonstruktoren*. Ihnen kommt in C++ eine ganz besondere Stellung zu, da der Compiler in allen Situationen, wo ein Objekt eingerichtet werden muss, aber der Programmierer keinen expliziten Konstruktoraufruf vorgesehen hat, versucht, das Objekt mit Hilfe des Standardkonstruktors einzurichten. Gibt es in der Klasse dann keinen Standardkonstruktor, scheitert die Objekterzeugung und der Compiler gibt eine Fehlermeldung aus.

Welche Situationen sind dies?

Die Definition einer Klassentyp-Variablen ohne Übergabe von Argumenten

```
Demo obj;               // Hier wird ein Objekt erzeugt
                        // und der Standardkonstruktor zur
                        // Einrichtung des Objekts aufgerufen
```

Gibt es keinen Standardkonstruktor, müssen Sie Argumente übergeben:[1]

```
Demo obj(1);
```

Die Einrichtung geerbter Elemente

Wenn Sie ein Objekt einer abgeleiteten Klasse erzeugen (siehe Kapitel 18), bilden die von der Basisklasse geerbten Elemente in diesem Objekt ein Unterobjekt. Zur Einrichtung dieses Basisklassenunterobjekts ruft der Compiler den Standardkonstruktor der Basisklasse auf.

```
class Abgeleitet : public Basis
{
public:
    Abgeleitet()          // ruft implizit den Standardkonstruktor
    {                     // von Basis zur Einrichtung des
    }                     // Basis-Unterobjekts auf
};

...
Abgeleitet obj2;
```

Verfügt die Basisklasse über keinen Standardkonstruktor, müssen Sie den Konstruktor der abgeleiteten Klasse um eine Konstruktorliste erweitern, in der Sie explizit einen passenden Konstruktor der Basisklasse aufrufen.

```
class Abgeleitet : public Basis
{
public:
    Abgeleitet() : Basis(3)      // expliziter Aufruf eines Basis-
    {                            // Konstruktors zur Einrichtung
    }                            // des Basis-Unterobjekts
};
```

Die Einrichtung eingebetteter Objekte

Hier gilt sinngemäß das Gleiche wie für die geerbten Elemente einer abgeleiteten Klasse (siehe auch Abschnitt 17.3.2).

1. Selbstverständlich kann es auch eine bewusste Design-Entscheidung sein, keinen Standardkonstruktor zu definieren und so die Übergabe von Argumenten an den Konstruktor zu erzwingen.

Die Einrichtung von Array-Elementen

Wenn Sie ein Array von Objekten anlegen, muss für jedes Element im Array ein Konstruktor aufgerufen werden. Ist in der Klasse der Array-Elemente ein Standardkonstruktor definiert, kann der Compiler diesen automatisch für jedes Array-Element aufrufen.

Verfügt die Klasse über keinen Standardkonstruktor, müssen Sie die Array-Elemente mit einer Initialisierungsliste initialisieren und darin für jedes Array-Element einen Konstruktoraufruf spezifizieren – für große Arrays eine äußerst unangenehme Aufgabe.

Wenn Sie einen oder mehrere eigene Konstruktoren definieren, erzeugt der Compiler keinen Ersatzkonstruktor mehr für die Klasse. Unter Umständen bedeutet dies, dass der Klasse dann ein Standardkonstruktor fehlt. Wenn Sie eigene Konstruktoren mit Parametern definieren, überlegen Sie sich also, ob Sie nicht auch noch einen Standardkonstruktor definieren.

Standardkonstruktor und Vorgabeargumente

Ein Standardkonstruktor ist ein Konstruktor, der ohne Argumente aufgerufen werden kann. Dies ist in C++ nicht identisch zu der Aussage, dass der Standardkonstruktor keine Parameter definiert, denn ein Konstruktor, dessen Parameter alle mit Vorgabeargumenten versehen sind, ist ebenfalls ein Standardkonstruktor.

```
Demo()
Demo(int i = 3)
Demo(int i = 4, double d = 2.0)
```

Jeder der drei oben aufgeführten Konstruktoren ist ein Standardkonstruktor, und jeder dieser Konstruktoren kann vom Compiler zur automatischen Initialisierung verwendet werden.

In einer Klasse kann immer nur ein Standardkonstruktor definiert sein.

Die Initialisierung von Arrays von Objekten stellt ein Problem dar, denn eine Instanzbildung der Form

```
Demo d[2](100);
```

um alle Array-Elemente mit einem Konstruktor `Demo(int i)` zu initialisieren, ist nicht möglich. Was Sie tun können, ist die Array-Elemente von einem Standardkonstruktor erzeugen zu lassen:

```
Demo obj[3];
```

oder in einer Initialisierungsliste für jedes Array-Element explizit den Konstruktor aufzurufen:

```
Demo obj[3] = {Demo(1), Demo(2), Demo(3)};
```

oder die Objekte explizit zu erzeugen und im Array nur Zeiger auf die Objekte zu speichern.

17.6 Der Destruktor

Destruktoren werden automatisch aufgerufen, wenn

- Variablen von Klassentypen ihre Gültigkeit verlieren (beispielsweise weil es sich um eine lokale Variable handelt und die zugehörige Funktion beendet wird oder weil es sich um eine Instanzvariable handelt und das übergeordnete Objekt aufgelöst wird)
- oder wenn für einen Zeiger auf ein Objekt der `delete`-Operator angewendet wird.

Die Auflösung eines Klassenobjekts geht also immer mit dem Aufruf eines Destruktors einher. Aus diesem Grunde weist der Compiler Klassen, die keinen eigenen Destruktor definieren, automatisch einen Standarddestruktor mit leerem Anweisungsteil zu. Einen eigenen Desktruktor müssen Sie daher grundsätzlich nur definieren, wenn

- Sie im Konstruktor Ressourcen wie dynamischen Speicher, Dateien oder Datenbankverbindungen reserviert haben, die Sie im Destruktor explizit freigeben müssen,
- Sie mit dem Auflösen der Objekte bestimmte Abschlussarbeiten verknüpfen möchten (beispielsweise das Dekrementieren eines Instanzenzählers),
- Ihre Klasse als Basisklasse dienen soll (mehr hierzu in Kapitel 18.5).

Das folgende Beispiel demonstriert, wie dynamisch reservierter Speicher für eine Instanzvariable im Destruktor freigegeben wird.

```
class Demo
{
    int *feld;
    int anz_elemente;

public:
    Demo(int anz)
    {
       anz_elemente = anz;
       feld = new int[anz_elemente];    // Speicher reservieren
    }
```

```
   ~Demo()
   {
      delete feld;                        // Speicher bei Auflösung der
   }                                      // Instanz freigeben
};
```

Wenn Sie einen eigenen Destruktor definieren, müssen Sie beachten:

- dass der Destruktor den gleichen Namen trägt wie seine Klasse, allerdings mit vorangestellter Tilde (~),
- dass Destruktoren ohne Rückgabetyp definiert werden (auch nicht `void`),
- dass Destruktoren keine Parameter haben (und daher auch nicht überladen werden können),
- dass Destruktoren nicht als `static`, `const`, `mutable` oder `volatile` deklariert werden können.

```
~klassenname() {}
```

Der `delete`-Operator kann ungestraft auf Zeiger angewendet werden, die auf `NULL` gesetzt wurden. Der Operator erkennt dies und kehrt ohne weitere Aktion zurück.

17.7 Übungen

1. Gibt es in der folgenden Klassendefinition Fehler? Wenn ja, welche?

```
Demo
{
public:
   int x;
   int y;
}
```

2. Gibt es in der folgenden Klassendefinition Fehler? Wenn ja, welche?

```
class Demo
{
   int x;
   int y;

public:
   demo()
   {
      x = 0;
      y = 0;
   }
}
```

3. Schreiben Sie ein Programm, mit dem man zweidimensionale Vektoren addieren und subtrahieren kann. Die Klasse sollte also zumindest zwei Membervariablen `x` und `y` für die Koordinaten, ein oder zwei Konstruktoren zur Initialisierung sowie Memberfunktionen `addieren()` und `subtrahieren()` enthalten. Die Memberfunktionen sollten das zu addierende oder subtrahierende `Vektor`-Objekt als Argument entgegennehmen und das aktuelle Objekt (für das sie später aufgerufen werden) verändern. Nützlich wäre auch eine Memberfunktion zum Ausgeben von `Vektor`-Objekten oder besser noch eine Memberfunktion, die eine String-Darstellung des Vektors zurückliefert.

   Definieren Sie die Klasse `Vektor` in einer eigenen Headerdatei/Quelltextdatei-Kombination und definieren Sie in einer zweiten Quelltextdatei eine `main()`-Funktion, die testet, ob die Klasse Vektor korrekt implementiert ist (indem sie Objekte vom Typ `Vektor` erzeugt und dann addiert und subtrahiert).

   (Hinweis: Vektoren werden addiert oder subtrahiert, indem man die einzelnen Koordinaten paarweise addiert oder subtrahiert. Wenn Sie mit Vektoren nicht so vertraut sind, können Sie aber auch eine beliebige andere Klasse schreiben und testen.)

   (Hinweis: Achten Sie nach Möglichkeit darauf, dass Sie die Vektor-Objekte auf effiziente Weise an die Memberfunktionen `addieren()` und `subtrahieren()` übergeben).

   (Hinweis: Die Übung ist recht umfangreich und umfasst viele einzusetzende Techniken. Versuchen Sie einfach, die Aufgabe so gut wie möglich zu lösen und schauen Sie sich dann in der Musterlösung an, was Sie noch verbessern könnten.)

4. Erweitern Sie die `Vektor`-Klasse aus der vorangehenden Übung um zwei statische Memberfunktionen `addieren()` und `subtrahieren()`, die im Gegensatz zu den nicht-statischen Memberfunktionen nicht das aktuelle Objekt verändern, sondern beide zu addierenden oder subtrahierenden `Vektor`-Objekte als Parameter entgegennehmen, ein neues `Vektor`-Objekt erzeugen, das der Summe der übergebenen Vektoren entspricht, und dieses als Ergebniswert zurückliefern.

Kapitel 18

Vererbung

Wie lauteten noch einmal die Ziele der objektorientierten Programmierung? Sichere Verwendung von Klassen, bessere Wartbarkeit bestehender Programme, einfache Wiederverwendung von bestehendem Code. Über die sichere Verwendung von Klassen haben wir bereits in Kapitel 17 gesprochen. Wie sieht es nun mit der Wartbarkeit und Wiederverwendung aus? Grundsätzlich ist bestehender Code um so leichter zu warten und wiederzuverwenden, je übersichtlicher er in sinnvolle »Module« aufgeteilt ist. Bei der objektorientierten Programmierung wird dies bereits vorbildlich durch die Verteilung des Codes auf mehrere Klassen erreicht. Die Verteilung von Code auf verschiedene Klassen und die Verwendung von bestehenden Klassen wird in der objektorientierten Programmierung überdies noch durch einen speziellen Mechanismus weiter gefördert. Gemeint ist die Vererbung. Das Mittel der Vererbung lässt sich zwar nicht in jedem Fall anwenden, doch wo es zum Einsatz kommt, besticht es durch seine Leistungsfähigkeit und Eleganz.

Der Wermutstropfen an der Sache ist wie so oft, dass man sich als Programmierer mit vielen neuen Konzepten auseinandersetzen muss, bevor man die Möglichkeiten der Vererbung gezielt und sinnvoll nutzen kann.

Sie lernen in diesem Kapitel,

- wie eine neue Klasse die Elemente einer bestehenden Klasse erben kann,
- wann man Vererbung nutzen sollte,
- was der Unterschied zwischen Vererbung und Komposition ist,
- wie man geerbte Memberfunktionen anpassen kann,
- was bei der Destruktor-Definition zu beachten ist.

18.1 Das Prinzip der Vererbung

Bei der Vererbung wird eine neue Klasse von einer bestehenden Klasse abgeleitet. Die abgeleitete Klasse erbt dadurch die Elemente ihrer Basisklasse.

Basisklasse und abgeleitete Klasse sind dabei ganz normale Klassen. Die Bezeichnungen »Basisklasse« und »abgeleitete Klasse« beziehen sich lediglich darauf, welche Funktion die Klassen bei der Vererbung erfüllen:

- Die *Basisklasse* gibt ihre Elemente weiter (vererbt sie). Statt von Basisklasse wird auch häufig von der Superklasse gesprochen.
- Die *abgeleitete Klasse* nimmt die Elemente in Empfang (erbt sie). Statt von abgeleiteter Klasse wird auch häufig von der Subklasse gesprochen.

Betrachtet man die Vererbung aus Sicht der abgeleiteten Klasse, spricht man auch von *Ableitung*.

18.1.1 Der grundlegende Mechanismus

Betrachten Sie folgende einfache Klasse.

```
class Basis
{
public:
    int wert;

    Basis() : wert(1) {}

    void vergroessern()
    {
        wert = 10*wert + wert;
    }
};
```

Um diese Klasse als Basisklasse einer neuen Klasse zu verwenden, müssen Sie lediglich bei der Definition der neuen Klasse den Namen der Basisklasse mit `:` und der Angabe eines Zugriffsspezifizierers, vorzugsweise `public`, an den Namen der neuen Klasse anhängen.

```
class Abgeleitet : public Basis
{
public:
    void verkleinern()
    {
        wert /= 10;
    }
};
```

Jetzt verfügt die abgeleitete Klasse `Abgeleitet` neben der von ihr selbst definierten Memberfunktion `verkleinern()` automatisch auch über die Elemente der Basisklasse. Beachten Sie, dass Sie die geerbten Elemente sogar schon in den Memberfunktionen der abgeleiteten Klasse verwenden können (im obigen Beispiel dividiert die Memberfunktion `verkleinern()` die Membervariable `wert`, die die Klasse `Abgeleitet` von der Klasse `Basis` geerbt hat).

Die folgende `main()`-Memberfunktion vervollständigt das Programm und zeigt, dass man für Objekte der Klasse `Abgeleitet` sowohl die geerbten als auch die in der Klasse `Abgeleitet` definierten Elemente aufrufen kann (immer vorausgesetzt, die Zugriffspezifizierer der Elemente erlauben es).

Listing 18.1: Programm zur Demonstration der Vererbung (Vererbung.cpp)

```
int main()
{
    Abgeleitet obj;

    for (int i = 0; i < 2; i++)
    {
        obj.vergroessern();
        cout << obj.wert << endl;
    }

    for (int i = 0; i < 2; i++)
    {
        obj.verkleinern();
        cout << obj.wert << endl;
    }

    return 0;
}
```

Die Ausgabe dieses kleinen Demoprogramms lautet schlicht:

```
11
121
12
1
```

So unspektakulär diese Ausgabe auch ist, so zeigt sie doch, wie hervorragend der Mechanismus der Vererbung funktioniert.

18.1.2 Die Syntax

Die Syntax der Vererbung besteht aus einer einfachen Erweiterung der normalen Klassendefinition. Um anzuzeigen, dass eine Klasse die Elemente anderer Klassen (ihrer Basisklassen) erben soll, hängen Sie in der Definition der Klasse einfach eine Liste der zu beerbenden Basisklassen an.

```
class Klassenname : BASISKLASSENLISTE
{
    ...
};
```

In der Basisklassenliste werden, durch Kommata voneinander getrennt, die Basisklassen aufgeführt, deren Elemente geerbt werden sollen. Ein Eintrag in dieser Liste hat folgende Syntax (die Angaben in eckigen Klammern sind optional):

```
[virtual] [public, protected, private] Basisklassenname
```

Das Schlüsselwort `virtual` ist nur für die Mehrfachvererbung von Bedeutung (siehe Abschnitt 18.6).

Durch die Zugriffsspezifizierer `public`, `protected` und `private` können Sie festlegen, ob die Zugriffsrechte der geerbten Elemente unverändert übernommen (`public`) oder nach außen weiter beschnitten (`protected` und `private`) werden sollen (siehe Abschnitt 18.3). Wenn Sie keinen Zugriffsspezifizierer angeben, werden die Elemente als `private` vererbt.

Die mit Abstand wichtigste und häufigste Form der Vererbung ist die `public`-Vererbung von einer Basisklasse:

```
class Abgeleitet : public Basis
{
    ...
};
```

Die Spezialfälle der Mehrfachvererbung und der `private`-Vererbung werden im Abschnitt 18.6 diskutiert.

AUFSTEIGER

> Die in der Basisklassenliste aufgeführten Basisklassen bezeichnet man auch als *direkte Basisklassen*. Wurde eine direkte Basisklasse (B) der abgeleiteten Klasse (A) selbst von einer Klasse (C) abgeleitet, ist C eine indirekte Basisklasse von A.

18.1.3 Wann ist Vererbung gerechtfertigt?

Am einfachsten und einprägsamsten lässt sich diese Frage beantworten, indem man die Vererbung einer anderen objektorientierten Technik gegenüberstellt: der Komposition.[1]

Vererbung	Komposition (Einbettung)

`class X`
`{`
`   ...`
`};`
`class Y: public class X`
`{`
`   ...`
`};`
	`class X`
	`{`
	`   ...`
	`};`
	
	`class Y`
	`{`
	`   class X  var;`
	`   ...`
	`};`

Die Vererbung erlaubt uns, in der abgeleiteten Klasse die Funktionalität der Basisklasse (ausgenommen `private`-Elemente) zu nutzen. Darüber hinaus bringt uns die Vererbung die Vorteile der Polymorphie und damit die Möglichkeit, Instanzen der abgeleiteten Klasse wie Objekte der Basisklasse zu behandeln (siehe Kapitel 19).

Die Komposition erlaubt uns, auf dem Weg über die eingebetteten Objekte deren Funktionalität (öffentliche Schnittstelle) zu nutzen. Sie ist im Vergleich zur Vererbung einfacher und sicherer.

Ausschlaggebend für die Entscheidung, ob Vererbung oder Komposition, sollten allerdings nicht die technischen Vor- oder Nachteile der beiden Konzepte sein, sondern die Frage, ob das jeweilige Konzept die tatsächliche Beziehung der Klassen zueinander korrekt widerspiegelt.

- So steht die Vererbung für eine **Ist-ein-Beziehung**, womit ausgedrückt wird, dass ein Objekt einer abgeleiteten Klasse auch als Objekt seiner Basisklasse gesehen werden kann.
- Wohingegen die Komposition für eine **Hat-ein-Beziehung** steht, die ein reines Nutzungsverhältnis beschreibt.

Angenommen eine Bibliothek mit einer bereits vorhandenen Klasse `Motor` soll um zwei Klassen `Auto` und `Sportwagen` erweitert werden. Es liegt nahe, die Funktionalität von `Motor` für die Implementierung von `Auto` und `Sportwagen` zu nutzen; die Frage ist nur, ob durch Vererbung oder durch Kompo-

1. Hinter der Technik der Komposition verbirgt sich nichts anderes als die Definition von Membervariablen von Klassentypen.

sition? Die Antwort liefert das Ist-oder-Hat-Kriterium: Ein Auto ist definitiv kein Motor, weswegen die Vererbung direkt ausscheidet. Hingegen ist es korrekt zu sagen, dass ein Auto einen Motor enthält. Folglich greift das Hat-ein-Kriterium und die Klasse Auto wird mit einer Motor-Instanzvariablen definiert:

```
class Auto
{
   Motor m;
   // ...
};
```

Anders liegt der Fall bei den Klassen Auto und Sportwagen. Hier besteht sehr wohl eine Ist-ein-Beziehung, denn ein Sportwagen ist selbstverständlich auch ein Auto. Die Klasse Sportwagen wird daher von Auto abgeleitet (und erbt auf diese Weise automatisch das Motor-Objekt).

```
class Sportwagen : public Auto
{
    // ...
};
```

18.1.4 Einige wichtige Fakten

Dieser Abschnitt möchte Sie auf einige Punkte und technische Details aufmerksam machen, die bei der Auseinandersetzung mit den weit wichtigeren Konzepten schnell überlesen, vom Autor vergessen oder als allzu selbstverständlich angesehen werden.

- Die Basisklasse vererbt alle in ihr definierten Elemente, jedoch keine Konstruktoren, Destruktoren, Zuweisungsoperatoren oder Friend-Deklarationen.
- Es gibt keine Möglichkeit, auf die Auswahl der vererbten Elemente einzuwirken. (Das heißt, Sie können weder festlegen, dass ein bestimmter Konstruktor doch vererbt werden soll, noch können Sie eine Membervariable oder eine Memberfunktion von der Vererbung ausschließen.)
- Die Basisklasse wird durch die Vererbung nicht verändert. (Weder fehlen die vererbten Elemente später in der Basisklasse, noch wirken Definitionen in der abgeleiteten Klasse auf die Basisklasse zurück.)
- Eine Klasse kann beliebig vielen anderen Klassen als Basisklasse dienen.
- Eine abgeleitete Klasse kann mehrere direkte Basisklassen haben (Mehrfachvererbung).
- Die geerbten Elemente bilden in den Objekten der abgeleiteten Klasse Unterobjekte, siehe nachfolgender Abschnitt.

18.2 Das Basisklassenunterobjekt

Die von der Basisklasse geerbten Elemente bilden in der abgeleiteten Klasse eine eigenständige Untereinheit – ein Basisklassenunterobjekt. Einerseits werden die Elemente also durch die Vererbung zu einem Teil der abgeleiteten Klasse, andererseits bleiben sie formal Basisklassenelemente.

Eine kleine Analogie soll dies verdeutlichen. Stellen Sie sich vor, Sie wären Autodesigner und -bauer. Für Leute mit dem nötigen Kleingeld entwerfen und erbauen Sie ausgefallene Einzelmodelle. Ein reicher Emir hat beispielsweise kürzlich das Modell »Blue Eagle« bei Ihnen bestellt. Als Basis für dieses Modell verwenden Sie Fahrgestell und Motor eines Jaguar E, Chassis und Innenausstattung stellen Sie selbst her. Den fertigen Wagen verkaufen Sie für 120.000 Euro an den Emir, der nun stolzer Besitzer eines »Blue Eagle« ist. Dem »Blue Eagle« sieht man nicht an, dass er auf der Basis eines Jaguar E erbaut wurde. Die Bauteile des Jaguars sind zu Teilen des »Blue Eagle« geworden. Trotzdem sind es nach wie vor Jaguar-Elemente, und wenn es Probleme mit dem Fahrgestell oder dem Motor gibt, muss sich der Emir zur Reparatur an eine Jaguar-Vertragswerkstatt wenden.

Grundsätzlich können Sie mit den geerbten Elementen genauso programmieren wie mit den Elementen, die direkt in der abgeleiteten Klasse definiert wurden. In bestimmten Situationen tritt allerdings die Basisklassenherkunft der geerbten Elemente in den Vordergrund und muss berücksichtigt werden. Im Einzelnen betrifft dies:

- den Zugriff auf `private`-Elemente – Memberfunktionen, die in der abgeleiteten Klasse definiert sind, können nur auf die geerbten Elemente zugreifen, die in der Basisklasse als `protected` oder `public` definiert sind.
- die Instanzbildung – Wird von einer abgeleiteten Klasse ein Objekt erzeugt, bilden die geerbten Basisklassenelemente in diesem ein Unterobjekt, das durch einen Konstruktor der Basisklasse(!) initialisiert werden muss.
- die Behandlung als Basisklassenobjekt – Da Objekte abgeleiteter Klassen ein Basisklassenunterobjekt enthalten, können sie auch als Basisklassenobjekte behandelt werden (siehe Kapitel zur Polymorphie).

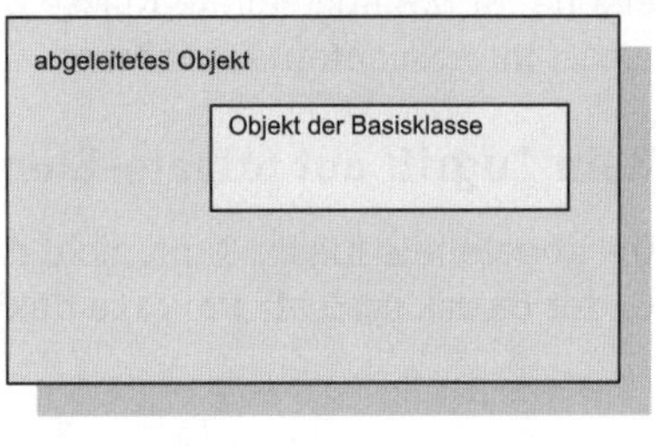

Abb. 18.1: Objekte abgeleiteter Klassen enthalten ein »Unterobjekt« ihrer Basisklasse

Warum bilden die geerbten Elemente ein Unterobjekt?

Die einfache Antwort auf diese Frage lautet: Vererbung ist eben ein objektorientiertes Konzept und kein Selbstbedienungsladen, in dem man sich hier eine Membervariable und da eine Memberfunktion in den Warenkorb packt. Der Autor der Basisklasse hat sich ja schließlich bei der Definition der Klasse etwas gedacht: Er hat Memberfunktionen für den kontrollierten Zugriff auf die Membervariablen geschrieben und die Membervariablen als `private` deklariert, damit diese auch wirklich nur über die betreffenden Memberfunktionen gelesen oder geändert werden. Außerdem hat er Teilprobleme in private Hilfsfunktionen ausgelagert, die von anderen Memberfunktionen der Klasse ausgiebig verwendet werden. Last, but not least hat er einen Konstruktor zur korrekten Initialisierung der Instanzvariablen der Klasse geschrieben.

Würde Vererbung so funktionieren, dass Sie sich einzelne Elemente der Basisklassen herauspicken oder auf geerbte `private`-Elemente, für die der Autor der Basisklassen an sich passende Zugriffsfunktionen vorgesehen hat, in den Memberfunktionen der abgeleiteten Klasse direkt zugreifen könnten, würde das komplexe Wirkungsgefüge der Basisklasse aufgebrochen und die vom Autor der Basisklasse eingerichteten Schutzmechanismen, die einen korrekten Gebrauch der Basisklassenelemente sicherstellen sollten, zerstört.

Der tatsächliche objektorientierte Mechanismus der Vererbung hingegen stellt sicher, dass dieses komplexe Wirkungsgefüge samt der vorgesehenen Schutzmaßnahmen nur als Ganzes, eben als Untereinheit, vererbt wird. So wird die Basisklasse vor Missbrauch und der Autor der abgeleiteten Klasse vor unnötigen Fehlern im Gebrauch der geerbten Elemente bewahrt.

Außerdem ist die objektorientierte Natur der Vererbung die Grundlage für einige weitere wichtige objektorientierte Konzepte, namentlich dem Aufbau von Klassenhierarchien und der Polymorphie (siehe Kapitel 19).

18.2.1 Zugriff

Geerbte Elemente können grundsätzlich ganz so verwendet werden wie die eigens für die abgeleitete Klasse definierten Elemente – allerdings mit einigen interessanten Ausnahmen.

Kein Zugriff auf private-Elemente

Die abgeleitete Klasse kann nicht direkt auf geerbte Elemente zugreifen, die in der Basisklasse als `private` deklariert sind.

```
class Basis
{
   int wert;                    // privates Element

public:
   Basis() : wert(1)    {}
   int get_wert()       { return wert; }
   void set_wert(int n) { wert = n; }
};

class Abgeleitet : public Basis
{
public:
   void zuruecksetzen()
   {
      //wert = 0;           // Fehler, geerbtes Element in
                            // Basisklasse private
      set_wert(0);          // korrekt, Zugriff über public-
                            // Memberfunktion der Basisklasse
   }
};
```

Die `private`-Deklaration schützt ein Element also gleichermaßen vor dem Zugriff von außen (über ein Objekt) wie auch aus abgeleiteten Klassen.

Der protected-Zugriff

Will die Basisklasse ihren abgeleiteten Klassen gesonderte Zugriffsrechte auf ein ansonsten schützenswertes Element zugestehen, kann sie dieses als `protected` deklarieren. Der Zugriffsspezifizierer `protected` gibt die Elemente für die Verwendung in abgeleiteten Klassen frei, schützt sie aber vor dem Zugriff von außen (über ein Objekt).

```
#include <iostream>
using namespace std;

class Basis
{
protected:
   int wert;

public:
   Basis() : wert(1)    {}
   int get_wert()       { return wert; }
   void set_wert(int n) { wert = n; }
};
```

```
class Abgeleitet : public Basis
{
public:
    void zuruecksetzen()
    {
        wert = 0;           // okay, da geerbtes Element in
                            // Basisklasse protected
    }
};


int main()
{
    Abgeleitet obj;

    // obj.wert = 1007;              // Fehler
    obj.set_wert(1007);
    cout << obj.get_wert() << endl;

    obj.zuruecksetzen();
    cout << obj.get_wert() << endl;

    return 0;
}
```

AUFSTEIGER

protected-Elemente sind immer ein zweischneidiges Schwert. Sie vereinfachen den Programmierern abgeleiteter Klassen den Zugriff auf interne Elemente der Basisklasse, bergen aber das Risiko, dass die Elemente in den abgeleiteten Klassen in unsachgemäßer Weise verändert werden. Als Programmierer einer Basisklasse sollten Sie daher darauf achten, wirklich sensible Daten nicht als protected zu deklarieren, sondern lediglich protected- oder public-Memberfunktionen zur Verfügung stellen, die den Zugriff auf diese Elemente vermitteln. Als Programmierer einer abgeleiteten Klasse sollten Sie besonders beim Verändern des Werts einer protected-Membervariablen genau wissen, was Sie tun.

Das Basisklassenobjekt steht sich selbst am nächsten

Schließlich dürfen Sie nicht vergessen, dass die geerbten Elemente intern ein Basisklassenunterobjekt bilden. Wenn eine Basisklassen-Memberfunktion auf andere Elemente ihrer Klasse zugreift, bedeutet dies, dass sie nach einer Vererbung in der abgeleiteten Klasse auf die betreffenden Elemente ihres Basisklassenunterobjekts zurückgreift – selbst wenn gleichnamige Elemente in der abgeleiteten Klasse definiert wurden.

```
#include <iostream>
using namespace std;

class Basis
{
protected:
    int wert;

public:
    Basis() : wert(1)       {}
    int get_wert()          { return wert; }
    void set_wert(int n)    { wert = n; }
};

class Abgeleitet : public Basis
{
    int wert;

public:
    void zuruecksetzen()
    {
        wert = 0;
    }
};


int main()
{
    Abgeleitet obj;

    obj.zuruecksetzen();
    cout << obj.get_wert() << endl;

    return 0;
}
```

Die Ausgabe dieser Anwendung ist 1 und nicht 0. Dies liegt daran, dass die geerbte Memberfunktion `get_wert()` den Wert der `wert`-Variablen aus dem Basisklassenunterobjekt zurückliefert – und eben nicht den Wert der in `Abgeleitet` neu definierten Membervariablen gleichen Namens (der durch den `zuruecksetzen()`-Aufruf auf 1 gesetzt wurde).

18.2.2 Instanzbildung

Dass die geerbten Elemente in der abgeleiteten Klasse ein Unterobjekt bilden, beeinflusst auch die Instanzbildung.

Wird eine abgeleitete Klasse instanziert, wird im Hintergrund noch vor dem Konstruktor der instanzierten Klasse der Konstruktor der Basisklasse aufgerufen. Per Voreinstellung ist dies der Standardkonstruktor der Basisklasse.

```
class Basis
{
protected:
    int wert;

public:
    Basis() : wert(1)     {}
    int get_wert()        { return wert; }
};

class Abgeleitet : public Basis
{
public:
    Abgeleitet()
    {
        wert += 10;
    }
};


int main()
{
    Abgeleitet obj;

    cout << obj.get_wert() << endl;

    return 0;
}
```

Die Ausgabe dieses Programms ist 11. Würde der Basisklassenkonstruktor nicht ausgeführt, wäre der ausgegebene Wert undefiniert. Der Compiler würde das zufällige Bitmuster, das im Speicherbereich von `wert` zu finden ist, als Ganzzahl interpretieren und um 10 erhöhen. Tatsächlich wird aber das Basisklassenunterobjekt vom Standardkonstruktor der Klasse `Basis` eingerichtet, der die Instanzvariable `wert` auf 1 setzt. Der Konstruktor von `Abgeleitet` erhöht diesen Wert um 10, sodass die Ausgabe 11 ist.

Explizite Auswahl eines Basisklassenkonstruktors

Der Standardmechanismus zur Einrichtung abgeleiteter Objekte versagt naturgemäß, wenn die Basisklasse keinen Standardkonstruktor definiert oder über mehrere überladene Konstruktoren verfügt, von denen Sie einen speziellen aufrufen möchten.

In solchen Fällen muss der abgeleitete Konstruktor den Basisklassenkonstruktor explizit aufrufen. Dies gibt ihm Gelegenheit, Argumente zur Initialisierung des Basisklassenunterobjekts an den Basisklassenkonstruktor weiterzuleiten und gegebenenfalls durch Anzahl und Typen der Argumente den gewünschten Basisklassenkonstruktor auszuwählen.

Die zugehörige Syntax sieht so aus, dass der Basisklassen-Konstruktoraufruf in die Konstruktorliste aufgenommen wird.

Listing 18.2: Auswahl eines Basisklassenkonstruktors (Basisklassenkonstruktor.cpp)

```
#include <iostream>
using namespace std;

class Basis
{
public:
   int b_wert;

   Basis() : b_wert(1)
   {
   }
   Basis(int n) : b_wert(n)
   {
   }
};


class Abgeleitet : public Basis
{
public:
   int abg_wert;

   Abgeleitet() : abg_wert(1)
   {
   }

   Abgeleitet(int n, int m) : abg_wert(n), Basis(m)
   {
   }
};

int main()
{
   Abgeleitet obj1;

   cout << " obj1 " << endl;
   cout << "   b_wert = " << obj1.b_wert << endl;
   cout << " abg_wert = " << obj1.abg_wert << endl;

   cout << endl;
```

```
    Abgeleitet obj2(47, 11);
    cout << " obj2 " << endl;
    cout << "   b_wert = " << obj2.b_wert << endl;
    cout << " abg_wert = " << obj2.abg_wert << endl;

    return 0;
}
```

In diesem Beispiel ruft der Standardkonstruktor der Klasse `Abgeleitet` den Standardkonstruktor der Klasse `Basis` auf, während der zweite `Abgeleitet`-Konstruktor den Basisklassenkonstruktor mit dem `int`-Parameter verwendet. Die Ausgabe des Programms lautet daher:

```
obj1
  b_wert = 1
abg_wert = 1

obj2
  b_wert = 11
abg_wert = 47
```

18.3 Die Zugriffsspezifizierer für die Vererbung

Die Zugriffsspezifizierer `public`, `protected` und `private` können auch bei der Vererbung eingesetzt werden.

```
class Abgeleitet : public Basis
```

Die Zugriffsspezifizierer beeinflussen dabei nur den Zugriff auf die *geerbten* Elemente, wenn auf diese von *außerhalb* der abgeleiteten Klasse zugegriffen wird (also über eine Instanz der abgeleiteten Klasse oder eine Klasse, die von der abgeleiteten Klasse abgeleitet ist).

Die Zugriffsspezifizierer der Vererbung können die Zugriffsrechte, die von der Basisklasse vorgegeben wurden, nur verschärfen. Eine Auflockerung ist nicht erlaubt, da ansonsten der Selbstschutz der Basisklasse ausgehebelt würde.

- `public` – Die Zugriffsrechte werden unverändert von der Basisklasse übernommen.
- `protected` – Elemente, die in der Basisklasse als `public` deklariert sind, werden in der abgeleiteten Klasse zu `protected`-Elementen. Die abgeleitete Klasse schützt also die geerbten `public`-Elemente vor dem Zugriff über ihre eigenen Instanzen. Klassen, die von der abgeleiteten Klasse abgeleitet werden, dürfen dagegen auf die geerbten Elemente zugreifen.

- `private` – Alle von der Basisklasse geerbten Elemente sind in der abgeleiteten Klasse `private`. Die abgeleitete Klasse schützt die geerbten Elemente also vor jeglichem Zugriff von außen.

Mit der `protected`- oder `private`-Vererbung geht zudem die Möglichkeit verloren, ein abgeleitetes Objekt als ein Objekt seiner Basisklasse zu betrachten (siehe Kapitel 19)!

18.4 Verdecken, überschreiben und überladen

Wenn Sie eine Klasse von einer anderen Klasse ableiten, begnügen Sie sich in der Regel nicht damit, die Elemente der Basisklasse zu erben. Zudem werden Sie in der abgeleiteten Klasse weitere Elemente definieren, die die Funktionalität der Basisklasse erweitern, spezialisieren oder anpassen.

Dies kann so aussehen, dass Sie in der abgeleiteten Klasse gänzlich neue Elemente einführen. Es ist aber auch möglich, in der abgeleiteten Klasse Elemente zu definieren, die den gleichen Namen tragen wie geerbte Basisklassenelemente. Dann gilt es, drei Fälle zu unterscheiden:

- Verdeckung
- Überschreibung
- Überladung

18.4.1 Verdeckung

Wenn Sie in einer abgeleiteten Klasse eine Membervariable oder eine Memberfunktion definieren, die den gleichen Namen trägt wie ein geerbtes Element, so verdeckt das neu definierte Element im Gültigkeitsbereich der abgeleiteten Klasse das geerbte Element. Das verdeckte Elemente ist aber dennoch in der abgeleiteten Klasse weiter verfügbar. Sie müssen dem Compiler allerdings explizit mitteilen, dass Sie an dem Element aus dem Gültigkeitsbereich der Basisklasse interessiert sind. In dem nachfolgenden Codebeispiel verdeckt die Membervariable `wert` die gleichnamige Membervariable aus der Basisklasse `Basis`. Die Memberfunktion `zuruecksetzen()` demonstriert, wie man auf verdeckte Basisklassenelemente zugreift.

```
class Basis
{
  protected:
   int wert;
};
```

```
class Abgeleitet : public Basis
{
    int wert;                       // Verdeckung
  public:
    void zuruecksetzen()
    {
        wert = 0;
        Basis::wert = 0;            // Zugriff auf verdecktes Element
    }
};
```

Die Verdeckung geerbter Elemente geschieht meist ungewollt, wenn der Autor der abgeleiteten Klasse, ohne es zu wissen, für ein neu definiertes Element einen Bezeichner wählt, der bereits in der Basisklasse vergeben wurde. Verdeckt die abgeleitete Klasse ein privates Element der Basisklasse bleibt die Verdeckung ohne Folgen; in allen anderen Fällen steht zu befürchten, dass die Verdeckung zu anderen Effekten führt, als der Programmierer geplant hat. Als Autor einer abgeleiteten Klasse sollten Sie sich daher stets gewissenhaft über die `public`- und `protected`-Elemente der Basisklasse informieren und der Verdeckung möglichst aus dem Weg gehen.

18.4.2 Überladung

Geerbte Memberfunktionen können in der abgeleiteten Klasse nicht überladen werden. Dies liegt daran, dass in C++ die Überladung an einen gemeinsamen Gültigkeitsbereich gebunden ist.

Wenn Sie dennoch versuchen, eine geerbte Memberfunktion durch weitere Definitionen gleichnamiger Memberfunktionen in der abgeleiteten Klasse zu überladen, wird die erste überladene Version die geerbte Memberfunktion verdecken. Die weiteren Versionen überladen anschließend die erste Version aus der abgeleiteten Klasse.

18.4.3 Überschreibung

Geerbte Memberfunktionen, deren Implementierung in der Basisklasse für die abgeleitete Klasse nicht mehr adäquat ist, können in der abgeleiteten Klasse überschrieben werden. Die abgeleitete Klasse behält dabei den Namen und die Parameter der Memberfunktion (sprich ihre Signatur) bei und definiert einen eigenen Anweisungsteil.

Das Konzept der Überschreibung ist eng an die Konzepte der Polymorphie und der dynamischen Bindung durch `virtual`-Deklaration geknüpft. Sie wird daher in Kapitel 19 näher besprochen.

18.5 Der Destruktor

In gleicher Weise, wie das in einem abgeleiteten Objekt eingeschlossene Basisklassenunterobjekt durch einen Konstruktor der eigenen Klasse eingerichtet und initialisiert wird, wird es auch durch den Destruktor der eigenen Klasse aufgelöst.

Da der Destruktor aber mangels Parameter nicht überladen werden kann und daher jede Klasse über genau einen Destruktor verfügt, erübrigt sich hier die explizite Auswahl eines Basisklassendestruktors und man überlässt den Aufruf des Basisklassendestruktors gänzlich dem Compiler. Mit anderen Worten: Die abgeleitete Klasse muss in ihrem Destruktor nicht den Basisklassendestruktor aufrufen.

Virtuelle Destruktoren

Bezüglich des Destruktors gilt es aber noch einen ganz anderen Aspekt zu beachten: Die Destruktoren von Basisklassen (oder allgemein von Klassen, die irgendwann einmal als Basisklassen eingesetzt werden könnten) sollten stets `virtual` sein. Die `virtual`-Deklaration schaltet die dynamische Bindung für den Destruktor ein und gewährleistet so, dass auch für Zeiger von Basisklassentypen, die auf Objekte einer abgeleiteten Klasse verweisen, der korrekte Destruktor (aus der abgeleiteten Klasse) aufgerufen wird. (Mehr dazu in Kapitel 19.2.)

Da der vom Compiler zugewiesene Ersatzdestruktor nicht virtuell ist, bedeutet dies, dass Sie sich im Falle von Basisklassen nicht auf den Ersatzdestruktor verlassen können. Sie müssen stets einen eigenen, einen **virtuellen** Destruktor definieren – selbst dann, wenn die Auflösung der Objekte der Klasse mit keinerlei besonderem Code verbunden ist:

```
virtual ~klassenname()  {}
```

18.6 Mehrfachvererbung

Mehrfachvererbung bedeutet, dass eine Klasse mehr als eine direkte Basisklasse hat.

```
class Abgeleitet: public basis1, public basis2
```

Die Mehrfachvererbung ist interessant, wenn man ein Objekt einer abgeleiteten Klasse als Objekt mehrerer Basisklassen verstehen kann oder, anders ausgedrückt, wenn ein Objekt in sich die Eigenschaften mehrerer direkter Basisklassen vereinigt. Ein typisches Beispiel wäre ein Amphibienfahrzeug, das sowohl ein Auto als auch ein Boot darstellt.

Eine andere Art von Design wäre, eine Klasse gleichzeitig von einer Klasse `public` und von einer zweiten Klasse `private` abzuleiten. Von der ersten Basisklasse würde die abgeleitete Klasse dann Schnittstelle und Implementierung von der zweiten Basisklasse lediglich die Implementierung[1] erben.

Die Mehrfachvererbung ist ein schwer zu handhabendes Konzept, das bei unnötigem Gebrauch meist mehr Probleme aufwirft, als es Hilfe bringt. Andere objektorientierte Programmiersprachen wie Java und C# verzichten daher auf die Mehrfachvererbung bzw. ersetzen sie durch das Konzept der Schnittstellen. C++ wiederum kennt keine Schnittstellen-Typen – es sei denn, Sie programmieren für das .NET Framework und nutzen die C++/CLI-Erweiterungen.

18.7 Übungen

1. Betrachten Sie folgende Ableitung:

   ```
   class Abgeleitet : Basis
   {
   };
   ```

   Ist nun `Abgeleitet` identisch mit `Basis`?

2. Sehen Sie sich noch einmal das Programm Abschnitt 18.2.1, »Das Basisklassenobjekt steht sich selbst am nächsten« an. Wie müssten Sie die Klasse `Abgeleitet` ändern, damit die Ausgabe des Programms nicht mehr 1, sondern 0 lautet (d.h., die Memberfunktion `zuruecksetzen()` soll die `wert`-Membervariable der Basisklasse auf 0 zurücksetzen). Versuchen Sie drei Möglichkeiten anzugeben.

3. Welche Möglichkeiten blieben Ihnen in Übung 2, wenn die Klasse `Basis` (die Sie ja nicht verändern sollen) die Membervariable `wert` als `private` deklarieren würde.

4. Was ist falsch an folgendem Programm? (Tipp: Es ist kein Syntaxfehler.)

   ```
   #include <iostream>
   #include <cmath>
   using namespace std;

   const double PI = 3.14159265;
   ```

---

1. Die Elemente der zweiten, `private` vererbten Basisklasse können dann für die Definition der abgeleiteten Klasse genutzt werden, sind aber nicht über die Objekte der abgeleiteten Klasse zugänglich. Letztere können auch nicht in Objekte der `private` vererbten Basisklasse umgewandelt werden.

```
class Kreis
{
protected:
   double radius;

public:
   Kreis(double r)
   {
      radius = r;
   }

   double flaeche()
   {
      return PI * pow(radius,2);
   }
};

class Zylinder : Kreis
{
protected:
   double hoehe;

public:
   Zylinder(double h, double r) : Kreis(r)
   {
      hoehe = h;
   }

   double flaeche()
   {
      return (2 * Kreis::flaeche() +
              2 * radius * PI * hoehe);
   }
};


int main()
{
   Kreis kreisObj(1);
   Zylinder zylObj(10,1);

   cout << endl;
   cout << "Kreisflaeche   : " << kreisObj.flaeche()
        << endl;
   cout << "Zylinderflaeche: " << zylObj.flaeche()
        << endl;

   cout << endl << endl;
   return 0;
}
```

Kapitel 19

jetzt lerne ich

Polymorphie

Der Begriff Polymorphie stammt aus dem Griechischen und bedeutet so viel wie »Vielgestaltigkeit«.[1]

Vielgestaltig ist auch die Verwendung des Begriffs der Polymorphie in der objektorientierten Programmierung. Während manche Programmierer bereits im Falle von überladenen Memberfunktionen von Polymorphie sprechen (eine Memberfunktion – mehrere Implementierungen), verbinden Puristen die Polymorphie mit der Idee, dass *Objekte unterschiedlicher Typen gleiche Verhaltensweisen in allerdings eigener Ausprägung zeigen*, und knüpfen diese Idee an die Techniken der Vererbung und der späten Bindung. Die folgenden Ausführungen schließen sich der Definition der Puristen an.

Achtung! Die Polymorphie ist zweifelssohne das schwierigste Konzept, das in diesem Buch angespochen wird. Nehmen Sie sich Zeit für dieses Kapitel. Experimentieren Sie mit den Beispielen und versuchen Sie den Ausführungen zu folgen. Sollte Ihnen irgendwann der Kopf rauchen, so machen Sie eine Pause, überspringen Sie das Thema oder nutzen Sie die Gelegenheit und versuchen Sie sich an eigenen Programmen – etwa einem Programm, mit dem man die Reaktionszeit testen kann, oder einem Programm, das Sie bei jedem Start des Rechners mit einem zufällig ausgewählten Spruch begrüßt (für die Ausführung beim Booten muss das Betriebssystem sorgen; unter Windows z.B. müssen Sie die *.exe*-Datei in den *Autostart*-Ordner kopieren). Später oder bei Bedarf können Sie dann jederzeit zu diesem Kapitel zurückkehren. Und wenn Sie dann mehr Erfahrungen im Umgang mit Klas-

1. poly = viel; morphos = Form, Gestalt

sen und Zeigern gewonnen haben, werden Sie den Ausführungen viel besser folgen können.

Sie lernen in diesem Kapitel,

- was Polymorphie bedeutet,
- wie man virtuelle Memberfunktionen definiert,
- wie man Polymorphie effektiv einsetzt,
- wie man zur Laufzeit den Typ eines Objekts bestimmen kann,
- wie man die Operatoren `dynamic_cast` und `typeid` einsetzt,
- wie man eine Klasse dazu bringen kann, einzelne (oder alle) Memberfunktionen nur als Schnittstelle (Deklaration ohne Implementierung) zu vererben.

19.1 Grundprinzip und Implementierung

Ganz allgemein entsteht Polymorphie, wenn drei Dinge zusammen kommen:

1. Mehrere Klasse definieren gleichnamige Verhaltensweisen (Memberfunktionen).
2. Objekte dieser Klassen können über den gleichen Zeiger referenziert werden (setzt voraus, dass die Typen der Objekte in den Klassentyp aus der Definition des Zeigers umgewandelt werden können).
3. Wird über den Zeiger eine der gemeinsamen Verhaltensweisen aufgerufen, wird die Implementierung ausgeführt, die dem Typ des Objekts entspricht (und nicht die Implementierung, die dem Typ des Zeigers entspricht).

Polymorphie kann in C++ durch Vererbung und Überschreibung mit später Bindung erzeugt werden.

Bei der Vererbung gibt die Basisklasse ihre Elemente an die abgeleitete Klasse weiter. Die abgeleitete Klasse erwirbt auf diese Weise gleich drei Dinge:

- die öffentliche Schnittstelle der Basisklasse
- die zugehörige Implementierung
- die Option, Zeiger auf ihre Objekte an Basisklassenzeiger zuweisen zu können

Zwei Voraussetzungen für die Polymorphie werden folglich automatisch durch die Vererbung erfüllt: a) die Basisklasse und ihre abgeleiteten Klassen verfügen über gleichnamige Verhaltensweisen (die von der Basisklasse vererbten Memberfunktionen) und b) Zeiger eines Basisklassentyps können auf Objekte der abgeleiteten Klassen verweisen.

```
class Basis
{
public:
    void tueEtwas()
    {
        cout << " Dies ist die Basis" << endl;
    }
};

class Abgeleitet : public Basis
{
};


int main()
{
    Basis *ptr = new Basis;
    ptr->tueEtwas();

    ptr = new Abgeleitet;
    ptr->tueEtwas();

    return 0;
}
```

Manche Autoren sprechen bereits hier von Polymorphie, da ein Zeiger (`ptr`) auf Objekte verschiedener Typen verweist (zuerst ein Objekt der Klasse `Basis`, dann ein Objekt der Klasse `Abgeleitet`). Betrachtet man allerdings die `tueEtwas()`-Aufrufe, kann von Polymorphie kaum die Rede sein, denn gleichgültig, ob die Memberfunktion über ein `Basis`- oder ein `Abgeleitet`-Objekt aufgerufen wird, der Effekt ist immer der gleiche (was nicht weiter verwundert, denn schließlich wird in beiden Fällen derselbe Code ausgeführt).

Wenn Sie über einen Basisklassenzeiger auf ein abgeleitetes Objekt zugreifen, können Sie nur die Klassenelemente verwenden, die auch im Basisklassentyp definiert sind. Zugriffe auf Elemente, die es nur in dem abgeleiteten Typ gibt, werden vom Compiler mit einer Fehlermeldung quittiert.

Echte Polymorphie entsteht erst, wenn wir für jedes Objekt, auf das der Zeiger `ptr` verweist, die jeweils objekttypische Verhaltensweise erhalten. Dies setzt wiederum zwei Dinge voraus:

- Die abgeleitete Klasse muss zumindest einen Teil der von der Basisklasse geerbten Verhaltensweisen (Memberfunktionen) mit eigenen Implementierungen versehen.
- Wird eine der geerbten und neu definierten Memberfunktionen aufgerufen, muss die Implementierung ausgeführt werden, die dem Typ des Objekts entspricht (und nicht die Implementierung aus dem Typ der Zeigerdefinition) – ein Konzept, das als *späte Bindung* bezeichnet wird.

Um den ersten Punkt zu erfüllen, überschreiben wir die geerbten Memberfunktionen, die polymorphes Verhalten zeigen sollen. Um Punkt zwei zu erfüllen, muss die überschriebene Basisklassenfunktion als `virtual` deklariert werden. (Empfehlenswert ist es, auch die überschreibende Version in der abgeleiteten Klasse als `virtual` zu deklarieren.)

Listing 19.1: Der Grundmechanismus der Polymorphie (Polymorphie.cpp)

```
#include <iostream>
using namespace std;

class Basis
{
public:
    // 1. Memberfunktion mit später Bindung
    virtual void tueEtwas()
    {
        cout << " Dies ist die Basis" << endl;
    }
};

class Abgeleitet : public Basis
{
public:
    // 2. virtuelle Memberfunktion wird überschrieben
    virtual void tueEtwas()
    {
        cout << " Dies ist die Ableitung" << endl;
    }
};

int main()
{
    // 3. Bei Zugriff über Zeiger liefert die überschriebene
    // Memberfunktion immer das Verhalten, das zum Objekttyp gehört
    Basis *ptr = new Basis;
    ptr->tueEtwas();
```

```
    // 3. Bei Zugriff über Zeiger liefert die überschriebene
    // Memberfunktion immer das Verhalten, das zum Objekttyp gehört
    ptr = new Abgeleitet;
    ptr->tueEtwas();

    return 0;
}
```

Ausgabe:

```
Dies ist die Basis
Dies ist die Ableitung
```

Die Ausgaben der `tueEtwas()`-Aufrufe belegen die Polymorphie. Die gleiche Memberfunktion `tueEtwas()`, aufgerufen über den Zeiger `ptr` (vom Typ »Zeiger auf Basis«), zeigt unterschiedliches Verhalten (Polymorphie), je nachdem auf welches Objekt `ptr` gerade verweist.

19.2 Späte und frühe Bindung

Mit Vererbung und Polymorphie eng verknüpft ist das Konzept der Bindung. Die Bindung entscheidet darüber, welche Implementierung ausgeführt wird, wenn über eine Variable oder einen Zeiger auf ein Objekt zugegriffen wird:

```
abgeleiteterTyp obj;          // Objekt der abgeleiteten Klasse

basisTyp b_obj = obj;         // Basistypvariable, die abgeleitetes
b_obj.func();                 // Objekt enthält

basisTyp *b_ptr = &obj;       // Zeiger auf Basistyp, der auf
b_ptr->func();            // abgeleitetes Objekt verweist
```

Welcher Code wird hier für die `func()`-Aufrufe ausgeführt?

Wenn `func()` nur in `basisTyp` definiert ist, ist die Lösung einfach und eindeutig. Ebenso, wenn `func()` nur in `abgeleiteterTyp` definiert ist. Dann verweigert der Compiler in beiden Fällen den Aufruf, da für eine `basisTyp`-Variable (bzw. einen `basisTyp`-Zeiger) eine Memberfunktion aufgerufen werden soll, die in `basisTyp` überhaupt nicht definiert ist.

Wie aber, wenn `basisTyp` die Memberfunktion definiert und `abgeleiteterTyp` die Memberfunktion überschreibt? Wird der Compiler die Memberfunktionen-Implementierung ausführen, die zu dem Typ der Variablen bzw. des Zeigers gehört (frühe Bindung), oder wird er sich nach dem Typ des Objekts (späte Bindung) richten?

Im Falle der Basistypvariablen `b_obj` ist die Lösung wiederum eindeutig: Der Compiler ruft immer die Version auf, die zum Typ der Variablen gehört.

Interessant wird es erst für den Fall des Basisklassentyp-Zeigers, der auf ein abgeleitetes Objekt verweist. Und die Antwort liefern die Definitionen der Basis- und der abgeleiteten Klasse.

ACHTUNG

In C++ gibt es späte Bindung und Polymorphie nur für **Zeiger auf Objekte**.

19.2.1 Frühe Bindung

Die frühe Bindung ist der Normalfall, d.h., der Aufruf einer Memberfunktion richtet sich standardmäßig nach dem Typ des Zeigers.

```
class Basis
{
public:
    void tueEtwas()
    {
        cout << " Basis" << endl;
    }
};

class Abgeleitet : public Basis
{
  public:
    void tueEtwas()
    {
        cout << " Abgeleitet" << endl;
    }
};


Basis *ptr = new Basis;
ptr->tueEtwas();              // Ausgabe: Basis

ptr = new Abgeleitet;
ptr->tueEtwas();              // Ausgabe: Basis
```

Wenn Sie eine früh gebundene Memberfunktion aufrufen, führt der Compiler immer(!) die Version aus, die in der Klasse aus dem Definitionstyp des Zeigers bzw. der Variablen definiert ist.

Im Vergleich zur späten Bindung, die die Grundlage der Polymorphie bildet, ist das Konzept der frühen Bindung geradezu langweilig. Trotzdem ist es äußerst vernünftig, Memberfunktionen standardmäßig früh zu binden, denn zum einem ist die frühe Bindung schneller und zum anderen ist die späte Bindung eher die Ausnahme, denn sie betrifft nur Memberfunktionen, die a) vererbt und b) zur Überschreibung in abgeleiteten Klassen freigegeben werden.

19.2.2 Späte Bindung

Die späte Bindung wird eingeschaltet, wenn eine Memberfunktion in der Basisklasse als `virtual` deklariert und in einer abgeleiteten Klasse überschrieben wird.

Klassen, die virtuelle Memberfunktionen besitzen, werden auch als *polymorphe Klassen* bezeichnet.

```
class Basis
{
public:
    virtual void tueEtwas()
    {
        cout << " Basis" << endl;
    }
};

class Abgeleitet : public Basis
{
  public:
    virtual void tueEtwas()
    {
        cout << " Abgeleitet" << endl;
    }
};

Basis *ptr = new Basis;
ptr->tueEtwas();              // Ausgabe: Basis

ptr = new Abgeleitet;
ptr->tueEtwas();              // Ausgabe: Abgeleitet
```

Die späte Bindung bewirkt, dass beim Aufruf der Memberfunktion über einen Basisklassen-Zeiger immer die Implementierung ausgeführt wird, die zum Typ des Objekts gehört, auf das der Zeiger verweist!

19.3 Generische Programmierung

Die Polymorphie ist der Grundstein für eine besondere Form der generischen[1] objektorientierten Programmierung, die davon profitiert,

- dass Zeiger, die für Basisklassentypen definiert wurden, auf Objekte beliebiger abgeleiteter Typen verweisen können, und
- der Programmierer – solange er mit den Memberfunktionen auskommt, die in dem Definitionstyp des Zeigers definiert sind – ohne Rückumwandlung mit diesen Objekten arbeiten kann.

Die wichtigsten Einsatzgebiete hierfür sind Arrays von Basisklassentypen und Funktionen mit Basisklassenparametern. Für beide Einsatzgebiete werden Sie nachfolgend ein Beispiel sehen. Ausgangspunkt ist dabei jeweils die folgende kleine Klassenhierarchie:

```
class Saeugetier
{
public:
   virtual void steckbrief()  const
   {
      cout << " Ich bin ein Saeugetier." << endl;
   }
   virtual bool ist_raeuber() const
   {
      return false;
   }
};

class Gepard : public Saeugetier
{
public:
   virtual void steckbrief()  const
   {
      cout << " Ich bin ein Gepard." << endl;
   }
   virtual bool ist_raeuber() const
   {
      return true;
   }
};
```

1. im Sinne von »möglichst allgemein einsetzbar«

```
class Elefant : public Saeugetier const
{
public:
   virtual void steckbrief()  const
   {
      cout << " Ich bin ein Elefant." << endl;
   }
   virtual bool ist_raeuber() const
   {
      return false;
   }
};
```

Hier sind von der Klasse `Saeugetier` zwei Klassen `Gepard` und `Elefant` abgeleitet, die beide die geerbten virtuellen Memberfunktionen `steckbrief()` und `ist_raeuber()` überschreiben.

Die Klassenhierachie ist aus didaktischen Gründen auf die notwendigsten Elemente reduziert. Die in den nachfolgenden Abschnitten zur Anwendung kommenden Techniken würden aber natürlich genauso gelten, wenn es sich um eine weitaus umfangreichere Hierarchie mit vielen abgeleiteten Klassen und zahlreichen virtuellen und nicht-virtuellen Memberfunktionen handelte.

19.3.1 Basisklassen-Arrays

Grundsätzlich werden Arrays für Elemente eines bestimmten Typs definiert und können auch nur Objekte dieses Typs aufnehmen.

Für unsere Säugetiere-Klassenhierarchie, in der von der Basisklasse `Saeugetier` zwei Klassen `Gepard` und `Elefant` abgeleitet wurden, bedeutet dies, dass es nicht möglich ist, ein Array für Elemente vom Typ `Gepard` zu definieren und in diesem dann `Elefant`-Objekte zu speichern.

Trotzdem ist es möglich, sowohl `Gepard`- wie auch `Elefant`-Objekte in einem gemeinsamen Array zu verwalten: nämlich auf dem Umweg über die Basisklasse. Da jede abgeleitete Klasse ein Unterobjekt ihrer Basisklasse enthält und daher jedes Objekt einer abgeleiteten Klasse auch als Basisklassenobjekt betrachtet werden kann, ist es möglich, in einem Array, das für Elemente vom Typ einer Basisklasse definiert wurde, auch beliebige Objekte abgeleiteter Klassen zu speichern.

Noch geschickter ist es allerdings, in dem Array Zeiger statt ganzer Objekte zu speichern. Zum einem wird der Kopieraufwand dadurch erheblich reduziert, zum anderen kann die Polymorphie der virtuellen Memberfunktionen genutzt werden.

Das folgende Listing verwaltet die erzeugten `Gepard`- wie auch `Elefant`-Objekte als ein Array von `Saeugetier`-Zeigern. Dies erlaubt dem Code, alle Objekte in einer einzigen `for`-Schleife zu durchlaufen und zu bearbeiten. Werden dabei – wie im Beispiel – virtuelle Memberfunktionen aufgerufen, die in den abgeleiteten Klassen überschrieben wurden, wird automatisch die Implementierung der abgeleiteten Klassen ausgeführt.

Listing 19.2: Einsatz generischer Arrays (Basisklassenarrays.cpp)

```
#include <iostream>
using namespace std;

class Saeugetier { wie oben }
class Gepard : public Saeugetier { wie oben }
class Elefant : public Saeugetier { wie oben }

int main()
{
   cout << endl;

   Saeugetier *saeuger[5];

   saeuger[0] = new Gepard();
   saeuger[1] = new Elefant();
   saeuger[2] = new Elefant();
   saeuger[3] = new Elefant();
   saeuger[4] = new Gepard();

   cout << " Alle Tiere durchgehen: " << endl;

   for(int i = 0; i < 5; ++i)
      saeuger[i]->steckbrief();
}
```

Ausgabe:

```
Alle Tiere durchgehen:
Ich bin ein Gepard.
Ich bin ein Elefant.
Ich bin ein Elefant.
Ich bin ein Elefant.
Ich bin ein Gepard.
```

19.3.2 Basisklassenparameter

Die Reduzierung abgeleiteter Objekte auf ihre Basisklassenunterobjekte erlaubt nicht nur die Einrichtung allgemeiner Arrays, in denen Zeiger auf Objekte verschiedener abgeleiteter Klassen verwaltet werden können, sondern auch die Implementierung generischer Memberfunktionen, die als

Argumente Zeiger oder Referenzen auf Objekte beliebiger abgeleiteter Klassen akzeptieren.

Das folgende Beispiel definiert eine Funktion `alarmieren()`, die den Anwender informiert, wenn ein Raubtier angetroffen wurde, und eine Entwarnung ausgibt, wenn ein Nichträuber auftaucht.

Listing 19.3: Einsatz generischer Memberfunktionen (Basisklassenparameter.cpp)

```
#include <iostream>
using namespace std;

class Saeugetier { wie oben }
class Gepard : public Saeugetier { wie oben }
class Elefant : public Saeugetier { wie oben }

void alarmieren(const Saeugetier& tier)
{
   if (tier.ist_raeuber() == true)
      cout << "\t Alarm! Ein Raeuber ist unterwegs." << endl;
   else
      cout << "\t Entwarnung! Nur ein harmloser Pflanzenfresser. "
           << endl;
}

int main()
{
   cout << endl;

   Saeugetier *saeuger[5];

   saeuger[0] = new Gepard();
   saeuger[1] = new Elefant();
   saeuger[2] = new Elefant();
   saeuger[3] = new Elefant();
   saeuger[4] = new Gepard();

   cout << " Alle Tiere durchgehen: " << endl;

   for(int i = 0; i < 5; ++i)
   {
      saeuger[i]->steckbrief();
      alarmieren(*saeuger[i]);
   }

   cout << endl;
   return 0;
}
```

Ausgabe:

```
Alle Tiere durchgehen:
Ich bin ein Gepard.
        Alarm! Ein Raeuber ist unterwegs.
Ich bin ein Elefant.
        Entwarnung! Nur ein harmloser Pflanzenfresser.
Ich bin ein Elefant.
        Entwarnung! Nur ein harmloser Pflanzenfresser.
Ich bin ein Elefant.
        Entwarnung! Nur ein harmloser Pflanzenfresser.
Ich bin ein Gepard.
        Alarm! Ein Raeuber ist unterwegs.
```

19.4 Typidentifizierung zur Laufzeit (RTTI)

Die Grenzen der Polymorphie werden erreicht, wenn man für ein Objekt, auf welches man einen Basisklassenzeiger besitzt, auf ein Objektelement zugreifen möchte, das nur im abgeleiteten Typ des Objekts definiert ist.

In solchen Fällen muss der Programmierer zur Laufzeit den Typ des Objekts feststellen (man spricht hier von Laufzeittypidentifizierung, englisch Run-Time Type Identification, RTTI) und das Objekt über eine Variable oder einen Zeiger dieses Typs ansprechen. In C++ gibt es hierfür die Operatoren `dynamic_cast` und `typeid`.

19.4.1 Umwandlung mit dynamic_cast

Mit dem `dynamic_cast`-Operator können Sie einen Basisklassenzeiger in einen Zeiger vom Typ einer abgeleiteten Klasse umwandeln. Voraussetzung ist allerdings, dass die Basisklasse zumindest eine virtuelle Memberfunktion besitzt.

```
Zieltyp ptr_1 = dynamic_cast <Zieltyp*> (ptr_2);
```

Das Besondere am `dynamic_cast`-Operator ist, dass er gleichzeitig prüft, ob eine solche Umwandlung überhaupt statthaft ist.

- Ist die Umwandlung des Zeigers (hier `ptr_2`) in den gewünschten *Zieltyp* möglich, liefert der Operator den umgewandelten Zeiger zurück.
- Ist eine Umwandlung des Zeigers nicht möglich, liefert der Operator als Ergebnis einen `NULL`-Zeiger zurück.
- Wird statt eines Zeigers eine Referenz übergeben und ist die Umwandlung nicht möglich, löst der Operator eine Ausnahme vom Typ `bad_cast` aus.

Listing 19.4: Rückverwandlung in abgeleiteten Typ mit dynamic_cast (dynamic_cast.cpp)

```
#include <iostream>
using namespace std;

class Basis
{
public:
   virtual void identfzieren()
   {
      cout << "Basis::identifizieren" << endl;
   }
};

class Abgeleitet : public Basis
{
public:
   virtual void identfzieren()
   {
      cout << "Abgeleitet::identifizieren" << endl;
   }
   void eigeneMF()
   {
      cout << "Abgeleitet::eigeneMF" << endl;
   }
};

int main()
{
  Basis *basis_ptr;                   // Basisklassenzeiger
  basis_ptr = new Abgeleitet();       // weist auf abgeleitetes Objekt

  cout << endl;

  /*** Aufruf einer überschriebenen Basisklassen-Memberfunktion ***/
  basis_ptr->identfzieren();

  /*** Aufruf einer Memberfunktion der abgeleiteten Klasse ***/
  Abgeleitet *abg_ptr;

  if(abg_ptr = dynamic_cast<Abgeleitet *>(basis_ptr))
  {
    abg_ptr->eigeneMF();
  }

  cout << endl;

  return 0;
}
```

Ausgabe

```
Abgeleitet::identifizieren
Abgeleitet::eigeneMF
```

19.4.2 Der typeid()-Operator

Mit Hilfe des typeid()-Operators können Sie zur Laufzeit exakt feststellen, von welchem Typ ein Objekt ist. Der Operator liefert allerdings nicht direkt den Typ des Objekts zurück, sondern ein type_info-Objekt, das den Datentyp charakterisiert. Für die Verwendung des typeid()-Operators muss daher die Headerdatei <typeinfo> eingebunden werden: #include <typeinfo>

Um dem type_info-Objekt die gewünschte Typinformation zu entlocken, verwenden Sie entweder die Operatoren == und != oder die Memberfunktion name().

Der folgende Code vergleicht ein Objekt, auf das ein Basisklassenzeiger verweist, mit dem Typ einer abgeleiteten Klasse:

```
if(typeid(*basis_ptr) == typeid(Abgeleitet))
{
   cout << "Objekt ist vom Typ abgeleitet";
}
```

Laut ANSI-Standard sind Typen, die sich nur in den CV-Qualifizierern unterscheiden (const, volatile), identisch. Einige Compiler differenzieren hier aber.

19.5 Abstrakte Klassen

Vererbung bedeutet, dass eine Basisklasse ihre öffentliche Schnittstelle und ihre Implementierung an eine abgeleitete Klasse weitergibt. In einfachen Fällen, wenn z.B. von einer Bibliotheksklasse abgeleitet wird, um deren Funktionalität zu erweitern, stehen die Vererbung von Schnittstelle und Implementierung gleichberechtigt nebeneinander. Dies ändert sich jedoch, sobald Polymorphie mit im Spiel ist. Da diese darauf gründet, dass die abgeleiteten Klassen, die von der Basisklasse geerbten virtuellen Memberfunktionen nach Bedarf mit eigenen Implementierungen überschreiben, tritt die Vererbung der Implementierung zugunsten der Schnittstellenvererbung in den Hintergrund.

In Fortsetzung dieses Gedankens kommt man zu Basisklassen, die vornehmlich zur Vererbung von Schnittstellen dienen. Eine solche Klasse braucht im Prinzip gar keinen Code mehr für ihre virtuellen Memberfunktionen vorzugeben, da für die Vererbung ja doch nur der Name der Memberfunktionen benötigt wird.

Dies führt uns zu den abstrakten oder »rein virtuellen« Memberfunktionen.

19.5.1 Rein virtuelle Funktionen

Die Deklaration einer rein virtuellen Funktion erfolgt mit dem Schlüsselwort `virtual` und der Zuweisung der Null.

```
virtual rückgabetyp funktionsname(PARAMETERLISTE) = 0;
```

Abstrakte oder rein virtuelle Memberfunktionen benötigen keinen Anweisungsteil. Ihre Aufgabe ist es, als Schnittstellenvorgabe an andere Klassen weitervererbt zu werden. Aufgabe der abgeleiteten Klassen ist es dann, die geerbten, rein virtuellen Memberfunktionen zu überschreiben und mit einem Definitionskörper auszustatten.

Eine Klasse, die zumindest eine abstrakte Memberfunktion enthält, bezeichnet man als *abstrakte Klasse*. Abstrakte Klassen können nicht instanziert werden, d.h., man kann keine Objekte dieser Klasse bilden. Abstrakte Klassen können daher lediglich als Basisklassen sinnvoll eingesetzt werden.

Wenn Sie also eine Klasse aufsetzen, die Ihnen lediglich als Basisklasse für verschiedene abgeleitete Klassen dienen soll und in der Sie virtuelle Memberfunktionen deklarieren, die ehedem in allen abgeleiteten Klassen überschrieben werden (d.h., die Auslagerung der Memberfunktionen in die Basisklasse dient nicht der Vererbung von Code, sondern geschieht in Hinblick auf die Möglichkeiten, die Ihnen Polymorphie und späte Bindung eröffnen), bietet es sich an, die betreffenden Memberfunktionen in der Basisklasse als rein virtuell zu deklarieren.

Der Compiler kann dann an Ihrer Stelle darüber wachen, dass die rein virtuellen Memberfunktionen in allen abgeleiteten Klassen überschrieben werden. Eine Klasse, die eine rein virtuelle Memberfunktion erbt und nicht überschreibt, wird nämlich selbst zur abstrakten Klasse. Dies kann gewollt sein, es kann aber auch ein Fehler sein. Im letzteren Fall wird der Programmierer spätestens bei der Instanzbildung darauf aufmerksam gemacht, dass er versucht, eine abstrakte Klasse zu instanzieren.

19.5.2 Abstrakte Klassen

Eine Klasse, die mindestens eine rein virtuelle Memberfunktion enthält, nennt man abstrakte Klasse.

- Von einer abstrakten Klasse lassen sich keine Instanzen bilden.
- Wird eine abstrakte Memberfunktion geerbt, aber nicht in der abgeleiteten Klasse überschrieben, so enthält die abgeleitete Klasse eine abstrakte Memberfunktion und wird somit selbst zur abstrakten Klasse.
- Abstrakte Klassen stehen in Klassenhierarchien naturgemäß stets ganz oben, um geeignete Schnittstellen vorzugeben und so der Hierarchie ein einheitliches Gepräge zu verleihen und Polymorphie und späte Bindung zu unterstützen.

Um zum Beispiel die Basisklasse `Saeugetier` aus Listing 19.2 in eine abstrakte Klasse zu verwandeln, würde man die virtuelle Memberfunktion `steckbrief()` auf 0 setzen und den Anweisungsteil löschen. An dem restlichen Code ändert sich nichts.

Listing 19.5: Aus AbstrakteKlassen.cpp

```
class Saeugetier
{
public:
    virtual void steckbrief()  const = 0;
};
```

19.6 Übungen

1. Was ist der Unterschied zwischen früher (statischer) und später (dynamischer) Bindung?
2. Mit welchem Operator wandelt man einen Basisklassenzeiger in einen Zeiger vom Typ einer abgeleiteten Klasse um?
3. Wann scheitert die in Übung 2 beschriebene Umwandlung?
4. Hätte eine abstrakte Basisklasse, die ausschließlich abstrakte Memberfunktionen deklariert, überhaupt noch eine Funktion? Oder wäre eine solche Klassendefinition gänzlich sinnlos?
5. Dieses Kapitel ist thematisch das schwierigste in diesem Buch. Statt einer konkreten Übung möchte ich Ihnen daher empfehlen, einfach selbst ein wenig mit der Polymorphie zu experimentieren und einige kleine Testprogramme zu schreiben. (Zu dieser Übung gibt es keine Lösung.)

Kapitel 20

jetzt lerne ich

Ausnahmebehandlung

Programmierer machen Fehler. Ich rede jetzt nicht von syntaktischen Fehlern. Diese werden ja automatisch vom Compiler aufgedeckt, sind meist schnell behoben und haben keinen Effekt auf die fertigen Programme. Ich rede von logischen Fehlern: Fehlern in der Konzeption, Fehlern in den Algorithmen, Fehlern im Umgang mit Zeigern.

- Beispielsweise war es in den Siebzigern und Achtzigern üblich, dass Programme, die mit aktuellen Datumsangaben arbeiteten (wie z.B. in Bestellungen), aus Effiziengründen nur die letzten beiden Ziffern speicherten. Was zur damaligen Zeit angesichts der sehr begrenzten Speicherausstattung der Rechner zweifelsohne ein sinnvolles Konzept war, erwies sich im Nachhinein als eine der bisher größten Herausforderung in der Geschichte der Software-Industrie: dem Jahr-2000-Problem.
- Für private Anwender noch ärgerlicher waren die Fehler im Textverarbeitungsprogramm Word, das jahrelang dafür bekannt war, dass es gerne unvermutet abstürzte – die Ursache dürfte vermutlich in einer fehlerhaften Speicherverwaltung gelegen haben: sei es, dass das Programm dynamisch reservierten Speicher nicht mehr freigab (Speicherlecks) oder dass es bei Speicherreservierungen nicht prüfte, ob das System diesen Speicher auch bereitstellen konnte.[1]

---

1. Ich bin mir diesbezüglich nicht einmal sicher, ob diese Probleme nicht immer noch in der Software schlummern und heute nur deshalb kaum noch zum Tragen kommen, weil die Rechner mit gigantischen Arbeitsspeichern ausgestattet sind.

- Ein recht amüsantes Beispiel für einen fehlerhaften Algorithmus ist mir einmal vor einigen Jahren in Form eines Memory-Programms begegnet, das ich auf einem 486er-Rechner installierte. Wenn der Computer mit Aufdecken an der Reihe war, deckte er zwei Karten auf, zeigte diese 2 bis 3 Sekunden offen an und drehte sie dann wieder um. Als ich das Programm dann später auf einem Pentium laufen lassen wollte, deckte der Computer die Karten so schnell auf und wieder zu, dass man den Eindruck gewann, er wolle den Mitspieler partout nicht in die Karten schauen lassen. Der Programmierer hatte wohl die Verzögerung bis zum Zudecken mit einer Warteschleife implementiert, die einfach irgendeine zeitaufwendige Operation (z.B 1000 Sinusberechnungen) durchführte. Nur übersah er dabei natürlich, dass die Zeitspanne für diese Berechnungen umso kleiner wird, je schneller der Rechner ist.[1]

Doch ich schweife ab. Eigentlich wollte ich ja darauf hinweisen, dass nicht nur der Programmierer Fehler macht. Auch der Anwender ist alles anderes als unfehlbar. Und dann gibt es immer noch die Möglichkeit, dass äußere Umstände die korrekte Arbeit eines Programms behindern: etwa dass ein anderes ebenfalls auf dem Rechner laufendes Programm den gesamten Arbeitsspeicher auffrisst oder dass das lokale Netzwerk, über das das Programm Daten aus dem Internet einliest, plötzlich ausgeschaltet wird.

Ein gutes Programm sollte nicht nur selbst fehlerfrei sein, es sollte auch in der Lage sein, Bedienungsfehler und durch äußere Umstände verursachte Ausnahmesituationen abzufangen. Objektorientierte Programme können dazu auf eine eigene, objektorientierte Technik zurückgreifen: die Ausnahmebehandlung.

Sie lernen in diesem Kapitel,

- wie eine objektorientierte Ausnahmebehandlung aufgebaut wird,
- wie Sie Ausnahmen abfangen,
- wie Sie Ausnahmen auslösen,
- welche vordefinierten Ausnahmeklassen es in der C++-Standardbibliothek gibt.

1. Korrekte Verzögerungen oder Warteschleifen müssen durch Abfragen der Systemzeit programmiert werden, siehe Kapitel 14.

20.1 Fehlerprüfung mit Ausnahmen

Die Ausnahmebehandlung ist eine moderne, objektorientierte Form der Fehlerbehandlung. Sie ist nicht dafür gedacht, die konventionelle Fehlerbehandlung vor Ort (mit if-Bedingungen) oder durch spezielle Rückgabewerte von Memberfunktionen grundsätzlich zu ersetzen (obwohl dies ebenfalls möglich ist). Sie ist aber erste Wahl, wenn es darum geht, das Auftreten und Erkennen des Fehlers von der Fehlerbehandlung räumlich zu trennen. Hierfür kann es zwei Gründe geben:

- Sie möchten den eigentlichen Code einer Memberfunktion nicht ständig durch Fehlerbehandlungscode unterbrechen.
- Die sinnvolle Behandlung eines Fehlers ist vor Ort nicht möglich, weswegen Sie den Fehler zur Behandlung an einen umliegenden Block oder eine aufrufende Methode weiterreichen möchten.

Letztere Möglichkeit wird besonders von den Entwicklern von Bibliotheken gerne genutzt, denn sie stehen häufig vor dem Problem, dass in ihren Funktionen oder Memberfuntionen Fehler auftreten können, die eigentlich nur der Autor des Programms (welches die Bibliotheksfunktionen nutzt) sinnvoll bearbeiten kann.

Ein gutes Beispiel hierfür ist das Einlesen von Werten mit cin und dem >>-Operator.

```
double eingabe = 0;
double wurzel = 0;

cout << " Geben Sie bitte eine Zahl ein: ";
cin >> eingabe;
```

Gibt der Anwender einen Text ein (beispielsweise den String *zwei*), kann die Eingabe nicht in einen double-Wert umgewandelt werden. Der Fehler wird also durch falsche Bedienung ausgelöst (wofür weder der Autor des Programms noch der Bibliothek etwas können) und tritt im Code der Bibliothek auf. Wie soll der Autor der Bibliothek auf solche Fehler reagieren?

- Er könnte eine Fehlermeldung ausgeben und das Programm beenden. Dann verärgert er allerdings Anwendungsprogrammierer, die den Benutzer lieber erneut zum Eingeben einer Zahl auffordern würden.
- Er könnte selbst Code schreiben, der im Fall einer fehlerhaften Eingabe den Benutzer zu einer erneuten Eingabe auffordert. Sorry! Dies kann er natürlich nicht. Er weiss ja weder, in welcher Sprache er die Aufforderung formuliern soll, noch was für ein Wert verlangt wird (Name, Alter, Messwert).

- Er könnte natürlich einfach statt der fehlerhaften Eingabe einen Ersatzwert in der Variable `eingabe` speichern, beispielsweise 0.0. Dann besteht allerdings die Gefahr, dass das Anwendungsprogramm den Fehler gar nicht bemerkt und gänzlich falsche Berechnungen durchführt.

Fazit: Eine gute Bibliothek überlässt die Fehlerbehandlung den Anwendungsprogrammierern und beschränkt sich selbst darauf, den Fehler zurückzumelden. Die C++-Standardbibliothek reagiert beispielsweise auf fehlerhafte Eingaben, indem sie die Zuweisung (im obigen Beispiel an `eingabe`) unterlässt und `cin` für weitere Einleseoperationen blockiert.

Der Programmierer kann dann die Funktion `cin.fail()` aufrufen, um sich darüber zu informieren, ob die Einleseoperation korrekt ausgeführt wurde (Rückgabewert `false`) oder gescheitert ist (Rückgabewert `true`). Er kann sich allerdings auch mittels einer Ausnahme automatisch informieren lassen, wenn die Umwandlung der Eingabe scheitert.

Um die Ausnahmen-Auslösung für `cin` einzuschalten, rufen Sie vor dem Einlesen die Memberfunktion `exceptions()` auf und übergeben ihr die Konstante `ios_base::failbit`:

```
cin.exceptions(ios_base::failbit);
```

Wenn Sie danach das Programm ausführen und einen Text eingeben, der nicht in einen `double`-Wert konvertiert werden kann, wird das Programm vorzeitig mit einer Fehlermeldung über eine nicht behandelte Ausnahme beendet.[1]

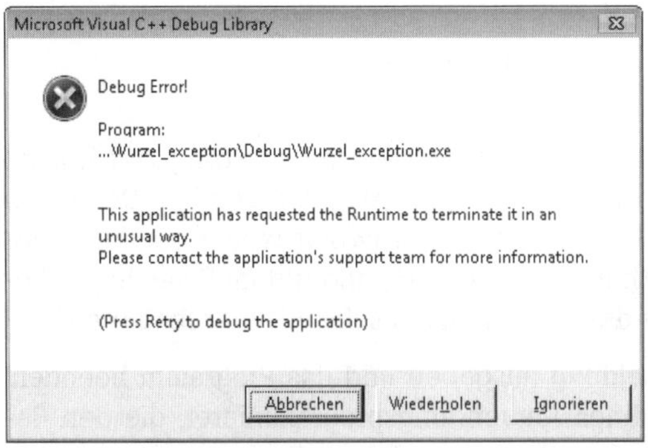

Abb. 20.1: Vista-Fehlermeldung über eine aufgetretene Ausnahme (Exception)

Wenn wir verhindern möchten, dass das Programm im Falle nicht konvertierbarer Benutzereingaben mit einer Betriebssystemfehlermeldung abstürzt, müssen wir die Ausnahme in der `main()`-Funktion abfangen und behandeln.

1. Wie die Meldung genau aussieht, hängt vom Betriebssystem ab.

Dass das Auslösen von Ausnahmen für `cin` erst explizit eingeschaltet werden muss, ist eine Eigenart der C++-Standardbibliothek, die zwar mit Ausnahmen arbeitet, dem Programmierer meist aber die Wahl überlässt, ob er die Fehlerbehandlung mit Ausnahmen überhaupt nutzen möchte.

20.2 Ausnahmen abfangen

Ein Abfangmechanismus für Ausnahmen setzt sich aus zwei Teilen zusammen:

1. Einem `try`-Block – dieser umschließt den Code-Abschnitt, für den Sie Ausnahmen abfangen wollen.
2. Einem oder mehreren `catch`-Blöcken – diese fangen die Ausnahmen aus dem `try`-Block ab und definieren, was beim Auftreten einer Ausnahme geschehen soll.

```
try
{
  // überwachte Anweisungen
}
catch (Exceptiontyp& e)
{
  // Fehlerbehandlung
}
```

Wichtig ist dabei, dass die `catch`-Blöcke direkt auf den `try`-Block folgen.

Greifen wir noch einmal die Berechnung der Wurzel für eine eingegebene Zahl auf. Wenn wir mit einer `if`-Anweisung sicherstellen, dass nur positive Zahlen weiterverarbeitet werden, können Ausnahmen eigentlich nur bei der Umwandlung der Eingabe in einen `double`-Wert auftreten. Es würde daher prinzipiell genügen, die Anweisung mit der Einleseoperation in den `try`-Block einzufassen. Dies würde den Code jedoch auf unschöne Art zerstückeln. Wir bauen den `try-catch`-Block daher so auf, dass wir im `try`-Block den gesamten Code zusammenfassen, der bei normalem Programmablauf ausgeführt werden soll, und nutzen den `catch`-Block für die Fehlerbehandlung.

Listing 20.1: Fehlerbehandlung für Ausnahmen (Wurzel_exception.cpp)

```
#include <iostream>
#include <cmath>
using namespace std;

int main()
{
   double eingabe = 0;
   double wurzel = 0;

   try
   {
      cin.exceptions(ios_base::failbit);

      cout << endl;
      cout << " Geben Sie bitte eine Zahl ein: ";
      cin >> eingabe;

      if (eingabe >= 0)
      {
         wurzel = sqrt(eingabe);

         cout << " Die Wurzel von " << eingabe << " = "
              << wurzel << endl;
      }
      else
      {
         cerr << " Die Wurzel negativer Zahlen ist nicht definiert "
              << endl;
      }
   }
   catch (ios_base::failure& e)
   {
      cerr << " Falsche Eingabe. " << endl;
   }

   cout << endl;

   return 0;
}
```

Tritt jetzt innerhalb des `try`-Blocks eine `cin`-Ausnahme auf, wird diese abgefangen und an den `catch`-Block weitergereicht. Dieser gibt daraufhin die von uns vorgesehene Fehlermeldung aus. Die Ausnahme wird danach aufgelöst, die Betriebssystemmeldung unterbleibt.

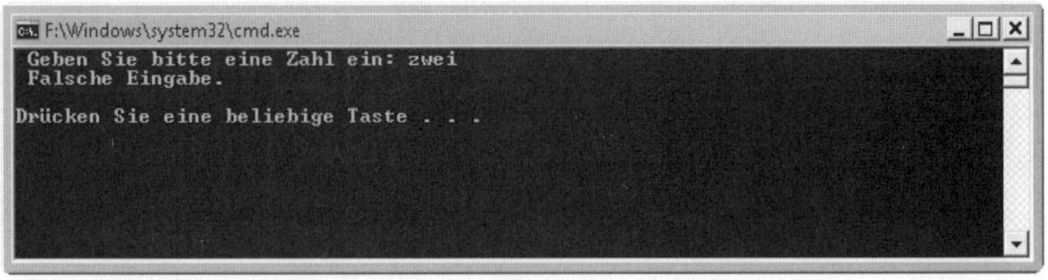

Abb. 20.2: Selbst abgefangene Ausnahmen

Die catch-Blöcke

Technisch gesehen sind Ausnahmen Objekte von Klassen. Die Ausnahmen der C++-Standardbibliothek sind zudem alle von der Basisklasse `exception` abgeleitet, siehe Abbildung 20.3.

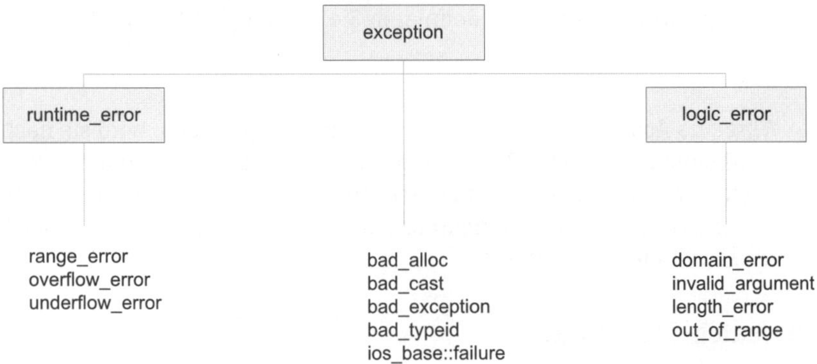

Abb. 20.3: Hierarchie der C++-Standardausnahmen

Um eine Ausnahme mit einem `catch`-Block abzufangen, müssen Sie im `catch`-Block einen Parameter vom Typ einer Ausnahme definieren – wie zum Beispiel in:

```
catch (exception& e)
{
}
```

Der `catch`-Block fängt dann alle Ausnahmen ab, die von diesem oder einem abgeleiteten Typ sind. Da `exception` die Basisklasse aller Ausnahme-Klassen ist, fängt der obige `catch`-Block also alle Ausnahmen ab.

C++ erlaubt es auch, mehrere `catch`-Blöcke hintereinander zu einem `try`-Block zu definieren. Wenn man dabei so vorgeht, dass man zuerst `catch`-Blöcke für die spezielleren abgeleiteten Ausnahme-Klassen und nachfolgend `catch`-Blöcke für die allgemeineren Ausnahme-Basisklassen definiert, gelangt man zu einer abgestuften Ausnahmebehandlung.

```
try
{
   ...
}
catch (ios_base::failure& e)
{
   cerr << " Falsche Eingabe. " << endl;
}
catch (exception& e)
{
   cerr << " Es ist eine Ausnahme aufgetreten."
        << " Benachrichtigen Sie den Support." << endl;
}
```

HINWEIS

Wenn Sie mit einem catch-Block alle Ausnahmen abfangen wollen, gleichgültig welchen Typs, definieren Sie einen catch(...)-Block.

HINWEIS

Wird eine Ausnahme von einem catch-Block abgefangen, wird sie nach Abarbeitung des catch-Blocks aufgelöst. Wenn also in unserem Wurzelprogramm eine ios_base::failure-Ausnahme auftritt, wird diese vom ersten catch-Block abgefangen und aufgelöst. Der zweite catch-Block wird nicht mehr ausgeführt.

Der catch-Parameter

Jeder catch-Block definiert einen Parameter. Der Datentyp dieses Parameters legt fest, welche Ausnahmen der catch-Block abfängt. Des Weiteren wird das Ausnahme-Objekt an diesen Parameter übergeben und der catch-Block kann dann über den Parameter abfragen, welche Informationen das Ausnahme-Objekt über die Fehlerursache gespeichert hatte. Die von der exception-Klasse abgeleiteten Ausnahmen verfügen z.B. alle über eine Memberfunktion what(), die eine – leider nicht immer wirklich hilfreiche – String-Beschreibung des Fehlers zurückliefert.

```
catch(invalid_argument& e)
{
    cerr << e.what() << endl;
}
```

Ist der catch-Block nicht an den Informationen über die Fehlerursache interessiert, reicht es, den Parametertyp (ohne Parameternamen) anzugeben:

```
catch(invalid_argument&)
{
    cerr << "Schwerer Fehler aufgetreten" << endl;
}
```

20.3 Ausnahmen auslösen

Selbstverständlich können Sie in C++ nicht nur Ausnahmen aus Bibliotheksfunktionen abfangen. Sie können auch selbst Ausnahmen auslösen, wenn in Ihrem Code ein Fehler auftritt, der nicht an Ort und Stelle zu behandeln ist.

Um eine Ausnahme auszulösen, erzeugen Sie ein Objekt der gewünschten exception-Klasse und übergeben dieses an den Operator throw.

```
if(nenner == 0)
   throw invalid_argument("Fehler: Division durch Null");
```

Die ausgelöste Ausnahme muss übrigens kein Objekt eines abgeleiteten exception-Klassentyps sein. Es muss nicht einmal ein Klassentyp sein, Sie können auch int-Werte oder Zeiger auf Zeichenfolgen als Ausnahmen auslösen: throw "Fehler";.

Eigene Ausnahme-Klassen

Eigene Ausnahme-Klassen sollten Sie grundsätzlich von einer der Klassen exception oder logic_error ableiten. Die dabei geerbte, virtuelle Memberfunktion what() überschreiben Sie so, dass sie einen C-String mit einer passenden Fehlermeldung zurückliefert. Wenn Sie von logic_error ableiten, sollten Sie zudem einen Konstruktor mit string-Parameter definieren, sodass bei der Instanzierung eines Ausnahme-Objekts die Fehlermeldung direkt über den Konstruktor zugewiesen werden kann. Ansonsten steht es Ihnen natürlich frei, Ihre Ausnahme-Klasse mit weiteren eigenen Elementen auszustatten.

```
class Division_exception : public exception
{
    int zaehler;
    int nenner;

  public:
    Division_exception(int z, int n)
                  : zaehler(z), nenner(n) {}

    virtual const char* what() const throw()
    {
        return "Fehler bei Division";
    }
};
```

Abgefangene Ausnahmen weiterleiten

Das Schlüsselwort throw kann auch benutzt werden, um Ausnahmen, die bereits in einem catch-Block abgefangen wurden, erneut auszulösen und so an den nächsten try-catch-Block weiterzureichen.

```
catch(exception&)
{
    cout << "Schwerer Fehler aufgetreten" << endl;
    cout << "Kann Fehler nicht korrekt bearbeiten" << endl;
    throw;
}
```

Dies ist beispielsweise sinnvoll, wenn ein catch-Block Ausnahmen abfängt, die er nur unvollkommen oder nur schlecht bearbeiten kann. Der catch-Block reagiert dann in der ihm möglichen Art und Weise auf die Ausnahme und leitet sie weiter.

throw in der Funktionsdeklaration

Das Schlüsselwort throw kann am Ende von Funktions- und Memberfunktionsdeklarationen dazu benutzt werden, um die Liste der Ausnahmen festzulegen, die in einer Funktion (Memberfunktion) ausgelöst werden können:

```
void func() throw(Division_exception, char*)
```

Die Funktion func() zeigt damit an, dass sie nur Ausnahmen der Typen Division_exception und char* (oder Ausnahmen abgeleiteter Typen) auslöst oder weiterleitet.

Wird in einer Funktion eine Ausnahme ausgelöst, deren Typ nicht in der throw-Liste aufgeführt ist (vermutlich durch eine in der Funktion aufgerufene Funktion), wird die Funktion unexpected() aufgerufen, die standardmäßig zum Programmabbruch führt.

Eine Funktion, die ohne throw deklariert wurde, kann jede Ausnahme auslösen.

Eine Funktion, die mit throw() deklariert wurde, kann keine Ausnahme auslösen.

Erinnern Sie sich an das erste Beispiel für die oft sehr kryptische Syntax von C++ aus Kapitel 1?

```
virtual const char* f() const throw();
```

Mit Ihrem heutigen Wissen dürfte es Ihnen nicht schwerfallen, darin die Deklaration einer virtuellen Memberfunktion f() zu erkennen, die als Ergebnis einen Zeiger vom Typ const char* zurückliefert, selbst ebenfalls als const deklariert ist und keine Ausnahmen auslöst.

20.4 Programmfluss und Ausnahmebehandlung

Wird eine Ausnahme ausgelöst, wird der normale Ablauf des Programms unterbrochen und das Programm dort fortgesetzt, wo die Ausnahme abgefangen wird – also in einem `catch`-Block, der dem Datentyp der Ausnahme entspricht.

Wie drastisch dabei in den normalen Programmablauf eingegriffen wird, hängt davon ab, wie schnell ein passender `try-catch`-Block gefunden wird.

20.4.1 Wo wird der Programmfluss nach einer Ausnahme fortgesetzt?

Bei Auslösen einer Ausnahme wird der normale Programmablauf abgebrochen und das Programm sucht nach einem geeigneten `catch`-Block für die Ausnahme. Die Suche schreitet dabei von innen nach außen voran und zwar immer zum nächsten umliegenden `try`-Block. Gibt es in der Funktion, in der die Ausnahme ausgelöst wird, keinen `try`-Block mit passendem `catch`-Block, wird die Funktion beendet (vom Stack entfernt). Die Suche wird jetzt in der Funktion fortgesetzt, aus der die Funktion mit der `throw`-Anweisung aufgerufen wurde.

Dieses Spiel wird so lange fortgesetzt, bis ein passender `try-catch`-Block gefunden wird. Wird selbst in der `main()`-Funktion kein `try-catch`-Block gefunden, bedeutet dies in der Regel den Abbruch des Programms und die Ausgabe einer Betriebssystem-Fehlermeldung.

20.4.2 Die Problematik des gestörten Programmflusses

Die Art und Weise, in der der `catch`-Block zu einer Ausnahme gesucht wird, hat Konsequenzen, die bei der Programmierung mit Ausnahmen beachtet werden müssen:

Ausnahmen müssen Informationen übertragen

Wegen der Trennung von Fehlerursache und Fehlerbehandlung ist der `catch`-Block bei der Bearbeitung des Fehlers ganz auf die Informationen angewiesen, die ihm von der Ausnahme übermittelt werden.

- Dies wäre zum einen der Datentyp der Ausnahme, der überhaupt festlegt, welcher `catch`-Block für die Bearbeitung der Ausnahme in Frage kommt. Dies ist auch ein Grund dafür, dass Ausnahmen üblicherweise Klassentypen angehören. Würden Sie beispielsweise sowohl im Falle einer Division durch Null wie auch bei dem Versuch, eine nicht vorhandene Datei zu öffnen, eine Ausnahme vom Typ `int` ausgeben, werden beide Fehler von dem gleichen Block (`catch(int)`) abgefangen. Mit Klassen können Sie dagegen für jeden Fehlertyp eine eigene Ausnahme-Klasse und damit einen eigenen `catch`-Block definieren.

- Zum anderen ist eine Ausnahme ein Objekt, und jedes Objekt enthält Daten. Eine Ausnahme vom Typ `int` könnte beispielsweise einen Fehlercode übertragen, eine Ausnahme vom Typ `char *` eine Fehlermeldung. Am besten geeignet sind natürlich Klasseninstanzen, da diese mehrere Daten und sogar passende Memberfunktionen zur Fehlerbehandlung enthalten können. Die Ausnahme-Klassen der C++-Standardbibliothek, die auf die Basisklasse `logic_error` zurückgehen, verfügen beispielsweise über einen Konstruktor, dem als Argument ein Meldungstext übergeben werden kann. In den `catch`-Blöcken kann dieser Text über die Memberfunktion `what()` abgerufen werden.

Keine unnötigen Ausnahmen in Bibliotheken

Ausnahmen sind für die Implementierung von Bibliotheken besonders interessant, weil sie dem Programmierer der Bibliothek die Möglichkeit geben, Fehler in der Bibliothek abzufangen, die Fehlerbehandlung aber dem Programmierer zu überlassen, der die Bibliothek benutzt. Bedenken Sie aber, dass Ausnahmen den normalen Programmfluss zerstören und unbehandelte Ausnahmen standardmäßig zum Programmabbruch führen. Verärgern Sie die Benutzer Ihrer Bibliothek also nicht dadurch, dass Sie für jeden kleinen Fehler gleich eine Ausnahme auslösen, die die Benutzer der Bibliothek dann abfangen müssen.

Das Problem der Stack-Auflösung (stack unwinding)

Wird eine Funktion aufgrund einer ausgelösten Ausnahme vom Stack entfernt, werden lediglich die lokalen Variablen der Funktion in korrekter Weise aufgelöst. Probleme ergeben sich, wenn die Funktion dynamischen Speicher reserviert oder eine Datei geöffnet hat, die beim Verlassen der Funktion freigegeben bzw. geschlossen werden sollte.

Wird die Funktion wegen einer Ausnahme verlassen, die direkt in der Funktion ausgelöst wird, können Sie noch auf recht einfache Weise für die Freigabe der Ressourcen sorgen. Sie erledigen die erforderlichen Aufräumarbeiten einfach vor der `throw`-Anweisung:

```
void func()
{
  FILE *fp = fopen("Datei.txt","rt");
  ...
  if(fehler)
  {
    fclose(fp);
    throw "Es ist ein Fehler aufgetreten";
  }

  fclose(fp);
}
```

Problematischer ist es, wenn die Ausnahme aus einer aufgerufenen Funktion stammt:

```
void func()
{
  FILE *fp = fopen("Datei.txt","rt");
  funktion_die_Ausnahme_ausloesen_kann(fp);
  fclose(fp);
}
```

Im obigen Beispiel wird nach dem Öffnen einer Datei eine Funktion aufgerufen, die unter Umständen eine Ausnahme auslöst. Tritt dieser Fall ein, wird die Anweisung `fclose(fp)` nicht mehr ausgeführt.

Es gibt zwei Möglichkeiten, trotz interferierender Ausnahmebehandlung dafür zu sorgen, dass die Ressourcen der Funktion freigegeben werden.

- Die eine Möglichkeit besteht darin, vorsorglich alle Ausnahmen in der Funktion abzufangen, dann die Ressourcen freizugeben und die Ausnahmen schließlich erneut auszuwerfen:

  ```
  void func()
  {
    try
    {
      FILE *fp = fopen("Datei.txt","rt");
      funktion_die_Ausnahme_ausloesen_kann(fp);
    }
    catch(...)      //(...) fängt alle Ausnahmen
    {
      fclose(fp);
      throw;        // Ausnahmen weiterleiten
    }

    fclose(fp);
  }
  ```

- Die andere Möglichkeit besteht darin, die Ressource in einer lokalen Klasseninstanz zu kapseln. Deren Destruktor wird auf jeden Fall zur Auflösung der Klasseninstanz aufgerufen und der Programmierer kann in der Implementierung des Destruktors sicherstellen, dass die Ressource freigegeben wird.

20.5 Übungen

1. Wie sieht das Grundgerüst einer Ausnahmebehandlung aus?
2. Wie sieht das Grundgerüst einer zweifach abgestuften Ausnahmebehandlung aus, die in der ersten Stufe beliebige in der C++-Standardbibliothek definierte Ausnahmen und in der zweiten Stufe alle anderen Ausnahmen abfängt?
3. Schreiben Sie das Wurzel-Programm aus Listing 20.1 so um, dass es den Benutzer so lange zur Eingabe einer Zahl auffordert, bis die eingegebene Zahl korrekt umgewandelt werden kann. (Zur Behandlung von `cin`-Fehlern siehe Kapitel 13.4).

Teil IV

Profikurs

Zum guten Schluss möchte ich noch auf einige fortgeschrittene Themen eingehen. Teils handelt es sich dabei um Konzepte, die bereits in den vorangehenden Kapitel angeklungen sind, dort aber nur gestreift wurden, weil die Betonung auf anderen Konzepten lag oder weil der Leser mit einer ausführlichen Behandlung überfordert gewesen wäre. Teils geht es um fortgeschrittene Themen, die zwar vergleichsweise selten benötigt werden, mit denen Sie als guter C++-Programmierer dennoch vertraut sein sollten.

Zu diesem Teil gibt es keine Übungen. Wenn Sie möchten, können Sie aber die Webseite www.carpelibrum.de besuchen, wo Sie auf den Seiten zu dem vorliegenden Buch unter anderem ein kleines Rate-Quiz zum Thema C++ finden.

Kapitel 21

Allgemeine Techniken

Wir beginnen den Profikurs mit diversen allgemeinen Techniken und Erläuterungen.

21.1 Vorzeichen und Überlauf

Die Werte ganzzahliger Datentypen (`short`, `int`, `long`) werden per Voreinstellung immer mit Vorzeichen abgespeichert. Durch Voranstellung des Schlüsselworts `unsigned` können Sie dem Compiler aber auch mitteilen, dass Sie in einer ganzzahligen Variablen nur positive Werte speichern möchten:

Eine normale `int`-Variable kann z.B. Werte zwischen -2.147.483.648 bis 2.147.483.647 annehmen. Wenn Sie die Variable dagegen mit dem Schlüsselwort `unsigned` definieren, verschiebt sich der Wertebereich auf Werte von 0 bis 4.294.967.295.

```
unsigned int n;                    // unsigned-Variable
```

Als Pendant zu dem Schlüsselwort `unsigned` gibt es das Schlüsselwort `signed`, das explizit festlegt, dass ein ganzzahliger Datentyp vorzeichenbehaftet ist. Die Datentypen `short`, `int`, `long` und `long long` sind per Voreinstellung implizit `signed`.

Tabelle 21.1: Wertebereich der ganzzahligen Datentypen

Typ	Wertebereich
short	-32.768 bis 32.767
unsigned short	0 bis 65.535
int	-2.147.483.648 bis 2.147.483.647
unsigned int	0 bis 4.294.967.295
long long	-9.223.372.036.854.775.808 bis 9.223.372.036.854.775.807
unsigned long long	0 bis 18.446.744.073.709.551.615

Mit dem Schlüsselwort `unsigned` ändern Sie aber nicht nur den Wertebereich, sondern je nach Compiler auch das Überlaufverhalten. Dabei geht es darum, was passiert, wenn Sie einer ganzzahligen Variablen im Laufe des Programms einen Wert zuweisen, der außerhalb des zulässigen Wertebereichs liegt.

Sie können einen solchen Überlauf auch simulieren, indem Sie z.B. einer Variablen den maximalen Wert ihres Wertebereichs zuweisen und dann den Wert um 1 inkrementieren. Das folgende Codefragment aus der Datei *Ueberlauf.cpp* der Buch-DVD demonstriert dies, wobei der maximale Werte über die statische Memberfunktion `max()` der zugehörigen `numeric_limits`-Klasse abgefragt wird.

Listing 21.1: Aus Ueberlauf.cpp

```
#include <iostream>
#include <limits>
using namespace std;

int main()
{
   cout << " Ueberlaufverhalten fuer int " << endl;

   int i;
   i = numeric_limits<int>::max();    // i = 2.147.483.647

   i += 1;                            // i = ?

   ...
}
```

Einige Compiler werden Code erzeugen, der auf den Überlauf mit einer Fehlermeldung reagiert. Andere Compiler, darunter Visual C++, werden den Wert – ähnlich wie bei einer Modulo-Operation – umbrechen (d.h. auf den größten Wert folgt der kleinste Wert).

Für `signed`-Datentypen hängt dieses Verhalten (welches gelegentlich zu erstaunlichen Ergebnissen führen kann[1]) vom Compiler ab, für `unsigned`-Variablen ist es vom C++-Standard vorgeschrieben.

`numeric_limits` ist ein Template (siehe Kapitel 24), aus dem spezialisierte Klassen für alle elementaren Datentypen erzeugt werden können. Sie müssen den Datentyp dazu lediglich in den eckigen Klammern übergeben. Neben `max()` stellen diese Klassen natürlich auch noch eine Memberfunktion `min()` für den minimalen Wert des Datentyps bereit.

21.2 Arithmetische Konvertierungen

C++ hat die Eigenart, für seine binären arithmetischen Operatoren (+, -, *, /, %) die Datentypen der Operanden anzugleichen. Dies wird auch als »arithmetischen Konvertierung« bezeichnet.

- Integer-Operanden oder -Argumente werden standardmäßig in einen der Datentypen `int` oder `unsigned int` konvertiert – es sei denn sie gehören einem `long`-Typ an.

Die Konvertierung von Integer-Operanden und -Argumenten bezeichnet man auch als »integral promotion«. Ihr Kennzeichen ist, dass sie ohne Wert- oder Vorzeichenverlust durchgeführt werden können.[2]

Die integrale Promotion ist Teil der standardmäßigen arithmetischen Konvertierung.

- Arithmetische Datentypen können ineinander konvertiert werden, wenn der Datentyp, in den konvertiert wird, geeignet ist, den zu konvertierenden Wert aufzunehmen (bei Konvertierung von Gleitkommazahlen in Integer-Werte geht dabei der Nachkommaanteil verloren).

Tabelle 21.2: Arithmetische Konvertierung

Typen der Operanden	Konvertierung
Beides Gleitkommatypen	Der Operand vom Gleitkommatyp mit dem kleineren Wertebereich wird in den Gleitkommatyp des anderen Operanden umgewandelt.
Ein Operand hat Gleitkommatyp	Der andere Operand wird in den Gleitkommatyp umgewandelt.

1. Stellen Sie sich vor, Ihre Bank würde den Stand Ihres Girokontos in einer `short`-Variablen ohne Überlauf verwalten und Sie zahlen nach einem glücklichen Lottogewinn 25.000 Euro auf das Konto ein, dessen aktueller Stand 7.812 Euro beträgt. Sie werden erstaunt sein, wenn Sie auf dem nächsten Kontoauszug lesen, dass Sie der Bank 32.724 Euro schulden!
2. In C++ unterliegt auch der Datentyp `bool` der integralen Promotion.

Tabelle 21.2: Arithmetische Konvertierung (Forts.)

Typen der Operanden	Konvertierung
Beides Integer-Typen (oder bool)	Die Operanden werden standardmäßig in einen der Datentypen int oder unsigned int konvertiert – es sei denn sie gehören einem long-Typ an. Diese Form der Konvertierung bezeichnet man auch als »integral promotion«. Ihr Kennzeichen ist, dass sie ohne Wert- oder Vorzeichenverlust durchgeführt werden können.[1]

21.3 Lokale static-Variablen

Lokale Variablen von Funktionen werden üblicherweise bei jedem Aufruf der Funktion neu allokiert und bei Verlassen der Funktion zerstört. Wird eine solche Variable jedoch als static deklariert, wird nur beim ersten Aufruf der Funktion Speicherplatz für die Variable reserviert und gegebenenfalls initialisiert. Zusätzlich endet ihre Lebensdauer erst mit dem Programm und nicht mit der Funktion.

Die folgende Funktion zählt mit, wie oft sie während der Programmausführung aufgerufen wird.

Listing 21.2: Aus Static.cpp

```
void func()
{
   static int aufrufzaehler = 0;
   ++aufrufzaehler;

   cout << aufrufzaehler << ". Aufruf" << endl;
}
```

21.4 Der ?: Operator

Den Operator ?: Operator kann als »Wenn .. dann .. ansonsten« oder in C++-Notation als if / else gelesen werden. Betrachten Sie folgende Funktion:

```
int max(int var1, int var2)
{
   return ( (var1 > var2) ? var1 : var2);
}
```

Diese Funktion liefert das Maximum der beiden Werte zurück. Ist var1 größer als var2 ? Wenn ja, liefere var1 zurück, ansonsten var2.

1. In C++ unterliegt auch der Datentyp bool der integralen Promotion.

21.5 Bit-Operatoren

C++ ist eine sehr systemnahe Programmiersprache und dies drückt sich natürlich auch in den Möglichkeiten zur Datenmanipulation aus, die C++ dem Programmierer zur Verfügung stellt. Eine dieser Möglichkeiten sind die direkten Bitmanipulationen für Integer-Typen.

Tabelle 21.3: Bit-Operatoren

Operator	Aufgabe	Beispiel
`&, &=`	bitweise UND-Verknüpfung	`'a' & 223`
`|, |=`	bitweise ODER-Verknüpfung	`'A' | 0x20`
`^, ^=`	bitweises XOR (exklusives ODER)	`var1 ^ 0x0`
`~`	bitweises Komplement	`~var1`
`>>`	Rechtsverschiebung	`i << 2`
`<<`	Linksverschiebung	`j >> 3`

Variablen von Integer-Typen (zu denen auch der Typ `char` gehört) haben den Vorteil, dass ihre Werte auf einfache Weise, nämlich als Binärkodierung, im Speicher abgelegt werden.

Mit Hilfe der Bit-Operatoren können Sie nun direkt auf die binäre Repräsentation dieser Zahlen zugreifen, was in manchen Fällen zu sehr einfachen und schnellen Lösungen führt.

2er-Komplement

Variablen von Ganzzahltypen haben den Vorteil, dass ihre Werte auf einfache Weise, nämlich als 2er-Komplement, im Speicher abgelegt werden. Für positive Zahlen entspricht das 2er-Komplement der Umrechung ins Binärsystem. (Für negative Zahlen wird der Wert 2^n abgezogen. Dies entspricht einer Invertierung aller Bits und anschließender Addition von 1.)

Tabelle 21.4: Binärkodierung positiver int-Zahlen[1]

Ganzzahlwert	Binärkodierung (32-Bit-System)
0	0000 0000 0000 0000 0000 0000 0000 0000
1	0000 0000 0000 0000 0000 0000 0000 0001
2	0000 0000 0000 0000 0000 0000 0000 0010
3	0000 0000 0000 0000 0000 0000 0000 0011
4	0000 0000 0000 0000 0000 0000 0000 0100
5	0000 0000 0000 0000 0000 0000 0000 0101
6	0000 0000 0000 0000 0000 0000 0000 0110
7	0000 0000 0000 0000 0000 0000 0000 0111
255 $(= 2^8-1)$	0000 0000 0000 0000 0000 0000 1111 1111
65535 $(= 2^{16}-1)$	0000 0000 0000 0000 1111 1111 1111 1111
2147483647 $(= 2^{31}-1)$	0111 1111 1111 1111 1111 1111 1111 1111

21.5.1 Multiplikation mit 2

Eine Multiplikation mit 2 entspricht einer Linksverschiebung um eine Stelle. Folglich entspricht eine Multiplikation mit 4 (2*2) einer Linksverschiebung um 2 Stellen, und eine Multiplikation um 2^n einer Linksverschiebung um n Stellen:

```
int n = 3;
n <<= 2;
```

erzeugt also in n den Wert 12.

	Dezimal	Binär (32 Bit)
vor Verschiebung	3	0000 0000 0000 0011
nach Verschiebung	12	0000 0000 0000 1100

21.5.2 Division durch 2

Eine Division durch 2 entspricht einer Rechtsverschiebung um eine Stelle. Folglich entspricht eine Division durch 4 (2*2) einer Rechtsverschiebung um 2 Stellen, und eine Division durch 2^n einer Rechtsverschiebung um n Stellen.

1. Das erste Bit kodiert das Vorzeichen (0 für positiv, 1 für negativ)

```
int n = 80;
n >>= 3;
```

erzeugt also in n den Wert 10.

	Dezimal	Binär (32 Bit)
vor Verschiebung	80	0000 0000 0101 0000
nach Verschiebung	10	0000 0000 0000 1010

21.5.3 Klein- und Großschreibung

Einzelne Zeichen (Typ char) werden durch 8 Bits repräsentiert.

Tabelle 21.5: Binärdarstellung von Zeichen des Typs char

Zeichen	Dezimal	Binär (32 Bit)
A	65	0000 0000 0100 0001
B	66	0000 0000 0100 0010
a	97	0000 0000 0110 0001
b	98	0000 0000 0110 0010

Aus Tabelle 21.5 lässt sich bereits ablesen, dass sich Klein- und Großbuchstaben nur im 6-ten Bit unterscheiden.

Ein Großbuchstabe lässt sich also durch Setzen des 6-ten Bit in einen Kleinbuchstaben umwandeln. Hierzu verwendet man den |-Operator.

```
    0000 0000 0100 0001  Buchstabe 'A'
  | 0000 0000 0010 0000  Maske (dezimal 32)
------------------------------------
    0000 0000 0110 0001  Buchstabe 'a'
```

Umgekehrt kann ein Kleinbuchstabe sich durch Löschen des 6-ten Bit in einen Großbuchstaben umwandeln. Hierzu verwendet man den &-Operator.

```
    0000 0000 0110 0001  Buchstabe 'a'
  & 0000 0000 1101 1111  Maske (dezimal 223)
------------------------------------
    0000 0000 0100 0001  Buchstabe 'A'
```

21.5.4 Flags umschalten

Eine andere Möglichkeit besteht darin, die einzelnen Bits einer Integer-Variablen als Flags aufzufassen, die anzeigen, ob eine bestimmte Eigenschaft gesetzt ist oder nicht. Bei der Programmierung von Editoren ist es beispielsweise üblich, festzuhalten, ob eine Datei Änderungen enthält, die noch nicht abgespeichert wurden. In einer char-Variablen könnten Sie also acht solcher Flags festhalten. Wenn dann der Benutzer des Editors die Datei speichert oder neuen Text in sie einfügt, ist es jeweils erforderlich, das spezielle Flag umzuschalten, aber alle anderen Flags in der Variable unverändert zu lassen. Man erreicht dies durch die XOR-Verknüpfung mit einer Maske, in der nur das entsprechende Flag gesetzt ist.

```
      0000 0000 0110 0001  Flags
   ^  0000 0000 0010 0000  Maske (dezimal 32)
------------------------------------
      0000 0000 0100 0001  6. Flag gelöscht
```

21.5.5 Gerade Zahlen erkennen

Schließlich lässt sich am letzten Bit eines Integer-Werts direkt ablesen, ob die Zahl gerade oder ungerade ist.

Das folgende Programm, das eine Faktorzerlegung zu einer gegebenen Zahl sucht, nutzt diese Tatsache, um festzustellen, ob die eingegebene Zahl gerade ist. Wenn ja, steht die Zahl 2 als Faktor bereits fest und eine Fortsetzung der Rechnung erübrigt sich.

Listing 21.3: Primfaktorzerlegung.cpp

```
#include <iostream>
#include <cmath>
using namespace std;

int main()
{
   int zahl, versuch;
   bool gerade;
   double erg, i;

   do
   {
      cout << endl;
      cout << " Geben Sie eine grosse natuerliche Zahl ein: ";
      cin >> zahl;

      if ((zahl & 1L) == 0)
      {
         gerade = true;
         cout << " Gerade Zahlen sind immer durch 2 teilbar!";
         cout << endl << endl;
      }
      else
      {
         gerade = false;
      }
    } while (gerade);
```

```
    versuch = (int) sqrt((double)zahl);

    do
    {
       versuch++;
       erg = sqrt((double) (versuch*versuch-zahl));
    } while (modf(erg, &i) != 0);

    cout << " x := " << versuch+i << endl
         << " y := " << versuch-i << endl;

    cout << endl;

    return 0;
}
```

Das Programm sucht immer eine Zerlegung in zwei Faktoren. Um sicherzustellen, dass es sich dabei um Primfaktoren handelt, müsste es allerdings noch nachrechnen, ob die Faktoren auch nicht weiter zerlegbar sind.

Wegen des verwendeten Algorithmus funktioniert das Programm nicht immer für kleinere Zahlen und allzu große Zahlen können wegen der Wertebereiche der Datentypen und Funktionen nicht verarbeitet werden.

Das Programm ist allerdings insofern interessant, als es ein Problem aus der Mathematik anspricht, das auch in der Informatik von Bedeutung ist: *Der Schwierigkeit, Faktorzerlegungen für größere Zahlen zu finden.*

Angenommen Sie haben zwei große Primzahlen und multiplizieren diese. Dann erhalten Sie eine große natürliche Zahl (sollte schon an die zweihundert Stellen haben), für die es nur eine Faktorzerlegung gibt – nämlich Ihre Primzahlen. Wer diese Primzahlen nicht von Ihnen mitgeteilt bekommt, hat beim derzeitigen Standpunkt der Mathematik und Informatik praktisch keine Chance sie herauszubekommen.

Dies nutzt man beim sogenannten RSA-Verschlüsselungsverfahren aus. Dieses System arbeitet mit zwei Schlüsseln:

- einem Schlüssel zum Kodieren der Daten und
- einem Schlüssel zum Dekodieren.

Ein neuer Teilnehmer an dem System erhält zwei solche Schlüssel. Den ersten Schlüssel macht er allen Teilnehmerm im Netz zugänglich, von denen er kodierte Nachrichten empfangen möchte. Mit dem zweiten Schlüssel dekodiert er die an ihn gerichteten, kodierten Nachrichten. Der erste Schlüssel ist also mehr oder weniger öffentlich, sodass jeder Nachrichten mit diesem Schlüssel kodieren kann. Aber niemand außer dem Teilnehmer mit dem zweiten Schlüssel (die Primzahlen aus der Primfaktorzerlegung des ersten Schlüssels) kann die mit dem ersten Schlüssel kodierten Nachrichten dekodieren.

21.6 Zeiger auf Funktionen

Unter Umständen kommen Sie in die Verlegenheit, dass eine Ihrer Funktionen eine andere Funktion aufrufen soll, wobei aber erst zur Laufzeit entschieden werden soll, welche Funktion dies sein soll. Zum Beispiel soll eine Funktion dazu dienen, Extremwerte anzuzeigen. Es wird aber erst im Programmablauf entschieden, ob das Minimum oder das Maximum angezeigt werden soll.

In solchen Fällen müssen Sie die aufzurufende Funktion als Argument an die aufrufende Funktion übergeben. Um eine Funktion als Argument übergeben zu können, müssen Sie aber wissen, wie Zeiger auf Funktionen definiert werden. Verwirrt? Es ist nicht so kompliziert, wie es sich anhört.

Um einen Zeiger auf eine Funktion zu deklarieren, müssen Sie die Signatur (Rückgabetyp sowie Anzahl und Typen der Parameter) der Funktionen spezifizieren, auf die der Zeiger weisen kann:

```
RückgabeTyp (*FUNKTIONSZEIGER) (PARAMETERLISTE);
```

beispielsweise

```
int (*func_ptr)();
```

Das folgende Programm liefert Maximum und Minimum zweier Zahlen:

Listing 21.4: Funktionszeiger.cpp

```
#include <iostream>
#include <cstdlib>
#include <ctime>
using namespace std;

 // liefert Maximum der Parameter
int maximum( int var1, int var2)
{
   return ( (var1 > var2) ? var1 : var2);
}

// liefert Minimum der Parameter
int minimum( int var1, int var2)
{
   return ( (var1 < var2) ? var1 : var2);
}

// ruft zur Laufzeit maximum() oder minimum() auf
int zeige_extremum(int var1, int var2,
                   int (*vergleiche)(int, int))
{
   return ( vergleiche(var1, var2) );
}
```

```
int main()
{
   int extremum;
   int wert1, wert2;
   time_t t;

   srand((unsigned) time(&t));
   wert1 = rand() % 20;
   wert2 = rand() % 40;

   cout << endl;

   // Uebergabe der Funktion maximum() als Argument an
   // zeige_extremum()
   extremum = zeige_extremum(wert1, wert2, &maximum);
   cout << " Das Maximum von " << wert1 << " und " << wert2
        << " ist " << extremum << endl;

   // Uebergabe der Funktion minimum() als Argument an
   // zeige_extremum()
   extremum = zeige_extremum(wert1, wert2, &minimum);
   cout << " Das Minimum von " << wert1 << " und " << wert2
        << " ist " << extremum << endl;

   cout << endl;

   return 0;
}
```

Oberhalb von `main()` werden die beiden Funktionen zur Berechnung des Maximums beziehungsweise Minimums definiert.

Der Funktion `zeige_extremum()` kann als drittes Argument eine Funktion mit Rückgabetyp `int` und zwei Parametern vom Typ `int` übergeben werden – dies entspricht genau der Signatur der Funktionen `maximum()` und `minimum()`. Zur Demonstration werden beide dann auch nacheinander an `zeige_extremum()` übergeben.

Eine Sitzung mit dem Programm würde z.B. folgende Ausgabe erzeugen:

```
Das Maximum von 4 und 36 ist 36
Das Minimum von 4 und 36 ist 4
```

21.7 Rekursion

Von Rekursion spricht man, wenn eine Funktion sich selbst wieder aufruft. Verschiedene Probleme, wie zum Beispiel die Berechnung der Fakultät, lassen sich durch Rekursion elegant lösen.

Mathematisch ist die Fakultät definiert als:

```
n! = 1,                                  wenn n = 0
n! = 1 * 2 * 3 ... * n-1 * n            für   n ≥ 1
```

oder rekursiv formuliert:

```
fac(0) = 1;
fac(n) = n * fac(n-1);
```

Die rekursive Formel lässt sich leicht in eine rekursive Funktion umwandeln:

```
int fac(int number)
{
   if (number == 0)
      return 1;

   return (number * fac(number-1));
}
```

Für rekursive Funktionen gilt es zu beachten, dass die Rekursion auch wieder beendet wird und nicht bis ins Unendliche fortgesetzt wird. Prüfen wir obige Funktion `fac()` darauf, ob sie diese Bedingung erfüllt!

Die Funktion `fac()` bekommt einen Integer-Wert übergeben. Wenn dieser Wert gleich 0 ist, kehrt die Funktion zurück und die Rekursion wird beendet. Bleibt also nur noch zu prüfen, ob die Bedingung `(number == 0)` auch irgendwann im Laufe der Rekursion erfüllt wird. Ist `number > 0`, kommt es zum rekursiven Aufruf, wobei das Argument um 1 vermindert wird. Es ist also sichergestellt, dass die Abbruchbedingung irgendwann erfüllt wird.

Wie steht es aber, wenn `number < 0` ist. Innerhalb der Rekursion kann `number` nicht kleiner als Null werden, das Argument `number` kann aber schon beim ersten Aufruf von `fac()` falsch übergeben worden sein. Eigentlich sollte dies nicht der Fall sein, da die Fakultät für negative Zahlen nicht definiert ist. Um einen solchen Fehler abzufangen, könnte man eine weitere `if`-Anweisung einfügen:

```
long int fac(int number)
{
  if(number <  0)
     return -1;
```

```
  if (number == 0)
     return 1;

  return (number * fac(number-1));
}
```

Das Programm *Rekursion.cpp* berechnet die Fakultäten von 0 bis 10.

Listing 21.5: Beispiel für rekursiven Aufruf einer Funktion (Rekursion.cpp)

```
#include <iostream>
using namespace std;

// Funktion zur Berechnung der Fakultät
int fac(int number)
{
   if (number < 0)
      return -1;                        // Fehlercode

   if (number == 0)
      return 1;

   return (number * fac(number-1));     // Rekursion
}

int main()
{
   cout << endl;

   for (int n = 0; n <= 10; ++n)
      cout << " " << fac(n) << endl;

   cout << endl << endl;

   return 0;
}
```

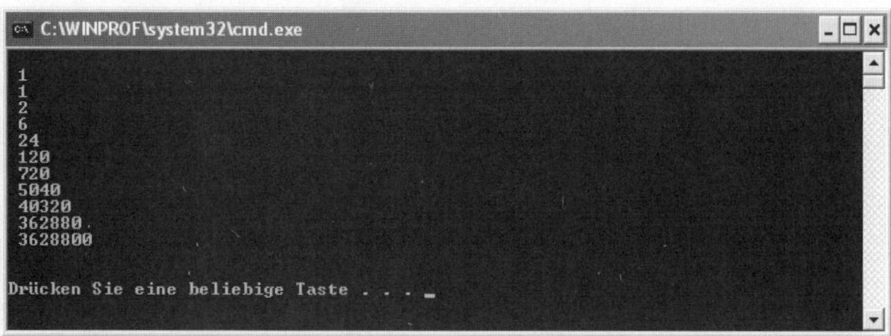

Abb. 21.1: Ausführung des Programms Rekursion

Die Fakultät – wie hier gezeigt – mit Hilfe einer Rekursion zu berechnen, ist als würde man mit Kanonen auf Spatzen schießen. Sie lässt sich nämlich ebenso einfach mit Hilfe einer `for`-Schleife berechnen (was wegen der eingesparten Funktionsaufrufe Laufzeit und Stackspeicher schont). Und wo wir schon bei Effizienzabwägungen sind: Der Aufruf der Funktion in einer `for`-Schleife zur Ausgabe der Fakultäten ist Verschwendung pur, da für jede Fakultät alle vorangehenden Fakultäten mitberechnet werden. Dabei hätte zur Ausgabe der ersten 11 Fakultäten auch folgender Code genügt:

```
int fakultaet = 1;
cout << " " << fakultaet << endl;

for (int n = 1; n <= 10; ++n)
{
   fakultaet *= n;
   cout << " " << fakultaet << endl;
}
```

Beachten Sie, dass tiefe Rekursionen wegen der vielen unbeendeten Funktionsaufrufe (Stichwort »Function Overhead«, siehe Kapitel 6.4) zu Speicherengpässen und sogar zu Programmabstürzen führen können.

KAPITEL 22

jetzt lerne ich

Objektorientierte Techniken

Dieses Kapitel stellt Ihnen verschiedene weiterführende Techniken rund um die objektorientierte Programmierung vor.

22.1 Zeiger auf Memberfunktionen

In Kapitel 21.6 haben Sie gesehen, wie Sie Zeiger auf Funktionen definieren:

```
Rückgabetyp (*ZEIGERNAME) (Parametertpyen);
```

Durch die Deklaration

```
Rückgabetyp (KLASSENNAME::*ZEIGERNAME)(Parametertypen)
```

können Sie auch Zeiger auf Memberfunktionen definieren. Um diese Zeiger dereferenzieren zu können, bedarf es eines besonderen Operators: `.*`. Den Zeiger verbinden Sie mit dem Namen einer Klasseninstanz. Außerdem müssen Sie natürlich entsprechende Werte und die Funktionsparameter übergeben. Das folgende Programm ist eine Adaption des Beispiels *Funktionszeiger.cpp*:

Listing 22.1: Memberfunktionszeiger.cpp

```
#include <iostream>
#include <cstdlib>
#include <ctime>
using namespace std;
```

```
class Extreme
{
public:

   // liefert Maximum der Parameter
   int maximum( int var1, int var2)
   {
      return ( (var1 > var2) ? var1 : var2);
   }

   // liefert Minimum der Parameter
   int minimum( int var1, int var2)
   {
      return ( (var1 < var2) ? var1 : var2);
   }
};

int main()
{
   class Extreme extr;          // Instanzbildung
   int extremum;
   int wert1, wert2;
   time_t t;

   srand((unsigned) time(&t));
   wert1 = rand() % 20;
   wert2 = rand() % 40;

   // Definition der Memberfunktionszeiger
   int (Extreme::*z_max) (int, int);
   int (Extreme::*z_min) (int, int);

   // Initialisierung der Zeiger
   z_max = &Extreme::maximum;
   z_min = &Extreme::minimum;

   cout << endl;

   // Dereferenzierung der Zeiger zum Funktionsaufruf
   extremum = (extr.*z_max) (wert1, wert2);
   cout << " Das Maximum von " << wert1 << " und " << wert2
        << " ist " << extremum << endl;

   // Dereferenzierung der Zeiger zum Funktionsaufruf
   extremum = (extr.*z_min) (wert1, wert2);
   cout << " Das Minimum von " << wert1 << " und " << wert2
        << " ist " << extremum << endl;

   cout << endl;

   return 0;
}
```

Analog können Sie den Operator ->* einsetzen, wenn Sie über einen »Zeiger auf eine Instanz« einen Zeiger auf eine Memberfunktion dereferenzieren wollen.

22.2 Friends

Manchmal ist es sinnvoll, die strengen Regeln der Zugriffsberechtigungen durch `public`, `protected` und `private` zu umgehen und einer beliebigen Funktion oder Memberfunktion Zugriff auf `protected`- und `private`-Elemente einer Klasse zu erteilen. Das Schlüsselwort `friend` ermöglicht dies.

Um eine Friend-Memberfunktion einzurichten, bedarf es zweierlei: Sie müssen

- die Memberfunktion in der Klasse, auf die sie Zugriff haben soll, als `friend` deklarieren und
- eine Referenz oder Instanz der Klasse an die Friend-Funktion übergeben.

Listing 22.2: Ausgesuchten Funktionen exklusiven Zugriff gewähren (Friends.cpp)

```
#include <iostream>
using namespace std;

class Demo
{
    int wert;

    friend int func(Demo&);  // Friend-Deklaration
};

int func(Demo& objekt)
{
    objekt.wert = 111;
    return objekt.wert;
}

int main()
{
    Demo d;
    cout << func(d) << endl;

    return 0;
}
```

Die Ausgabe dieses Programms ist:

```
111
```

Neben der Deklaration einzelner Funktionen als `friend` können Sie auch sämtliche Funktionen einer Klasse auf einen Schlag als `friend` deklarieren, indem Sie die ganze Klasse als `friend` deklarieren.

> Am häufigsten werden Operatorfunktionen als Friends deklariert (siehe Kapitel 22.3).

22.3 Überladung von Operatoren

Per Überladung kann eine Großzahl der C++-Operatoren an die Verwendung mit Operanden von selbst definierten Klassentypen angepasst werden. Hat man beispielsweise eine Klasse `Vektor` zur Repräsentation von zweidimensionalen Vektoren aufgesetzt, bietet es sich an, die arithmetischen Operatoren (+, –, ...) für Operanden vom Klassentyp `Vektor` zu überladen, um Objekte der Klasse einfach mit Hilfe der Operatoren manipulieren zu können.

22.3.1 Syntax

Folgende Überlegungen spielen bei der Überladung eines Operators eine Rolle:

Soll die Operatorfunktion in der Klasse oder im globalen Dateibereich definiert werden?

Bei Überladung innerhalb der Klasse ist der erste Operand automatisch das aktuelle Objekt der Klasse, für das die Operatorfunktion aufgerufen wird. Die Operatorfunktion hat als Memberfunktion der Klasse Zugriff auf die `private`- und `protected`-Elemente der Klasse.

```
// Überladung unärer Operatoren im Klassenbereich
Rückgabetyp operator @()  {}                   // @ gleich !, ++, --, 
...

// Überladung binärer Operatoren im Klassenbereich
Rückgabetyp operator @(Typ operand2)  {}       // @ gleich +, -, ...
```

Bei Überladung außerhalb der Klasse werden beide Operanden als Parameter übergeben. Um auf `private`- oder `protected`-Elemente der Klasse zugreifen zu können, muss die Operatorfunktion in der Klasse als `friend` deklariert werden (siehe Abschnitt 22.2).

```
// Überladung unärer Operatoren im Dateibereich
Rückgabetyp operator @(Klassentyp op)  {}       // @ gleich !, ++, 
...
```

```
// Überladung binärer Operatoren im Dateibereich
Rückgabetyp operator @(Typ op1, Typ op2)  {}     // @ gleich +, -,
...
```

Folgende Operatoren können nur innerhalb von Klassen definiert werden: =, (), [], ->.

Von welchem Typ soll der Rückgabetyp der Operatorfunktion sein?

Der Typ des Rückgabewerts hängt vom Operator ab. Vergleichsoperatoren liefern beispielsweise `int`- oder `bool`-Werte, arithmetische Operatoren ein Objekt vom Typ der Klasse, für die sie überladen wurden, der Zuweisungsoperator sollte unbedingt eine Referenz auf seine Instanz zurückliefern.

Von welcher Beschaffenheit soll der Rückgabetyp der Operatorfunktion sein?

Definiert die Operatorfunktion für ihr Ergebnis ein lokales Objekt und will dieses zurückliefern, muss eine Kopie des Objekts zurückgeliefert werden.

Manipuliert die Operatorfunktion ein Objekt, das auch außerhalb der Operatorfunktion existiert, kann sie eine Referenz zurückliefern.

Folgende Operatoren können nicht überladen werden: `::`, `?:`, `.`, `.*`, `sizeof`, `typeid`, die C++-Cast-Operatoren und die Präprozessor-Operatoren `#`, `##` und `defined`.

22.3.2 Überladung des Inkrement-Operators ++

Bei der Überladung des Inkrement-Operators (wie auch des Dekrement-Operators) ist zu beachten, dass es eine Präfix- und eine Postfix-Version gibt.

```
++objekt;           // Präfix
objekt++;           // Postfix
```

Zur Unterscheidung der Operatorfunktionen für Präfix und Postfix erhält die Postfix-Version einen zusätzlichen `int`-Parameter. Die Deklaration des `int`-Parameters für den Postfix-Inkrement-Operator spezifiziert keinen wirklichen zweiten Operanden, sondern dient nur zur Unterscheidung vom Präfix-Inkrement-Operator.

Der Präfix-Operator liefert üblicherweise eine Referenz zurück, der Postfix-Operator eine Kopie seines lokalen Objekts, wobei der Rückgabetyp zusätzlich als `const` definiert wird, um Aneinanderreihungen wie `obj++++` zu verhindern.

```
class Schwellenwert
{
public:
   int wert;

public:
   Schwellenwert() { wert = 0; }

   // wert soll nur in Zehnerschritten erhöht werden
   Schwellenwert& operator ++ ()            //Praefix-Inkrement
   {
      this->wert += 10;
      return *this;
   }
   const Schwellenwert operator ++ (int)    //Postfix-Inkrement
   {
      Schwellenwert tmp = *this;
      this->wert += 10;
      return tmp;
    }
};
```

22.3.3 Überladung arithmetischer Operatoren +, +=

Die einfachen arithmetischen Operatoren (+, -, ...) erzeugen üblicherweise aus zwei – als Operanden übergebenen – Objekten ein neues Objekt. Das neue Objekt wird als lokales Objekt in der Operatorfunktion angelegt und muss daher als Kopie zurückgeliefert werden. Die zusammengesetzten arithmetischen Operatoren (+=, -=, ...) manipulieren den ersten Operanden, der als Referenz zurückgeliefert wird.

Grundsätzlich empfiehlt es sich, die einfachen und zusammengesetzten Operatoren immer paarweise zu überladen, wobei man den einfachen Operator auf der Grundlage des zusammengesetzten Operators definieren sollte, um die Äquivalenz der Ausdrücke:

```
a = a + b;
```

und

```
a += b;
```

zu gewährleisten.

Listing 22.3: Überladung der Additionsoperatoren (aus Operatorenueberladung.cpp)

```
#include <iostream>
using namespace std;

class Vektor
{
   double x;
   double y;

public:
   Vektor(double _x, double _y) : x(_x), y(_y)
   {
   }

   Vektor& operator+=(const Vektor & v);
   Vektor  operator+ (const Vektor & v);
};

// Überladung im Dateibereich
Vektor& Vektor::operator+=(const Vektor& v)
{
   x += v.x;
   y += v.y;
   return *this;
}
Vektor Vektor::operator+(const Vektor& v)
{
   Vektor tmp(x, y);
   return tmp += v;
}


int main()
{
   Vektor v1(0,0);
   Vektor v2(10,5);
   Vektor v3(-1,1);

   v1 = v2 + v3;

   v1 += v3;

   return 0;
}
```

22.3.4 Überladung der Streamoperatoren << >>

Häufig überlädt man auch die Streamoperatoren >> und <<, um die Daten von Objekten selbst definierter Klassen auf bequeme Weise einlesen und ausgeben zu können (und sei es nur zum Debuggen).

Die Streamoperatoren erwarten als linken Operanden (erster Parameter der Operatorfunktion) eine Referenz auf einen Stream. Sie können daher korrekterweise nur im Dateibereich definiert werden (ansonsten wäre ja der erste Operand automatisch eine Instanz der Klasse.)

Damit die Streamoperatoren trotz der Definition im Dateibereich ohne Umwege auf `private` und `protected` Datenelemente zugreifen können, werden sie üblicherweise in den Klassen, für die sie überladen werden, als Friends deklariert.

Listing 22.4: Überladung des <<-Stream-operators (aus Operatorenueberladung.cpp)

```
using namespace std;
using namespace std;

class Vektor
{
   double x;
   double y;

public:
   Vektor(double _x, double _y) : x(_x), y(_y)
   {
   }

   friend ostream& operator<<(ostream& os, const Vektor& v);
};

// Überladung im Dateibereich
ostream& operator<<(ostream& os, const Vektor& v)
{
   os << "(" << v.x << "," << v.y << ")";
   return os;
}

int main()
{
   Vektor v1(0,0);
   Vektor v2(10,5);
   Vektor v3(-1,1);

   cout << endl << " Ausgabe der erzeugten Vektoren: " << endl;
   cout << " v1: " << v1 << endl;
   cout << " v2: " << v2 << endl;
   cout << " v3: " << v3 << endl;

   cout << endl;

   return 0;
}
```

22.4 Objekte vergleichen

Objekte können auf zweierlei Weise verglichen werden:

- Es kann überprüft werden, ob zwei Objekte gleich sind.
- Es kann überprüft werden, ob ein Objekt größer, kleiner oder gleich einem anderen Objekt ist.

Für die Überprüfung auf Gleichheit überladen Sie die Operatoren == und !=. Für Größenvergleiche überladen Sie die Operatoren <, <=, > und >=.

22.4.1 Gleichheit

Wann sind zwei Objekte gleich? Dies festzulegen, ist Sache des Autors der Klasse. Meist wird er als Kriterium den Wert einer bestimmten Instanzvariablen heranziehen (möglicherweise auch eine Kombination aus mehreren Instanzvariablen) und bestimmen, dass zwei Objekte einer Klasse dann als gleich anzusehen sind, wenn die betreffenden Instanzvariablen in beiden Objekten die gleichen Werte haben.

Für eine Klasse `Vektor` wäre es z.B. logisch, zur Feststellung der Gleichheit die in den Membervariablen `x` und `y` gespeicherten Koordinaten heranzuziehen.

Zur Definition der Gleichheit (und der Ungleichheit) überladen Sie die Operatoren == und !=. Der ==-Operator soll `true` zurückliefern, wenn die beiden verglichenen Objekte als gleich anzusehen sind, sonst `false`. Der !=-Operator liefert genau die umgekehrten Werte zurück und kann beispielsweise durch Negierung des Ergebnisses des ==-Operators implementiert werden.

Listing 22.5: Überladung der Gleichheitsoperatoren (aus Operatorenueberladung.cpp)

```
#include <iostream>
using namespace std;

class Vektor
{
   double x;
   double y;

public:
   ...

   friend bool operator== (const Vektor v1, const Vektor v2);
   friend bool operator!= (const Vektor v1, const Vektor v2);
};

// im Dateibereich definierte Funktionen
...
```

```
// Friend-Funktionen
bool operator== (const Vektor v1, const Vektor v2)
{
    return (v1.x == v2.x) && (v1.y == v2.y);
}
bool operator!= (const Vektor v1, const Vektor v2)
{
    return !(v1 == v2);
}

int main()
{
   Vektor v1(0,0);
   Vektor v2(10,5);
   Vektor v3(-1,1);
   Vektor v4(8,7);

   ...

   cout << endl << " Test auf Gleichheit " << endl;
   if (v1 == v3)
      cout << " v1 ist gleich v3 " << endl;
   else
      cout << " v1 ist unggleich v3 " << endl;

   cout << endl;

   return 0;
}
```

Beachten Sie bei der Überladung der Operatoren, dass die Relation der Gleichheit grundsätzlich reflexiv, symmetrisch und transitiv ist. Reflexivität bedeutet, dass der Vergleich eines Objekts mit sich selbst stets Gleichheit bescheinigen sollte. Symmetrie bedeutet, dass das Ergebnis des Vergleichs unabhängig davon sein sollte, ob `objA` mit `objB` oder `objB` mit `objA` verglichen wird. Und Transitivität bedeutet, dass wenn `objA` gleich `objB` und `objB` gleich `objC` ist, auch `objA` gleich `objC` ist. (Die Ungleichheit ist ebenfalls reflexiv und symmetrisch, aber nicht transitiv.)

22.4.2 Größenvergleiche

Für Größenvergleiche müssen Sie die Operatoren <, <=, > und >= überladen.

Überladen Sie zuerst den <-Operator. Definieren Sie den Operator global im Dateibereich und deklarieren Sie ihn in der Klasse als `friend`, falls es erforderlich ist, dass der Operator auf private Elemente der Klasse zugreift.

Überladen Sie danach die anderen Vergleichsoperatoren. Definieren Sie die Operatoren ebenfalls im Dateibereich und führen Sie die Operatoren auf den <-Operator zurück.

Tabelle 22.1: Rückführung der Vergleichsoperatoren auf <

Vergleichsoperator	entspricht
`a <= b`	`! (b < a)` Wenn a kleiner gleich b ist, so ist b nicht kleiner als a
`a > b`	`b < a` Wenn a größer b ist, so ist b kleiner als a
`a >= b`	`! (a < b)` Wenn a größer gleich b ist, so ist a nicht kleiner als b

Listing 22.6: Überladung der Vergleichsoperatoren (aus Operatorenueberladung.cpp)

```
#include <iostream>
#include <cmath>
using namespace std;

class Vektor
{
   double x;
   double y;

public:
   Vektor(double _x, double _y) : x(_x), y(_y)
   {
   }

   double laenge() const
   {
       return sqrt(x*x + y*y);
   }
};

// Globale Operatorfunktionen
bool operator< (const Vektor v1, const Vektor v2)
{
    return v1.laenge() < v2.laenge();
}
bool operator<= (const Vektor v1, const Vektor v2)
{
    return !(v2 < v1);
}
bool operator> (const Vektor v1, const Vektor v2)
{
    return v2 < v1;
}
```

```
bool operator>= (const Vektor v1, const Vektor v2)
{
    return !(v1 < v2);
}


int main()
{
   Vektor v1(0,0);
   Vektor v2(10,5);
   Vektor v3(-1,1);
   Vektor v4(8,7);

   cout << endl << " Groessenvergleich " << endl;
   if (v1 < v4)
      cout << " v1 ist kleiner v4 " << endl;
   else
      cout << " v1 ist groesser oder gleich v4 " << endl;

   return 0;
}
```

Hier wird für Größenvergleiche zwischen `Vektor`-Objekten die Vektorlänge herangezogen. Da die Klasse zur Berechnung der Vektorlänge eine `public`-Memberfunktion `laenge()` zur Verfügung stellt, muss die überladene Operatorfunktion in der Klasse nicht als `friend` deklariert werden. Gleiches gilt für die Überladungen der anderen Vergleichsoperatoren, die alle auf den <-Operator zurückgeführt werden.

Unschön, aber nicht immer zu verhindern, ist, dass die Größenvergleichsoperatoren der Klasse `Vektor` ein anderes Vergleichskriterium anwenden als die Gleichheitsoperatoren. Dies führt zu dem Paradoxon, dass zwei Vektoren mit den Koordinaten (0,5) und (5,0), die nach Maßgabe der Größenvergleichsoperatoren gleich sind (weil sie gleiche Vektorlänge haben), von den `==`- und `!=`-Operatoren als ungleich angesehen werden.

Größenvergleiche sind meist die Voraussetzung dafür, dass Objekte in eine Reihenfolge gebracht oder sortiert werden können. Beispielsweise können Objekte, die Sie in einem Container wie `deque` (siehe Kapitel 15) verwalten, mit Hilfe der Sortierfunktionen aus `<algorithm>` sortiert werden, wenn die Elemente mit dem Operator < verglichen werden können.

22.5 Objekte kopieren

Wann immer in C++ ein Objekt kopiert wird, ist daran entweder ein Kopierkonstruktor oder ein Zuweisungsoperator beteiligt.

Der Zuweisungsoperator wird ausgeführt, wenn einer Variablen ein Objekt zugewiesen wird:

```
Demo obj1;
Demo obj2;
...
obj2 = obj1;
```

Der Kopierkonstruktor ist ein Konstruktor, der als Argument ein Objekt seiner Klasse übernimmt. Er wird ausgeführt,

- wenn er explizit zur Instanzbildung aufgerufen wird

  ```
  Demo obj2(obj1);
  ```

- wenn ein Objekt als Wert (call by value) übergeben wird
- wenn eine Funktion ein Objekt als Wert (return by value) zurückliefert

Damit sichergestellt ist, dass jedes Objekt jeder beliebigen Klasse auf die oben beschriebenen Weisen kopiert werden kann, stattet der Compiler automatisch jede Klasse, die keinen eigenen Kopierkonstruktor und keinen eigenen Zuweisungsoperator definiert, mit Standardversionen aus. Diese Standardversionen erzeugen allerdings lediglich flache Kopien.

Flaches und tiefes Kopieren

Die Standardversionen des Kopierkonstruktors und des Zuweisungsoperators, die der Compiler bei Bedarf zur Verfügung stellt, kopieren die Objekte, indem sie einfach die Inhalte der einzelnen Instanzvariablen 1:1 vom Objekt A in das Objekt B kopieren. Man bezeichnet dies als *flaches Kopieren*.

Für Standardfälle reicht dies vollkommen aus. Für Klassen, die Zeiger als Instanzvariablen enthalten, führt dies jedoch meist zu Fehlern, da bei diesem Verfahren der Zeiger und nicht das Objekt, auf das der Zeiger verweist, kopiert wird.

Dies kann gewollt sein, ist es meistens aber nicht. Im letzteren Fall sollten Sie Kopierkonstruktor und Zuweisungsoperator für Ihre Klasse überladen und so definieren, dass für jedes Zeiger-Element eigener Speicher reserviert und anschließend der Inhalt, auf den der Zeiger verweist, kopiert wird. Man bezeichnet dies als *tiefes Kopieren*.

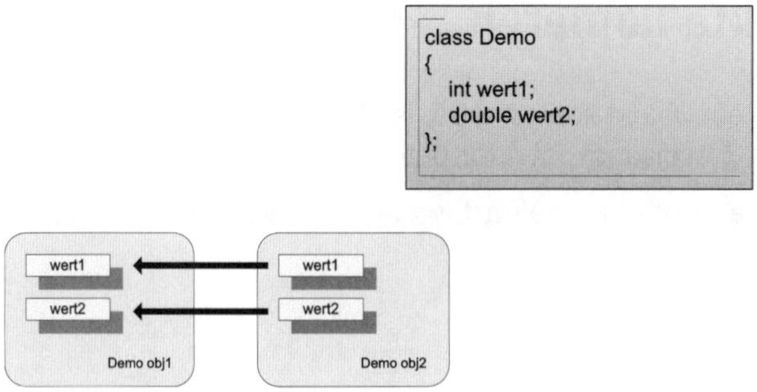

Abb. 22.1: Erstellung einer flachen 1:1-Kopie

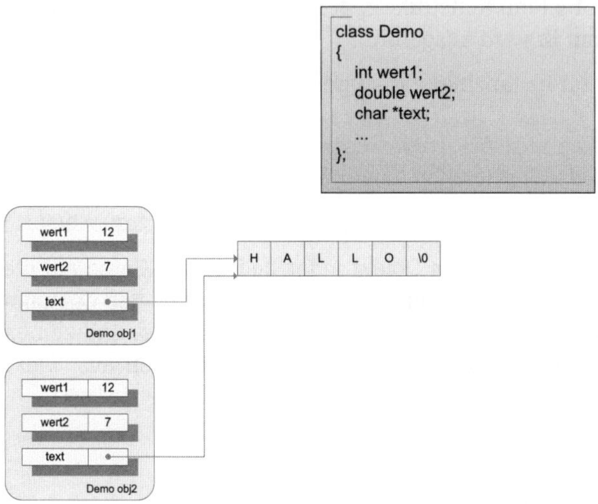

Abb. 22.2: Flache Kopie und Zeiger

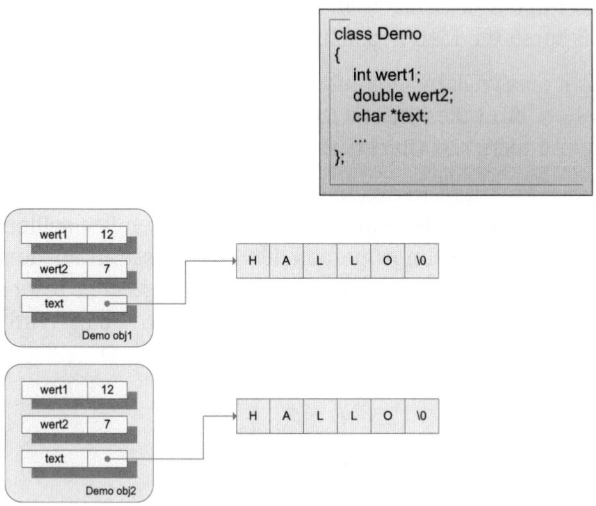

Abb. 22.3: Tiefe Kopie und Zeiger

Kopierkonstruktor für tiefes Kopieren

Ein Kopierkonstruktor für eine Klasse Demo, die einen Zeiger auf eine Zeichenfolge enthält, könnte wie folgt definiert sein:

```
class Demo
{
  public:
    int    wert1;
    double wert2;
    char   *text;

    Demo(int w1, double w2, char *str);
    Demo(const Demo& org);
    ~Demo() { delete text; }
};

Demo::Demo(int w1, double w2, char *str)
          : wert1(w1), wert2(w2)
{
    text = new char[strlen(str)+1];
    strcpy(text,str);
}
Demo::Demo(const Demo& org)
{
    wert1 = org.wert1;
    wert2 = org.wert2;
    text = new char[strlen(org.text)+1];
    strcpy(text,org.text);
}
```

Die im obigen Code verwendete Funktion strlen() stammt aus der C++-Standardbibliothek (Headerdatei <cstring>) und gibt die Anzahl Zeichen in einem C-String zurück (ohne Nullterminierungszeichen).

Zuweisungsoperator für tiefes Kopieren

Die Implementierung des Zuweisungsoperators für das »tiefe« Kopieren gleicht der Implementierung des Kopierkonstruktors (siehe oben). Allerdings ist zu beachten, dass man in ein bestehendes Objekt kopiert und dass der Zeiger text daher bereits mit dynamisch reserviertem Speicher verbunden ist.

Sie müssen also prüfen, ob der zur Verfügung stehende Speicher ausreicht, und dann in diesen Speicher kopieren, oder Sie löschen einfach den alten Speicher, reservieren neuen Speicher und kopieren dann.

```
class Demo
{
  public:
    ...

    Demo& Demo::operator=(const Demo& op);
};

...
Demo& Demo::operator=(const Demo& op)
{
    if (this == &op)
        return *this;    //Schutz vor Selbstzuweisung

    wert1 = op.wert1;
    wert2 = op.wert2;

    delete text;
    text = new char[strlen(op.text)+1];
    strcpy(text,op.text);

    return *this;
}
```

Bei der Überladung des Zuweisungsoperators sind folgende Punkte zu beachten:

- Der Operator kann nur im Klassenbereich überladen werden.
- Der Operator sollte eine Referenz auf seine Instanz zurückliefern, um beispielsweise verkettete Zuweisungen wie `a = b = c;` zu erlauben.
- Zuweisungsoperatoren von abgeleiteten Klassen sollten zum Kopieren der geerbten Datenelemente die Basisklassenversion des Zuweisungsoperators verwenden.
- Der Operator sollte grundsätzlich überprüfen, ob ein Objekt sich selbst zugewiesen werden soll. Erstens kann man diesen Fall meist effizienter behandeln als durch komplettes Kopieren und zweitens führt Selbstzuweisung für Zeigerelemente meist zu Fehlern.

Kapitel 23

Gültigkeitsbereiche und Lebensdauer

Das Konzept der Gültigkeitsbereiche wurde Ihnen bereits in Kapitel 6.3.3 in Verbindung mit den lokalen und globalen Variablen vorgestellt. Seitdem haben wir viele weiterführende Konzepte angesprochen, sodass unser Wissen über die Gültigkeitsbereiche nicht mehr ganz unserem sonstigen Wissenstand entspricht. Bringen wir also unser Kenntnisse auf den neuesten Stand.

Der Gültigkeitsbereich einer Variablen ist der Bereich eines Programms, in dem eine Variable gültig ist. Variablen können nur innerhalb ihres Gültigkeitsbereichs und nach ihrer Deklaration verwendet werden.

Gültigkeitsbereiche

C++ unterscheidet folgende Gültigkeitsbereiche:

- *Blockbereich*: Variablen, die innerhalb eines Anweisungsblocks (abgegrenzt durch die geschweiften Klammern {..}) deklariert werden, sind von lokaler Gültigkeit. Sie sind nur innerhalb des Blocks bekannt und existieren nur so lange, wie der Block abgearbeitet wird. Der Compiler erzeugt diese Variablen dynamisch. Nach der Beendigung des Blocks wird der Speicherplatz der lokalen Variablen freigegeben. Damit ist auch ihr Wert verloren. Lokale Variablen werden zumeist innerhalb von Funktionen (Memberfunktionen) deklariert.

- *Dateibereich*: Variablen, die außerhalb jeden Anweisungsblocks und jeder Klasse deklariert werden, sind von globaler Gültigkeit und können ab dem Punkt ihrer Deklaration benutzt werden. Sie haben globale Lebensdauer, das heißt, sie existieren vom Start des Programms bis zu dessen Ende.
- *Funktionsbereich*: Dieser Bereich gilt nur für die Vergabe von Marken für die `goto`-Anweisung, denn Marken dürfen nicht aus der Funktion, in der sie deklariert wurden, herausweisen.
- *Klassenbereich*: Elemente von Klassen sind – mit Ausnahme statischer Elemente – nur innerhalb ihrer Klasse gültig. Sie werden bei der Instanzbildung erzeugt und bei der Auflösung der Instanz zerstört.
- *Namensräume*: In C++ ist es möglich, den globalen Gültigkeitsbereich durch die Deklaration von Namensräumen aufzuteilen. Die Deklaration eines Namensraums fasst eine Reihe von Deklarationen in geschweifte Klammern zusammen. Eingeleitet wird die Deklaration durch das Schlüsselwort `namespace`.

```
#include <iostream>
using namespace std;

namespace Spezielles          // Deklaration in Dateibereich
{
  int var1;                   // Deklaration in Namensraum

  class Demo                  // Deklaration in Namensraum
  {
       int wert;              // Deklaration in Klassenbereich
  public:
       Demo(): wert(3) {}     // Deklaration in Klassenbereich
  };
}

void func(int param)          // Deklaration in Dateibereich
{
  int var;                    // Deklaration in Blockbereich
}

int var;                      // Deklaration in Dateibereich

int main()                    // Deklaration in Dateibereich
{
  ...
  return 0;
}
```

Verdeckung

Wird ein und derselbe Bezeichner mehrfach benutzt, um Elemente in ineinander verschachtelten Gültigkeitsbereichen zu deklarieren (beispielsweise für eine globale Variable und eine gleichlautende lokale Variable in einer Funktion), verdeckt die Variable des innersten Gültigkeitsbereichs alle Variablen der umschließenden Gültigkeitsbereiche.

In C++ kann man auf verdeckte Variablen aus dem globalen Gültigkeitsbereich mit Hilfe des Gültigkeitsbereichoperators weiterhin zugreifen:

- Für globale Variablen aus dem Dateibereich stellt man dem Bezeichner einfach den Operator voran `::var_name`.
- Für Variablen aus Namensräumen gibt man zusätzlich den Namensraum an: `Namensraum::var_name`.

Zudem kann man in abgeleiteten Klassen auf verdeckte Elemente der Basisklassen über den Gültigkeitsbereichoperator zugreifen: `basisklasse::element`.

Lebensdauer

Wenn Sie eine Variable definieren, erzeugt der Compiler für diese Variable ein Objekt im Speicher (auf das Sie über den Namen der Variablen zugreifen können). In ähnlicher Weise werden Objekte im Speicher erzeugt, wenn Sie dynamischen Speicher reservieren, wenn bei einem Funktionsaufruf die Parameter eingerichtet werden oder wenn Instanzen von Klassen gebildet werden (wobei Klassenobjekte erst nach Aufruf des Konstruktors existieren).

Wie lange diese Objekte verfügbar und existent sind, hängt von verschiedenen Faktoren ab.

- *Ort der Deklaration.* Variablen (einschließlich der Instanzen von Klassen), die in einem Blockbereich definiert werden, existieren nur bis zum Ende des Blockbereichs und werden bei Verlassen des Blocks aufgelöst (dies liegt daran, dass der Speicher für die Variablen auf dem Stack abgelegt wird). Variablen, die global deklariert werden, existieren bis zum Programmende.
- *Speicherklassenspezifizierer* `static`. Für Variablen, die als `static` deklariert werden, wird der Speicher in einem speziellen Speicherbereich reserviert. Diese Variablen existieren bis zum Programmende.
- *Art der Speicherreservierung.* Objekte, für die der Speicher dynamisch reserviert wird (mit `malloc()`, `new` oder `new[]`), wird der Speicher auf dem Heap reserviert und erst freigegeben, wenn der Programmierer dies explizit fordert (`free()`, `delete` oder `delete[]`) oder das Programm beendet wird.

Kapitel 24

jetzt lerne ich

Templates

Template bedeutet übersetzt Schablone. Templates sind vorgefertigte Muster für Klassen oder Funktionen, in die Sie nur noch die zu verwendenden Datentypen einzutragen brauchen. Dadurch ist Ihnen die Möglichkeit gegeben, vollständig typenunabhängige Funktionen oder Klassen zu kreieren.

Betrachten wir zunächst folgendes einfaches Beispiel:

Stellen Sie sich vor, Sie wollen zwei Zahlen vergleichen und schreiben dazu folgende Funktion (okay, die Funktion ist etwas sinnlos, aber wir wollen das Beispiel möglichst einfach halten):

```
bool vergleich(int a, int b)
{
   return(a > b);
}
```

Selbstverständlich können Sie diese Funktion auch für `float`-Werte benutzen. Durch die damit verbundene Typenumwandlung der `double`-Zahlen in Integer-Werte sind Sie aber nicht in der Lage, zwei `double`-Werte, wie etwa `10.5` und `10.1`, zu unterscheiden.

Sie brauchen also eine zweite Funktion:

```
bool vergleich(double a, double b)
{
   return(a > b);
}
```

Auffällig ist hier, dass die beiden definierten Funktionen im Grunde identisch sind, ja sie unterscheiden sich allein in den Typangaben.

Hier setzt die Idee der Templates an. Sie nehmen den Code der Funktion und ersetzen die Typangaben durch Platzhalter (wobei jeder Typ, der ersetzt werden muss, einen eigenen Platzhalter erhält). In unserem Beispiel benötigen wir nur einen Platzhalter für den Typ double. Nennen wir ihn einfach T.

```
bool vergleich( T a, T b)
{
   return(a > b);
}
```

Jetzt müssen wir die Definition nur noch mit dem Schlüsselwort template kennzeichnen und in eckigen Klammern den eingeführten Platzhalter definieren:

```
template<class T> bool vergleich( T a, T b)
{
   return(a > b);
}
```

Fertig ist ein Funktionen-Template, aus dem der Compiler bei Bedarf alle Funktionen erzeugen kann, deren Parameter mit dem Operator > verglichen werden können.

24.1 Funktionen-Templates

Funktionen-Templates werden auch generische oder parametrisierte Funktionen genannt.

Um aus einem Funktionen-Template eine brauchbare Funktion zu generieren, müssen Sie dem Compiler mitteilen, für welche Datentypen die Platzhalter in dem Template stehen. Dazu haben Sie drei Möglichkeiten:

- Sie schreiben explizite Deklarationen für die verschiedenen Funktionen, die Sie aus dem Funktionen-Template erzeugen wollen:

  ```
  bool  vergleich(int a, int b);
  bool  vergleich(double a, double b);
  ```

Abb. 24.1: Aufbau eines Funktionen-Templates

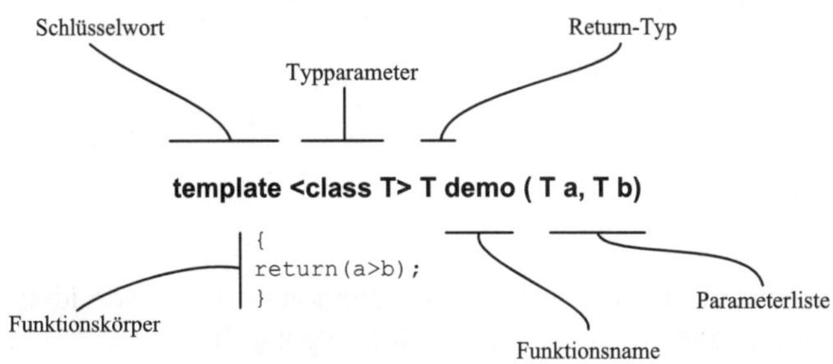

Der Compiler erzeugt dann die gewünschten Funktionen und Sie können diese wie ganz normale Funktionen aufrufen.

- Oder Sie rufen die Template-Funktion einfach mit definierten Argumenten auf und überlassen dem Compiler die Generierung einer zu den Datentypen der übergebenen Argumente passenden Funktion.

```
vergleich(3,4);
vergleich(3.1415, 0.00024);
```

Der Compiler erzeugt dann die gewünschten Funktionen ad hoc, wenn sie das erste Mal aufgerufen werden.

- Die zweite Möglichkeit führt allerdings manchmal zu Compiler-Fehlern, weil der Compiler nicht eindeutig an den Argumenten ablesen kann, welche Funktion er erzeugen soll. Dann hilft es meist, und es fördert auch die Lesbarkeit des Quelltextes, wenn Sie die gewünschten Datentypen, die die Platzhalter ersetzen sollen, in eckigen Klammern hinter dem Funktionsnamen explizit angeben:

```
vergleich<char>('c', 4)    // interpretiert 4 als char
```

Die aus einer Template-Vorlage erzeugten echten Funktionen nennt man Instanzierungen.

Wie erwähnt, lassen sich auch mehrere Typen durch Platzhalter ersetzen. Das folgende Template definiert einen Platzhalter T1 für den Typ des Rückgabewerts und des ersten Parameters und einen zweiten Platzhalter T2 für den Typ des zweiten Parameters.

```
template<class T1, class T2>  T1 addiere(T1 a, T2 b)
{
   return(a + b);
}

// mögliche Instanzierung
double addiere(double a, int b);
```

24.2 Klassen-Templates

Klassen-Templates sind typenunabhängige Vorlagen für Klassen, aus denen der Compiler bei Bedarf durch Typbindung echte Klassen erzeugen kann.

Das beste Beispiel für den Einsatz von Klassen-Templates sind die Container der STL-Bibliothek (siehe Kapitel 15), die alle als Templates definiert sind. Dies erlaubt es, den Datentyp der Elemente, die im Container verwahrt werden sollen, als Template-Parameter zu definieren. Der Container kann dann

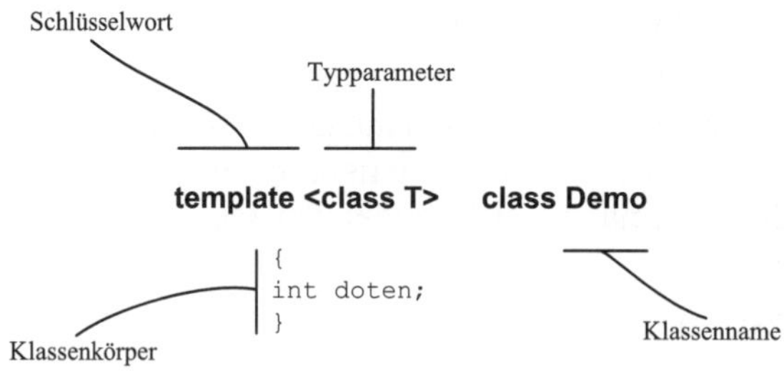

Abb. 24.2: Aufbau eines Klassen-Templates

unabhängig vom Typ der Elemente implementiert und bei Bedarf für die gewünschten Datentypen instanziert werden.

```
template <TYPENLISTE> class Klassenname  {  };
```

In der Typenliste werden, durch Kommata getrennt, die später zu ersetzenden Platzhalter aufgelistet. Jedem Platzhalter ist dabei das Schlüsselwort `class` (oder `typename`) vorangestellt.

Wenn Sie Klassen-Templates definieren, beachten Sie, dass:

- Memberfunktionen von Klassen-Templates die Platzhalter des Klassen-Templates benutzen können.
- Templates sowohl von Templates als auch von normalen Klassen abgeleitet werden können.
- Benutzerdefinierte Namen in Template-Deklarationen standardmäßig als Bezeichner für Variablen aufgefasst werden. Damit ein Name als Typbezeichner erkannt wird, muss der Name innerhalb des Templates oder im umgebenden Gültigkeitsbereich definiert worden sein oder durch das Schlüsselwort `typename` gekennzeichnet werden.
- Template-Klassenelemente nicht als `virtual` deklariert werden können.

```
template <class T> class Demo
{
   T var;

 public:
   Demo()   { var = 1.5; }
   T func() { T tmp;
              tmp = var++;
              return tmp;
            };
};

// Instanzierung:

Demo<double> obj;
```

Memberfunktionen von Klassen-Templates können die Platzhalter des Klassen-Templates gebrauchen, ohne dass eine explizite Template-Deklaration für diese Platzhalter erforderlich ist. Innerhalb des Templates unterscheidet sich ihre Syntax praktisch nicht von Memberfunktionen gewöhnlicher Klassen. Außerhalb des Klassen-Templates, zum Beispiel zur ausgelagerten Definition, müssen sie als Element ihres Klassen-Templates gekennzeichnet sein:

```
template<class T, class S>
class Demo
{
    T var1;
    S var2;

  public:
    T func();
};

template<class T, class S>
T Demo<T,S>::func()
{
   return var1;
}
```

Gemäß dem ANSI-C++-Standard können innerhalb von Klassen-Templates auch Funktionen-Templates mit eigenen Platzhaltern deklariert werden. Dieses Konzept ist allerdings recht schwierig zu implementieren und wird nicht von allen Compilern unterstützt.

Anhang A

jetzt lerne ich

Lösungen

Kapitel 1

1. Zu dieser Übung gibt es keine Lösung.

Kapitel 2

1. Bei dieser Übung müssen Sie den Elementen aus der Standardbibliothek das Namensraum-Präfix `std` voranstellen. (Im Falle des <<-Operators ist das Präfix nicht notwendig.)

   ```
   #include <iostream>

   int main()
   {
      std::cout << "Hallo Welt!" << std::endl;

      return 0;
   }
   ```

2. Ersetzen Sie einfach im String `"Hallo Welt!"` das Wort »Welt« durch Ihren Namen.
3. Zu dieser Übung gibt es keine Lösung.

Kapitel 3

1. Welche der folgenden Variablennamen sind nicht zulässig?

```
123            // falsch, da Ziffer am Anfang
zähler         // falsch, da Umlaut im Namen
JW_Goethe      // zulässig
JR.Ewing       // falsch, da Punkt im Namen
_intern        // zulässig
double         // falsch, da Schlüsselwort
Liebe ist      // falsch, da Leerzeichen im Namen
```

2. Die gesuchten Schlüsselwörter lauten
   - `char` für Zeichen
   - `string` für Strings (wobei `string` eigentlich kein Schlüsselwort, sondern ein in der Bibliothek definierter Bezeichner ist)
   - `int`, `short`, `long` für Ganzzahlen
   - `double`, `float` für Gleitkommazahlen
   - `bool` für Wahrheitswerte

3. Welche der folgenden Variablendefinitionen sind nicht zulässig?

```
int 123;                      // ungültiger Name
char c;                       // korrekt
bool option1, option2;     // falscher Datentyp
bool option1 option2;         // fehlendes Komma
bool option1, option2;        // korrekt
short y = 5;                  // korrekt
short x = 5+1;                // korrekt
short z = y; // y wie oben    // korrekt
```

4. Warum meldet der Compiler bei folgendem Code einen Fehler?

```
long x;
x = 5;
long x;        // Neudefinition mit einem bereits
x = 4;         // verwendeten Namen
```

5. Die Typumwandlung führt zu einer Fehlermeldung, weil es keinerlei automatische Umwandlung von einem String in eine Ganzzahl gibt.

Kapitel 4

1. Die Operatoren für die Grundrechenarten heißen:

   +, –, *, / und % (für Modulo)

2. Das Quadrat einer Variablen var kann man z.B. durch Multiplikation der Variablen mit sich selbst berechnen:

```
int var = 4;
int quadrat = var * var;
```

3. Um für zwei int-Variablen die Division nach der Gleitkommaarithmetik zu erzwingen, müssen Sie den Dividenden explizit in einen double-Wert umwandeln:

```
int i1 = 13;
int i2 =  5;
double dErg;

dErg = ((double) i1)/i2;
```

   Wenn Sie Zahlen-Literale dividieren, beispielsweise 13/5, schreiben Sie die Zahlen einfach als Gleitkomma-Literale: 13.0 / 5.0.

4. Programm zur Umrechnung von Grad Fahrenheit in Grad Celsius.

```
#include <iostream>
using namespace std;

int main()
{
   double fahrenheit;
   double celsius;

   cout << endl;
   cout << " Fahrenheit-Wert eingeben: ";
   cin >> fahrenheit;

   celsius = (fahrenheit - 32) * 5.0 / 9.0;

   cout << endl;
   cout << " In Celsius: " << celsius;
   cout << endl << endl;

   return 0;
}
```

Beachten Sie, die Verwendung der Gleitkomma-Literale in dem Bruch 5.0 / 9.0. So wird sichergestellt, dass der Bruch zu 0.55556 und nicht zu 0 berechnet wird.

Falls Sie in Ihrem Programm 5 / 9 geschrieben und festgestellt haben, dass dies auch zu korrekten Ergebnissen führt, so ist dies mehr oder weniger Glück gewesen. Der Compiler zieht zuerst von der `double`-Variablen `fahrenheit` den Wert 32 ab. Das Ergebnis multipliziert er mit 5. Das Ergebnis dieser Multiplikation ist immer noch ein `double`-Wert. Dieser wird gemäß der Gleitkommaarithmetik durch 9 geteilt. Wäre `fahrenheit` ein `int`-Wert würde die Formel mit 5 / 9 falsche Ergebnisse liefern.

5. Zu welchen Ergebniswerten werden die folgenden geklammerten Ausdrücke berechnet, wenn x = 3 ist?

```
(1 + x) / (1 - x)         // 4 / -2 = -2
(((1 + x) + x) + x)       // (4 + 3) + 3 = 10
((1 + x) - x * 4)         // 4 - 12 = -8
```

Kapitel 5

1. Nein, die Einrückung dient lediglich der besseren Lesbarkeit des Quelltextes. Die `if`-Bedingung kontrolliert automatisch die direkt nachfolgende Anweisung beziehungsweise den direkt nachfolgenden Anweisungsblock.

2. Statt

```
if (i > 0)
   if (i < 10)
      cout << "i = " << i << endl;
```

kann man auch schreiben:

```
if ( (i > 0) && (i < 10) )
      cout << "i = " << i << endl;
```

3. Sie wollen prüfen, ob ein Wert x zwischen 10 und 20 und ein zweiter Wert y zwischen 100 und 120 liegt. Welche Konstruktion wählen Sie?

Eine `if`-Bedingung mit logisch UND-verknüpften Vergleichen:

```
if (    (x > 10  && x <  20)
     && (y > 100 && y < 120) )
```

4. Sie wollen prüfen, ob ein Wert x zwischen 10 und 20 oder zwischen 20 und 30 liegt. Wenn der Wert x zwischen 10 und 20 liegt, ist interessant, ob der Wert y zwischen 100 und 120 liegt. Wenn der Wert zwischen 20 und 30 liegt, ist interessant, ob der Wert y größer 50 ist. Welche Konstruktion wählen Sie?

Eine `if-else`-Verzweigung für `x` und eingeschlossene `if`-Bedingungen für `y`:

```
if (x > 10  && x <  20)
{
   if (y > 100 && y < 120)
   {
      ...
   }
}
else if (x > 20  && x <  30)
{
   if (y > 50)
   {
      ...
   }
}
```

5. Der Wert der Schleifenvariablen wird nicht verändert!
6. Die Ausgabe ist eine endlose Folge von Zeilen, in denen der Wert 3 angezeigt wird. Der Grund für die Endlosschleife ist, dass der Ausdruck i + 2 am Ende des Schleifenkopfs die Schleifenvariable nicht erhöht. Dazu bedarf es einer Zuweisung. Korrekt müsste diese Schleife wie folgt lauten:

```
for (int i = 5; i < 10; i += 2)
   cout <<  i - 2  << endl;
```

7. Programm zur Erzeugung eines »Abhangs« aus Sternchen-Symbolen.

```
#include <iostream>
using namespace std;

int main()
{
   cout << endl;

   for (int n = 1; n <= 10; n++)
   {
      for (int m = 1; m <= n; m++)
         cout << "*";

      cout << endl;
   }

   cout << endl;
   return 0;
}
```

Kapitel 6

1. Eine lokale Variable ist eine Variable, die innerhalb eines Anweisungsblocks definiert wurde. Sie ist nur in diesem Anweisungsblock gültig.
2. Funktionen, die keinen Wert zurückliefern, müssen mit dem Schlüsselwort `void` als Rückgabetyp definiert werden:

   ```
   void dieFunktion()
   {
      ...
   }
   ```

3. Die Funktion `endgeschwindigkeit()` aus Abschnitt 6.2 könnte auch wie folgt geschrieben werden:

   ```
   double endgeschwindigkeit(int hoehe)
   {
      return sqrt(hoehe * 2.0 * 9.81;
   }
   ```

4. Schreiben Sie eine Funktion, die die Fläche eines beliebigen Kreises mit Radius r berechnet.

   ```
   double kreisflaeche(double radius)
   {
      const double PI = 3.1415926535;

      return radius * radius * PI;
   }
   ```

5. In der `main()`-Funktion des Programms *globaleVariablen* wird die globale Variable an zwei Stellen verändert. Einmal gleich in der ersten Zeile und noch einmal durch den Aufruf der Funktion `verdoppeln()`.

   Haben Sie den Aufruf von `verdoppeln()` übersehen? Dann wissen Sie jetzt, warum globale Variablen so gefährlich sind. Schnell hat man den Überblick darüber verloren, wann und von welchen Stellen im Programm aus der Wert der globalen Variablen verändert wird.

Kapitel 7

1. Nein. Sie können höchstens ein neues Array erzeugen und die Array-Elemente umkopieren.
2. Programm, das die ersten 32 Potenzen von 2 berechnet, in einem Array abspeichert und danach ausgibt.

   ```
   #include <iostream>
   using namespace std;
   ```

```
int main()
{
   const int MAX_GROESSE = 32;
   long long potenzen[MAX_GROESSE];

   // Potenzen berechnen und in Array speichern
   potenzen[0] = 1;
   for (int i = 1; i < MAX_GROESSE; ++i)
   {
      potenzen[i] = potenzen[i-1] * 2;
   }

   // Potenzen ausgeben
   cout << endl << " Potenzen von 2: " << endl;

   for (int i = 0; i < MAX_GROESSE; ++i)
   {
      cout << " 2 hoch " << i << " = " << potenzen[i]
           << endl;
   }

   cout << endl << endl;
   return 0;
}
```

3. Anlegen eines (kleinen) zweidimensionalen Arrays.

```
#include <iostream>
using namespace std;

int main()
{
   const short DIM1 = 4;
   const short DIM2 = 5;

   int zahlen[DIM1][DIM2];

   // Schleife für erste Dimension
   for (int i = 0; i < DIM1; ++i)
   {
      // Schleife für zweite Dimension
      for (int j = 0; j < DIM2; ++j)
      {
         zahlen[i][j] = i * j;
      }
   }
```

```
   // Array-Elemente ausgeben
   for (int i = 0; i < DIM1; ++i)
   {
      // Elemente der zweiten Dimension durch
      // Leerzeichen trennen
      for (int j = 0; j < DIM2; ++j)
      {
         cout << " " << zahlen[i][j];
      }

      // Elemente der ersten Dimension (Unterarrays)
      // durch Leerzeile trennen
      cout << endl;
   }


   cout << endl;
   return 0;
}
```

Ausgabe:

```
 0 0 0 0 0
 0 1 2 3 4
 0 2 4 6 8
 0 3 6 9 12
```

4. Das Programm zur Simulation einer Ampelschaltung ist wegen seiner Größe hier nur teilweise abgedruckt. Den vollständigen Quelltext finden Sie auf der Buch-DVD.

```
enum Ampelzustand { Rot = 1, Rotgelb, Gruen, Gelb };

int main()
{
   for (Ampelzustand ampel = Rot;
        ampel <= Gelb;
        ampel = (Ampelzustand) (ampel + 1))
   {
      switch (ampel)
      {
      ...
      }
   }
}
```

5. Erste Version des Rechteck-Programms mit Struktur `Rechteck`.

```
#include <iostream>
using namespace std;

struct Rechteck
{
   int x;
   int y;
   double laenge;
   double breite;
};

double flaeche(Rechteck r)
{
   return r.laenge * r.breite;
}

int main()
{
   Rechteck r;

   // Rechteckdaten einlesen
   cout << endl << " Rechteckdaten einlesen " << endl;
   cout << "        x = ";
   cin >> r.x;
   cout << "        y = ";
   cin >> r.y;
   cout << "   laenge = ";
   cin >> r.laenge;
   cout << "   breite = ";
   cin >> r.breite;

   cout << endl;

   cout << endl << "   Flaeche des Rechtecks: ";
   cout << flaeche(r);

   cout << endl << endl;

   return 0;
}
```

6. Modifiziertes Rechteck-Programm mit zwei Strukturen `Punkt` und `Rechteck`.

```
#include <iostream>
using namespace std;

struct Punkt
{
   int x;
   int y;
};

struct Rechteck
{
   Punkt p;
   double laenge;
   double breite;
};

double flaeche(Rechteck r)
{
   return r.laenge * r.breite;
}

int main()
{
   Rechteck r;

   // Rechteckdaten einlesen
   cout << endl << " Rechteckdaten einlesen " << endl;
   cout << "          x = ";
   cin >> r.p.x;
   cout << "          y = ";
   cin >> r.p.y;

   // wie Vorgänger
```

7. Wandeln Sie die Struktur `Rechteck` aus Übung 6 in eine Klasse `Rechteck` um und nehmen Sie die Funktion `flaeche()` als Memberfunktion in die Klasse auf.

```
#include <iostream>
using namespace std;

struct Punkt
{
   int x;
   int y;
};
```

```
class Rechteck
{
public:
   Punkt p;
   double laenge;
   double breite;

   Rechteck()  // Konstruktor macht nichts
   {
   }

   double flaeche()
   {
      return laenge * breite;
   }
};

int main()
{
   Rechteck r;

   // Rechteckdaten einlesen
   cout << endl << " Rechteckdaten einlesen " << endl;
   cout << "        x = ";
   cin >> r.p.x;
   cout << "        y = ";
   cin >> r.p.y;
   cout << "   laenge = ";
   cin >> r.laenge;
   cout << "   breite = ";
   cin >> r.breite;

   cout << endl;

   cout << endl << "    Flaeche des Rechtecks: ";
   cout << r.flaeche();

   cout << endl << endl;

   return 0;
}
```

Kapitel 8

1. Definition eines Zeigers auf eine double-Variable.

```
double r = 12.2;
double *ptr = &r;
```

2. Verändern einer double-Variablen über einen Zeiger.

```
double r = 12.2;
double *ptr = &r;
*ptr += 5.5;
```

3. Verändern einer double-Variablen über eine Referenz.

```
double r = 12.2;
double& ref = r;
ref -= 20.2;
```

4. Referenzen können nicht umgelenkt werden. Der folgende Code richtet ref als Referenz für n ein und weist n dann über die Referenz den Wert von m zu!

```
int n = 12;
int m = 207;

int &ref = n;
ref = m;
```

5. Die Funktion flaeche() übernimmt das Rechteck-Objekt, dessen Fläche sie berechnen soll, via call-by-value. Das ist unnötig und ineffizient. Sinnvoller wäre es, das Objekt via call-by-reference zu übergeben (um den Kopieraufwand zu verringern) und den Funktionsparameter als const zu deklarieren (um sicherzustellen, dass das Objekt nicht versehentlich von der Funktion verändert wird:

```
double flaeche(const Rechteck &r)
{
   return r.laenge * r.breite;
}
```

6. Im Falle der Klasse Rechteck tritt das Problem aus der vorangehenden Übung nicht auf, da die Memberfunktion flaeche() das Rechteck gar nicht mehr als Parameter entgegennimmt. (Die Memberfunktion operiert automatisch auf dem Rechteck-Objekt, für das sie aufgerufen wurde).

7. Programm zur Mittelwertberechnung mit dynamisch reserviertem Array.

```
#include <iostream>
using namespace std;
```

```
int main()
{
   // Anzahl der Messwerte abfragen
   cout << endl;
   cout << " Wie viele Messwerte werden eingegeben: ";
   int anzahl;
   cin >> anzahl;
   cout << endl;

   // Array erzeugen
   const int ANZAHL = anzahl;
   double *messwerte = new double[ANZAHL];

   // Messwerte einlesen
   for(int i = 0; i < ANZAHL; ++i)
   {
      cout << " Geben Sie den " << (i+1)
           << ". Messwert ein: ";
      cin >> messwerte[i];
   }

   // Mittelwert berechnen und ausgeben
   double mittelwert = 0;
   double summe      = 0;

   for(int i = 0; i < ANZAHL; ++i)
      summe += messwerte[i];

   mittelwert = summe/ANZAHL;

   cout << endl;
   cout << " Der Mittelwert betraegt: " << mittelwert
        << endl;

   cout << endl;

   return 0;
}
```

Kapitel 9

Zu diesem Kapitel gibt es keine Lösungen.

Kapitel 10

Zu diesem Kapitel gibt es keine Lösungen.

Kapitel 11

1. Der folgende Code zeigt die Aufrufe der Funktionen `pow()` und `log()`:

```
if (zahl > 100)
   return 0;

potenz = pow(10,zahl);
logarithmus = log10(potenz);
```

2. Anweisung zur Erzeugung einer Zufallszahl zwischen -5 und 5:

```
zahl = (rand() % 11) - 5;
```

3. Um doppelte Einträge in einem Array auszuschließen, definiert das folgende Programm eine Funktion doppelt, das `true` zurückliefert, wenn das letzte Element in dem übergebenen Array bereits vorher in dem Array vorkommt. Die `for`-Schleife zum Füllen des Arrays nutzt diese Funktion, um zu überprüfen, ob die gerade gezogene Zahl neu ist oder bereits im Array steht. (Den vollständigen Quelltext finden Sie auf der Buch-DVD.)

```
#include <iostream>
#include <cstdlib>
#include <ctime>;
using namespace std;

bool doppelt(const int zahlen[], const int max)
{
   for (int i = 0; i < max; i++)
   {
      if (zahlen[i] == zahlen[max])
         return true;
   }

   return false;
}

int main()
{
   ...

   // Die erste Zahl kann gezogen werden, ohne auf
   // doppelte Einträge zu prüfen
   zahlen[0] = (rand() % 49) + 1;

   for (int i = 1; i < LOTTOZAHLEN; i++)
   {
      // ziehe solange, bis eine Zahl gezogen wurde,
      // die noch nicht im Array steht.
```

```
        do
        {
            zahlen[i] = (rand() % 49) + 1;
        } while (doppelt(zahlen, i));
    }

    ...
}
```

Kapitel 12

1. String-Literale werden durch die doppelten Anführungszeichen gekennzeichnet.

2. Wie kann man folgende Zeichen in Strings einbauen?

   - `b                 // b (Fangfrage)`
   - `"                 // \"`
   - `Zeilenumbruch     // \n`
   - `Tabulator         // \t`
   - `å                 // \xE5 oder \x00E5`

3. Strings kann man mit Hilfe der Vergleichsoperatoren, der `string`-Memberfunktion `compare()` oder der Facetten-Memberfunktion `compare()` vergleichen.

4. Die Länge eines Strings ist die Anzahl Zeichen im String. Sie kann mit der `string`-Memberfunktion `length()` ermittelt werden.

5. Nach einzelnen Zeichen kann man beispielsweise mit den `string`-Memberfunktionen `find_first_of()` und `find_last_of()` suchen.

Kapitel 13

1. Ausgabe der Wurzel von 2 mit nur zwei Nachkommastellen:

   ```
   double wurzel = sqrt(2.0);
   cout.precision(3);
   cout << wurzel;
   ```

2. Die Klasse zum Schreiben von Dateien heißt `ofstream` und ist in der Headerdatei `<fstream>` deklariert.

3. Die Klasse zum Lesen von Dateien heißt `ifstream` und ist in der Headerdatei `<fstream>` deklariert.

4. Ein Programm zum Kopieren von Textdateien könnte beispielsweise wie folgt aussehen:

Kapitel 14

1. Mit welchem strftime()-Aufruf könnten Sie nur den Wochentag ausgeben?

```
time_t zeit;
zeit = time(NULL);

tm* tmZeit = new tm;
tmZeit = localtime(&zeit);

char zeitStr[100];
strftime(zeitStr, 100, "%A", tmZeit);
```

2. Mit welchem strftime()-Aufruf könnten Sie die Uhrzeit in Stunden und Minuten ausgeben?

```
strftime(zeitStr, 100, "%H:%M", tmZeit);
```

3. Die Funktion warten() mit der Warteschleife könnte wie folgt aussehen:

```
#include <iostream>
#include <ctime>
using namespace std;

// Funktion, die das Programm um die übergebene Anzahl
// Sekunden in einer Schleife beschäftigt
void warten( clock_t wartezeit)
{
   clock_t zielzeit = clock() + wartezeit;

   while (clock() < zielzeit)
      ;
}

int main()
{
   cout << endl;
   cout << " Programm fuer 5 Sekunden anhalten "
        << endl;

   warten( 5*CLOCKS_PER_SEC );

   cout << " Wieder da. " << endl;

   cout << endl << endl;

   return 0;
}
```

Kapitel 15

1. Um das Programm aus Listing 15.2 von der Verwendung von deque auf vector umzustellen, müssen Sie

   – statt der Headerdatei <deque> die Headerdatei <vector> einkopieren,

   ```
   #include <vector>
   ```

   – die Typdefinition für den Iterator-Typ ändern in,

   ```
   typedef vector<int>::iterator iter;
   ```

   – den Typ des erzeugten Containers von deque<int> in vector<int> ändern.

   ```
   deque<int> container(5);
   ```

   Fertig! Mit anderen Worten, bräuchten Sie lediglich per Suchen&Ersetzen alle Vorkommen von deque in vector zu ändern.

   Die Umstellung von deque auf vector ist extrem einfach, weil beide nahezu identische Memberfunktionen definieren. Beachten Sie aber, dass vector nur für das Einfügen am Ende optimiert ist, während deque auch Funktionen für das Einfügen und Löschen am Anfang der Datenstruktur definiert (push_front() und pop_front()). Wenn Sie diese in einem auf deque basierenden Programm verwenden, müssen Sie die entsprechenden Aufrufe bei einer Umstellung natürlich ersetzen.

   Beachten Sie außerdem, dass bei einem vector-Container die Zugriffe auf beliebige Positionen im Container etwas schneller sind, dafür ist die Speicherverwaltung ungünstiger als bei deque.

2. Um das Programm aus Listing 15.2 von der Verwendung von deque auf list umzustellen, müssen Sie wie in der vorangehenden Übung einfach nur mit Hilfe Ihres Editors alle Vorkommen von deque in list ändern.

   Beachten Sie aber, dass dies nur Zufall ist, da das Programm keine list-spezifischen Memberfunktionen verwendet.

   Beachten Sie außerdem, dass list keine Möglichkeit bietet, direkt auf ein Element an beliebiger Position im Container zuzugreifen. Sie müssen entweder einen Iterator auf eines der Enden des Containers inkrementieren (bzw. dekrementieren) oder mit find() nach einem Element im Container suchen. Dafür ist die Speicherverwaltung effizienter und das Einfügen und Löschen an einer beliebigen Position wesentlich schneller als bei einem deque- oder vector-Container.

Kapitel 16

1. Aufteilung eines Programmcodes auf eine Quelltextdatei/Headerdatei-Kombination für die Klasse `Punkt` und eine eigene Quelltextdatei für die `main()`-Funktion.

   Inhalt von *Punkt.h* mit der Definition der Klasse `Punkt`

```
#include <iostream>
using namespace std;

class Punkt
{
private:
    int x;
    int y;

public:
    Punkt()                              // Konstruktor
    {
        x = 0;
        y = 0;
    }

    Punkt(int n, int m)                  // Konstruktor
    {
        x = n;
        y = m;
    }

    void verschieben(int dx, int dy);
    void ausgeben();
};
```

   Inhalt von *Punkt.cpp* mit den Definitionen der `Punkt`-Memberfunktionen `verschieben()` und `ausgeben()`:

```
#include "Punkt.h"

void Punkt::verschieben(int dx, int dy)
 {
     x += dx;
     y += dy;
 }

void Punkt::ausgeben()
 {
     cout << "(" << x << "," << y << ")";
 }
```

Inhalt von *main.cpp* mit der Definition der Eintrittsfunktion `main()`:

```
#include <iostream>
#include "Punkt.h"
using namespace std;


int main()
{
   Punkt p;

   // p.x = -1;        // nicht erlaubt, da die
   // p.y =  1;        // Membervariablen x und y
                       // private sind

   p.verschieben(-10, 5);

   cout << endl;
   cout << " Punkt p: ";
   p.ausgeben();
   cout << endl << endl;

   return 0;
}
```

Kapitel 17

1. Der Klassendefinition fehlt das einleitende Schlüsselwort `class` und die Definition ist nicht mit einem Semikolon abgeschlossen.
2. Der Konstruktor heißt nicht wie die Klasse.
3. Die Lösung zu dieser Übung ist das Programm `Vektor` auf der Buch-DVD.
4. Die Lösung zu dieser Übung ist das Programm `Vektor` auf der Buch-DVD.

Kapitel 18

1. Natürlich handelt es sich bei `Abgeleitet` und `Basis` um unterschiedliche Klassen. Dies merkt man insbesondere bei der Programmierung mit beiden Klassen.

   Beispielsweise rufen Sie zur Instanzierung der Klasse `Basis` einfach deren Konstruktor auf. Bei der Instanzierung der Klasse `Abgeleitet` rufen Sie dagegen den Konstruktor der Klasse `Abgeleitet` auf und dieser muss für den Aufruf des Konstruktors der Basisklasse sorgen. (Dies kann automatisch geschehen, wenn ein Standardkonstruktor – Konstruktoren ohne Parameter – verfügbar ist.)

Ein anderes Problem gibt es, wenn in der Klasse `Basis` `private`-Elemente definiert sind. Auf diese können Sie nämlich nur über nicht-`private` Memberfunktionen der Basisklasse zugreifen.

2. Drei Möglichkeiten:

   - Sie benennen die Membervariable `wert` der Klasse `Abgeleitet` um, so dass sie nicht mehr die gleichnamige, von Basis geerbte Membervariable verdeckt.
   - Sie setzen in `zuruecksetzen()` mit `Basis::wert = 0` explizit die geerbte `wert`-Membervariable auf 0.
   - Sie setzen in `zuruecksetzen()` mit `set_wert(0)` explizit die geerbte `wert`-Membervariable auf 0.

3. Wäre die Membervariable `wert` der Klasse `Basis` als `private` deklariert, bliebe Ihnen nur die letzte der oben angeführten Möglichkeiten: das Setzen über eine von `Basis` geerbte und nicht private Memberfunktion.
4. Das Programm arbeitet an sich korrekt, doch wird hier die Vererbung falsch eingesetzt, denn ein Zylinder ist kein Kreis. Stattdessen sollte die Klasse `Zylinder` zwei `Kreis`-Objekte einbetten.

Kapitel 19

1. Wenn man über einen Zeiger auf ein Objekt zugreift, dessen Typ nicht vom Typ des Zeigers ist, sondern von einem abgeleiteten Typ, kann es passieren, dass über diesen Zeiger eine Memberfunktion aufgerufen wird, die sowohl im Typ des Zeigers (Basisklasse) als auch dem Typ des Objekts (abgeleiteter Typ) definiert ist. In solchen Fällen muss der Compiler entscheiden, welche Version der Memberfunktion er ausführen lässt. Dabei hilft ihm die Bindung. Bei früher Bindung führt er die Version des Zeigertyps aus (Basisklassen-Version). Bei später Bindung schreibt er Code, der zur Laufzeit den abgeleiteten Typ des Objekts bestimmt und die Version dieses Typs ausführt.
2. Ein Basisklassenzeiger kann mit dem `dynamic_cast`-Operator in einen Zeiger vom Typ einer abgeleiteten Klasse umgewandelt werden.
3. Die obige Umwandlung scheitert, wenn das Objekt, auf welches der Basisklassenzeiger verweist, nicht vom Zieltyp (also kein Objekt der abgeleiteten Klasse) ist.
4. Eine abstrakte Basisklasse, die ausschließlich abstrakte Memberfunktionen deklariert, ist keineswegs sinnlos. Ihre Aufgabe wäre dann allerdings nicht, eine Implementierung (Definitionen), sondern eine reine

Schnittstelle (Deklarationen) zu vererben. Der Vorzug einer solchen Basisklasse wäre, dass alle Klassen, die von ihr abgeleitet sind, eine gemeinsame Schnittstelle besitzen.

Stellen Sie sich vor, Sie möchten für ein Grafikprogramm eine Funktion `zeichnungAufbauen()` schreiben, die beliebige Objekte zeichnet. Kreise, Rechtecke und Linien sind Teil des Programms und werden von der Funktion beherrscht. Darüber hinaus können andere Programmierer Module für eigene, komplexe Formen (Bäume, Sterne etc.) registrieren. Wie kann man aber die Funktion `zeichnungAufbauen()` so definieren, dass sie auch diese neue Formen zeichnen kann? Indem man eine abstrakte Klasse mit einer einzigen abstrakten Memberfunktion `zeichnen()` definiert und den anderen Programmierern mitteilt, dass sie ihre Klassen von der abstrakten Klassen ableiten und `zeichnen()` implementieren müssen. Die Funktion `zeichnungAufbauen()` kann sich dann darauf verlassen, dass die Objekte alle über eine `zeichnen()`-Memberfunktion verfügen, die sie nur noch aufzurufen braucht.

Kapitel 20

1. Das Grundgerüst einer Ausnahmebehandlung sieht wie folgt aus:

```
try
{
  // überwachte Anweisungen
}
catch (Ausnahmetyp& e)
{
  // Fehlerbehandlung
}
```

2. Das Grundgerüst der geforderten zweifach abgestuften Ausnahmebehandlung sieht wie folgt aus:

```
try
{
  // überwachte Anweisungen
}
catch (exception& e)
{
  // Fehlerbehandlung
}
catch (...)
{
  // Fehlerbehandlung
}
```

3. Das Wurzel-Programm mit im Fehlerfall wiederholter Eingabeaufforderung könnte wie folgt aussehen:

```
#include <iostream>
#include <cmath>
using namespace std;

int main()
{
   double eingabe = -1;
   double wurzel = 0;


   cin.exceptions(ios_base::failbit);

   cout << endl;
   cout << " Geben Sie bitte eine pos. Zahl ein: ";

   while (eingabe < 0)
   {
      try
      {
         cin >> eingabe;

         if (eingabe < 0)
         {
            cout << " Negative Zahleineingabe."
                 << " Versuchen Sie es erneut: ";
         }
      }
      catch (ios_base::failure& )
      {
         cout << " Falsches Eingabeformat."
              << " Versuchen Sie es erneut: ";
         cin.clear();
         while(cin.get() != '\n')
             ;
      }
   }

   wurzel = sqrt(eingabe);

   cout << " Die Wurzel von " << eingabe
        << " = " << wurzel << endl;

   cout << endl;

   return 0;
}
```

ANHANG B

Die DVD zum Buch

Auf der Buch-DVD finden Sie insbesondere

- die Beispiele aus dem Buch
- eine kostenlose Version von Visual C++

Während die Beispiele aus dem Buch reines ANSI/ISO-C++ verwenden und daher auf jedem System mit einem passenden ANSI-kompatiblen C++-Compiler erstellt und ausgeführt werden können, ist die beiliegende Visual C++-Entwicklungsumgebung nur unter Windows lauffähig.

Für UNIX/LINUX-Anwender ist demnach kein spezieller Compiler auf der DVD mit dabei. Ich denke aber, dass dies nicht allzu tragisch ist, da leistungsfähige Compiler wie der GNU-Compiler zur Grundausstattung nahezu aller UNIX/Linux-Systeme gehören. (Sie können dies testen, indem Sie ein Konsolenfenster öffnen und den Befehl *g++* abschicken. Erscheint eine Meldung des Compilers – beispielsweise ein Hinweis auf eine fehlende Dateiangabe, ist alles bestens. Erscheint ein Befehl, dass der Compiler nicht gefunden werden kann, müssen Sie den Compiler nachinstallieren (beispielsweise von Ihrer Linux-DVD oder nachdem Sie ihn aus dem Internet *http://gcc.gnu.org/* heruntergeladen haben.

Für Mac-Besitzer gilt Ähnliches. Falls die XCode-Entwicklungsumgebung mit dem GCC-Compiler nicht bereits auf Ihrem System installiert sein sollte, können Sie diese von der Website *http://developer.apple.com/mac/* herunterladen.

B.1 Installation von Visual C++ Express Edition

Bevor Sie mit der Installation der Visual C++ Edition beginnen, sollten Sie sicher sein, dass diese Version für Sie geeignet ist. Um die Software installieren und verwenden zu können, müssen Sie

- mit Windows Vista, Windows XP oder Windows 2003 arbeiten und das aktuelle Service Pack installiert haben (SP 2 für XP, SP 1 für Win 2003),
- über 768 (Vista) bzw. 384 (XP, 2003) Mbyte Arbeitsspeicher verfügen,
- über mindestens 0,5 bis optimal 2 Gbyte freien Festplattenspeicher verfügen.

Wollen Sie die Installation versuchen? Dann gehen Sie wie folgt vor:

1. Schließen Sie alle Programme und legen Sie die Buch-DVD in Ihr DVD-Laufwerk ein.
2. Starten Sie das Installationsprogramm. Sie finden das Installationsprogramm unter dem Namen *setup.exe* im DVD-Verzeichnis *Buchdaten/VisualExpress/VCExpress*.

> Wenn die Begrüßungsseite der DVD nicht automatisch gestartet und in Ihrem Browser angezeigt wird, öffnen Sie das Start-Menü und wählen Sie den Befehl Ausführen aus (unter Vista öffnen Sie das Ausführen-Fenster über Alle Programme/Zubehör). Im gleichnamigen Dialogfeld tippen Sie den Pfad zum Installationsprogramm von Visual C++ ein oder wählen Sie die *setup.exe*-Datei über den Schalter Durchsuchen und den zugehörigen Suchdialog aus. Schicken Sie den Dialog mit einem Klick auf den OK-Schalter ab.

Das Setup-Programm beginnt mit dem Laden der einzelnen Komponenten, anschließend springt der erste Installationsdialog auf. Von hier an folgen Sie einfach den Anweisungen in den Dialogen und schicken diese mit Weiter ab. Die wichtigsten Dialoge sind nachfolgend kurz beschrieben.

Lizenzvertrag

3. Lesen Sie den Lizenzvertrag. Nachdem Sie Ihr Einverständnis erklärt haben (Option anklicken), können Sie die Installation mit Weiter fortsetzen.

Installationsoptionen

Im Dialog INSTALLATIONSOPTIONEN können Sie auswählen, ob Sie die MSDN-Hilfe und die SQL Server Express Edition installieren möchten. Grundsätzlich kann dies nur empfohlen werden, es gilt aber zu beachten, dass das Installationsvolumen damit auf ca. 1,8 bis 2 Gbyte anwächst.

Falls die MSDN oder der SQL Server bereits auf Ihrem System installiert sind, werden die betreffenden Optionen nicht mehr angezeigt.

Zielordner

Im abschließenden Dialog können Sie festlegen, in welchen Ordner auf Ihrer Festplatte Visual C++ installiert werden soll. Akzeptieren Sie den vorgegebenen Pfad oder geben Sie einen neuen Zielort ein.

Mit einem Klick auf die INSTALLIEREN-Schaltflächen starten Sie die Installation.

B.2 Ausführung der Beispielprogramme

Auf der Buch-DVD finden Sie alle in diesem Buch besprochenen Beispielprogramme nach Kapiteln geordnet im Verzeichnis *Buchdaten/Beispiele.*

Wie Sie bei der Erstellung der Beispielprogramme vorzugehen haben, hängt vom eingesetzten Compiler ab und wird nachfolgend

- für die Visual C++-Edition von der Buch-DVD
- für beliebige sonstige integrierte Entwicklungsumgebung und
- für den g++-Compiler unter Linux (als Beispiel für einen Konsolencompiler)

beschrieben.

Idealerweise sollten Sie die Beispiele allerdings nicht von der Buch-DVD kopieren, sondern mit Hilfe der Anleitungen im Buchtext nachprogrammieren. Sofern Sie dabei auf Schwierigkeiten stoßen, können Sie die Quelltexte auf der Buch-DVD als Referenz und zur Problemanalyse verwenden.

B.2.1 Ausführung mit Visual C++ 2008 Express

Auf der Buch-DVD sind die Beispiele als komplette Visual C++-2008-Projekte abgespeichert. Wenn Sie also unter einem (nicht zu alten) Microsoft Windows-Betriebssystem arbeiten und die Visual C++ 2008 Express-Edition installiert haben, können Sie die Beispiele ganz einfach wie folgt erstellen und ausführen:

1. Kopieren Sie das *Beispiele*-Verzeichnis auf Ihre Festplatte, vorzugsweise direkt unter *C:* und passen Sie gegebenenfalls die Zugriffsrechte an. (Die Anpassung der Zugriffsrechte ist dann notwendig, wenn Sie beim Erstellen/Kompilieren oder aber beim Speichern geänderter Quelltexte Fehlermeldungen wegen fehlender Schreibrechte erhalten).
2. Starten Sie Visual C++ und laden Sie über DATEI/ÖFFNEN/PROJEKT die Projektdatei aus dem Projektverzeichnis des ausführenden Programms (z.B. *Beispiele\Kapitel_02\HalloWelt\HalloWelt.vcproj*).
3. Kompilieren und starten Sie das Programm mit DEBUGGEN/STARTEN OHNE DEBUGGING bzw. durch Drücken der Tastenkombination [Strg][F5].

Sollte es Schwierigkeiten mit den Projektdateien geben, dann erstellen Sie in Ihrer Visual C++-Umgebung ein neues Projekt und kopieren Sie von den Beispielen lediglich die C++-Quelltextdateien (Endungen *.h* und *.cpp*).

B.2.2 Ausführung mit beliebigen integrierten Entwicklungsumgebungen

Wenn Sie die Programme mit einer anderen Entwicklungsumgebung als Visual C++ erstellen möchten, müssen Sie so vorgehen, dass Sie

- in der Entwicklungsumgebung ein passendes Projekt für das Programm anlegen und dann
- die Quelltextdateien des Beispielprogramms in das Projektverzeichnis kopieren und anschließend in das Projekt aufnehmen.

Passende Projekte

Die meisten integrierten Entwicklungsumgebungen bietet dem Anwender einen Menübefehl an, über den er neue Projekte anlegen kann. Dieser Befehl öffnet dann meist ein Dialogfeld, in dem ein Projekttyp auszuwählen ist. Halten Sie in diesem Dialogfeld nach einem Projekttyp für Konsolenprogramme Ausschau – also einfache Programme ohne grafische Benutzeroberflächen. (Hinweis: Manchmal wird die »Konsole« auch »Eingabeaufforderung« oder »Kommandozeile« genannt.)

Starten Sie nach Möglichkeit mit einem leeren Projekt. Vielleicht gibt es dazu einen passenden Projekttyp, oder Sie werden nach Auswahl des Projekttyps abgefragt, ob das Projekt als leeres Projekt erstellt werden soll, oder Sie gehen einfach so vor, dass Sie bereits angelegte und störende Quelldateien löschen.

Manche Entwicklungsumgebungen legen neben der Hauptquelltextdatei (die dann meist die `main()`-Funktion enthält) weitere *.cpp*- und *.h*-Dateien an, die für die interne Projektverwaltung benötigt werden. Diese Dateien dürfen dann nicht entfernt werden, bzw. wenn Sie entfernt werden, muss das Projekt umkonfiguriert werden. Im Zweifelsfall müssen Sie hier durch Versuch und Irrtum austesten, welche Dateien Sie löschen dürfen und welche nicht.

Quelltextdateien kopieren und in Projekt aufnehmen

Wechseln Sie auf der Buch-DVD in das Verzeichnis des Programms, das Sie erstellen möchten und kopieren Sie die *.cpp*- und die *.h*-Dateien aus diesem Verzeichnis in das Verzeichnis, das Ihre Entwicklungsumgebung für das neue Projekt angelegt hat.

Im Falle des HalloWelt-Programms aus Kapitel 2.1 würden Sie also nur die Datei *HalloWelt.cpp* kopieren. Für das MehrereDateien-Programm aus Kapitel 16 würden Sie die Dateien *Main.cpp, Punkt.cpp* und *Punkt.h* kopieren.

Mit dem Kopieren der Dateien ist es in der Regel nicht getan, da die meisten Entwicklungsumgebungen nicht automatisch alle Dateien im Projektverzeichnis in das Projekt mit aufnehmen. Nutzen Sie dann die von der Entwicklungsumgebung angebotenen Menübefehle oder Schaltflächen, um die bestehenden Dateien in das Projekt aufzunehmen.

Letzte Notlösung

Ihre Entwicklungsumgebung weigert sich, ein leeres Konsolenprojekt anzulegen und reagiert auf das Löschen der vorgegebenen Quelldateien mit Arbeitsverweigerung? Dann versuchen Sie Folgendes:

Halten Sie nach der Quelldatei Ausschau, die die `main()`-Funktion enthält.

Kommentieren Sie den Inhalt dieser Datei aus und fügen Sie darunter den Quelltext des HalloWelt-Programms aus Kapitel 2.1 ein.

Versuchen Sie, das Programm zu kompilieren und auszuführen.

Gibt es Fehlermeldungen, übernehmen Sie nach und nach immer mehr von dem auskommentierten Code, bis das Programm läuft. (Sie können natürlich auch umgekehrt vorgehen, indem Sie immer mehr vom Code des HalloWelt-Programms in das vorgegebene Programmgerüst integrieren.) Achten Sie auch auf die Fehlermeldungen. Vielleicht finden Sie Hinweise darauf, was bei der Codeübertragung zu beachten ist.

Konnten Sie das Projekt mit dem HalloWelt-Code ausführen, sollte es möglich sein, auf dem gleichen Weg auch den Code der anderen Beispiele zu integrieren. (Für größere Beispielprogramme, deren Quelltext auf mehrere Quelldateien verteilt ist, integrieren Sie nur den Quelltext aus der *.cpp*-Datei mit der `main()`-Funktion nach dem gerade ermittelten Verfahren. Die restlichen Quelldateien (*.cpp* und *.h*) kopieren Sie in das Projektverzeichnis und nehmen sie über die Befehle der Entwicklungsumgebung in das aktuelle Projekt auf.)

B.2.3 Ausführung mit GNU-Konsolencompiler

1. Legen Sie für das nachzustellende Programm ein eigenes Verzeichnis auf Ihrer Festplatte an.
2. Kopieren Sie von der Buch-DVD die Quelldateien des Programms (*.cpp*- und *.h*-Dateien) in das Verzeichnis auf Ihrer Festplatte.
3. Öffnen Sie ein Konsolenfenster. Wie Ihr Konsolenfenster aussieht und mit welchem Befehl es aufgerufen wird, hängt von Ihrer Linux-Version und dem verwendeten Window-Manager ab.
4. Wechseln Sie in der Konsole mit Hilfe des *cd*-Befehls in das Verzeichnis, in dem der Programmquelltext steht.
5. Rufen Sie von der Konsole aus den GNU-Compiler auf (der Name des Compilers kann je nach installierter Version *gcc*, *g++* oder auch *egcs* lauten). Übergeben Sie dem Compiler in der Kommandozeile den Namen der zu kompilierenden Datei sowie den Schalter *-o* mit dem gewünschten Namen für die ausführbare Datei.

   ```
   g++ HalloWelt.cpp -o HalloWelt
   ```

Wenn Sie mehrere Quelltextdateien kompilieren möchten, listen Sie diese im Aufruf einzeln auf. Die erste Quelltextdatei leiht ihren Namen der erzeugten *.exe*-Datei.

```
g++ QuelldateiA.cpp QuelldateiB.cpp -o Programm
```

Außer weiteren Quelltextdateien können Sie auch bereits kompilierte Objektdateien übergeben:

```
g++ Quelltextdatei.cpp Modul.obj -o Programm
```

Programm ausführen

1. Tippen Sie in der Konsole den Namen des Programms ein und schicken Sie ab.

Unter Umständen müssen Sie angeben, dass das Programm im aktuellen Verzeichnis zu finden ist. Stellen Sie dazu dem Programmnamen den Punkt als Stellvertreter für das aktuelle Verzeichnis voran: `./HalloWelt`

Anhang C

jetzt lerne ich

Zeichensätze

C.1 Der ASCII-Zeichensatz

Die hier aufgeführten ersten 127 Zeichen sind identisch zu den ersten 127 Zeichen des ANSI-Zeichensatzes (Eingabe über numerische Tastatur mit vorangehender 0).

Dec	Hex	Zeichen	Dec	Hex	Zeichen	Dec	Hex	Zeichen	Dec	Hex	Zeichen
0	00	NUL	32	20	SP	64	40	@	96	60	`
1	01	SOH	33	21	!	65	41	A	97	61	a
2	02	STX	34	22	"	66	42	B	98	62	b
3	03	ETX	35	23	#	67	43	C	99	63	c
4	04	EOT	36	24	$	68	44	D	100	64	d
5	05	ENQ	37	25	%	69	45	E	101	65	e
6	06	ACK	38	26	&	70	46	F	102	66	f
7	07	BEL	39	27	'	71	47	G	103	67	g
8	08	BS	40	28	(	72	48	H	104	68	h
9	09	HT	41	29	)	73	49	I	105	69	i
10	0A	NL	42	2A	*	74	4A	J	106	6A	j
11	0B	VT	43	2B	+	75	4B	K	107	6B	k
12	0C	NP	44	2C	,	76	4C	L	108	6C	l
13	0D	CR	45	2D	-	77	4D	M	109	6D	m
14	0E	SO	46	2E	.	78	4E	N	110	6E	n
15	0F	SI	47	2F	/	79	4F	O	111	6F	o
16	10	DLE	48	30	0	80	50	P	112	70	p
17	11	DC1	49	31	1	81	51	Q	113	71	q
18	12	DC2	50	32	2	82	52	R	114	72	r
19	13	DC3	51	33	3	83	53	S	115	73	s
20	14	DC4	52	34	4	84	54	T	116	74	t
21	15	NAK	53	35	5	85	55	U	117	75	u
22	16	SYN	54	36	6	86	56	V	118	76	v
23	17	ETB	55	37	7	87	57	W	119	77	w
24	18	CAN	56	38	8	88	58	X	120	78	x
25	19	EM	57	39	9	89	59	Y	121	79	y
26	1A	SUB	58	3A	:	90	5A	Z	122	7A	z
27	1B	ESC	59	3B	;	91	5B	[	123	7B	{
28	1C	FS	60	3C	<	92	5C	\	124	7C	|
29	18	CAN	61	3D	=	93	5D	]	125	7D	}
30	19	EM	62	3E	>	94	5E	^	126	7E	~
31	1A	SUB	63	3F	?	95	5F	_	127	7F	DEL

C.2 Der ANSI-Zeichensatz

In den Zeichen 32 bis 127 ist die ANSI-Tabelle identisch zur ASCII-Tabelle. Für die weiteren Zeichen 128 bis 255 gibt es verschiedene Codeseiten. Welche Codeseite verwendet wird, hängt von der Konfiguration des Betriebssystems und der jeweiligen Anwendung ab. Die nachfolgende Kodierung ist typisch für deutsche Installationen.

Dec	Hex	Zeichen	Dec	Hex	Zeichen	Dec	Hex	Zeichen	Dec	Hex	Zeichen
128	80	_	160	A0		192	C0	À	224	E0	à
129	81	_	161	A1	¡	193	C1	Á	225	E1	á
130	82	‚	162	A2	¢	194	C2	Â	226	E2	â
131	83	ƒ	163	A3	£	195	C3	Ã	227	E3	ã
132	84	„	164	A4	¤	196	C4	Ä	228	E4	ä
133	85	…	165	A5	¥	197	C5	Å	229	E5	å
134	86	†	166	A6	¦	198	C6	Æ	230	E6	æ
135	87	‡	167	A7	§	199	C7	Ç	231	E7	ç
136	88	ˆ	168	A8	¨	200	C8	È	232	E8	è
137	89	‰	169	A9	©	201	C9	É	233	E9	é
138	8A	Š	170	AA	ª	202	CA	Ê	234	EA	ê
139	8B	‹	171	AB	«	203	CB	Ë	235	EB	ë
140	8C	Œ	172	AC		204	CC	Ì	236	EC	ì
141	8D	_	173	AD	-	205	CD	Í	237	ED	í
142	8E	_	174	AE	®	206	CE	Î	238	EE	î
143	8F	_	175	AF	¯	207	CF	Ï	239	EF	ï
144	90	_	176	B0	°	208	D0	Ð	240	F0	ð
145	91	'	177	B1	±	209	D1	Ñ	241	F1	ñ
146	92	'	178	B2	²	210	D2	Ò	242	F2	ò
147	93	"	179	B3	³	211	D3	Ó	243	F3	ó
148	94	"	180	B4	´	212	D4	Ô	244	F4	ô
149	95	•	181	B5	µ	213	D5	Õ	245	F5	õ
150	96	–	182	B6		214	D6	Ö	246	F6	ö
151	97		183	B7	·	215	D7	×	247	F7	÷
152	98	˜	184	B8	¸	216	D8	Ø	248	F8	ø
153	99	™	185	B9	¹	217	D9	Ù	249	F9	ù
154	9A	š	186	BA	º	218	DA	Ú	250	FA	ú
155	9B	›	187	BB	»	219	DB	Û	251	FB	û
156	9C	œ	188	BC	¼	220	DC	Ü	252	FC	ü
157	9D	_	189	BD	½	221	DD	Ý	253	FD	ý
158	9E	_	190	BE	¾	222	DE	Þ	254	FE	þ
159	9F	Ÿ	191	BF	¿	223	DF	ß	255	FF	ÿ

Anhang D

jetzt lerne ich

Syntax-Referenz

Die wichtigsten Daten und Syntaxformen zu C++ sind in diesem Anhang noch einmal kurz zusammengefasst.

D.1 Schlüsselwörter

Tabelle D.1: Schlüsselwörter

asm	false	sizeof
auto	float	static
bool	for	static_cast
break	friend	struct
case	goto	switch
catch	if	template
char	inline	this
class	int	throw
const	long	true
const_cast	mutable	try
continue	namespace	typedef
default	new	typeid
delete	operator	typename
do	private	union
double	protected	unsigned
dynamic_cast	public	using
else	register	virtual
enum	reinterpret_cast	void
explicit	return	volatile
export	short	wchar_t
extern	signed	while

D.2 Elementare Typen

Tabelle D.2: Die wichtigsten elementaren Datentypen

Datentyp	Beschreibung	Literale
`bool`	boolescher Wert (wahr, falsch)	`true`, `false`
`char`	ASCII-Zeichen, Buchstabe (von 0 bis 255)	`'a'`, `'2'`
`wchar_t`	Unicode-Zeichen, Buchstabe	`'a'`, `'2'` `'\u00A3'`
`short`	ganze Zahl (-32.768 bis 32.767)	`12` `-128`
`int`	ganze Zahl (-2.147.483.648 bis +2.147.483.647)	`12` `-48894`
`long`	ganze Zahl (-2.147.483.648 bis +2.147.483.647) abhängig vom Compiler sind größere Wertebereiche möglich	`-48894L`
`float`	Gleitkommazahl (ca. 3,4 x 10^{-38} bis 3,4 x 10^{38})	`47.11F` `10e-2F`
`double`	Gleitkommazahl (ca. 1,7 x 10^{-308} bis 1,7 x 10^{308})	`47.11` `10e-2`

HINWEIS

In C++ können Sie über die Schlüsselwörter `signed` und `unsigned` festlegen, ob die integralen Typen – hierzu zählen neben `short`, `int` und `long` auch `char` und `wchar_t` – mit oder ohne Vorzeichen gespeichert werden. Wenn Sie z.B. eine `unsigned int`-Variable definieren, hat diese einen Wertebereich von 0 bis 4.294.967.295.

D.3 Strings

Abgesehen davon, dass Sie Strings als Zeichenarrays mit abschließenden Nullterminierungszeichen '\0' definieren können, gibt es in der C++-Standardbibliothek eine leistungsfähige Klasse für die Programmierung mit Strings.

Tabelle D.3: Strings

Klasse	`string`
	
	`#include <string>`
	`using namespace std;`
	
	`string s;`

Literale	`"Dies ist ein String"` `L"Dies ist ein Unicode-String"`
Escape-Zeichen	`\'` // Einfaches Anführungszeichen `\"` // Doppeltes Anführungszeichen `\\` // Backslash `\0` // Null `\a` // Warnton `\b` // Rückschritttaste `\f` // Seitenvorschub `\n` // Neue Zeile (Zeilenumbruch) `\r` // Wagenrücklauf `\t` // Horizontaler Tabulator `\v` // Vertikaler Tabulator
Escape-Zeichen für Unicode	\xhh oder \xhhhh
Operatoren	+, ==, !=, <, <=, >, >=

Memberfunktionen	`c_str()`
	`compare()`
	`clear()`
	`find()`
	`find_first_of()`
	`find_last_of()`
	`insert()`
	`replace()`
	`rfind()`
	`substr()`

D.4 Operatoren

```
/*** numerische Operatoren ***/
+    // Addition:       var = 3 + 4;     // var = 7;
-    // Subtraktion:    var = 3 - 4;     // var = -1;
-    // Vorzeichen:     var =  - 4;      // var = -4;
*    // Multiplikation: var = 3 * 4;     // var = 12;
/    // Division:       var = 3 / 4;     // var = 0;
     //                 var = 3.0/4.0;   // var = 0.75;
%    // Modulo          var = 3 % 4;     // var = 3;
++   // Inkrement       ++var;
--   // Dekrement       --var;

/*** Zuweisung ***/
=                         // Zuweisung:      var = 3;
+=, -=, *=, /=, %=        // kombinierte Zuweisungen

/*** Vergleich ***/
==   // gleich?                i == 4
!=   // ungleich?              i != 4
<    // kleiner?               i < j
>    // größer?                i > j
<=   // kleiner oder gleich?   i <= 5
>=   // größer oder gleich?    i >= 3

/*** Logische Operatoren ***/
&&   // Logisches UND          (i > 1) && i < 10)
||   // Logisches ODER         (i < 1) || i > 10)
!    // Logisches NICHT        !(i > 1)

/*** Bit-Manipulationen ***/
&    // bitweise UND-Verknüpfung
|    // bitweise ODER-Verknüpfung
^    // bitweises XOR
~    // bitweises Komplement
>>   // Rechtsverschiebung
<<   // Linksverschiebung
```

```
/*** Datenzugriff ***/
*    // Dereferenzierung        int *ptr = &i;
     // von Zeigern             *ptr = 3;
[]   // Indizierung             int werte[];
                                werte[2] = 344;
.    // Elementzugriff          struct person {
                                   string name;
                                   int    alter;
                                };
                                struct person jim;
                                jim.alter = 65;
->   // Elementverweis          struct person *ptr2jim;
                                ptr2jim = &jim;
                                ptr2jim->alter = 66;
::   // Bereichsauflösung::     namespace A {
                                  int i;
                                }
                                A::i = 4;

/*** sonstige Operatoren ***/
&                 // Adress-Operator
?:                // Bedingungsoperator
,                 // Auflistungsoperator
sizeof            // Größe eines Operanden
new, new[]        // Objekte auf Heap erzeugen
delete, delete[]  // Objekte auf Heap auflösen
.*, ->*           // Dereferenzierung von Zeigern auf
                  // Klassenelemente
typeid            // Typidentifizierung
(typ)             // Typumwandlung
static_cast       // Typumwandlung
dynamic_cast      // Typumwandlung
const_cast        // Typumwandlung
reinterpret_cast  // Typumwandlung
```

D.5 Ablaufsteuerung

Verzweigungen

```
if (Bedingung)                          // einfache if-Anweisung
{
   Anweisung(en);
}


if (Bedingung)
   Anweisung;


if (Bedingung)                          // if...else-Verzweigung
{
   Anweisung(en);
}
else
{
   Anweisung(en);
}


if (Bedingung1)                          // if...else-Ketten
{
   Anweisung(en);
}
else if (Bedingung2)
{
   Anweisung(en);
}
else
{
   Anweisung(en);
}


(Bedingung) ? Ausdruck1 : Ausdruck2;    // Bedingungsoperator
```

```
switch(NumerischerAusdruck)                // switch-Verzweigung
{
   case Konstante1:  Anweisungen;
                     break;
   case Konstante2:  Anweisungen;
                     break;
   case Konstante3:  Anweisungen;
                     break;
   case Konstante4:  Anweisungen;
                     break;
   default:          Anweisungen;
                     break;
}
```

Schleifen

```
Initialisierung;                            // while-Schleife
while (Bedingung)
{
   Anweisung(en) inklusive Veränderung;
}
```

```
Initialisierung;                            // do...while-Schleife
do
{
   Anweisung(en) inklusive Veränderung;
} while (Bedingung);
```

```
for (Initialisierung; Bedingung; Veränderung)  // for-Schleife
{
   Anweisung(en);
}
```

goto-Sprünge

```
labelA:                                        // goto-Sprung
    Anweisung;

    if (Bedingung)
        goto labelA;
```

D.6 Ausnahmebehandlung

```
try                                                   // Grundmodell
{
   // Anweisungen, die überwacht werden
}
catch(Ausnahmetyp e)
{
   // Fehlerbehandlung, unter Verwendung des Parameters e
}
```

```
try                            // Fehlerbehandlung mit mehreren
{                              // catch-Blöcken
   // Anweisungen
}
catch (AusnahmetypA e)
{
   // Fehlerbehandlung für Ausnahmen von AusnahmetypA
}
catch (AusnahmetypB e)
{
   // Fehlerbehandlung für Ausnahmen von AusnahmetypB
}
catch (...)
{
   // Fehlerbehandlung für alle restlichen Ausnahmen
}
```

```
throw new Exception("Meldung");     // Ausnahmen auslösen
```

D.7 Aufzählungen (enum)

```
enum Wochentag                          // Typdefiniton
{
  Sonntag = 0, Montag, Dienstag, Mittwoch,
  Donnerstag, Freitag, Samstag
};
```

```
Wochentag dayA = (Wochentag) 3;         // Zuweisung eines int-Werts
Wochentag dayB = Samstag;               // Zuweisung eines
                                        // Aufzählungswerts
```

```
switch (dayA)                       // Verwendung in switch
{
    case Montag:    Anweisungen;
                    break;
    case Dienstag:  Anweisungen;
                    break;
    //...
}
```

D.8 Arrays

Tabelle D.4: Arrays

Definition	`double werte[10];` `Klassentyp objs[10];`

Initialisierung	`int werte[] = {1,`
	`2,`
	`3};`

Element-Zugriff	`werte[0]`
Anzahl Elemente	`sizeof(werte)/sizeof(werte[0])`

Schleifen	`for (int i = 0; i < 10; i++)`
	`{`
	`werte[i] = ...`
	`}`

Zweidim. Arrays	`int werte[5][4];`

D.9 Zeiger

```
int *i_ptr;                             // Zeigerdefinition
int *werte;                             // Zeigerdefinition

int i = 12;
i_ptr = &i;                 // Zeiger auf Variable richten. Der Zeiger
                            // speichert die Adresse der Variablen

i_ptr = new int;                // Zeiger auf Speicherbereich für einen
                                // int-Wert auf dem Heap richten
werte = new int[100];           // Zeiger auf Heap-Speicherbereich für
                                // 100 int-Werte richten

*i_ptr = 2;         // Dereferenzierung (Zugriff auf Wert über Zeiger)
*(werte+1);         // Zugriff auf zweites Element in int-Array

delete i_ptr;       // Objekt auf Heap löschen
i_ptr = NULL;

delete[] werte;     // Array auf Heap löschen
werte = NULL;
```

D.10 Strukturen

Strukturen stellen in C einen Datentyp dar, der mehrere Variablen zu einem Objekt zusammenfasst.

In C++ stellen Strukturen den eher selten verwendeten Spezialfall einer Klasse mit Elementen, die alle `public` sind, dar. Die Objekte einer Struktur können wie die Werte jeden Datentyps in C++ entweder auf dem Stack oder mit new auf dem Heap erzeugt werden.

```
// C++-Struktur
struct point                     //Definition
{
    int x;
    int y;
};

point p1;                        // Erzeugung auf Stack
p1.x = 1;                        // Elementzugriff
p1.y = 2;

point *p2 = new point;           // Erzeugung auf Heap
p2->x = 1;                       // Elementzugriff
p2->y = 2;
```

D.11 Klassen

Definition

```
class Klassenname
{
 private:
   typ element;                  // Instanzvariablen
   ...

 public:
   Klassenname();                // Standardkonstruktor
   Klassenname(typ1 param1);     // Konstruktor

   typ memberfunktion1(typ1 param1);   // Memberfunktionen
   typ memberfunktion2(typ1 param1)    // Inline-Definition
   {                                   // in Klasse
      Anweisungen;
   }
};
```

```
// Konstruktor- und Memberfunktionendefinition ausserhalb der Klasse
Klassenname::Klassenname()
{
  Anweisungen;
}

Klassenname::Klassenname(typ1 param1)
{
  Anweisungen;
}

Klassenname::memberfunktion1()
{
  Anweisungen;
}

Klassenname::memberfunktion2()
{
  Aanweisungen;
}
```

Statische Klassenelemente

Statische Elemente werden mit dem Schlüsselwort `static` deklariert und können über den Klassennamen aufgerufen werden. Statische Datenelemente müssen außerhalb ihrer Klasse zusätzlich definiert werden. Statische Memberfunktionen können nur auf statische Elemente der Klasse zugreifen.

```
class Demo
{
public:
    static int daten;                          // Deklaration
    static void memberfunktion();             // Deklaration
};
int Demo::daten = 1;                           // Definition

void Demo:: memberfunktion()                  // Definition
{
    daten++;
}


int main()
{
    Demo::daten = 1;                           // Verwendung
    Demo:: memberfunktion();                   // Verwendung
```

Konstante Klassenelemente

Konstante Elemente werden mit dem Schlüsselwort `const` deklariert. Konstante Datenelemente müssen in der Konstruktordefinition mit Hilfe einer sogenannten Konstruktorliste initialisiert werden. Danach wacht der Compiler darüber, dass ihr Wert nicht mehr geändert wird. Konstante Memberfunktionen können die Elemente der Klasse nur lesen, nicht verändern (außer das Element wurde als `mutable` deklariert). Es sind die einzigen Memberfunktionen, die über konstante Objektvariablen aufgerufen werden können.

```
class Demo
{
public:
    const int konstante;
    Demo();

    void memberfunktionA();
    void memberfunktionB() const;
};

Demo::Demo() : konstante(123)
{
}
void Demo::memberfunktionA()
{
    ...
}
void Demo::memberfunktionB() const
{
    ...
}


int main()
{
    const Demo obj2;
    obj2.memberfunktionB();
    //obj2.memberfunktionA();          // Fehler, nicht erlaubt
```

ACHTUNG

Bei der Memberfunktionsdefinition steht das `const`-Schlüsselwort am Ende des Memberfunktionskopfs.

Destruktor

Der Destruktor ist das Pendant zum Konstruktor. Er wird automatisch ausgeführt, wenn ein Objekt aufgelöst wird. Der Destruktor trägt wie der Konstruktor den Namen der Klasse und wird mit der Tilde ~ und ohne Parameter und Rückgabetyp deklariert.

```
class Demo
{
   int ptr;

public:
    Demo() { ptr = new int; }
    ~Demo() { delete ptr; }
```

Die Definition eines Destruktors ist nur nötig, wenn die Klasse Ressourcen reserviert hat, die bei der Objektauflösung freigegeben werden sollen (dynamisch reservierter Speicher auf dem nicht verwalteten Heap, geöffnete Dateien, etc.).

Instanzierung und Memberzugriff

Die Objekte einer Klasse können wie die Werte jeden Datentyps in C++ entweder auf dem Stack oder mit new auf dem Heap erzeugt werden. Soll zur Instanzierung ein Konstruktor aufgerufen werden, der Parameter definiert, werden die in runden Klammern an den Objekt- bzw. Klassennamen angehängt.

```
// C++-Klasse
class Demo                      // Definition
{
public:
    int x;
    int y;

    Demo()              { x = 0; y = 0; }
    Demo(int x, int y) { this->x = x;
                         this->y = y; }
};

int main()
{
    Demo obj1;                     // Erzeugung auf Stack
    obj1.x = 1;                    // Elementzugriff

    Demo obj2(1,2);                // Erzeugung auf Stack
    obj2.x = 1;                    // Elementzugriff
```

```
    Demo *obj3 = new Demo;          // Erzeugung auf Heap
    obj3->x = 1;                    // Elementzugriff

    Demo *obj4 = new Demo(1,2);     // Erzeugung auf Heap
    obj4->x = 1;                    // Elementzugriff
```

D.12 Vererbung

```
class Basis
{
public:
    Basis(int i)
    {
        ...
    }

    virtual void memberfunktion()
    {
        ...
    }
};

class Abgeleitet : public Basis          // Ableitung von Basis
{
public:
   Abgeleitet(int n) : Basis(n)          // Aufruf des
   {                                     // Basisklassenkonstruktors
   }

   virtual void memberfunktion()              // Überschreibung
   {
      ...
   }
};
```

Anhang E

Die Standardbibliothek

Die vorliegende Referenz listet die Headerdateien auf, die laut ANSI-Standard jeder ANSI-kompatible C++-Compiler als Teil seiner C++-Standardbibliothek mitliefern muss. Der erste Teil beschreibt die von C übernommenen Headerdateien, der zweite Teil ist den Headerdateien gewidmet, die für C++ neu hinzugekommen sind.

Einzelne Compiler können durchaus weitere Elemente in ihren Headerdateien definieren.

E.1 Die C-Standardbibliothek

Im Folgenden werden die Headerdateien vorgestellt, die C++ von C übernommen hat.

Nach dem C++-Standard wird den Dateinamen der C-Headerdateien jeweils ein »c« vorangestellt und die Extension weggelassen (`stdlib.h` wird also zu `cstdlib`). Der Unterschied zu den C-Headern ist, dass die Elemente in den C++-Headern im Namensraum `std` deklariert sind.

Tabelle E.1: Headerdateien der C-Standardbibliothek

Headerdatei	Beschreibung
<cassert>	Enthält allein das Makro assert, das zum Debuggen verwendet werden kann.
<cctype>	Enthält Funktionen zur Klassifizierung (is...) und Konvertierung (to...) einfacher Zeichen.
<cerrno>	Enthält verschiedene Makros, die von verschiedenen Bibliotheksfunktionen zur Benachrichtigung über aufgetretene Fehler verwendet werden.
<cfloat>	Enthält verschiedene Makros, die zu verschiedenen implementierungsspezifischen Konstanten expandieren.
<ciso646>	Synonyme für bestimmte Operatoren.
<climits>	Enthält Konstanten, die Größe und Wertebereiche der elementaren Datentypen festlegen (die Werte sind implementierungsspezifisch und werden vom Compiler festgelegt).
<clocale>	Enthält die Funktionen localeconv() und setlocale() zum Einstellen und Abfragen landesspezifischer Eigenheiten.
<cmath>	Funktionen für mathematische Berechnungen.
<csetjmp>	Definiert den Datentyp jmp_buf, der von dem Makro setjmp() und der Funktion longjmp() benutzt wird.
<csignal>	Definiert Konstanten und Funktionen, die für die Signalbearbeitung (Interrupts, Segmentation faults, etc.) erforderlich sind.
<cstdarg>	Definiert die Makros, mit denen Funktionen mit einer variablen Anzahl von Argumenten verarbeitet werden können.
<cstddef>	Definiert einige wichtige Typen und Makros, die vor allem bibliotheksintern verwendet werden.
<cstdio>	Funktionen zur Ein- und Ausgabe (Konsole, Tastatur, Dateien), sowie etliche verwandte Konstanten und Datentypen.
<cstdlib>	Sammelsurium häufig benötigter Bibliotheksfunktionen, zu denen u. a. die dynamische Speicherverwaltung und die Prozesskontroll-Routinen gehören.
<cstring>	Funktionen zur Manipulation von C-Zeichenketten (Strings).
<ctime>	Enthält die Datentypen time_t und clock_t sowie die Datenstruktur tm und die allgemeinen Zeitfunktionen.
<cwchar>	Enthält die Funktionen zur Bearbeitung von Wide Character und Multibyte-Strings (inklusive Ein- und Ausgabe).
<cwctype>	Enthält die Funktionen zur Klassifizierung und Konvertierung von Wide Character-Zeichen, sowie einige Hilfstypen.

E.2 Die C++-Standardbibliothek

Die C++-Standardbibliothek umfasst neben einer Reihe von Stream-Klassen für die Ein- und Ausgabe, den String-Klassen für die Arbeit mit Zeichenketten, den Klassen zur Internationalisierung und einer Reihe weiterer nützlicher Klassen (von `complex` bis `autoptr`) vor allem die Standard Template Library (kurz STL) – eine Sammlung vom Klassen und Funktionen zur Datenverwaltung.

Tabelle E.2: Headerdateien der C++-Standardbibliothek

Headerdatei	Beschreibung
`<algorithm>`	Sammlung häufig benötigter Template-Funktionen zum Bearbeiten der Elemente in einem STL-Container.
`<bitset>`	Die Klasse `bitset` dient der Verwaltung von Bit-Werten, also Folgen von Nullen und Einsen.
`<complex>`	Klassen und Funktionen für komplexe Zahlen.
`<deque>`	Lineare Datenstruktur, die für Einfügen und Löschen am Anfang und Ende der Datenstruktur sowie schnellen Zugriff auf beliebige Positionen optimiert ist. (Dynamisches Array aus mehreren verknüpften Blöcken) Verwenden Sie `deque`, wenn Sie Elemente vorzugsweise am Anfang und Ende einfügen oder löschen und ansonsten den indizierten Zugriff mit [] oder `at()` (`at()` prüft auf gültigen Index) nutzen wollen. Die Abkürzung `deque` steht für »double ended queue«.
`<exception>`	Klassen und Funktionen für die Ausnahmebehandlung.
`<fstream>`	Stream-Klassen für das Lesen und Schreiben von Dateien.
`<functional>`	Sammlung verschiedener vordefinierter Funktionsobjekte zur Verwendung mit den STL-Algorithmen.
`<iomanip>`	Manipulatoren zur formatierten Ein- und Ausgabe.
`<ios>`	Basisklasse der iostream-Klassen und verschiedene Manipulatoren.
`<iosfwd>`	Vorwärtsdeklarationen der Stream-Klassen und Stream-Objekte.
`<iostream>`	Vorwärtsdeklarationen der wichtigsten vordefinierten Ein- und Ausgabestreams (`cin`, `cout`, etc.).
`<istream>`	Stream-Klassen und Manipulatoren für die Eingabe.
`<iterator>`	Verschiedene Iteratoren zum Durchlaufen der Elemente in einem STL-Container.

Tabelle E.2: Headerdateien der C++-Standardbibliothek (Forts.)

Headerdatei	Beschreibung
`<limits>`	Enthält die Klasse `numeric_limits` mit Informationen zur implementierungsspezifischen Darstellung eines Datentyps.
`<list>`	Sequenzielle Datenstruktur, die für schnelles Einfügen und Löschen an beliebigen Positionen optimiert ist, im Zugriff aber langsamer als `vector` und `deque` ist. (Doppelt verkettete Liste). Verwenden Sie `list`, wenn Sie Elemente an beliebigen Positionen einfügen oder löschen wollen und ansonsten die Elemente vornehmlich sequenziell durchgehen (Verzicht auf indizierten Zugriff mit [] oder `at()`).
`<locale>`	Klassen für die Berücksichtigung landes- und regionsspezifischer Eigenheiten.
`<map>`	Definiert die Datenstrukturen `map` und `multimap`, die mit Hilfe von eindeutigen bzw. nicht eindeutigen Schlüsseln auf ihre Elemente zugreift (Hashing).
`<memory>`	Klassen und Funktionen für Speicheranforderungen.
`<new>`	Klassen und Funktionen zur Unterstützung von `new`.
`<numeric>`	Numerische Algorithmen.
`<ostream>`	Stream-Klassen und Manipulatoren für die Ausgabe.
`<queue>`	Definiert die Datenstrukturen `queue` und `priority_queue`, für einfache (First in. First out) und nach Prioritäten geordnete Warteschlangen.
`<set>`	Definiert die Datenstrukturen `set` und `multiset`, in denen die Elemente automatisch sortiert abgespeichert werden. In einem `multiset`-Container können – im Gegensatz zu `set` – mehrere Elemente gleichen Werts abgelegt werden.
`<sstream>`	Stream-Klassen und Manipulatoren für Strings.
`<stack>`	Keller oder Stapel. Datenstruktur, die Einfügen und Löschen jeweils nur am oberen Ende erlaubt (LIFO = Last in, First out).
`<stdexcept>`	Klassen für Ausnahmen.
`<streambuf>`	Klasse für gepufferte LowLevel-Operationen.
`<string>`	Klassen für die String-Behandlung.
`<typeinfo>`	Klassen für Ausnahmen, die bei Typumwandlungen ausgelöst werden.
`<utility>`	Unterstützung für Strukturen mit zwei Elementen unterschiedlicher Datentypen.

Tabelle E.2: Headerdateien der C++-Standardbibliothek (Forts.)

Headerdatei	Beschreibung
`<valarray>`	Datenstruktur `valarray`, die ihre Elemente wie in einem dynamischen Array verwaltet, und verschiedene unterstützende Funktionen.
`<vector>`	Lineare Datenstruktur, die für Einfügen und Löschen am Ende der Datenstruktur sowie schnellen Zugriff auf beliebige Positionen optimiert ist (dynamisches Array). Verwenden Sie `vector`, wenn Sie Elemente vorzugsweise am Ende einfügen oder löschen und ansonsten den indizierten Zugriff mit [] oder `at()` (`at()` prüft auf gültigen Index) nutzen wollen.

Stichwortverzeichnis

informit.de
Home
Deutsche Bücher
Englische Bücher
eBooks
Videotraining
Service
Newsletter
Kontakt
Hallo und Herzlich Willkommen bei informit.de
Computer
Zertifizierungen
Studium & Wirtschaft
Sachbuch
Ratgeber
Video-Training & Software
Weitere Themen
Industrie+Behöden
Partnerprogramm
Seite empfehlen
Unsere aktuellen Empfehlungen für Sie
Aus unserem Computerlexikon
Download des Tages
English Book des Tag